U0727235

· 教育部汽车类教学指导委员会优秀教材

高职高专汽车类教材系列

汽车发动机构造与维修

王凤军　吴东平　主　编

孙海波　章文英　副主编

熊永森　主　审

科 学 出 版 社

北　京

内 容 简 介

本书于2009年被评为教育部高职高专汽车类专业教学指导委员会优秀教材。

本书为理论与实训一体化教材。在编写过程中,坚持理论与实践相结合的原则,注重培养学生的实践应用能力及创新精神。在内容上,集汽车发动机构造与维修于一体,重点突出汽车发动机维修操作技能;在阐述汽车发动机基本结构原理的同时,突出典型车型故障的检测及维修方法。

本教材可作为高职院校汽车运用与维修专业教材,亦可作为汽车维修方面的培训教材,也可供汽车维修从业人员参考。

图书在版编目(CIP)数据

汽车发动机构造与维修/王凤军,吴东平主编. —北京:科学出版社,2007
教育部汽车类教学指导委员会优秀教材·高职高专汽车类教材系列
ISBN 978-7-03-019316-2

Ⅰ.汽… Ⅱ.①王…②吴… Ⅲ.①汽车-发动机-构造-高等学校:技术学校-教材②汽车-发动机-车辆修理-高等学校:技术学校-教材 Ⅳ.U472.43

中国版本图书馆CIP数据核字(2007)第127584号

责任编辑:彭明兰 何舒民/责任校对:刘彦妮
责任印制:吕春珉/封面设计:耕者设计工作室

科学出版社出版
北京东黄城根北街16号
邮政编码:100717
http://www.sciencep.com

铭浩彩色印装有限公司 印刷

科学出版社发行 各地新华书店经销

*

2007年8月第 一 版 开本:787×1092 1/16
2014年3月第三次印刷 印张:25
字数:588 000

定价:32.00元

(如有印装质量问题,我社负责调换〈路通〉)
销售部电话 010-62134988 编辑部电话 010-62137154(VT03)

高等职业教育“十一五”规划教材

高职高专汽车类教材系列

编 委 会

前　言

本书于2009年被评为教育部高职高专汽车类专业教学指导委员会优秀教材。

在编写本书过程中，我们遵照教育部高职高专教材建设的要求，紧紧围绕培养高等技术应用型人才的需要，从人才培养目标的实际出发，结合模块教学的实际，以应用为目的，以能力培养为本位，确定编写思路和教材特色。

本书的主要特点有：

1. 坚持理论与实践一体化，理论与实践相结合的原则，注重培养学生的实际应用能力及创新精神。

2. 集汽车发动机构造、维修于一体，重点突出汽车发动机维修操作技能。在阐述汽车发动机基本结构原理的同时，突出典型车型故障的检测及维修方法。

3. 在内容选材上以当代汽车常见车型为主，建立新的结构体系，充分反映当代汽车发动机构造与维修的内在联系。

全书共分8章，计划总学时为180学时，采用模块式现场教学，各校可根据实际情况决定内容的取舍。

本教材编写分工如下：第1至4章由无锡商业职业技术学院王凤军编写；第5章由江西工业工程职业技术学院吴东平编写；第6章理论部分由常州工程职业技术学院孙海波编写，实训部分由无锡商业职业技术学院苏忆编写；第7章由金华职业技术学院章文英编写；第8章由广东交通职业学院李国杰编写，全书由王凤军统稿。

本书在编写过程中，参阅了大量的相关文献，在此，编者对相关作者表示真诚的谢意。

由于编者水平有限，不妥之处在所难免，恳切希望读者批评指正。

目　　录

第1章 汽车发动机工作原理和总体构造

☆ **知识点**

1. 发动机定义、基本术语、类型、型号编制规则、内燃机工作循环、多缸机的工作原理
2. 发动机性能指标的要求、拆装工具的选择及使用

★ **要求**

掌握：

1. 能解释发动机定义、基本术语、类型、型号编制规则、内燃机工作循环、多缸机的工作原理
2. 能理解发动机性能指标的要求
3. 会正确选择及使用拆装工具并合理拆装发动机

了解：

1. 了解发动机型号编制规则
2. 了解发动机性能指标的计算公式

理论部分

1.1 汽车总体概述

1.1.1 汽车工业发展概况

汽车自1886年问世至今已有一百多年的历史，并随着科学技术的发展，其结构、性能逐渐完善。20世纪前半期，汽车的基本结构已全部形成，那时汽车工业发展较快的国家主要有日本、美国、德国、法国、俄罗斯、意大利、加拿大和英国等。

日本、美国及欧洲一些资本主义国家汽车工业一直发展较快。汽车的生产与经营逐渐趋于国际化。目前发展中国家的汽车工业正在崛起，其中不少国家都用优惠政策吸引外资，采取以引进先进技术及设备、进口零部件组装，逐步提高国产零件的装车比率，进而使主要部件自给，使汽车工业得以迅速发展。

我国的汽车工业是1949年后建立起来的，1953年7月第一汽车制造厂开始兴建，1959年10月建成投产，从而结束了中国不能制造汽车的历史。随着第一汽车制造厂逐步扩大生产，先后又有南京汽车制造厂、北京汽车制造厂、济南汽车制造厂、上海汽车制造厂等相继建成，有力地奠定了我国汽车工业的基础。从1968年开始至70年代末我国自行设计与装备的规模最大的第二汽车制造厂的建成投产，这标志着我国汽车工业走上了新的阶段。

为了发展轿车生产，我国还确定了以第一汽车制造厂、第二汽车制造厂、上海汽车制造厂为三大基地，天津汽车制造厂、北京汽车制造厂、广州汽车制造厂为三小基地。“三大、三小”生产基地的确立，标志着我国轿车工业正朝着大发展的“家庭汽车时代”迈进，使我国进入世界主要汽车生产国的行列。

1.1.2 汽车的分类

1. 按用途分类

汽车按用途可分为运输车和特种用途车。

(1) 运输车

运输车根据需要又可分为轿车、客车、货车、牵引车等。

1) 轿车:乘坐 2～9 个乘员(包括驾驶员)。轿车按发动机排量分为:

微型轿车:发动机工作容积 1L 以下,如天津夏利微型轿车。

普通级轿车:发动机工作容积为 1.0～1.6L,如一汽的高尔夫轿车和捷达轿车,二汽的雪铁龙轿车。

中级轿车:发动机工作容积为 1.6～2.5L,如上海桑塔纳,广州标致 505 轿车、一汽奥迪 100 轿车。

中高级轿车:发动机工作容积为 2.5～4L,如日本丰田公司的皇冠轿车和德国奔驰 300 系列轿车。

高级轿车:发动机工作容积为 4L 以上,如第一汽车制造厂生产的红旗 CA770 高级轿车,德国奔驰 500 系列、560 系列高级轿车。

2) 客车:乘坐 9 人以上乘员。

客车按车辆长度可分为:微型、轻型、中型、大型、特大型客车。

微型客车:长度 3.5m 以下,如 JL6320 微型客车和天津大发微型客车。

轻型客车:长度 3.5～7m,如沈阳金杯的丰田海狮 RZH114L 轻型客车。

中型客车:长度 7～10m,如四平客车厂生产的 SPK6900 中型客车。

大型客车:长度 10～12m,如丹东汽车制造厂生产的 DD6112H 大型客车。

特大型客车:包括铰接式客车(车辆长度大于 12m)和双层客车(长度 10～12m)两种,如上海客车厂生产的 5K6141A3 铰接式客车和南京金陵双层客车。

3) 货车:用于运载各种货物,在驾驶室内还可容纳 2～6 个乘员。根据运载货物的需要,货车的车厢结构和装载量也各有不同,主要分为普通货车和专用货车两大类。

普通货车具有栏板式车厢,可装载各种货物。

专用货车是为专门运载某种类型货物而设计的,如运载易污货物的闭式车厢、运载液体或气体等的罐式车厢和运载大型货物的平台式车厢等。

货车按其装载总质量可分为微型、轻型、中型、重型货车。

微型货车:装载总质量为 1.8t,如 JL1010 微型货车。

轻型货车:装载总质量为 1.8～6t,如北京 BJ1041 轻型货车、南京跃进 NJ1061 轻型货车。

中型货车:装载总质量为 6～14t,如解放 CA1091 型货车和二汽的 EQ1090E 货车。

重型货车:装载总质量大于 14t,如济南黄河 JN1181C13(JN162)重型货车和斯太尔重型货车。

4) 牵引车:专门或主要用于牵引挂车。通常分为半挂牵引车和全挂牵引车。

(2) 特种用途车

特种用途车根据特殊的使用要求设计或改装而成,主要用于执行运输以外的任务。

特种用途车有娱乐车、竞赛车、特种作业车等。

1）娱乐车：专供假日娱乐消遣的车，运输已不是它的主要任务，如旅游车。

2）竞赛车：是按照特定的竞赛规范而设计的车，如F1赛车。

3）特种作业车：是指在汽车上安装各种特殊设备，进行特种作业的车辆，如医疗救护车、公安消防车和机场作业车等。

2. 按行驶道路条件分类

(1) 公路用车

这种车指主要行驶于公路和城市道路的汽车受交通法规的限制。

(2) 非公路用车

这种车主要有两类，一类是本身的外廓尺寸、单轴负荷等参数超出了法规限制；公路行驶，只能在矿山、机场和工地内的无路地或专用路上行驶的车；另一类是越野车是一种能在复杂的无路地面上行驶的高通过性。按总质量可分为轻型、中型、重型越野车。

轻型越野车：总质量小于5t，如北京吉普车有限公司生厂的切诺基吉普车。

中型越野车：总质量5～13t，如第二汽车制造厂生产的东风EQ2080中型越野车。

重型越野车：总质量大于13t，如四川汽车制造厂生产的红岩重型越野车。

3. 按行驶机构的特征分类

(1) 轮式车

轮式车通常分为非全轮驱动和全轮驱动两种型式。解放CA1091普通货车为4×2型，北京BJ 2020越野车为4×4型。

(2) 其他型式车

其他型式主要有履带式车和气垫式车等。

1.1.3 国产汽车型号编制规则

根据国家颁布的《汽车产品型号编制规则》(GB9417—88)的规定，国产汽车型号应能表明汽车的厂牌、类型和主要特征参数等。这项国家标准规定，汽车型号由汉语拼音字母和阿拉伯数字组成。

汽车产品型号的构成表示如下：

专用汽车产品型号的构成表示如下：

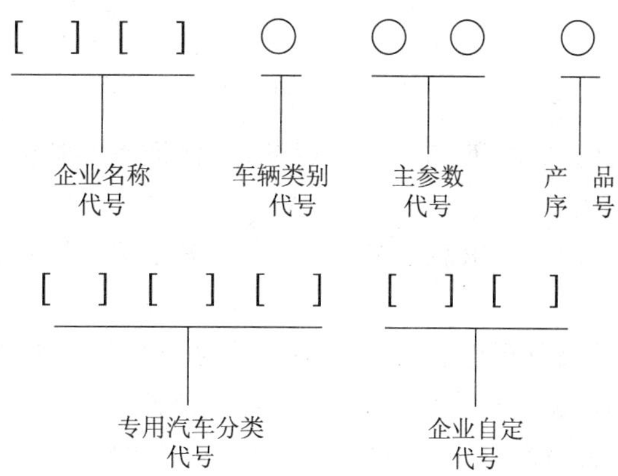

首部：由两个或三个汉语拼音字母组成，为企业名称的代号。如 CA 代表第一汽车制造厂，BJ 代表北京汽车制造厂。

中部：由四位或五位阿拉伯数字组成，左起第一位数字表示车辆类别代号。如"1"为载货车；"2"为越野车等；左起第二、三两位数字表示汽车的主要特征参数，载货车为总质量(t)，客车为总长度(m)，轿车为发动机排量(L)等；末四位(或四、五两位)数字是企业自定的产品序号。第一代汽车产品序号依次为 0、1、2、3 等，第二代汽车产品序号依次为 10、11、12、13 等，第三代车产品序号依次为 20、21、22、23 等。

1959 年第一机械工业部颁布的《汽 130—59 汽车产品编号规则》中，中部数字只有三位，其首位与最末位的含义大致与新编号相同。中间一位数字表示汽车的级别。新旧两种相比，新编号不但较直观，也更确切。因此，近年来各企业已开始逐渐将其旧编号改换成新编号。如解放 CA141 货车的新编号为 CA1091(总质量 9310kg)。

尾部：分为两部分，前部由汉语拼音字母组成，表示专用汽车分类代号，例如 X 表示厢式汽车，G 表示罐式汽车；后部是企业自定代号，可用汉语拼音字母或阿拉伯数字表示。基本型汽车的编号一般没有尾部，其变型车(例如采用不同的发动机、加长轴距、双排座驾驶室等)为了与基本型区别，常在尾部加 A、B、C 等企业自定代号，TJ6481，为天津牌客车，总长 4.8m，是同类车型的第二种产品。SH7221，为上海牌轿车，排量 2.2L，是同类车型的第二种产品。

1.1.4 汽车总体构造

汽车通常由发动机、底盘车身和电气设备四个部分组成。

1. 发动机

发动机的功用是将供入其中的燃料经燃烧所产生的热能转变为机械能。大多数汽车都采用往复活塞式内燃机，它一般是由曲柄连杆机构、配气机构、供给系、冷却系、点火系和起动系等部分组成。

2. 底盘

底盘是接受发动机的动力，使汽车产生运动，并保证汽车按照驾驶员的操纵正常行驶。底盘由下列部分组成：

传动系：将发动机的动力传给驱动车轮。它包括离合器、变速器、传动轴和驱动桥等部件。

行驶系：将汽车各总成及部件连成一个整体并对全车起支承作用，以保证汽车正常行驶。它包括车架、前轴、驱动桥壳体、车轮和悬架等部件。

转向系：保证汽车能按照驾驶员选择的方向行驶，它由转向器及转向传动装置组成。

制动系：使汽车减速或停车，并保证汽车能可靠地停止。它由制动器和制动控制装置及制动传动装置组成。

3. 车身

车身是用以安置驾驶员和装载乘客及货物的。除客车为整体或车身外，典型的货车车身包括车前板制件、驾驶室和车厢等部件。

4. 电气设备

电气设备由电源组、发动机起动系、点火系、汽车照明和信号装置等组成。此外，在现代汽车上越来越多地装置各种电子设备，如微处理机、中央计算机系统及各种人工智能装置等，显著地提高了汽车的性能。

5. 汽车的主要技术参数

汽车的主要技术参数包括整车装备质量、最大总质量、最大装载质量、外廓尺寸、转弯直径、最高车速、最大爬坡度、平均燃料消耗量等。

1.2 发动机分类

1.2.1 发动机定义

发动机是将其他形式的能量转变为机械能的机器，是汽车的动力源，是汽车的基本组成部分之一。

1.2.2　发动机分类

汽车发动机种类繁多，可以按以下不同特征来加以分类。如图 1.1～图 1.4 所示。

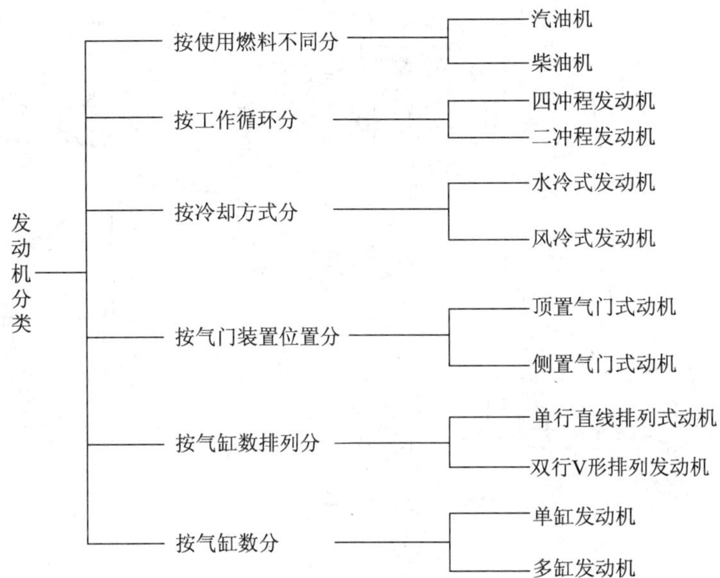

图 1.1　发动机分类图

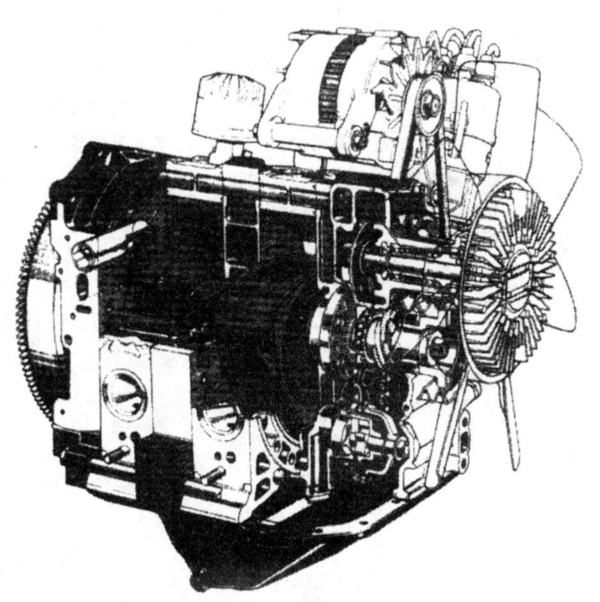

图 1.2　转子发动机

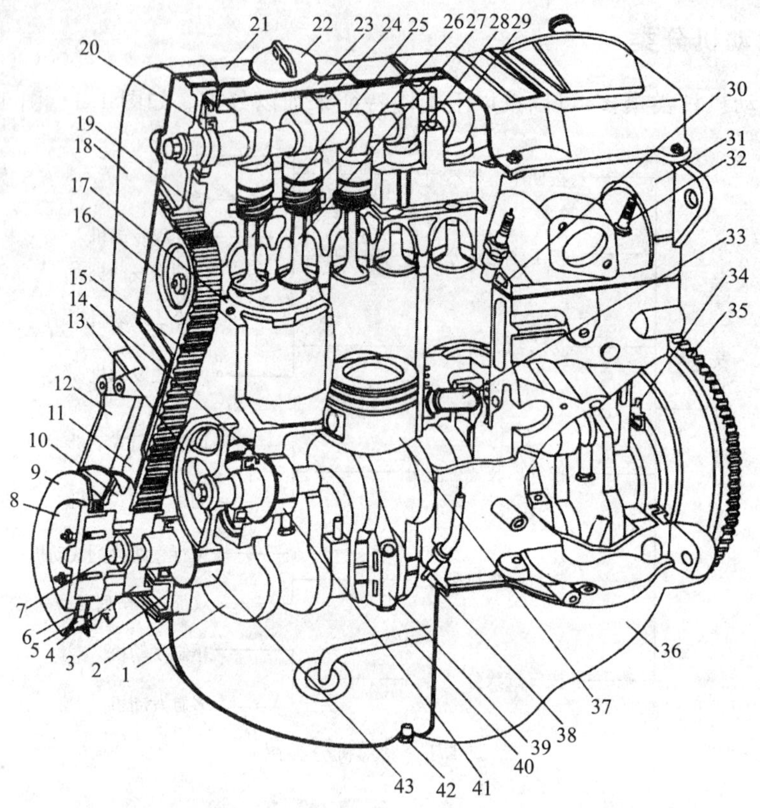

图 1.3　一汽奥迪 100 型轿车发动机(汽油机)

1. 曲轴;2. 曲轴轴承盖;3. 曲轴前端封油挡板;4. 曲轴正时齿轮;5. 压缩机传送带;6. 调整垫片;7. 正时齿轮拧紧螺栓;8. 压紧盘;9. 压缩机曲轴带;10. 水泵、电机曲轴带轮;11. 正时齿轮下罩盖;12. 压缩机支架;13. 中间轴正时齿轮;14. 中间轴;15. 正时齿轮传送带;16. 偏心轮张紧机构;17. 气缸体;18. 正时齿轮上罩盖;19. 凸轮轴正时齿轮;20. 凸轮轴前端油封;21. 凸轮轴罩盖;22. 机油加油口盖;23. 凸轮轴机油挡油板;24. 凸轮轴轴承盖;25. 排气门;26. 气门弹簧;27. 进气门;28. 液压挺柱总成;29. 凸轮轴;30. 气缸密封垫片;31. 气缸盖;32. 火花塞;33. 活塞销;34. 曲轴后端封油挡板;35. 飞轮齿环;36. 油底壳;37. 活塞;38. 油标尺;39. 连杆总成;40. 机油集滤器;41. 中间轴轴瓦;42. 放油螺栓;43. 曲轴主轴瓦

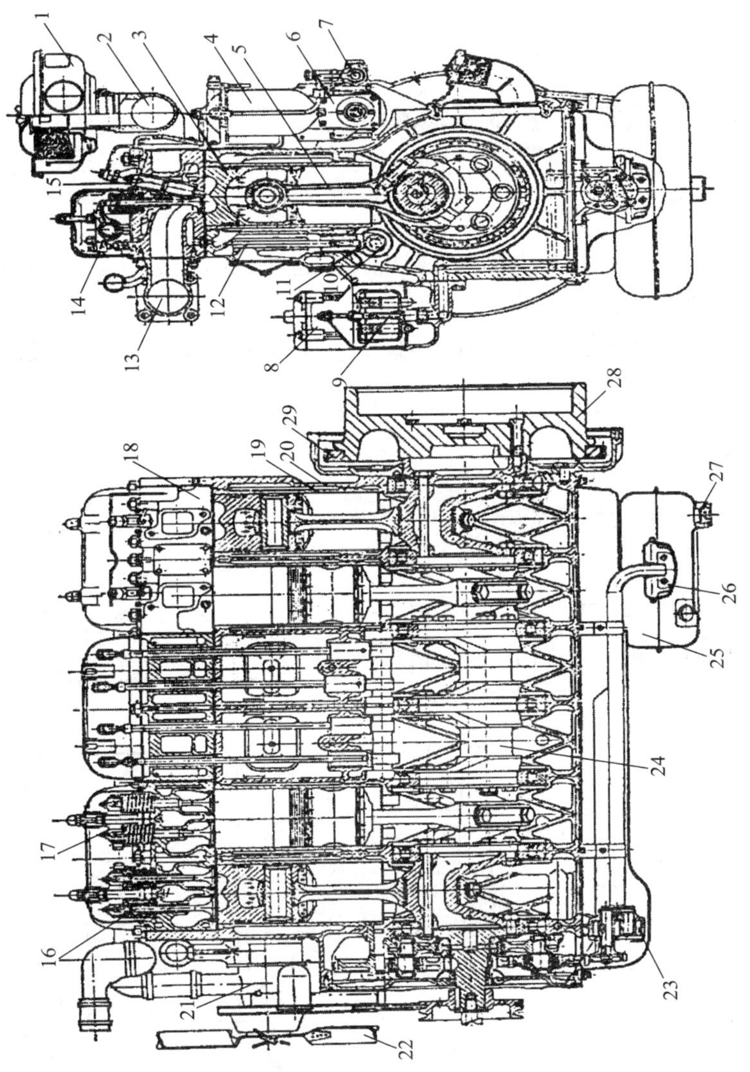

图 1.4　6135Q 型发动机(柴油机)

1. 空气滤清器;2. 进气管;3. 活塞;4. 柴油滤清器;5. 连杆;6. 喷油泵;7. 输油泵;
8. 机油细滤器;9. 机油粗滤器;10. 凸轮轴;11. 挺柱;12. 推杆;13. 排气管;14. 摇臂;
15. 喷油器;16. 气门;17. 气门室罩;18. 气缸盖;19. 缸套;20. 气缸体;21. 水泵;22. 风扇;
23. 机油泵;24. 曲轴;25. 油底壳;26. 机油集滤器;27. 放油塞;28. 飞轮;29. 齿圈

1.3 四冲程发动机工作原理

1.3.1 发动机一般构造、基本名词术语

1. 发动机一般构造

汽车用发动机的一般构造主要由气缸、活塞、连杆、曲轴、飞轮、进气门、排气门、气缸体、火花塞、化油器和曲轴等组成。

柴油机的基本构造与汽油机稍有不同，柴油机的气缸体上装有喷油器，而没有了火花塞。

2. 常用术语

如图 1.5 所示，发动机的常用术语有：

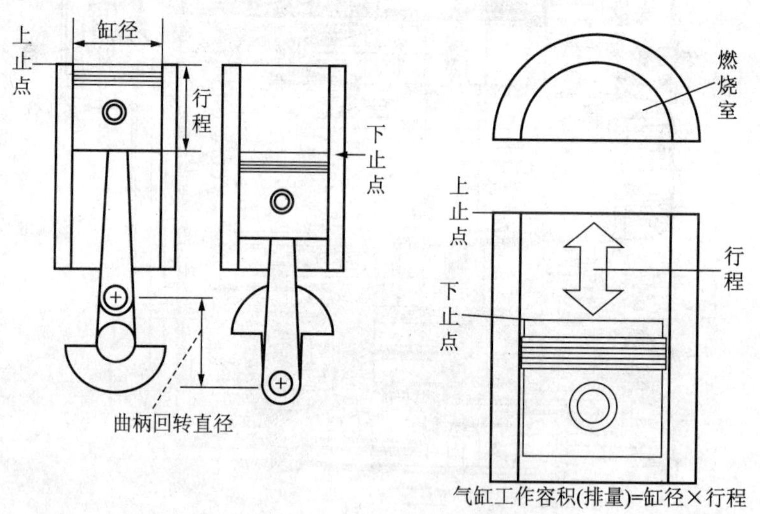

图 1.5 发动机常用术语

1) 上止点：活塞顶部距离曲轴回转中心最远处，通常指活塞顶上行到达最高点处的位置，称为上止点。

2) 下止点：活塞顶部距离曲轴的回转中心最近处，通常指活塞顶下行到达最低点处的位置，称为下止点。

3) 活塞冲程：活塞在上、下止点间的运行距离，称为活塞冲程，用 S 来表示。

4）曲柄半径：曲轴上连杆轴颈的轴线到曲轴主轴颈线（曲轴回转中心）间的距离，称为曲柄半径，用 R 来表示。曲柄半径也称曲柄销回转半径。活塞行程与曲柄半径之间的关系；机械设计中曲柄半径决定活塞的行程，活塞行程也随曲柄半径的增大而加长，随曲柄半径的减小而缩短。活塞行程 S 等于曲柄半径 R 的 2 倍，即 $S=2R$。

5）烧室容积：活塞在上止点时，活塞顶与气缸盖之间的容积，称为燃烧室容积，用 V_c 表示。

6）总容积：活塞在下止点时，活塞顶上方整个空间的容积，称为气缸总容积，用 V_a 表示。

7）气缸工作容积：活塞从上止点移动到下止点或由下止点移动到上止点活塞所扫过空间的容积，用 V_h 表示。

8）压缩比：气缸总容积与燃烧室容积的比值，用 ε 表示，$\varepsilon=V_a/V_c$。压缩比是表示气缸内气体被压缩程度的指标。压缩比越大，缸压缩终了时，气缸内的气体压力和温度越高。

9）内燃机排量：多缸机气缸工作容积之和称为排量，用 V_L 表示，$V_L=i\times V_h$，i 为气缸数。

10）工作循环：内燃机每完成一个吸气、压缩、做功和排气工作过程，称为工作循环。

11）二冲程内燃机：曲轴转一转完成一个工作循环的内燃机。

12）四冲程内燃机：曲轴转两转完成一个工作循环的内燃机。

13）内燃机工况：指内燃机在某一时刻所处的工作状况。一般用内燃机的转速和负荷来表示。

1.3.2　单缸四冲程汽油机工作原理

为了使发动机产生动力，必须先将燃料和空气供入气缸，经过压缩后使之燃烧产生热能，以气体为工作介质并通过推动活塞和连杆使曲轴旋转，从而使热能转化为机械能，最后再将燃烧后的废气排除气缸，发动机完成一个工作循环。此循环周而复始，发动机便产生连续的动力。

活塞在气缸内往复四个行程完成一个工作循环的发动机，称为四冲程发动机，四冲程发动机每个工作循环中的四个活塞行程分别为进气行程、压缩行程、做功行程和排气行程。其工作原理如图 1.6(a～d)所示，示功图表示活塞在不同位置时气缸内压力的变化情况，示功图上曲线所围成的面积，即为发动机一个工作循环中气体在单缸内所做的功。

1. 进气行程

进气行程如图 1.7(a)所示。进气行程中，进气门打开，排气门关闭，转动的曲轴带动活塞从上止点向下止点运动，缸内容积增大，压力降低而形成真空，将可燃混合气吸入气

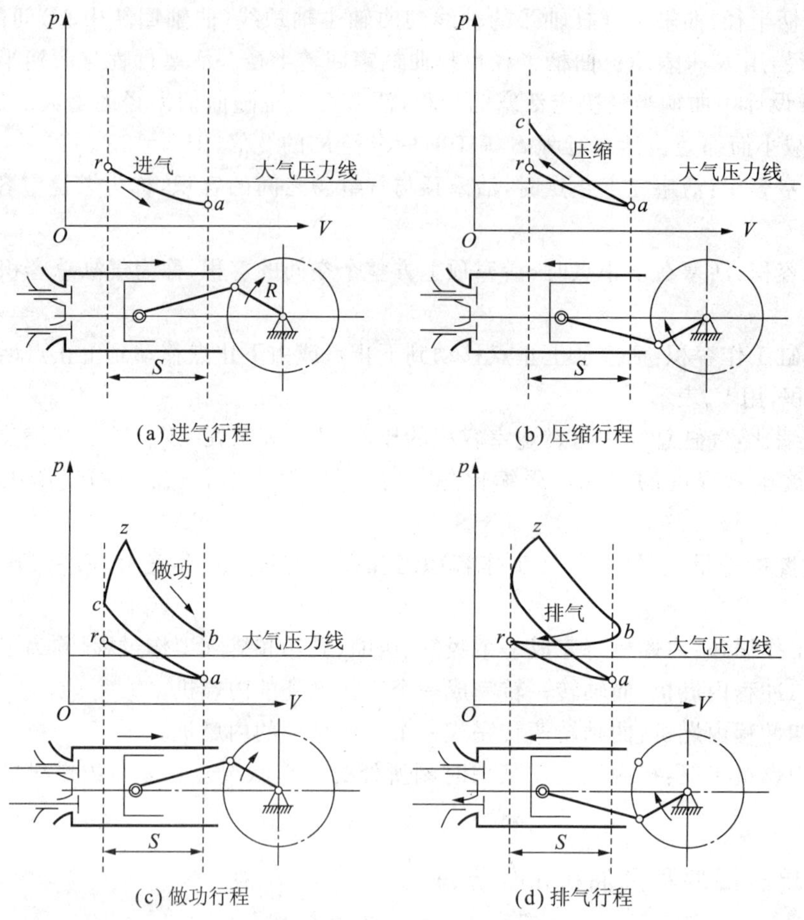

图 1.6　四冲程汽油机的示功图

缸。由于进气系统的阻力,进气终了时气缸内气体的压力略低大气压,约为 0.075～0.09 MPa,温度为 370～400K。

示功图上的曲线 ra 表示进气行程,位于大气压力线之下。它与大气压力线纵坐标之差,即为活塞在各位置时的真空度。

2. 压缩行程

压缩行程如图 1.7(b)所示。为使吸入缸内的混合气迅速燃烧,放出更多的热量,从而使发动机发出更大的功率,必须在混合气燃烧前对其进行压缩,使其容积变小、温度升高。为此,在进气终了时便立即进入压缩行程。在此行程中,进、排气门均关闭,曲轴推动活塞由下止点向上止点移动一个行程。

示功图上,曲线 ac 表示压缩行程。压缩终了时活塞到达上止点,混合气被压入活塞上方很小的燃烧室中。此时，混合气压力高达 0.6～1.2 MPa，温度可达 600～700K。

发动机的压缩比大，则混合气燃烧迅速、发动机发出的功率大、经济性就好。但压缩比过大，会导致爆燃和表面点火等不正常燃烧的现象，从而造成发动机过热、功率下降、油耗增大等一系列不良后果。因此在提高汽油机压缩比时，必须防止爆燃和表面点火现象的发生。

3. 做功行程

做功行程如图 1.7(c)所示。在压缩行程接近终了时，火花塞产生电火花点燃混合气，此时进、排气门仍关闭。由于混合气的迅速燃烧，使缸内气体温度和压力迅速升高，最高压力可达 5～9MPa，最到温度可达 2200～2800K。在高温高压气体的作用力推动下，活塞向下止点运动，活塞下移通过连杆使曲轴旋转运动，产生转矩而做功。发动机至此完成了一次将热能转变为机械能的过程。

示功图上的 zb 表示做功过程。在做功终了时的 b 点，压力下降为 0.3～0.5MPa，温度降为 1300～1600K。

4. 排气行程

排气行程如图 1.7(d)所示。混合气燃烧后成为废气，应从气缸内排出，以便下一个工作循环得以进行。因此，当做功行程接近终了时，排气门打开，进气门仍然关闭，因废气压力高于大气压力而自动排出，此外，当活塞越过下止点上移时，还靠活塞的推挤作用强制排气。活塞到上止点附近时，排气行程结束。

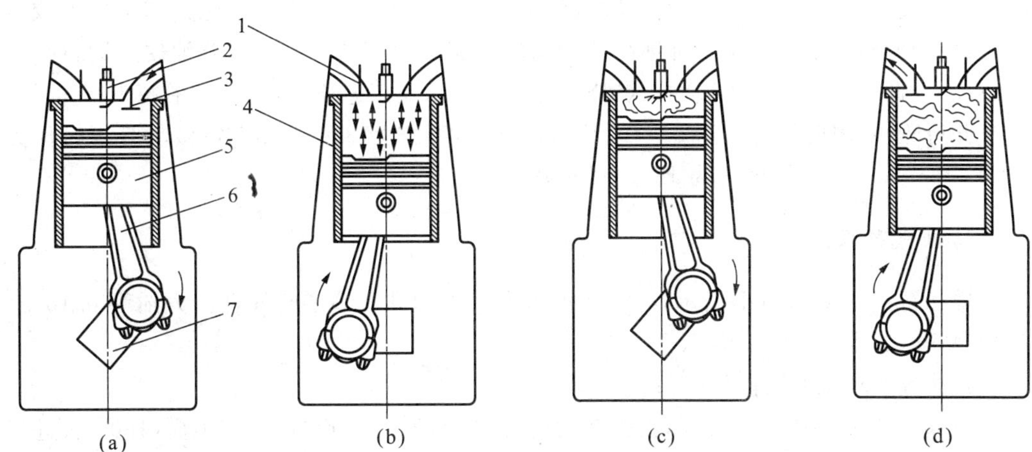

图 1.7　四冲程汽油机工作原理图

1. 排气门；2. 火花塞；3. 进气门；4. 气缸；5. 活塞；6. 连杆；7. 曲轴

示功图上曲线 br 表示排气行程。排气终了时,缸内压力约为 0.105～0.115MPa,温度为 900～1200K。

至此发动机完成一个工作循环,接着又开始了下一个新工作循环。

1.3.3 单缸四冲程柴油机工作原理

四冲程柴油机和汽油机一样,每一个工作循环也经历进气行程、压缩行程、做功行程和排气行程四个行程。但由于柴油黏度比汽油大,不易蒸发,而自燃温度却比汽油低,故柴油机可燃混合气的形成及点火方式都与汽油机不同。

1. 进气行程

进气行程如图 1.8(a)所示。它不同于汽油机的是进入气缸的不是可燃混合气,而是纯空气。

2. 压缩行程

压缩行程如图 1.8(b)所示。不同于汽油机的是柴油机压缩的是纯空气,且由于柴油机压缩比高,压缩终了时的温度和压力都比汽油机高,压力可达 3～5MPa,温度可达 800～1000K。

3. 做功行程

做功行程如图 1.8(c)所示。此行程与汽油机有很大的不同,在柴油机压缩行程末,喷油泵将高压柴油经喷油器呈雾状喷入气缸内的高温空气中,迅速汽化并与空气形成混合气,由于此时气缸内的温度远远高于柴油的自燃温度(500K 左右),柴油便立即自行着火燃烧,且此后一段时间边喷油边燃烧,气缸内压力、温度急剧升高,推动活塞下行做功。

此行程中,瞬时压力可达 5～10MPa,瞬时温度可达 1800～2200K;做功终了时压力约为 0.2～0.4MPa,温度约为 1200～1500K。

4. 排气行程

排气行程如图 1.8(d)所示,与汽油机基本相同。排气终了时气缸压力约为 0.105～0.125MPa,温度为 700～900K。

四冲程发动机的工作特点:

1) 每一个发动机工作循环,曲轴转两周(720°),每一个行程曲轴转半周(180°)。进气行程时进气门开启,排气行程时排气门开启,其余两个行程进、排气门均关闭。

2) 四个行程中,只有做功行程产生动力,其他三个行程是为做功行程做准备工作的辅助行程,虽然做功行程是主要行程,但其他三个行程也必不可少。

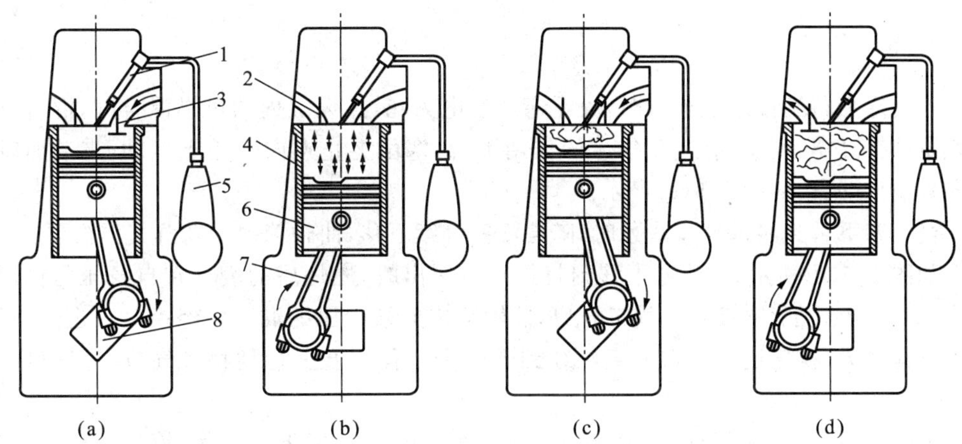

图 1.8　四冲程柴油机工作原理

1. 喷油器；2. 排气门；3. 进气门；4. 气缸；5. 喷油泵；6. 活塞；7. 连杆；8. 曲轴

3）在发动机运转的第一个循环时，必须有外力使曲轴旋转完成进气，压缩着火后，完成做功行程，并依靠曲轴和飞轮贮存的能量便可自行完成以后的行程，以后的工作循环发动机无需外力就可以自行完成。

1.4　二冲程发动机工作原理

1.4.1　二冲程汽油机（单缸）工作原理

活塞在气缸内往复运动两个行程完成一个工作循环的发动机，称为二冲程发动机，二冲程发动机完成一个工作循环也需向缸内引入可燃混合气，然后将其压缩，着火做功后再将燃烧的废气排到大气中。二冲程汽油机工作原理示意图如图 1.9 所示。在气缸上开有由活塞控制开闭的进气孔 1、换气孔 3 和排气孔 2，排气口 2 位于做功时活塞全行程的三分之二处，它稍高于换气口 3，进气口 1 在气缸的下部。其工作原理如下。

1. 第一行程

活塞在曲轴的带动下，由下止点向上止点运动，当活塞上行到换气口、排气口关闭时，已进入的混合气被压缩，直到活塞运动到上止点，压缩行程便结束，如图 1.9(a)所示。

与此同时，随着活塞上行，曲轴箱容积增大形成一定的真空度。当活塞上行到进气口露出时，新鲜混合气被吸入曲轴箱内，如图 1.9(b)所示。

2. 第二行程

当活塞上行到接近上止点时,火花塞产生电火花,点燃缸内的可燃混合气,混合气着火燃烧产生高温、高压气体,在气压的作用下,活塞由上止点向下止点运动,带动曲轴旋转向外输出功率,如图 1.9(c)所示。

当活塞下移到将进气口堵死时,随着活塞继续下移,曲轴箱内的新鲜气体被预压。

如图 1.9(d)所示,当活塞下移到将排气口露出时,燃烧后的废气在自身压力作用下经排气口排出气缸,紧接着换气口开启,曲轴箱内的被预压的混合气经换气口进入气缸。这一过程称为"换气过程",它一直延续到下一个行程活塞上行到将换气口、排气口关闭为止。

由上述可知,第一行程:活塞上方进行换气、压缩,活塞下方进气;第二行程:活塞上方进行做功、换气,活塞下方混合气被预压,换气过程纵跨两个行程。

排气口位置稍高于换气口,这样可使做功行程将要结束时,排气口首先露出,气缸内的废气在残压的作用下迅速被排出,既有利于排气干净,又可使气缸内压力迅速降低,便于换气口露出时,新鲜混合气进入气缸。

活塞顶部通常作成特殊状,以便将从换气口进入气缸的新鲜混合气引到缸的上部。这样即可防止新鲜混合气混入到废气内,随废气一起排出气缸,又可驱赶废气,使排气更加彻底。事实上,尽管如此,要完全避免新鲜混合气不随废气排出是不可能的,故二冲程发动机的换气"品质"较差。

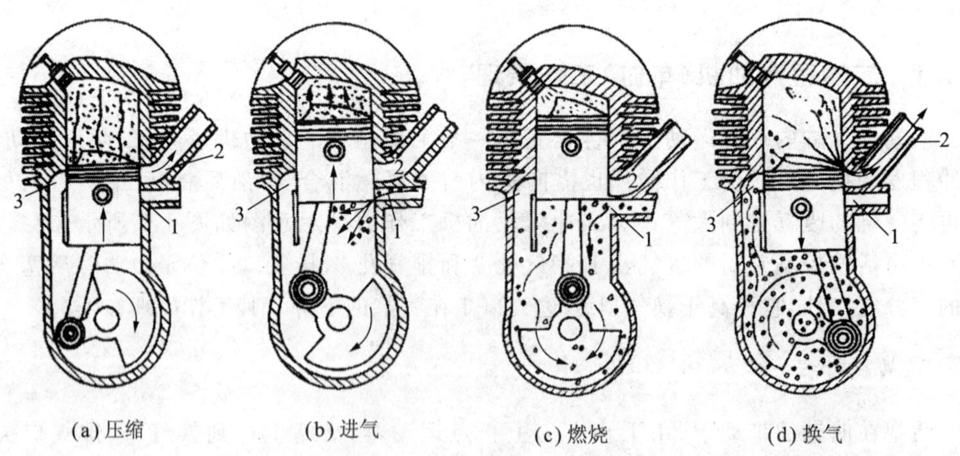

图 1.9　单缸二冲程汽油机工作原理图

1. 进气口;2. 排气口;3. 换气口

1.4.2　单缸二冲程柴油机工作原理

单缸二冲程柴油机工作原理如图 1.10 所示，二冲程柴油机工作原理同二冲程汽油机工作原理有很多的相似之处，所不同的是进入气缸的不是混合气，而是纯空气。新鲜空气由换气泵提高压力(约为 0.12～0.14MPa)后，经气缸外部的空气室和气缸上的进气口进入气缸内，而废气由专设的排气门排出。

工作原理如下。

1. 第一行程

活塞由下止点向上止点运动，行程开始前，进气口和排气口均已开启，换气泵将提高压力的空气泵入气缸进行换气，如图 1.10(a)所示。当活塞继续上行将进气口关闭、排气门也关闭时，开始压缩缸内的空气，如图 1.10(b)所示。当活塞接近上止点时，喷油器向缸内喷入雾状柴油，柴油迅速与空气混合形成可燃混合气并自行着火燃烧，如图 1.10(c)所示。

2. 第二行程

活塞到达上止点后，着火燃烧的高温、高压气体推动活塞下行运动。活塞下行至约 2/3 行程时，排气门开启，废气靠自身压力排出气缸，如图 1.10(d)所示。此时进气门开启，进行与二冲程汽油机类似的换气过程。

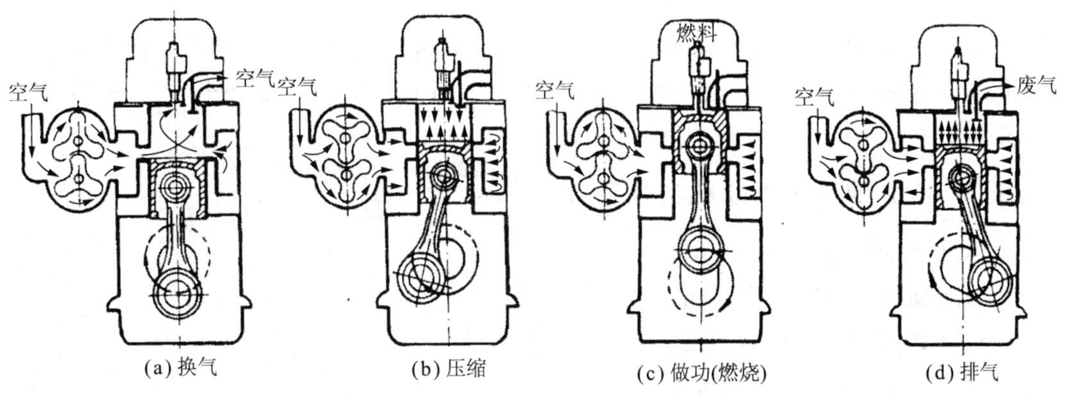

图 1.10　单缸二冲程柴油机工作原理图

比较上述的四冲程发动机与二冲程发动机的工作原理可以看出，二冲程发动机具有以下特点：

1) 四冲程发动机的进、排气是两个分开的专门过程，而二冲程发动机单纯排气(或进气)时间极短，是一个几乎完全重叠的、以新鲜空气清扫废气的换气过程。这样的换气过程不可避免地会发生新鲜气体与废气混合，造成废气难以排净和新鲜气体随废气排出的后果。

2）完成一个工作循环，二冲程发动机的曲轴只需旋转一圈，而四冲程发动机的曲轴需要转两圈。因此，当发动机工作容积、压缩比和转速相等时，从理论上讲，二冲程发动机的功率应为四冲程发动机的两倍，但实际上，只有 1.5～1.6 倍。这是由于二冲程发动机难以将废气排净和新鲜混合气随废气排出，以及为了设置换气过程而较多地损失了高压气体的做功能力，这也使二冲程发动机比四冲程发动机的经济性差。

3）当转速相等时，二冲程发动机的做功次数比四冲程发动机多一倍。因此，二冲程发动机运转较平稳，这对单缸发动机来说更为明显。

4）由于二冲程发动机没有气门或只有排气门，从而省去了配气机构或使配气机构较为简单，简化了发动机的结构。

由于二冲程汽油机有混合气损失，其经济性较差，排放污染严重，在大中型汽车上的应用受到了限制。由于它结构简单、质量轻、制造成本低等优点，轻便摩托和微型汽车的小排量发动机广泛采用。

1.5 多缸内燃机工作原理

1.5.1 概述

单缸机只适用于小功率汽车上，做功均匀性差，同时需采用较复杂的平衡措施。多缸机结构紧凑，布置合理。并可提高旋转的均匀性和平衡性。因此，在中、大功率的汽车上都采用多缸发动机。

1.5.2 四缸四冲程内燃机工作原理

1）做功间隔角为 720°/4＝180°。

2）曲轴布置如图 1.11 所示。

3）工作顺序：1—3—4—2 或 1—2—4—3 两种。

4）工作情况如表 1.1 所示。

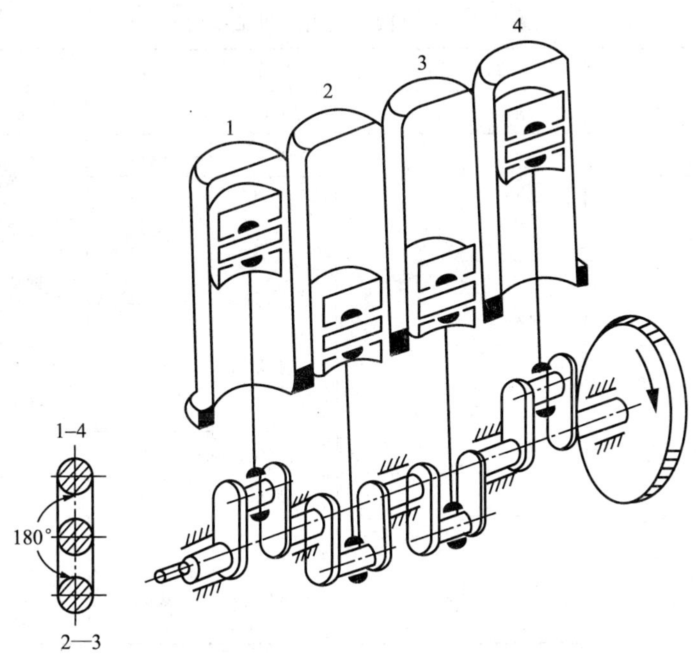

图 1.11　直列式四缸机曲轴布置图

表 1.1　四缸四冲程内燃机工作情况

曲轴转角	工作顺序　1—3—4—2			
	1 缸	2 缸	3 缸	4 缸
0°—180°	做功	排气	压缩	吸气
180°—360°	排气	吸气	做功	压缩
360°—540°	吸气	压缩	排气	做功
540°—720°	压缩	做功	吸气	排气

1.5.3　六缸机工作原理

1）做功间隔角为 720°/6＝120°。

2）曲轴布置如图 1.12 所示。

3）工作顺序：1—5—3—6—2—4 或 1—4—2—6—3—5 两种。

4）工作情况如表 1.2 所示。

表 1.2　六缸四冲程内燃机工作情况

<table>
<tr><th rowspan="2">曲轴转角</th><th colspan="6">工作顺序 1—5—3—6—2—4</th></tr>
<tr><th>1 缸</th><th>2 缸</th><th>3 缸</th><th>4 缸</th><th>5 缸</th><th>6 缸</th></tr>
<tr><td>0°～60°</td><td rowspan="3">做功</td><td rowspan="2">排气</td><td>吸气</td><td>做功</td><td rowspan="2">压缩</td><td rowspan="3">吸气</td></tr>
<tr><td>60°～120°</td><td rowspan="3">压缩</td><td rowspan="3">排气</td></tr>
<tr><td>120°～180°</td><td rowspan="3">吸气</td><td rowspan="3">做功</td></tr>
<tr><td>180°～240°</td><td rowspan="3">排气</td><td rowspan="3">压缩</td></tr>
<tr><td>240°～300°</td><td rowspan="3">做功</td><td rowspan="3">吸气</td></tr>
<tr><td>300°～360°</td><td rowspan="3">压缩</td><td rowspan="3">排气</td></tr>
<tr><td>360°～420°</td><td rowspan="3">吸气</td><td rowspan="3">做功</td></tr>
<tr><td>420°～480°</td><td rowspan="3">排气</td><td rowspan="3">压缩</td></tr>
<tr><td>480°～540°</td><td rowspan="3">做功</td><td rowspan="3">吸气</td></tr>
<tr><td>540°～600°</td><td rowspan="3">压缩</td><td rowspan="3">排气</td></tr>
<tr><td>600°～660°</td><td rowspan="2">吸气</td><td rowspan="2">做功</td></tr>
<tr><td>660°～720°</td><td>排气</td><td>压缩</td></tr>
</table>

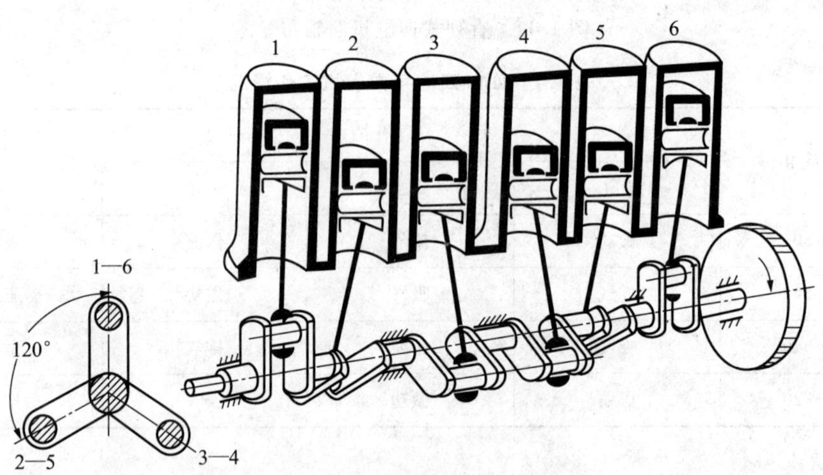

图 1.12　直列式六缸机曲轴布置图

1.5.4　V 型八缸四冲程内燃机工作原理

1）做功间隔角为 720°/8＝90°。

2）曲轴布置。有两种情况：一种是正交两平面内布置的空间曲拐(图 1.13)；另一种是与直列四缸布置相同的平面曲拐。因空间曲拐平衡性好，应用较多。

3)工作顺序。两种曲拐的布置形式的内燃机有数种工作顺序，若将气缸序号的排列如图 1.14 所示规定，其工作顺序为 1—5—4—8—6—3—7—2 或 1—5—4—2—6—3—7—8 等数种。表 1.3 列出一种工作情况。

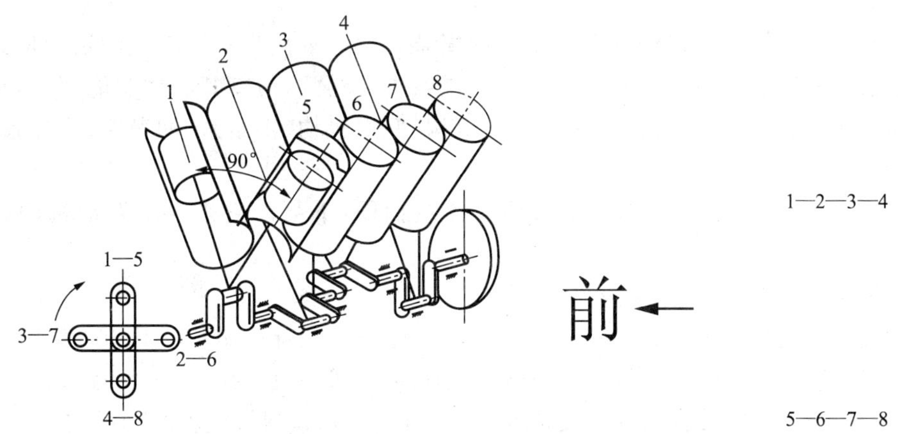

图 1.13　V 型八缸机空间曲拐布置图　　图 1.14　V 型八缸机气缸序号的排列

平面曲拐的内燃机工作顺序有 1—8—2—7—4—3—5—6 或 1—8—3—6—4—5—2—7 等，这种气缸中线夹角有的不为 90°，因此间隔角不等。

表 1.3　V 形八缸四冲程内燃机工作情况

<table>
<tr><th rowspan="2">曲轴转角</th><th colspan="8">工作顺序 1—5—4—8—6—3—7—2</th></tr>
<tr><th>1 缸</th><th>5 缸</th><th>4 缸</th><th>8 缸</th><th>6 缸</th><th>3 缸</th><th>7 缸</th><th>2 缸</th></tr>
<tr><td rowspan="2">0°→180°
90°</td><td rowspan="2">做功</td><td>压缩</td><td rowspan="2">压缩</td><td>吸气</td><td rowspan="2">吸气</td><td>排气</td><td rowspan="2">排气</td><td>做功</td></tr>
<tr><td rowspan="2">做功</td><td rowspan="2">压缩</td><td rowspan="2">吸气</td><td rowspan="2">排气</td></tr>
<tr><td rowspan="2">180°→360°
270°</td><td rowspan="2">排气</td><td rowspan="2">做功</td><td rowspan="2">压缩</td><td rowspan="2">吸气</td></tr>
<tr><td rowspan="2">排气</td><td rowspan="2">做功</td><td rowspan="2">压缩</td><td rowspan="2">吸气</td></tr>
<tr><td rowspan="2">360°→540°
450°</td><td rowspan="2">吸气</td><td rowspan="2">排气</td><td rowspan="2">做功</td><td rowspan="2">压缩</td></tr>
<tr><td rowspan="2">吸气</td><td rowspan="2">排气</td><td rowspan="2">做功</td><td rowspan="2">压缩</td></tr>
<tr><td rowspan="2">540°→720°
630°</td><td rowspan="2">压缩</td><td rowspan="2">吸气</td><td rowspan="2">排气</td><td rowspan="2">做功</td></tr>
<tr><td>压缩</td><td>吸气</td><td>排气</td><td>做功</td></tr>
</table>

V 型发动机气缸序号的排列方法，实际上是因机型而异的。有的以左右顺序排列，有的以左右交叉排列。因此要想知道 V 型发动机的工作顺序，必须应先弄清该发动机气缸序号的排列顺序，然后依据做功的均匀性和内燃机工作的平衡性，选择比较合理的工作顺序。

1.6 发动机总体结构

发动机是一台由许多机构和系统组成的复杂机器。现代汽车发动机的结构形式很多,即使是同一类型的发动机,其具体构造也是各种各样的,但就其总体功能而言,基本上都是由如下的机构和系统组成:曲柄连杆机构、配气机构、供给系、润滑系、冷却系、点火系和起动系。

图 1.15 是一台四缸四冲程汽油机的立体结构图,下面以它来介绍发动机的一般构造。

(1) 曲柄连杆机构

曲柄连杆机构由机体组、活塞连杆组、曲轴飞轮组等三部分组成。其中机体组由气缸体 14、曲轴箱、气缸盖 16、气缸套、气缸垫及油底壳 7 等组成;活塞连杆组由活塞 13、活塞环、活塞销、连杆 12 等组成;曲轴飞轮组由曲轴 4、飞轮 11、扭转减震器、平衡重等组成。有的发动机将气缸分铸成上下两部分,上体称为气缸体、下体称为曲轴箱。气缸体是发动机各机构、各系统的装配基体,其本身的许多部分又分别是曲柄连杆机构、配气机构、燃料供给系、冷却系和润滑系的组成部分。气缸盖和气缸体的内壁共同组成燃烧室的一部分,是承受高温、高压的机件。它的功用是将燃料燃烧时产生的热量转变为活塞往复运动的机械能,再通过连杆将活塞的往复运动变为曲轴的旋转运动而对外输出动力。

(2) 配气机构

配气机构由进气门 20、排气门 19、挺柱、推杆、摇臂、凸轮轴 24、以及凸轮轴正时齿轮 26(由曲轴正时齿轮 25 驱动)等组成。它的功用是按发动机工作需要,定时开启和关闭进、排气门,使新鲜混合气及时进入,废气及时排出。

(3) 供给系

供给系由汽油箱、汽油泵、汽油滤清器、化油器 17、空气滤清器 21、进气管、排气管、排气消声器等组成。它的功用是把汽油和空气混合成合适的可燃混合气供入气缸,以供燃烧,并将燃烧生成的废气排出发动机。

(4) 点火系

点火系有供给低压电流的蓄电池 10、发电机 5、将低压电流变成高压电流的断电器(与分电装置等组合成分电器 22)和点火线圈 29、把高压电流按规定时刻通过分电器装置接通气缸上的火花塞 23 等组成。它的功用是保证按规定时刻及时点燃气缸中被压缩的混合气。

(5) 冷却系

冷却系主要由水泵 27、散热器 1、风扇 2、分水管、气缸体放水阀以及气缸体和气缸盖

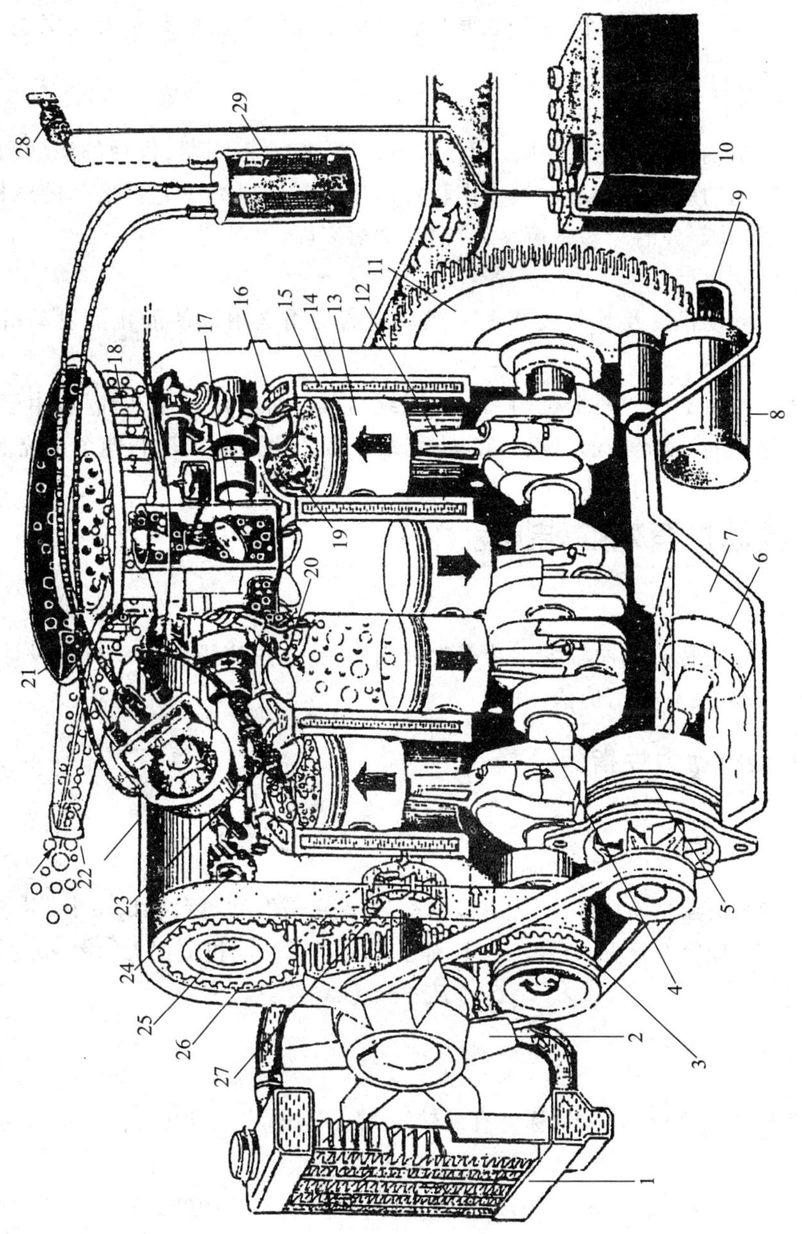

图 1.15　四缸四冲程汽油机结构图

1. 散热器;2. 冷却风扇;3. 曲轴正时齿轮;4. 曲轴;5. 发电机;6. 机油集滤器;7. 油底壳;8. 起动机;9. 起动机齿轮;10. 蓄电池;11. 飞轮;12. 连杆;13. 活塞;14. 气缸体;15. 水套;16. 气缸盖;17. 化油器;18. 空气滤清器内芯;19. 排气门;20. 进气门;21. 空气滤清器壳;22. 分电器;23. 火花塞;24. 凸轮轴;25. 凸轮轴正时齿轮;26. 正时皮带;27. 水泵;28. 点火开关;29. 点火线圈

里铸出的空腔-水套等组成，它的主要功用是把受热机件的热量散到大气中去，以保证发动机的正常工作温度。

(6) 润滑系

润滑系由机油泵、集滤器 6、限压阀、润滑油道、机油粗滤器、机油细滤器和机油冷却器等组成。它的功用是将润滑油供给作相对运动的零件以减少它们之间的摩擦阻力，减轻机件的磨损，并部分的冷却摩擦零件，清洗摩擦表面。

(7) 起动系

起动系由起动机 8 及其附属装置组成。它的功用是用以使静止的发动机起动并转入自行运转。

汽油机一般由上述的两个机构和五个系统组成。对于汽车用柴油机，由于其混合气是自行着火燃烧的，因此柴油机没有点火系，故柴油机由两个机构和四个系统组成。

1.7 发动机有效性能指标

发动机有效指标是以曲轴输出功率为基础的指标，用来评价发动机的设计与制造水平，它比指示指标更有实用价值。

1.7.1 发动机动力性指标

1. 有效功率 P_e

发动机曲轴所输出的功率，成为有效功率 P_e。它是发动机台架试验中，用测得的数据计算出来的。从理论上分析，有效功率 P_e 等于指示功率 P_i 与机械损失功率 P_m 之差，即

$$P_e = P_i - P_m \text{(kW)}$$

2. 有效转矩 M_e

由发动机曲轴输出的转矩，称为有效转矩 M_e。它与有效功率 P_e、发动机转速 n 之间的关系如下

$$M_e = 9549P_e/n \text{(N·m)} \text{或} P_e = M_e n/9549 \text{(kW)}$$

式中，n——转速，r/min。

3. 平均有效压力 p_e

发动机单位气缸工作容积输出的有效功率，称为平均有效压力 p_e。有效功率与平均有效压力之间有下列关系

$$P_e = i p_e V_h n/(30t \times 10^3)(\text{kW})$$

或

$$p_e = 30tP_e/(iV_h n \times 10^{-3})(\text{kPa})$$

$$p_e = 3.14M_e t/1000V_h i(\text{kPa})$$

对于排量($i \cdot V_h$)一定的发动机,p_e正比于M_e,p_e值越大,则单位气缸工作容积输出功越多,输出转矩越大。p_e值是发动机重要的动力指标之一。

4. 转速 n 和活塞平均速度 C_m

提高转速,能增加单位时间做功次数,这对于一定容积和质量的发动机来说,动力性得以提高。但提高 n 就会使活塞的平均速度增大,因而就增加了由惯性力引起的载荷,使磨损加剧。随着材料与润滑技术的改善,C_m将呈增长的趋势。

1.7.2 发动机经济性指标

1. 有效热效率 η_e

循环的有效功与所消耗燃料的热量之比,称为有效热效率 η_e

$$\eta_e = W_e/Q_1 = W_i \eta_m/Q_1 = \eta_i \eta_m$$

式中,η_m——机械效率。

2. 有效燃料消耗率 g_e

单位有效功所消耗燃油的量,称为有效燃油消耗率 g_e。通常以每有效千瓦小时(kW·h)的耗油量表示

$$g_e = G_T/P_e \times 10^3[\text{g}/(\text{kW}\cdot\text{h})]$$

式中,G_T——发动机在单位时间内的耗油量,kg/h(可由试验测定);

P_e——发动机有效功率,kW。

g_e值越小,说明发动机曲轴端每输出1kW·h的功所需消耗的燃料更少些。g_e可用测功器与油耗仪来测定。

1.7.3 发动机强化程度

1. 升功率 P_L

发动机每升气缸工作容积所发出的有效功率,称为升功率 P_L

$$P_L = p_{me}/iV_h = p_{me}V_h in/(30iV_h t \times 10^{-3}) = p_{me}n/(30t \times 10^{-3})(\text{kW/L})$$

即 P_L与 p_{me}、n 乘积成正比。提高平均有效压力 p_{me}和发动机 n(升高),可提高升功率

P_L，则发动机强化程度高。

2. 比重量 G_e

发动机的净重 G 与标定工况下有效功率 P_e 之比，称为发动机的比重 G_e

$$G_e = G/P_e (\mathrm{kg/kW})$$

当发动机的净重 G 一定时，标定功率 P_e 值越大，比重量越小，则发动机强化程度越高。

3. 强化系数

用平均有效压力与活塞平均速度的乘积即 $P_{me} \cdot C_m$ 表示。强化系数越大，则发动机强化程度越高，即发动机的机械负荷和热负荷越高。

发动机的有效指标如表 1.4 所示。

表 1.4　发动机的有效指标

有效指标	p_e /kPa	n /(r/min)	C_m /(m/s)	g_e /[g/(kW·h)]	η_e	P_L /(kW/L)	G_e /(kg/kW)	$p_e \cdot C_m$
汽油机	650～1200	3600～6000	10～15	270～325	0.25～0.3	22～55	1.5～4.0	80～140
柴油机	600～950	2000～4000	8.5～12.5	241～285	0.3～0.4	18～30	4.0～9.0	60～99

1.7.4　发动机其他性能评定指标

发动机除要求具有良好的动力性、经济性和较高的强化程度外，还必须具有良好的排气清净性、较低的噪声度、较小的振动和可靠的低温起动性。

1. 排气品质

发动机排放的有害气体对形成极大的污染，危害人类健康与动植物生长，受到各国日趋严格的排放法规限制。

我国制定了 1995 年 7 月 1 日以后实施的车用发动机排放标准，见表 1.5 和表 1.6。

表 1.5　汽油车怠速污染物排放值

车限	车别	CO/%		HC			
				四冲程		二冲程	
		Ⅰ	Ⅱ	Ⅰ	Ⅱ	Ⅰ	Ⅱ
1995 年 7 月 1 日以前	定型汽车	3.5	4.0	900	1200	6500	7000
	新生产车	4.0	4.5	1000	1500	7000	7800
	在用汽车	4.5	5.0	1200	2000	8000	9000

续表

车　限	车　别	CO/%		HC			
				四冲程		二冲程	
		Ⅰ	Ⅱ	Ⅰ	Ⅱ	Ⅰ	Ⅱ
1995 年 7 月 1 日以前	定型汽车	3.0	3.5	600	900	6000	6500
	新生产车	3.5	4.0	700	1000	6500	7000
	在用汽车	4.5	4.5	900	1200	7500	8000

表 1.6　柴油车自由加速烟度排放标准

年　限	车　别	烟度值(FSN)	年　限	车　别	烟度值(FSN)
1995 年 7 月 1 日以前	定型汽车	4.0	1995 年 7 月 1 日以后	定型汽车	3.5
	新生产车	4.5		新生产车	4.0
	在用汽车	5.0		在用汽车	4.5

2. 噪声

汽车产生噪声污染对人和环境影响很大。发动机噪声是汽车的主要噪声源。噪声是一种较大的公害,必须严格控制。

发动机的噪声主要由气体的噪声、燃烧噪声和机械噪声三部分组成。

为保护人类生存环境,噪声法规日益严厉。对车辆噪声的限制也就相当于对发动机提出了降低相应噪声级的要求。

3. 起动性

发动机的起动性能是其质量的重要考核指标之一,尤其是对柴油机。我国有关标准规定,在不采用特殊低温起动措施的条件下,汽油机在－10℃,柴油机在－5℃以下的气温环境下,接通起动机 15s 时间以内,发动机应能顺利起动,自动运转。

1.8　内燃机产品和型号编制规则

为了便于内燃机的生产管理与使用，我国于 1982 年对内燃机名称和型号的编制方法重新进行了审定，颁布了国家标准《内燃机产品名称和型号编制规则》(GB725—82)。该标准的主要内容如下。

1）内燃机型号的排列顺序及符号含义规定如图 1.16 所示。

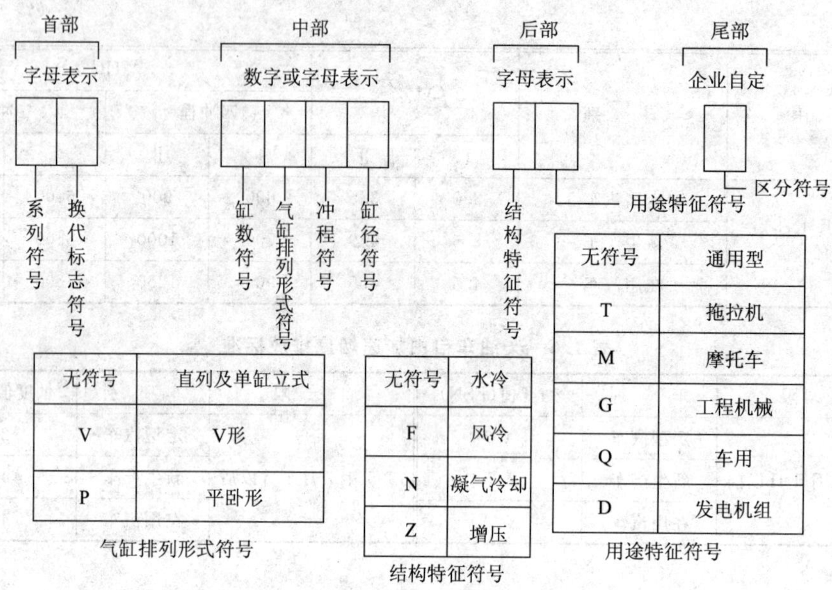

图 1.16 内燃机型号排列图

2) 内燃机产品名称均按其所采用的燃料命名，例如汽油机、柴油机、煤气机、双(多种)燃料发动机等。

3) 内燃机型号应能反映内燃机的主要结构特征及性能。其规定由表示以下四项内容的符号(阿拉伯数字或汉语拼音字母)组成：

① 首部：产品系列符号与换代标志符号，由制造厂各自选定，但需经主管部门或标准化机构核准。

② 中部：由表示气缸数、气缸排列形式、冲程、缸径的符号(数字或拼音字母)组成。

③ 后部：结构特征和用途特征符号，以字母表示。

④ 尾部：区分符号。同一系列产品因改型等原因需要区分时，由制造厂选用适当符号表示。

汽车发动机型号编制举例：

1) CA6102 型汽油机：表示由第一汽车制造厂生产、六缸、直列、四冲程、缸径 102mm、水冷、车用汽油机。

2) EQ6100Q-1 型汽油机：表示由第二汽车制造厂生产、六缸、直列、四冲程、缸径 100mm、水冷车用汽油机、且为第一次改型后的产品。

3) 玉柴 YC6105QC 型柴油机：表示由广西玉柴机器股份有限公司生产、六缸、直列、四冲程、缸径 105mm 、水冷、车用柴油机，第二次改型产品。

1.9　汽车维修设备、工具与量具

在汽车维修中，学习并正确地选用汽车维修设备、常用和专用工具及量具方法是保证维修质量，减轻人工劳动强度，提高工作效率重要保证。

1.9.1　常用工具设备

在汽车维修中，维修设备是不可少的。它包括维修工作地沟、汽车举升设备、总成拆装运送设备与工作台架等。

1. 维修地沟

维修地沟也属于"举升"汽车的一种设备，由于地沟建造费用低，安全可靠，在小型汽车修理厂中使用较多。

2. 汽车举升机

根据举升设备的传动方式，可将汽车举升机分为液压传动、气压传动、机械传动和液压一气压传动四种类型(图 1.17)。

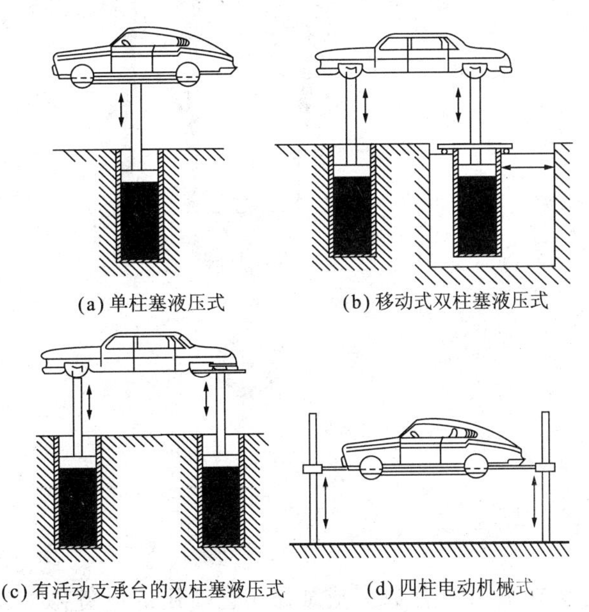

图 1.17　举升器的各种形式

液压传动举升器，是应用液体（主要是矿物油）作介质，通过油缸传递动力和运动。

气压传动举升器，是用空气作介质，通过气体传递动力和运动。它的优点类似液压传动。

机械传动举升器，其动力装置是电动机或其他动力转换装置，如电动－液压转换装置，它通过机械组件传递动力和运动。

3. 环链手拉葫芦

环链手拉葫芦是一种悬挂式手动提升重物的机械，是装卸笨重物体的常用起重工具。

环链子拉葫芦的结构，如图 1.18 所示。其起重量有 0.5t、2t、3t、5t 等。

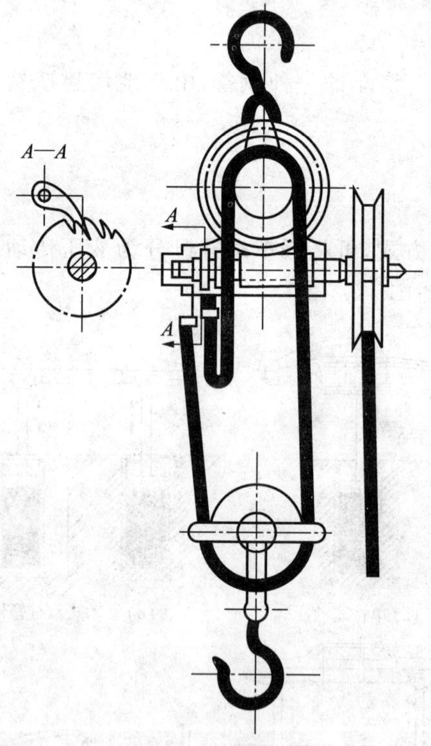

图 1.18　环链手拉葫芦

1.9.2　汽车维修工艺设备

汽车维修工艺设备，即直接用来完成维修工艺所用的设备，如汽车专修机械设备，检验仪器、试验台和加注及清洗设备等。

的毛刺、锐边等。

砂轮机主要由砂轮、电动机和机体等组成，如图 1.21 所示。砂轮机通常装有中号及细号两个砂轮，供工作中选用。

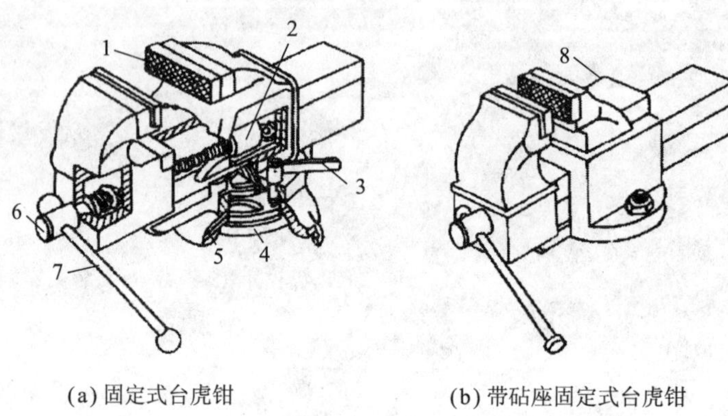

(a) 固定式台虎钳　　(b) 带砧座固定式台虎钳

图 1.19　台虎钳

1. 钳口；2. 固定螺母；3. 转盘扳手；4. 夹紧盘；5. 转盘座；6. 螺杆；7. 手柄；8. 砧座

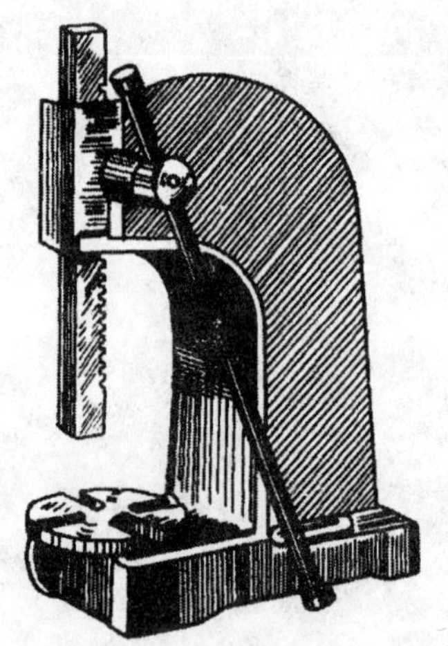

图 1.20　压力机

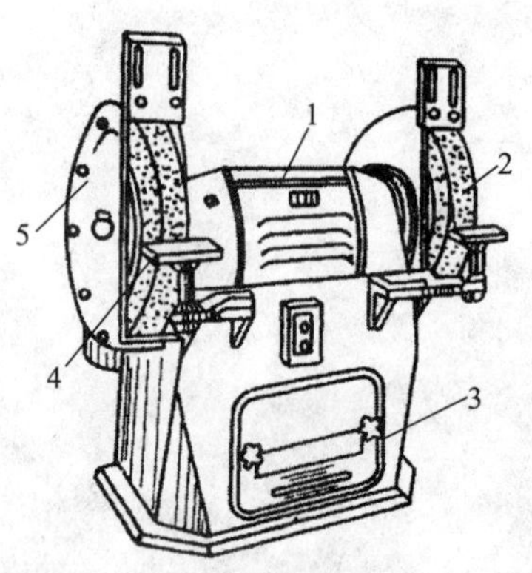

图 1.21　砂轮机

1. 电动机；2. 砂轮；3. 机座；4. 托架；5. 防护罩

4. 台钻

台钻是一种小型钻床，一般用来钻孔径 13mm 以下的工件，其外形如图 1.22 所示。台钻的灵活性大，使用方便，可适用于钻孔的需要。

1.9.4　专用工具

本节主要介绍拉器、千斤顶、翻边器等专用工具。

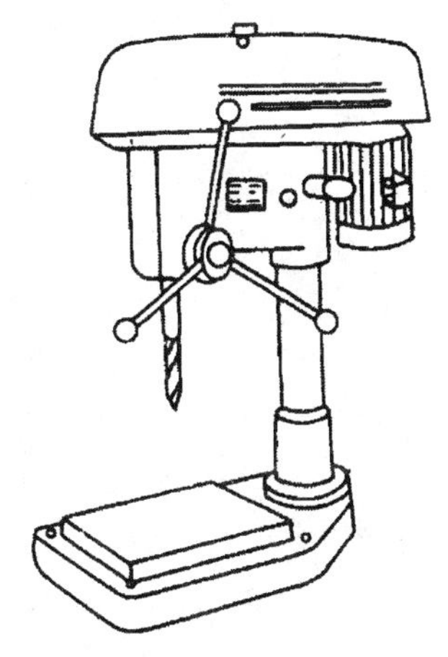
图 1.22　台钻

1. 拉器

拉器(又称拉马)是一种拆卸工具,可用来拉出齿轮、皮带轮和轴承等,不仅便于迅速拆卸零件,而且不致损坏,如图 1.23 所示。

2. 液压千斤顶

液压千斤顶是利用液体压力来顶举重物,其规格以最大起重量分为 3t、5t、8t 等几种。汽车上常用 3t、5t 两种千斤顶(结构如图 1.24 所示)。

使用时,先把油压开关拧紧,然后将千斤顶的顶柱对正要顶起的部位,接着压动手柄,工作物即会逐渐升起。要落下千斤顶时,可将开关慢慢旋开,工作物即逐渐下降。

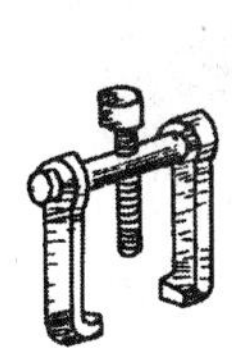
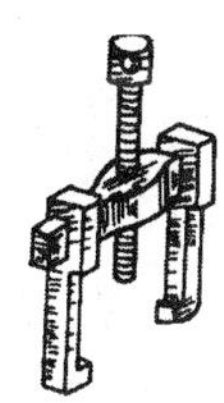
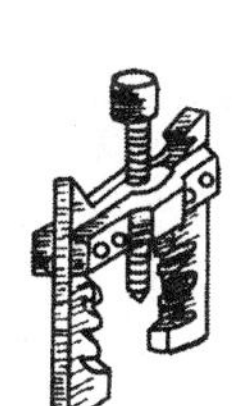
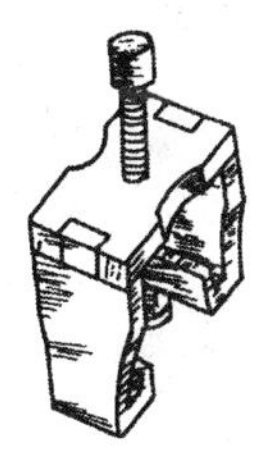

图 1.23　拉器

3. 气缸套拉具

气缸套拉具,如图 1.25 所示的就是其中一种。使用时,将拉具装入气缸中,待装好后慢慢旋紧螺帽 1,即可将气缸套拉出。

4. 黄油枪

黄油枪是用来加注润滑脂的工具。在汽车保修中常用来向装有黄油嘴的润滑部位加注润滑脂。

常用的黄油枪为手压杠杆式,其构造主要由储油筒、弹簧、活塞、压油柱塞、出油阀和出油嘴等零件组成(图 1.26)。

(2) 梅花扳手

梅花扳手(眼睛扳手),特点是扳转力大,工作可靠不易滑脱,适用于螺栓或螺母周围空间狭小的场合。它的适用范围是5.5～27mm或6～32mm,每件上都标有尺寸(图1.31)。

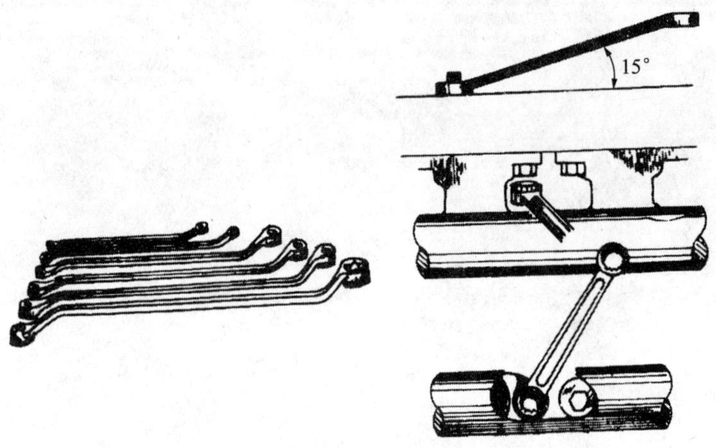

图1.31 梅花扳手

(3) 套筒扳手

套筒扳手(又名套筒扳头)是由一套尺寸不同的套筒和一根弓形的快速摇手柄、万向节头、棘轮手柄、长连接杆和套筒手柄等组成,如图1.32所示。

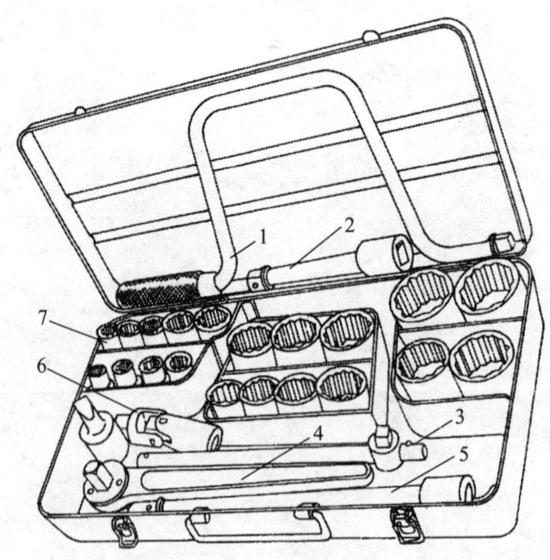

图1.32 套筒扳手

1. 快速手柄;2. 短连接杆;3. 滑动手柄;4. 棘轮手柄;5. 长连接杆;6. 万向节头;7. 套筒

套筒扳手用于开口扳手或梅花扳手不便于拆装的螺母、螺栓。套筒扳手每套件数不同、用得较多的 20 件和 32 件为一套的。

(4) 内六角螺钉扳手

内六角螺钉扳手(又名空心扳手)是专门用来拆装内六角螺钉的(图 1.33)。它是将一段六边形的钢料打弯,再经过热处理制成的。

(5) 钩子扳手

钩子扳手的形状如图 1.34 所示,它是用来转动圆周上开有槽口的圆螺母的一种扳手。

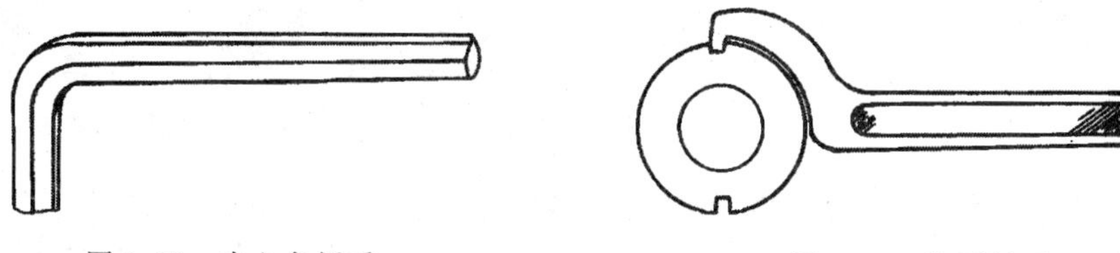

图 1.33　内六角扳手

图 1.34　钩子扳手

(6) 活动扳手

活动扳手,如图 1.35 所示。它的开口宽度可以调节,因此凡在开口宽度尺寸内的螺母、螺栓都适用。

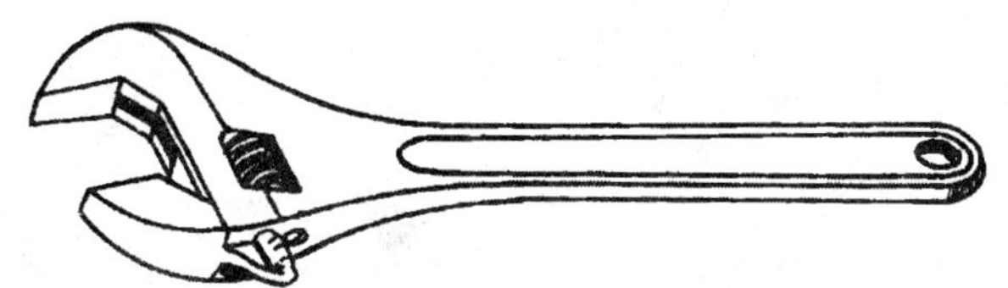

图 1.35　活动扳手

(7) 管子扳手

管子扳手(又名管钳子)用来扳转金属管子或其他圆柱形工件(图 1.36)。

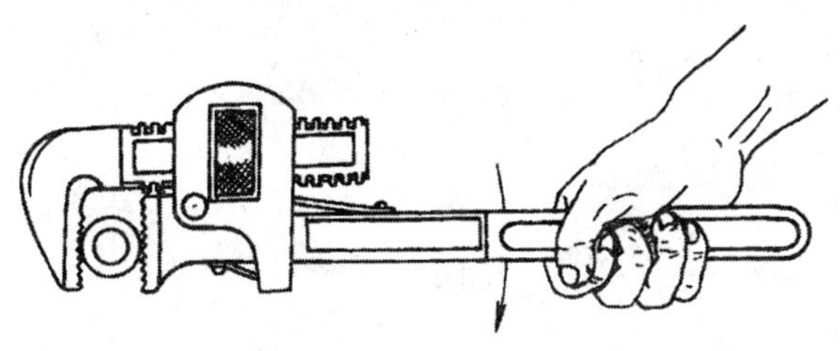

图 1.36　管子扳手

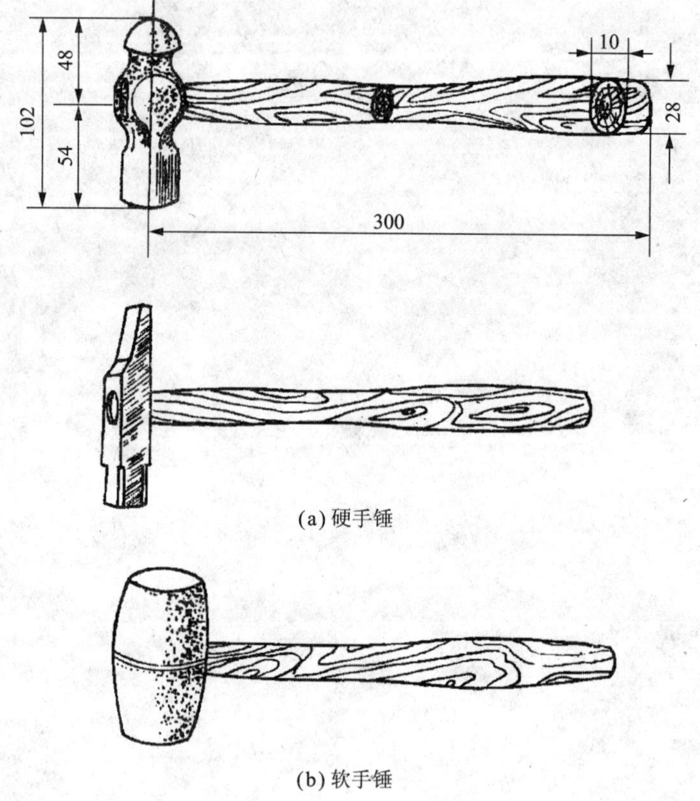

(a) 硬手锤

(b) 软手锤

图 1.40　常用手锤

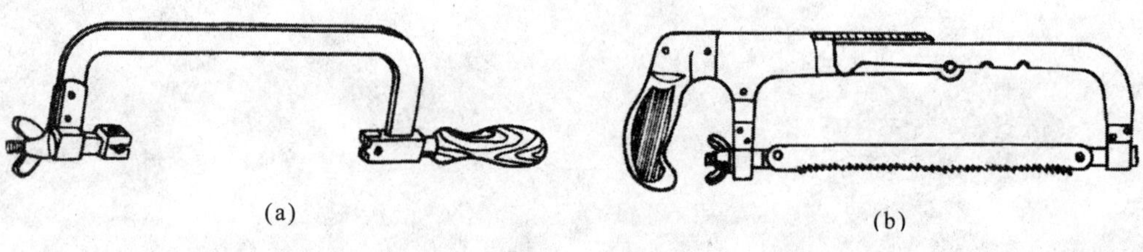

(a)

(b)

图 1.41　手锯

7. 锉刀

锉刀按齿纹粗细分为粗锉刀、中齿锉刀、细齿锉刀和油光锉刀四种。齿纹的粗细是以每 10mm 内锉纹的条数分，锉纹在每 10mm 长度中条数越多，则齿纹越细，如图 1.42 所示。

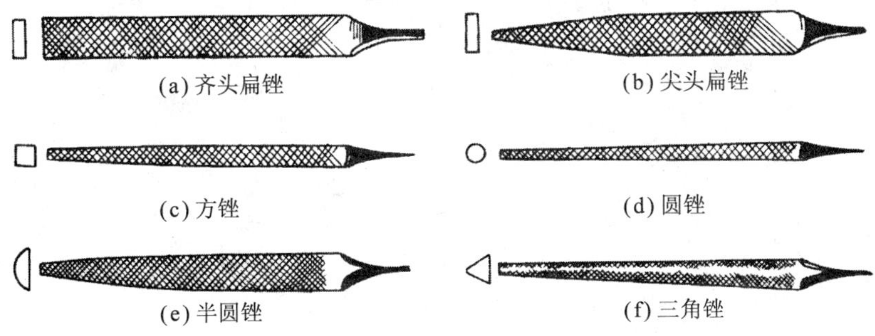

图 1.42　锉刀的形状

1.9.6　常用量具与卡具

在汽车维修中，通常需要用量具、卡具对零件的磨损及配合状况进行检查，以确定其可用程度。现主要介绍游标卡尺、千分尺、百分表、量缸表、厚薄规的使用方法。

1. 游标卡尺

游标卡尺是一种精度比较高的常用量具。它可用来测量零件的长度、宽度、深度和内外圆直径等。根据游标刻度值的不同，游标卡尺分 0.10mm、0.05mm 和 0.02mm 等数种。游标卡尺的规格有 125mm、200mm、300mm、500mm 和 1000mm 等。

(1) 游标卡尺的构造

游标卡尺的构造如图 1.43 所示，它是由带有刻度的主尺、可以滑动的副尺、固定卡脚、活动卡脚、深度尺和固定螺钉等组成。固定卡脚同主尺是一体，活动卡脚同副尺是一体，固定螺钉用来固定副尺。上卡脚测量内表面，下卡脚测量外表面。有的精密游标卡尺在副尺的后端装有微动游框(矩板)，用来做精密调整。

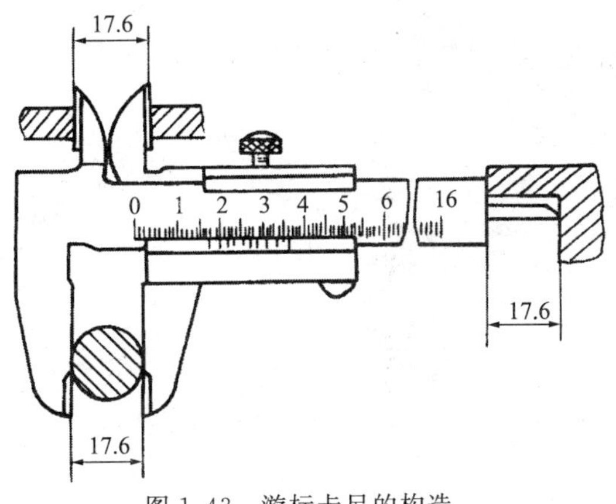

图 1.43　游标卡尺的构造

(1) 百分表的构造及刻度原理

百分表是利用齿轮-齿条传动机构把测杆的直线运动变成指针在刻度圆盘上的角度位移,来达到测量的目的。其构造如图 1.47 所示。

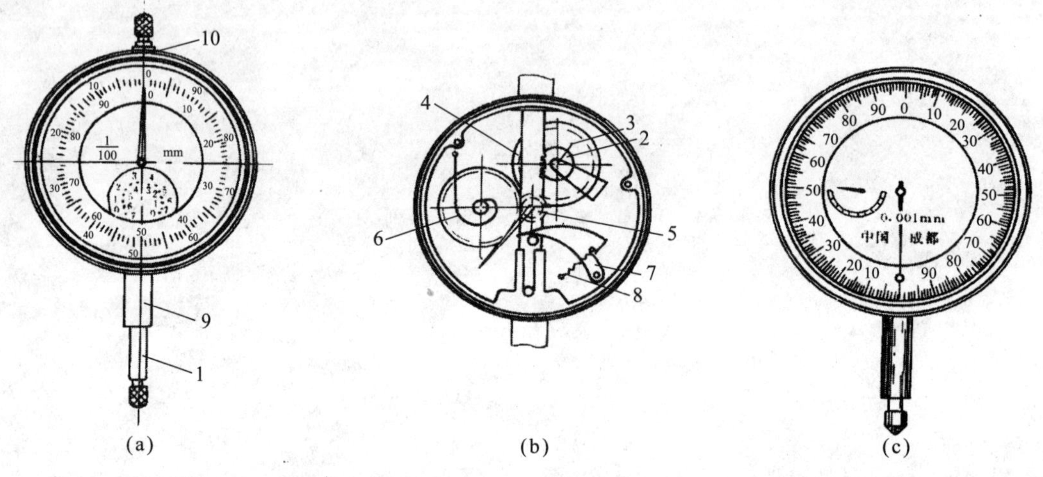

图 1.47 百分表

1. 测量杆;2,5. 小齿轮;3,6. 大齿轮;4. 齿条;7. 四位拨杆;8. 回位弹簧;9. 套筒;10. 表圈

百分表的刻度原理是:百分表内的齿条和齿轮的周节(一齿)是 0.625mm。当测量杆上升 16 齿小齿轮时(即 0.625mm×16=10mm),16 齿小齿轮正好转 1 周,其同轴上 100 齿大齿轮也随着转 1 周,这就使 10 齿小齿轮及其同轴上的长指针刚好转 10 周。即当测量杆上升 10mm 时,长指针要转 10 周。那么当测量杆上升 1mm 时,长指针便转 1 周。到度圆盘面上均匀地刻着 100 个小格。因此,长指针每转过 1 格就代表测量杆上升了 0.01mm。

(2) 百分表的使用及保养注意事项

1) 使用前要检查百分表的测量杆移动是否灵活,指针是否跳动或不回转现象查明原因。

2) 测量时,应将测量杆、测头和被测零件擦干净;压测头使指针转过 1 圈(使指针预先转过 1 圈的目的,是为了在测量中既能读出正数,也能读出负数),然后把表紧固,看指针停在什么位置,就以该处作为测量的起始位置(为了在测量中读数方便,可转动刻度圆盘,使零位和指针重合)。

3) 测量时,要使测量杆垂直被测平面或圆柱面,否则不仅误差大,而且测杆容易卡住,甚至损坏百分表。

4) 使用时要轻拿轻放,不要过多拨动测头,以免加速表内零件的磨损,尤其是不要使测量杆移动距离太大,即不要超出表的测量范围,否则会挤断表内零件。

5）成套百分表，除按上述使用保养外，还应注意支架的保养，使其完整无损。

4. 量缸表

量缸表是用来测量气缸的椭圆度、圆锥度和磨损情况的，是汽车维修不可缺少的一种量具。

(1) 量缸表的构造

量缸表(又名内径百分表)是由百分表和一套传动机构组成的精密量具，其表头刻度和内部构造与上述的一般千分表相同，唯测量杆加长，在下部成“T”字形，如图 1.48 所示。

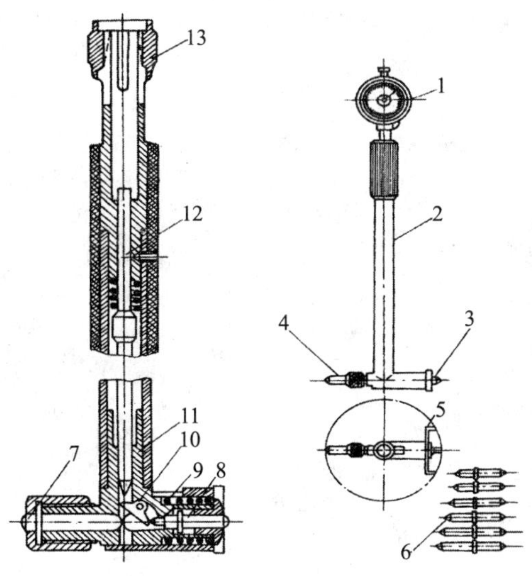

图 1.48　量缸表

1. 百分表；2. 直管；3，8. 活动量杆；4，6. 可换测头；7. 可换测头螺孔；9. 弹簧；10. 传动杠杆；11. 主体；12. 活动杆；13. 弹簧插口

表架是一个三通管内装有传动杠杆等机构的装置。在三通管的一端装有活动量杆，另一端装有可换测头。与三通管相连的管子上端有一弹簧插口，用来安装百分表。活动量杆的移动将使传动杠杆回转，杠杆的回转又迫使活动杆在管子内运动，这样便触动了百分表的测头而使其指针转动，达到测量读数的目的。

量缸表配有成套的可换测头和测量垫圈等附件。

(2) 量缸表的使用方法

1）将表擦净后小心地装进表架的弹簧插口中，并使表的指针转过一圈再紧固弹簧插口(夹力不宜太大)。

2）根据汽缸内径的大小，选取一个相应尺寸的可换测头装在表架上。可换测头和活

实训部分

实训 1.1　CA6102 型汽油机观察与拆装

实训 1.1.1　CA6102 型汽油机的观察

1) 发动机左侧安装有空气滤清器、化油器、曲轴箱通风装置、进排气总管、发电机、起动机、机油粗滤器、机油压力感应塞、油压警报感应塞、放水开关、水泵、硅油风扇离合器等。

2) 发动机右侧安装有空气压缩机、机油尺、离心式机油(细)滤清器、分电器、汽油泵、曲轴箱通风装置滤清器、水温感应塞、扭振减振器、油底壳、飞轮壳等。

3) 发动机内部安装有曲柄连杆机构,配气机构等(图 1.51)。

综上所述汽油机主要有两个机构,即曲柄连杆机构和配气机构;五大系统,即润滑系、冷却系、供给系、点火系、起动系。

实训 1.1.2　CA6102 型汽油机的解体

将发动机安置于台架上,必需牢固可靠。

(1) 拆卸发动机的各附件总成

1) 选用合适扳手卸下汽油泵与化油器连接的汽油管。

2) 卸下分电器与化油器相连接的真空感电管。

3) 拔下分电器与各缸连接的高压线;卸下火花塞。

4) 卸下分电器总成和分电器固定底座。

5) 卸下分电器传动轴的固定螺栓,拔出传动轴。

6) 卸下汽油泵及垫。

7) 卸下气泵总成及安装架。

8) 拔出油尺,卸下水温感应塞。

9) 卸下空气滤清器与曲轴箱通风装置进气口滤清器的连接管。

10) 卸下空气滤清器及安装架。

11) 卸下化油器和密封隔热垫。

12) 卸下曲轴箱通风阀及与排气滤清器出口连接的管。

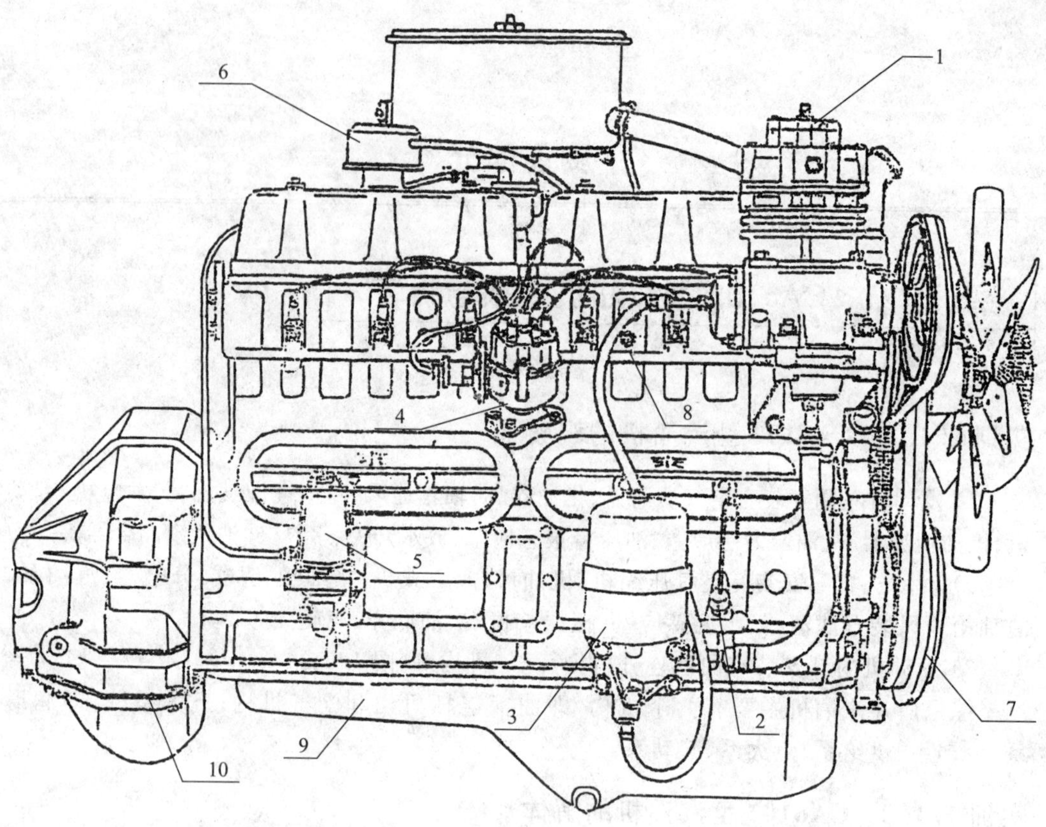

图 1.51　CA6102 发动机总图

1. 空气压缩机；2. 机油标尺；3. 离心式机油滤清器；4. 分电器；5. 汽油泵；
6. 曲轴箱通风滤清器；7. 扭转减震器；8. 水温感应塞；9. 油底壳；10. 飞轮壳

13）卸下发电机。

14）卸下起动机。

15）卸下油压感应塞和油压警报感应塞。

16）卸下风扇和硅油风扇离合器总成，并取下风扇皮带，气泵皮带。

17）卸下水泵及缸盖出水管和节温器。

18）卸下气缸左侧面水套室盖及垫。

19）卸下离合器总成：

① 检查离合器盖与飞轮有无安装记号，若无记号，应做好安装标记。

② 对称交叉均匀分 2～3 次扭松固定螺栓至卸下。

③ 取下离合压盘总成及从动盘总成。

(2) 配气机构的拆卸

1) 卸下进、排气歧管及垫。

2) 卸下前、后气门室罩及通风装置滤清器。

3) 卸下前后摇臂座、轴总成，并做好标记(可把前打上标记，后不打等方法)。

4) 取下气门帽，并妥善保管防止丢失。

5) 抽出推杆，并标出原始位置(如用刮刀在杆上写出顺序号)。

6) 按照从两边至中间对角交叉分 2～3 次均匀扭松缸盖螺栓，直至卸下。

7) 用手锤轻击缸盖四周，平稳将缸盖抬下，然后放置于一个平稳之处，并将缸盖侧置，若平置，缸盖下结合面要用木板垫平，防止磕碰或变形。

8) 仔细观察缸垫的安装方向，然后取下缸垫并放置平整处，或挂置。

9) 挺杆导向体的拆卸：

① 卸下挺杆室盖总成。

② 观察核对前后挺杆导向体的安装记号，若无打上记号(如前或 1、2 记号)。

③ 卸下挺杆导向体螺栓，拔出导向体；取下挺杆按顺序做好标记。

(3) 曲柄连杆机构的拆卸

1) 将机体侧放，并使配气传动组一侧朝上。

2) 分 2～3 次对角交叉扭松油底壳固定螺栓，至卸下。

3) 取下油底壳垫板、油底壳及垫。

4) 卸下机油集滤器，机油泵及进出油管。

5) 检查活塞顶部是否有安装序号(缸号)，若无，当活塞在上止点时，打出相应的缸号。

6) 检查连杆大端或瓦盖上是否有相应的缸号，配对记号是否在同一侧，是否是同一标号，若标号不同要记住，若无缸号要在连杆瓦盖上用钢字打上相应的缸号。

7) 检查各缸气缸套上都是否有积炭，若有积炭将活塞摇至接近上止点时，用废锯条将积炭清除，然后用抹布擦或用压缩空气吹净。

8) 转动曲轴使任意两缸活塞处于下止点：

① 若连杆螺母用开口销锁定，应先拔下某一缸连杆螺栓的开口销。

② 分 2～3 次交替均匀拧松该缸连杆螺栓的螺母至卸下。

③ 用手锤轻击瓦盖并取下，然后取下瓦片，在瓦背上做出相应缸号、记号(如用锯条或刮刀写上如“6”下)。

④ 转动曲轴至适当位置，用木棒或铜棒将该缸活塞推出，取下上瓦片做出相应缸号的标记(如“6”上)。

⑤ 把瓦盖及瓦片和连杆螺栓按原位置装好。

⑥ 把组装后的活塞连杆总成放置于一平整的台面上。

⑦ 用同样方法卸下其余活塞连杆组。

注意：

1）每缸上、下瓦片不能相混，各缸瓦片更不能相混，否则将破坏原来的配合关系；

2）拆卸时，注意观察活塞连杆组的安装方向。

(4) 曲轴飞轮组的拆卸

1）打开起动爪锁片，用扳手拧松起动爪至卸下。

2）检查或在扭振减振器与曲轴皮带轮上打上安装记号，卸下扭振减振器，用拉出器卸下皮带轮。

3）取下发动机前悬置支架。

4）卸下正室齿轮盖，取下曲轴齿轮挡油盘和垫密片。

5）检查校对正时齿轮记号，必要时重新打上记号。

6）检查主轴瓦盖上有无安装序号，若无用钢字打上相应的序号(从前至后 1～7)，同时注意观察瓦盖的安装方向。

7）观察飞轮的定位方法，本机采用定位销定位，用扁铲撬起飞轮固定螺栓锁片，对角交叉分 2～3 次扭松飞轮螺栓至卸下。

8）卸下飞轮。

9）卸下飞轮壳。

10）卸下曲轴后油封挡片。

11）分别均匀拧松每一个瓦盖的螺栓至卸下，逐一取下每一道主轴瓦盖，并在主轴瓦背上写下相应序号和标明上、下，然后按顺序摆放。

12）抬出曲轴，置于一个安全位置垂直或平放。

13）将主轴瓦、主轴瓦盖螺栓按原位置装好。

注意：先观察曲轴的构造及支撑方法，曲轴轴向定位和前后密封防漏装置。

(5) 凸轮轴的拆卸

1）卸下凸轮轴止推凸缘固定螺栓。

2）平稳地抽出凸轮轴并妥善摆放。

实训 1.1.3 解放 CA6102 型汽油机的总装

(1) 装配要求及注意事项

1）装配场地必须清洁无灰尘。

2）可以边清洗边组装或安装。

3）必须按装配顺序进行，即气缸体→主轴瓦曲轴→活塞连杆组→飞轮组→正时齿轮→机油泵→正室齿轮盖→油底壳→挺杆→缸盖→推杆摇臂轴总成等→曲轴皮带轮→附件。

4）各结合面处都要装密封纸垫或胶垫，防止漏油漏气。

5）各连接所用螺栓要按原长短选用，即不能过长，也不能过短，并按规定扭矩扭紧。

6）各连接螺栓（母）要可靠锁紧（弹簧垫、锁片等）防止松脱。

7）必须备有清洁的润滑油、机油，各相对运动表面必须进行加油润滑。

8）还需备有密封胶，冲洗油枪。

9）装配时，严禁使用易掉碎沫的抹布，否则易堵机油泵集油滤网和油道。

（2）气缸体的组装

1）气缸体在装配前应对所有油道（孔），主轴瓦孔、凸轮轴孔、螺纹孔和定位孔用压缩空气吹净，不得有脏物。

2）将机体底面朝上。

3）卸下主轴瓦盖，按顺序摆放，并配好弹簧垫和螺栓。

（3）曲轴的装配

1）仔细清理曲轴的润滑油道。

2）将原（或已选配好的）上瓦片置于相应顺序的座孔中。

3）将瓦片内表面涂以机油。

4）将曲轴轴颈涂上机油，并将曲轴抬落在座瓦孔中，注意曲轴上推垫圈（止推片）对正安装位置，以防损坏。

5）将主轴瓦盖仔细洗净，装上下瓦片涂上机油，分别置于相应序号的座孔上，注意主轴瓦盖上的小凸台必须朝前，第七道主轴瓦盖装于机体之前在瓦盖左右两端应涂上密封胶。

6）将螺栓涂上机油拧入螺栓孔中，主轴瓦螺栓的拧紧应分 2～3 次均匀拧至规定扭矩，从中间一道主轴瓦盖开始向两端拧紧，其扭矩为第一、二、三、五、六道为 140～160N·m，第四、七道为 100～120N·m。

7）检查曲轴的轴向间隙：

① 第一主轴瓦的止推垫圈与曲轴轴颈端面之间的间隙为 0.15～0.35mm。

② 其它轴颈端面与主轴瓦盖之间的间隙每边不小于 0.75mm，若不符要仔细检查各主轴瓦盖是否有装错，装偏现象等。

8）检查曲轴转动的灵活性：即用不大于 10N·m 力矩应匀速转动曲轴，若大于此值时，要卸下轴瓦盖重新检查，是否有的轴瓦间隙过小或不干净等，必要时检查曲轴轴线的直线度是否大于 0.05mm；

9）安装曲轴后油封（100×125×12）：若油封外圆为胶质的，装时在外圆上涂上机油，外圆为钢质的，装时在外圆上涂上密封胶，并在唇口均匀涂抹机油或黄油，然后从曲轴后端套入，再用专用工具装入油封座中，不得歪斜。

10）将油封挡片紧固在气缸体上。

11）将第七道主轴瓦盖填料（密封条）打入槽内，要打到底，然后将凸出的填料修整与轴瓦盖平齐。

（4）活塞连杆组的安装

1）将机体侧置，并使配气一侧朝上。

2）转动曲轴使某两缸曲轴轴颈处于最下（相对于机体上平面），将其中一个轴颈涂抹上机油，同时相应气缸套内也要涂上机油。

3）将相应的活塞连杆组的活塞销处、活塞环、连杆上瓦片涂抹上机油，使连杆凸台标记朝向发动机前方装入相应的气缸套内。

4）使活塞环各环口错开180°，并且要避开活塞销孔和侧压力方向。

5）用活塞环卡子和钳子夹紧活塞环，用木棒（或锤把）将其推入气缸套内，使瓦片卡（落）到曲轴的轴颈上。

6）将该缸的连杆下瓦片涂上机油并检查瓦片定位凸台与瓦盖凹槽应完整无损，然后装瓦盖使配对记号在同一侧，穿上螺栓拧上螺母，分2～3次均匀将两个螺母拧至100～120N·m，摇转曲轴是否灵活，否则应检查排除。

7）用同样的方法将其余活塞连杆组安装完毕，并重新检查一遍连杆螺母是否达到规定扭矩。若用开口销锁紧的螺母，当达到规定扭矩后，连杆螺母的开槽与连杆螺栓孔对不上时，切忌不要采用松或紧螺母的方法来解决，可采用调换螺母或将螺母适当磨削，但一定要磨平。

8）安装后的检查：

① 各连杆大端端面与曲轴轴连杆颈端面之间的间隙为0.17～0.37mm。

② 用不大于60N·m的力矩就应能匀速转动曲轴。

（5）飞轮壳与飞轮的安装

1）检查飞轮壳定位环（空心定位销）是否损坏，损坏后应更换新定位环，以保证飞轮壳与气缸体间的正确安装位置。

2）将螺栓套上弹簧垫醮上机油拧入各螺栓孔中，先将定位环的螺栓拧紧，其余应交叉均匀拧到80～100N·m；再将定位环的螺栓拧至80～100N·m。

3）检查飞轮定位销是否完好，否则要进行修整或更换，将螺栓醮上机油并套上锁片拧入螺栓孔中，分2～3次按十字交叉方法依次拧到100～120N·m，然后将锁片翻边，翻边应紧贴于螺栓六方的平面上。

（6）凸轮轴的安装

1）检查止推突缘与凸轮轴第一道轴颈之间的间隙为0.08～0.208mm，否则应修整或更换突缘。

2）若正时齿轮盖定位环拆（掉）下，应将定位环压入气缸体前端，必须保证定位环完好。

3）先后将正时齿轮室垫板的密封垫，正时齿轮盖垫板套在缸体前端的定位环上，并用靠近凸轮轴孔侧二个螺栓紧固在气缸体上。

4）将凸轮轴各正时齿轮、支承轴颈、分电器驱动齿轮和凸轮轴衬套涂上机油，把凸轮轴装入衬套内。

5）转动曲轴和凸轮轴，使正时齿轮的正时记号（凹坑）与曲轴齿轮的记号（凹坑）重合在两轴中心的连线上。

6）把凸轮轴总成推入缸体衬套孔内。

7）检查凸轮轴安装是否正确，即将曲轴的一、六道连杆轴颈转至上止点时，观察凸轮轴的一、六缸凸轮应该呈上“八”字与下“八”字，如一缸两凸轮呈上“八”字，六缸两凸轮就应该呈下“八”字，否则就应重新安装核对记号，必要时可重新打上记号。

8）校对记号后，用两螺栓将凸轮轴止推突缘固定在汽缸体前端面上，扭矩为 20～25N · m。

(7) 机油泵的安装

1）用定位环把机油泵和机体定位，用四个螺栓拧紧。

2）将机油管总成及密封垫用螺栓把油泵与机体相连。

3）把机油集滤器总成及密封垫装于油泵上，并将支架固定在第二道轴瓦盖上。

(8) 正时齿轮盖的安装

1）将曲轴齿轮挡油盘从曲轴前端套入（注意方向应使盘口朝向齿轮）后，把皮带轮的半圆键装在曲轴键槽中。

2）检查曲轴前油封，必要时更换，并将油封内孔涂上机油。

3）用一定位销把垫片、密封垫、正时齿轮室盖依次装在机体前面的定位环，务必使垫片、密封垫、机体、正时齿轮盖底平面平齐之后，扭紧正时齿轮室盖上的两个定位孔的螺栓。

4）将发动机前悬置支架的内表面涂上黄油，并套在正时齿轮盖上。

5）用紧固螺栓把发电机支架、正时齿轮室盖、密封垫、垫片等同机体紧固在一起，螺栓应分 2～3 次拧到 80～100N · m 的力矩。

(9) 油底壳的安装

1）涂胶，即在气缸体与正时齿轮室盖垫板接口处，第七道主轴内瓦盖与气缸体结合部位涂上密封胶以防漏油。

2）仔细地放正油底壳密封垫，装上油底壳，放正垫板，注意在垫板接合处（四处）须装上一个平垫，其余只装弹簧垫。

3）从中间开始按左右（上下）轮流依次扭紧螺栓至 10～15N · m，不得超过此力矩，以防变形而漏油。

4）检查密封垫不得有间隙，也不应有明显的挤出现象，否则说明局部过松或过紧。

(10) 挺杆导向体和挺杆的安装

1) 将挺杆涂以机油放入原挺杆导向体的孔内,根据导向体上的前后记号分别将装有导向体总成用定位环和螺栓安装在缸体的相应位置上,均匀地扭至 70～80N・m。

2) 检查所有挺杆是否能上下移动和灵活转动。

3) 将挺杆室盖板和密封圈用螺栓及螺栓密封圈总成拧紧在机体上。

(11) 气缸盖的安装

将机体朝上置于台架上,并要牢固可靠。

1) 若缸盖定位销已拆(掉),应将定位销打入气缸体定位销孔中,不得歪斜,否则应修正。

2) 将缸垫擦净,以定位销定位于缸体上,若钢垫带卷边的,卷边应朝上。

3) 往各缸壁沿圆周均匀地注入 20g 机油。

4) 将缸盖吹净以定位销定位抬落置于缸垫上。

5) 把缸盖螺栓螺纹部分蘸上机油后拧入各螺栓孔中。

6) 从中间向两端均匀地分 2～3 次,拧至 100～120N・m。

7) 装进、排气歧管垫及歧管,并将螺栓蘸上少许机油,从中间向两端拧至30～40N・m的力矩。

(12) 摇臂轴总成的安装

1) 应将气门调整螺钉退出至最高位置,以免在拧紧摇臂支架螺栓时顶弯推杆。

2) 将推杆两端蘸上机油后,按原位置装进推杆孔,并要保证落到挺杆的球面座内。

3) 把气门帽装在涂过机油的气门杆端部。

4) 将上述摇臂轴总成安装到汽气缸盖上,由定位环保证其安装位置。

5) 将螺栓螺纹部分涂上机油旋入两定位环孔的紧固螺栓,再旋入其余螺栓,M8 的螺栓拧至 20～30N・m 的力矩,M10 的螺栓扭至 30～40N・m 的力矩。

6) 同时检查各摇臂应转动灵活,摇臂两端与摇臂轴支座间轴向间隙应小于 0.05mm。

7) 检查调整气门间隙:进气门间隙为 0.2mm,排气门为 0.25mm,气门与摇臂之间的最小间隙为气门门隙(在保证气缸盖与摇臂轴安装螺栓按扭矩达到标准的前提下进行),如图 1.52 所示。

8) 门间隙检查调整后,在摇臂轴、调整螺栓及气门帽等处浇上机油。

9) 安装前后气门室罩垫和气门室罩及通风装置滤清器。

(13) 曲轴皮带轮及扭振减振器的安装

1) 将发动机前悬置装于正时齿轮盖的凸缘上。

2) 将曲轴皮带轮清洗干净后,检查其与前油封接触面有无刮伤或损坏,必要时用砂纸打光。

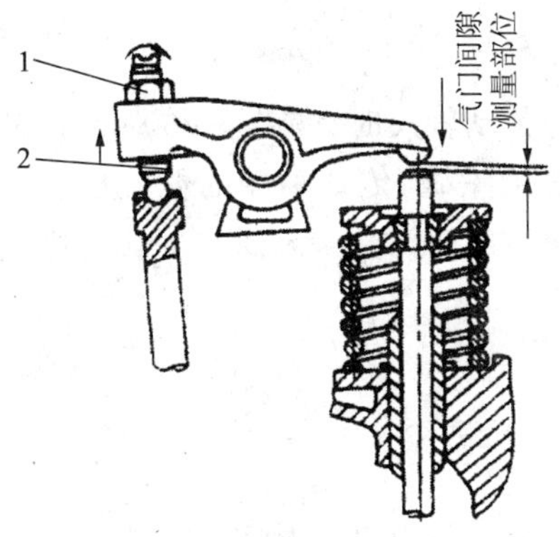

(a) 顶置式气门的气门间隙

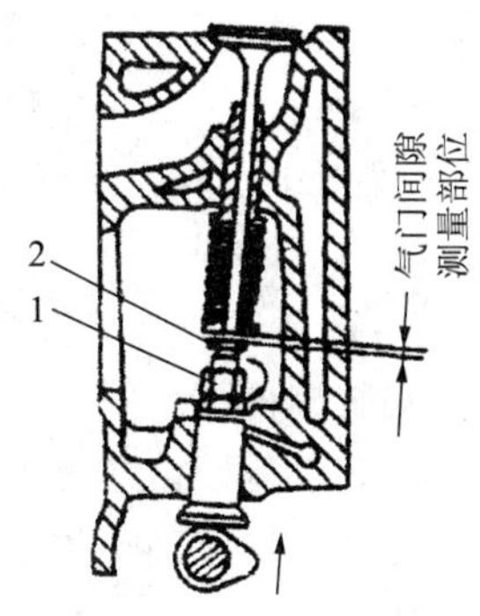

(b) 侧置式气门的气门间隙

图 1.52　检查调整气门间隙

1. 锁紧螺母；2. 调整螺钉

3) 在装于发动机之前与油封接触面应涂上机油，之后轻轻推入。

4) 把扭振减振器按原位置用螺栓固定。

5) 将起动爪螺纹蘸上机油拧入曲轴前端螺孔中，最后拧至 245～295N·m 的力矩。

(14) 其他附件的安装

1) 风扇硅油离合器、水泵的安装：

① 将完好的水泵总成及垫装于机体水套处，将螺栓蘸机油拧入孔中并扭紧。注意不要漏装发电机调整支架。

② 装气泵带，两根风扇皮带。

③ 装上风扇叶及硅油离合器。

2) 机油粗滤器总成的安装，将已清洗或更换新滤芯的滤清器总成用紧固螺栓及密封垫固定在机体左侧，注意垫要涂上黄油或密封胶。

3) 安装离心式转子滤清器总成，方法同粗滤器基本相同。

4) 气泵总成的安装：

① 先安装气泵支架于发动机右前侧。

② 将气泵装于支架上并套上气泵带。

③ 调整气泵张紧度，皮带挠度在 12.5mm 时的作用力应在 25～45N 范围内，然后将气泵底座固定螺栓扭紧。

④ 连接气泵润滑油管。

5) 分电器及传动轴的安装：

① 卸下一缸火花塞，并用手指堵住火花塞孔，转动曲轴，当从火花塞孔有气体冲出后，继续转动曲轴，同时从飞轮壳检视口观察，飞轮上的标记与飞轮壳上的刻线重合，停

止转动曲轴。

② 将传动轴齿轮涂上机油。

③ 由于传动轴齿轮是螺旋齿轮，故在装时先把传动轴反时针旋转约60°装入，使之齿轮与凸轮轴上的齿轮与凸轮轴上的齿轮啮合，若安装正确，传动轴端的偏心槽应位于水平位置，槽中心线应在传动中心线的上方，即偏心槽的小面在上，大面在下。否则应拔出重新装入，直至达到要求为止。

④ 安装螺栓。

⑤ 用扳手将锁紧螺母锁紧，且不可过分扭紧。

⑥ 装分电器座及垫并扭紧两个固定螺栓。

⑦ 分电器的正时安装：在上述曲轴位置不变，转动分电器联轴节，使联轴节大面在下，小面在上将分电器插入座孔中，使触点刚刚打开，并将分电器固定。此时分火头应对准分电器盖上一缸高压线的插孔。

⑧ 安装火花塞和高压线，按1—5—3—6—2—4的顺序接到各缸火花塞上。

6）化油器、空气滤清器和汽油泵的安装：

① 将密封垫和隔热垫置于化油器固定螺栓处。

② 装上化油器并拧紧螺母。

③ 连接分电器与化油器的真空感电管。

④ 装上空气滤清器和支架，连接与其相通的连接管，即连接空气滤清器与通风装置滤清器进气口的连接；连接通风装置通风阀以及进气歧管机通风装置滤清器出口连接管。

7）汽油泵安装：

① 转动曲轴使偏心轮最高点转至背离汽油泵安装口。

② 将汽油泵垫密封和汽油泵装于螺柱上。

③ 套上平、弹簧垫和并拧紧螺母。

④ 连接汽油泵与化油器的油管。

8）发电机和起动机的安装：

① 装上发电机并调整好风扇带张紧度，挠度为12.5mm。

② 将起动机固定在飞轮壳上。

9）其他零件的安装：

① 装机体放水阀及手柄。

② 安装水温感应塞，缸盖进水管及节温器和水泵的连接管。

③ 安装油压感应塞和油压过低感应塞。

④ 安装气缸体侧面水套室垫和盖。

10）离合器总成的安装：

① 将曲轴后端轴承抹入适当黄油。

② 将离合器从动盘总成使从动盘毂的长端朝前装入飞轮处。

③ 将离合器压盘总成对正安装记号。

④ 用专用工具(或变速箱一轴)插入从动盘毂花键及曲轴后轴承孔中,使从动盘定中心以保证变速器总成装配时,其一轴前端顺利地装入。

⑤ 均匀交叉地拧紧固定离合器总成的八个螺栓,其扭紧力矩为 45～63N・m。

⑥ 拔出专用工具或变速器一轴。

实训 1.2　492Q 型汽油机观察与拆装

实训 1.2.1　发动机的解体(图 1.53)

发动机解体过程如下:

1) 将发动机装置在台架上,用木方垫牢,进行外表清洗。观察各部总成及各种零部件在发动机上的连接方式,选择合适的拆卸工具,确定拆卸顺序。

2) 拆下各附件总成:

① 拆下化油器真空管及油管和化油器。

② 拆下机油滤清器。

③ 拆下发电机。

④ 拆下起动机。

⑤ 拆下分电器真空管接头,拆下高压线,拆下分电器及传动装置总成和火花塞。

⑥ 拆下汽油泵出油管接头,拆下汽油泵。

⑦ 拆下风扇及风扇皮带。

⑧ 拆下水泵总成。

⑨ 拆下进、排气歧管,取下进、排气歧管垫。

3) 拆下气门室罩盖,拆下气门摇臂总成,取出推杆。

4) 按规定顺序分 2～3 次拧松并拆下气缸盖螺母(从两端向中间、对角均匀的拆卸),抬下气缸盖。观察气缸垫安装方向,取下气缸垫。

5) 摇转曲轴使一、四缸活塞处于上止点位置,观察曲轴皮带轮轮缘上的小孔与正时齿轮盖上的指针是否对正。如不对正应在皮带轮上做上记号。

6) 拆下离合器壳体总成。观察离合器总成,是否有方向、位置的标记或配重块等特殊零件。如无记号,应打上记号。均匀、对角、分 2～3 次拧下离合器压盘与飞轮的固定螺栓,然后取下离合器总成。

7) 观察飞轮有无方向标记,如没有应在曲轴后端凸缘与飞轮对应位置同时打上标记，拆下飞轮。拆下曲轴后油封。

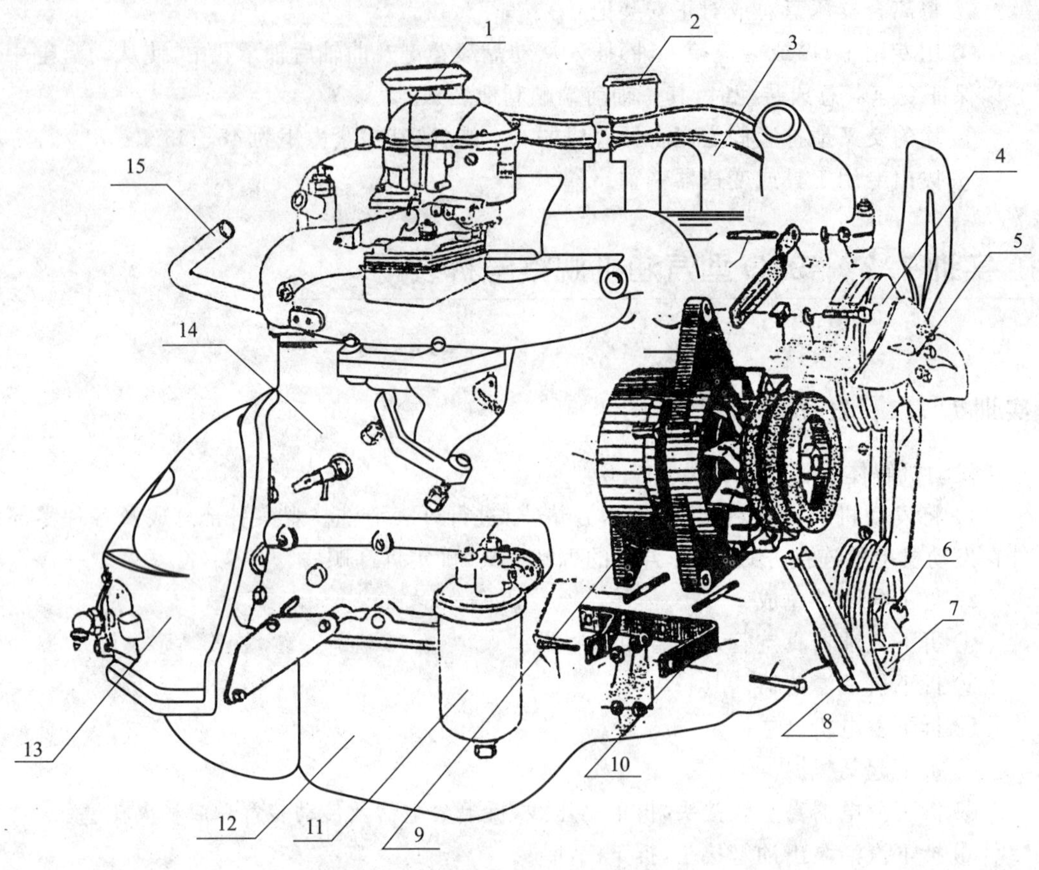

图 1.53　BJ492Q 发动机总图

1. 化油器；2. 机油加油口；3. 气门室罩盖；4. 风扇皮带轮；5. 风扇；6. 起动爪；
7. 曲轴皮带轮；8. 风扇皮带；9. 发电机；10. 发动机支架；11. 机油滤清器；
12. 油底壳；13. 飞轮室罩盖；14. 发动机机体；15. 曲轴箱通气管

8）拆下曲轴皮带轮，拆下起动爪及各种垫圈，用拉出器拆下曲轴皮带轮轮毂及防尘圈。

9）将发动机侧置，下面垫上木方。拆下油底壳，拆下机油泵及油管，拆下正时齿轮室盖，取下前油封挡油盘。观察曲轴齿轮和凸轮轴齿轮上是否有正时记号，如没有应对应打上。

10）拆下发动机侧面的前、后检视口盖，取出气门挺杆。检查并记录凸轮轴轴向间隙。拆下凸轮轴止推凸缘紧固螺栓，取出凸轮轴总成。

11）拆卸活塞连杆组：

① 转动曲轴，使一、四缸活塞处于上止点位置。

② 清除二、三缸气缸口积炭及活塞环磨痕毛刺。

③ 拆下二、三缸连杆螺母的锁定开口销并拆下螺母，取下连杆瓦盖，记清方向并分别按顺序放置。

④ 转动曲轴使二、三缸活塞处于上止点位置。用木棒顶在连杆大端结合面上，分别推出二、三缸活塞连杆总成，并将瓦盖装合，观察连杆大端配对记号是否一致；观察活塞连杆安装方向是否正确；观察有无所在缸号的标记，如无可在连杆大端配对记号的对面打上所在缸号。

⑤ 用同样方法拆下一、四缸活塞连杆组。

12）拆卸曲轴：

① 检查曲轴轴向间隙并记录。

② 观察主轴承盖上有无位置标记，如无应打上相应记号。

③ 将主轴承盖螺母锁定开口销拆下，按要求和顺序（从两端向中间）分次拆下五、一、四、二及三道主轴承盖螺母，取下主轴承盖并记准安装方向，抬下曲轴。

④ 取下飞轮固定螺栓，将曲轴立置在安全地方。

13）拆卸气缸套：将气缸套打上相应的位置记号，检查气缸套凸出机体上平面的高度并记录。用拉出器拆下各气缸套，取下阻水圈。

实训 1.2.2　清洗所有零、部件，清洗各部润滑油道

零、部件和各部分油道的清洗主要采用汽油进行，油道还需要用压缩空气将内部的脏物吹出。

实训 1.2.3　观察发动机的组成

1）机体零件：是由气缸体、曲轴箱、气缸套、气缸盖、气缸垫组成。

2）曲柄连杆机构：是由活塞组（活塞环、活塞、活塞销）、连杆组（连杆、连杆衬套、连杆瓦）、曲轴飞轮组（曲轴、主轴瓦、飞轮）等组成。

3）配气机构：是由气门组（气门、气门座、气门导管、气门弹簧、锁瓣）、气门传动组（挺杆、推杆、摇臂、摇臂轴、摇臂座、弹簧）、气门驱动组（凸轮轴和齿轮）组成。

4）供给系：是由油箱、油管、汽油滤清器、油面指示装置及表、汽油泵、空气滤清器、化油器、进气歧管、排气歧管及排气管、消声器等组成。

5）冷却系：是由百叶窗、散热器、风圈、风扇、风扇皮带及张紧装置、水泵、节温器、分水管及冷却水套等组成。

6）润滑系：是由集滤器、机油泵、滤清器、机体油道、曲轴油道、油压调节阀、油压传感器、油压表等组成。

7）起动系：是由电启动机、蓄电池、起动机开关等组成。

8）点火系：是由电源（蓄电池、发电机、调节器）、点火开关、点火线圈、分电器、火花塞、高压阻尼线等组成。

实训 1.2.4　发动机总装原则及注意事项

总装发动机，是把各零部件和已装配好的组合件、小总成，按一定的技术要求安装成为一台完整的发动机。装配质量的好坏，是直接影响发动机整体性能好坏的重要因素，不可忽视。

1）装配原则：先拆的后装、后拆的先装；先内后外，先从零件、部件，至各总成，到装成整机。总之，先装上的各零部件小总成，决不应影响后道工序的进行。

2）待装的零部件、小总成都应经过质量检验合格后再装。

3）所有安装的零部件都应仔细认真清洗干净。特别是油道应彻底清洗，并用压缩空气吹净。

4）在装配时，要保证零件的方向、位置正确、记号对正，配合精度要符合技术要求。

5）按要求锁紧各连接件，并达到应有预紧度。

6）所有内外相通的结合面都应加装密封衬垫。密封部位应保证严密，不漏油、不漏水、不漏气。

注意：在清洗内部零件时，不要用棉纱擦拭，以免棉纱粘附在零件表面，而导致滤网或油道堵塞。凡是相对运动的配合表面，在安装时都应涂上清洁的润滑油。

实训 1.2.5　发动机总装

(1) 安装气缸套及阻水圈

1）清除水套内的水垢，清除气缸套台肩下平面与机体承孔上平面的水垢及杂物。

2）试装气缸套：在不装阻水圈的情况下，将气缸套装入机体安装孔内，应能转动气缸套但无过大晃动量。气缸套凸出机体上平面的高度应在 0.07～0.14mm（一般用深度卡尺或用平尺加塞尺测量）。如果气缸套凸出高度不足，可在气缸套台肩下加垫薄铜皮来调整。四个气缸套中任意两个缸套的高度差不应超过 0.03mm。

3）安装阻水圈：检查阻水圈是否是合格品（粗细均匀无裂纹且表面光滑）。将阻水圈平整的装入气缸套下部台肩处，不准扭卷和损伤。

4）安装气缸套：将气缸套按试装位置分别压入安装孔内。检查阻水圈是否被挤出或切坏，如被挤出和切坏应换阻水圈重新安装。用大平垫及活塞销和缸盖螺母将各气缸套压紧。检查气缸套是否变形，若锥椭度超过 0.03mm 应卸下气缸套，查明原因消除故障重新安装。

5）复查各气缸套凸出高度及高度差。

(2) 安装曲轴与主轴瓦

将气缸体和曲轴的油道、油孔用汽油清洗后再用压缩空气吹净，瓦背和座孔应清洁，轴瓦应按原位置对号入座，并有一定的张力。定位唇应与定位槽相贴合。轴与主轴瓦的标准配合间隙是 0.03～0.06mm。

1) 将发动机机体倒置在工作台上，把主油道堵头螺塞涂密封胶或漆并扭紧。

2) 将主轴瓦上瓦片对号放入轴承座内，擦净并涂上机油。

3) 安装曲轴后端飞轮固定螺栓且螺栓头平面要贴在接盘上，将曲轴油堵扭紧并锁定。

4) 将曲轴主轴颈及止推片涂上机油，将曲轴安放在轴瓦内(注意:第一道轴颈上的两片止推片要分开放置，并要对准定位方向)。

5) 将主轴瓦下瓦片分别对号装入轴承盖上并涂上机油。将轴承盖按原位置、方向(轴承盖和座孔的定位槽在同一侧)扣在各轴颈上(注意:第五道轴承盖接合面处应安装上耐油橡胶密封垫)。由中间向两端分次将紧固轴承盖的螺母扭紧并达到规定的扭矩 122.5～133.3N·m。

6) 用木棒水平方向敲击曲轴两端，用手扳动曲轴应能灵活转动。若转动费力或有局部卡阻现象，应查明原因加以排除。

7) 检查曲轴轴向间隙应符合要求(0.075～0.175mm)。其方法是:将百分表水平方向顶在曲轴的一端，前后橇动曲轴所得百分表的数值差即为曲轴轴向间隙。

8) 用开口销将轴承盖螺母锁紧。

(3) 安装凸轮轴及齿轮

1) 检查凸轮轴轴向间隙应符合规定要求(0.08～0.20mm)。其方法是:用塞尺测量凸轮轴止推凸缘后端面至凸轮轴第一道轴颈前端面的间隙，即为凸轮轴轴向间隙。

2) 将凸轮轴各轴颈、衬套洗净，涂上机油。将凸轮插入轴套，对准正时齿轮的标记。将止推凸缘螺栓拧紧。

3) 转动曲轴，检查正时齿轮啮合情况和齿侧间隙(0.025～0.076mm)。

(4) 安装活塞连杆组

1) 将气缸体侧置，用木方垫牢。

2) 检查偏缸:

① 将已装好的气缸套和曲轴的机体侧置在工作平台上，下面用木方垫牢。

② 将不带活塞环的活塞连杆组，逐个装上相应连杆瓦的上瓦片，按原定气缸记号装入气缸内，保证安装方向正确，同连杆大端及上瓦片一起合在连杆轴颈上，并使连杆配对记号或瓦片定位槽在同侧。按规定扭矩分次扭紧连杆螺母。

③ 转动曲轴，逐个气缸检查活塞在上、下止点和气缸中部时活塞头部前、后两个方向上与气缸壁的间隙，其差不应大于 0.1mm，否则有“偏缸”现象，应进行校正。

④ 拆下各活塞连杆组,准备正式装配。

3) 安装活塞连杆组:

① 安装活塞环:将已与气缸和活塞环槽配合好的活塞环,用活塞环装卸钳先将油环装入环槽,再按内切角向上装上第二道气环,最后将镀铬的平环装在第一道环槽内。用手转动活塞环应没有卡阻现象。

② 将待装的活塞、气缸套、轴、瓦擦洗干净并涂上机油,将相应的连杆轴颈转到下止点位置。

③ 按正确方向、位置将连杆全部及活塞的 2/3 装入相应气缸。

④ 将两道气环的开口方向错开 180°,并且开口方向要避开活塞销方向和主侧压力方向。再把油环开口与气环开口互错开 90°。

⑤ 用活塞环卡箍压紧活塞环(或用锥形气缸套),用木棒(或手锤木柄)将活塞推入气缸。

⑥ 用双手拉动连杆大端,将瓦片靠在连杆轴颈上。按规定方向装上连杆瓦下瓦片和连杆瓦盖。

⑦ 按规定扭矩(66.6～73.5N·m)分次扭紧连杆螺母。转动曲轴一至两圈应无卡阻现象。

⑧ 用同样方法装上其余活塞连杆组。

⑨ 转动曲轴数圈,确定无任何问题后用开口销锁紧各连杆螺母。

(5) 安装机油泵、正时齿轮室盖和油底壳

1) 将发动机倒置在工作台上。将清洗好的机油泵注满机油连同集滤器和油管及衬垫一起安装在原来位置上,拧紧螺栓和螺母。

2) 将正时齿轮导油管清洗干净,用螺栓固定在两齿轮之间,不准和齿轮相碰。装上曲轴前油封挡油盘,装上正时齿轮盖衬垫,将装有曲轴前油封的正时齿轮盖安装上,先不扭紧螺母。在曲轴前端装上油封挡尘圈及罩,装上皮带轮轮毂,装上衬垫、垫圈、弹簧垫圈,拧紧起动爪。将正时齿轮盖摆正,均匀对称拧紧正时齿轮盖紧固螺母。

转动曲轴,使一、四缸活塞处于上止点位置,装上曲轴皮带轮,使皮带轮的上止点记号与正时齿轮室盖上的标记对准,扭紧皮带轮紧固螺栓。

3) 将机体下平面和油底壳擦洗干净,垫上耐油橡胶衬垫,将油底壳按正确方向装上,将螺母均匀对称分次拧紧,将放油螺塞拧紧。

(6) 安装飞轮、离合器及壳体

1) 安装曲轴后油封:将曲轴后油封(石棉绳)装入油封座槽内,两端应高出座端面少许。将两片油封座上、下安装在机体及第五道主轴承盖后端面上,均匀分次拧紧螺栓,并转动曲轴数圈。

2) 安装飞轮:检查或更换曲轴后端的离合器前轴承,将轴承注满润滑脂,将飞轮按正

确方向安装在曲轴后端，均匀对称按规定扭矩(74.5～81.3N·m)拧紧，用开口销锁紧。

3) 安装离合器：将装配好的离合器压盘总成、摩擦片总成、飞轮工作面擦拭干净(注意用干的无油污的布)。将摩擦片总成贴放在飞轮工作面上，安上离合器压盘总成，用变速箱第一轴作导杆，将花键轴串入摩擦片花键套内，并使花键轴前端的光轴插入曲轴后端的离合器前轴承内。均匀对称分次拧紧螺栓(拧紧螺栓同时上、下、左、右敲打轴的后端，让摩擦片始终处于中间位置)，将离合器总成固定在飞轮上。抽出变速箱第一轴。

4) 安装离合器壳体：将壳体上的定位孔对准机体上定位销钉安上壳体，装上左右加固板，均匀对称拧紧螺栓。

(7) 安装气缸盖

1) 将发动机翻转成立置状，用木方垫牢。检查并拧紧机体上的缸盖固定丝孔。

2) 将机体上平面、缸盖下平面及气缸垫两面擦净，将气缸套再涂上少许机油。

3) 安装气缸垫：将气缸垫缸口卷边朝向气缸套凸沿放在机体面上。检查各孔(水道孔、油道孔、推杆孔)是否对正，必要时加以调整。

4) 安装气缸盖：将气缸盖按正确方向对准丝孔装在机体上。按原位放上油管固定支架，放上平垫圈，按序分次均匀按规定扭矩(71.5～76.2N·m)拧紧缸盖螺母(螺母去掉六角的一面朝下)。

(8) 安装气门室罩盖

1) 安装气门挺杆：将气门挺杆和座孔擦净，涂上机油。将气门挺杆从机体侧面的前、后检视口处装入挺杆座孔内直至凸轮轴。

2) 安装气门推杆：将气门推杆擦净，将球面向下从气缸盖推杆孔中插入挺杆孔内。

3) 安装摇臂总成：将摇臂总成清洗干净，将摇臂座衬垫安放好(垫上有油孔的应与缸盖来油孔对正)。将摇臂总成按正确方向装在气缸盖上。扭松调整螺钉紧固螺母，将调整螺钉向松的方向多扭几圈，把螺钉下球面放入推杆凹坑内。均匀分次拧紧摇臂座紧固螺母。将各运动表面涂上机油。

4) 调整气门间隙：按规定的数据(排气门：0.28mm；进气门：0.23mm)调整气门间隙。

5) 安装气门室罩盖：放上气门室罩盖衬垫，安上气门罩盖，将螺钉均匀对称分次拧紧。

6) 安装检视口盖：将前、后检视口盖(有曲轴箱通气孔的在后)及衬垫装在机体上，拧紧螺母，装上曲轴箱通气管。

(9) 安装分电器

1) 找一缸压缩冲程上止点：用手指压在一缸火花塞安装孔上，摇转曲轴当手指感到有压力或有向外冲气时，边转动曲轴边观察曲轴皮带轮上的上止点记号，当此记号与正时齿轮室盖上的指针对正时，即是一缸压缩冲程上止点。

2）安装分电器及传动装置总成：

① 检查断电器触点间隙：拆下分电器盖，转动驱动轴使触点张开到最大值时用厚薄规测量其间隙值应为0.35～0.45mm。如不符合应松开固定螺钉，拧转调整螺钉使间隙达到规定值，拧紧固定螺钉。

② 将分电器安在传动装置上：将分电器的方向接头凸键按大面对大面、小面对小面的方向与传动轴凹槽对正装入。将辛烷值选择器对准零位并固定。

③ 分电器正时安装：按正确方向转动分火头，并对准一缸高压线位置，使断电器触点刚刚分开。将分电器传动齿轮向安装时所转方向的反方向转一个齿，将分电器及传动装置总成按正确方向装入机体座孔内。用手按住分电器，转动曲轴使机油泵转动轴下端凸键落入机油泵齿轮轴的凹槽中，将传动轴壳体螺母扭紧。复查分电器点火正时。安上各缸火花塞并拧紧。装上分电器盖，按1—2—4—3工作顺序，按分火头旋转方向插上高压线。

(10) 安装汽油泵

转动曲轴，使汽油泵驱动偏心轮远离接口处，将接口衬垫套在机械驱动臂上，将驱动臂向上插入接口，用螺栓将汽油泵固定。

(11) 安装电起动机

将起动机齿轮端插入离合器壳体，扭紧固定螺栓。

(12) 安装水泵、风扇

1）将水泵衬垫两面均匀涂上薄薄一层黄油贴在接口上，将水泵装上并拧紧螺母。

2）将风扇用螺栓固定在风扇皮带轮上。

(13) 安装发电机

将发电机安装在发电机支架上，装上风扇皮带。利用发电机在调节支架滑槽内固定位置来调整风扇皮带的松紧度：用拇指压风扇和发电机皮带轮之间的皮带，如能压下10～15mm时风扇皮带的松紧度正确。

(14) 安装机油滤清器

将新的一次性机油滤芯总成，用链钳子或专用工具扭紧在机油滤清器座上，并同衬垫一起安装在机体主油道接口处，用螺栓分次扭紧固定。

(15) 安装进、排气歧管

将进、排气歧管衬垫安放在进、排气接口处，将进、排气歧管螺栓孔对准螺丝安装在机体上，将螺母均匀分次拧紧。

(16) 安装化油器

将挡热板、衬垫、隔热垫安放在进气管接口处，使挡热板朝向机体一侧。装上并固定化油器。连接汽油泵至化油器油管和连接化油器至分电器的真空管。

实训 1.3　CA6110 型柴油发动机观察与拆装

实训 1.3.1　CA6110 型柴油发动机的观察

CA6110 型柴油机是该系列中的基本型，主要用于 6t 车及其变型车，CA6110 型柴油机为六缸直列、水冷、四冲程直接喷射式柴油机，剖面图如图 1.54 所示。CA6110 型柴油机的结构如下。

(1) 燃烧室与喷油器

燃烧室置于活塞顶部，为 W 形，喷油器是通过喷油器套管装在气缸盖上。为了加强对喷油器的冷却散热，喷油器套管选用了导热性能良好的黄铜制成；为了保证其封气、封水，喷油器套管上端采用了“O”型橡胶圈密封，下端压入缸盖后采用扩孔工艺。

燃油通过喷油器直接喷射到燃烧室内进行燃烧。

(2) 配气机构

配气机构为顶置式气门。

1) 进、排气门采用耐热钢制成；并且进行了热处理，以提高使用寿命。

2) 采用旋向不同的内外气门弹簧。

3) 摇臂采用 45 号钢精密锻造而成，其滑动端进行了淬火处理。摇臂轴为圆管形两端各压入一个堵盖密封。润滑油在轴管内流动以润滑各摩擦副等零件。

4) 挺杆的外圆为鼓形，与凸轮接触端为平面与推杆钢球配合处为球形凹坑。

5) 为了提高配气机构的刚性，凸轮轴的位置较高，推杆较短，保证了高速运转时的可靠性。

6) 凸轮轴下面设置一个高位油室。凸轮轴每转一圈凸轮均能接触一次润滑油，保证了凸轮的充分润滑，提高了凸轮轴的使用寿命。

(3) 缸体与缸套

1) 缸体为整体铸造型龙门结构。

2) 缸套采用硼磷合金铸铁制成。

(4) 活塞与活塞环

活塞采用共晶硅铝合金铸造，裙部为桶面和变椭圆曲面组成拖鞋式。活塞销采用全浮式结构，其装配位置相对于活塞中心偏移 1.5mm。每个活塞装三道活塞环。第一道为单面梯形桶面气环；第二道为外锥面内切口扭曲式气环；第三道是带有螺旋弹簧膨胀式组合油环，见图 1.55。

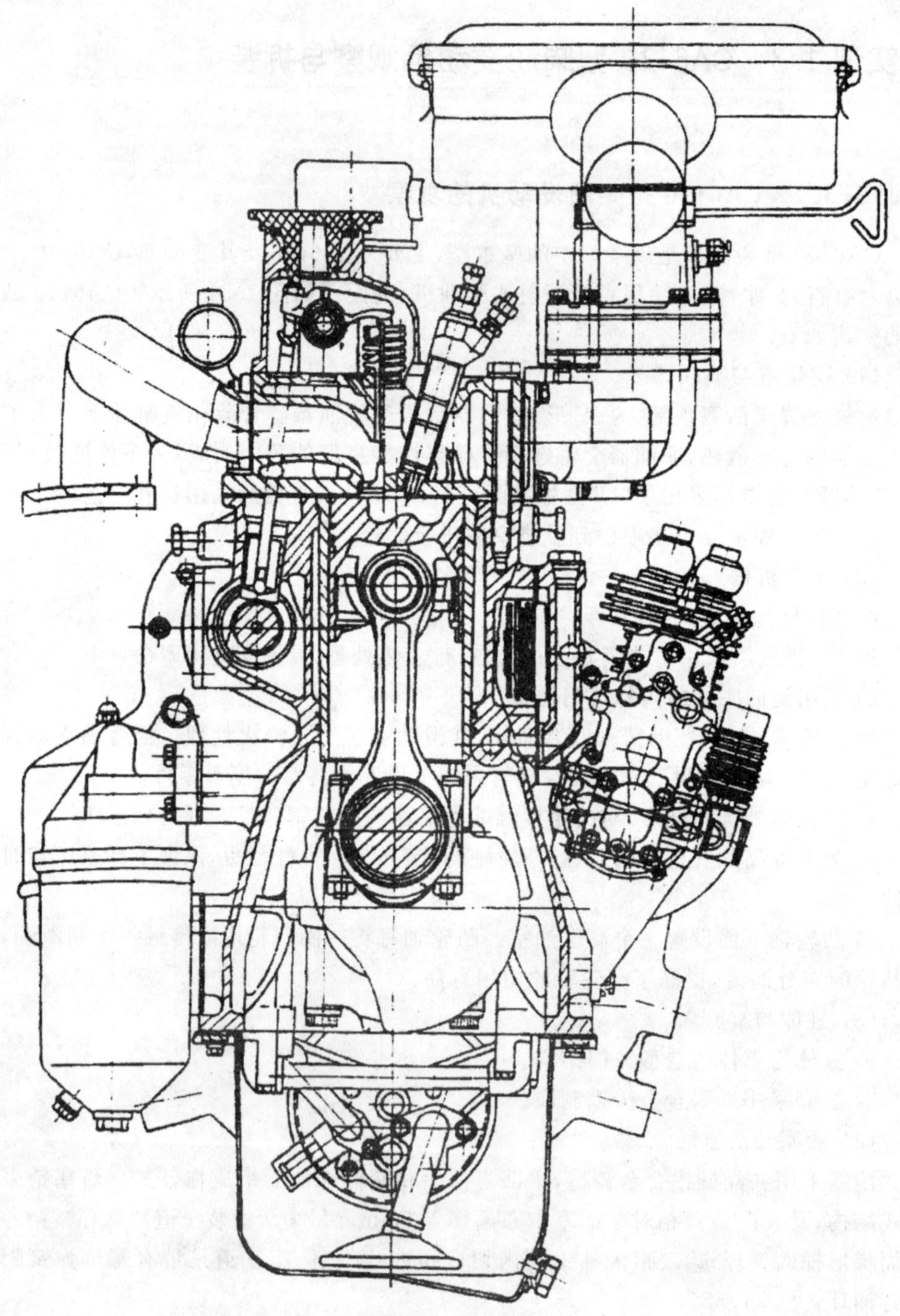

图 1.54　CA6110 型柴油发动机结构图

(5) 曲柄连杆机构

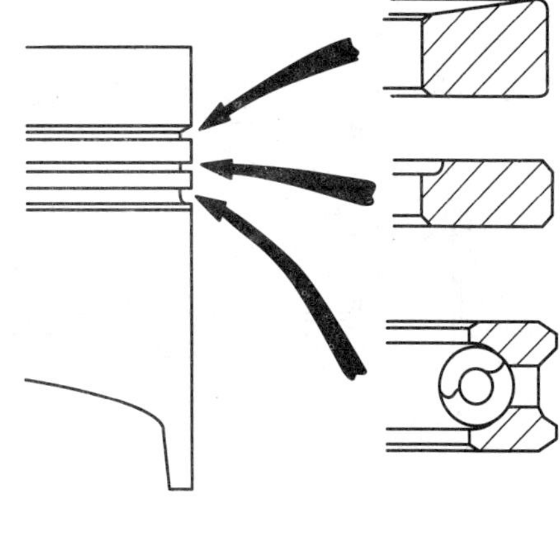

图 1.55　活塞环

1) 连杆与轴瓦：连杆为“工”字型断面，铸造成型。小头活塞销孔内压有铜铝合金衬套；轴瓦为铜铝合金钢背轴瓦，表面镀锡，以利于曲轴的磨合。

2) 曲轴与轴瓦：曲轴为球铁整体铸造成型，其上有四块平衡铁，由七道主轴承支承在缸体上。曲轴后端有压装有齿轮，用于驱动正时齿轮和机油泵，曲轴主轴瓦的材质与连杆轴瓦相同。上轴瓦设有油槽，下轴瓦没有。曲轴的后端装有止推垫片，用以承受曲轴的轴向力。

3) 正时齿轮系：正时齿轮系安装在发动机后端。曲轴齿轮由定位销保证其装配位置的准确度，压装在曲轴上。轮系的驱动由曲轴齿轮通过惰轮驱动空气压缩机齿轮和凸轮轴齿轮；其下端驱动机油泵齿轮。

每个齿轮上都刻有正时装配记号；在拆装轮系时，只要记住各齿轮的装配位置，将两齿轮标记对准即可。

(6) 进、排气系统

进气管由铝合金铸成箱式敞口型。在进气口处装有进气预热装置，重量轻、结构紧凑、阻力小、充气效率高。

排气歧管为整体式结构由高强度球墨铸铁铸成；

CA6110 型柴油机采用干式纸芯空气滤清器；滤芯型号：K2712，外径 270mm，高 120mm 折宽 50mm，过滤面积 22 220cm^2。其结构简单，滤清效率高，保养方便。

(7) 润滑系统

本机采用的是压力与飞溅相结合的复合润滑系统。

压力润滑系统主要由机油收集器、机油泵、机油滤清器、离心式机油滤清器、机油冷却器、主油道限压阀和指示灯组成。

(8) 冷却系统

冷却系统以水泵为动力使冷却液在机体内进行强制性循环。主要由水泵、风扇总成、散热器、节温器等组成。

(9) 燃油供给系

燃油供给系是柴油机的心脏部分，燃油供给系统的完善程度和技术状况的好坏对柴油机的动力性、燃料经济性、使用可靠性和对环境的污染影响极大。

燃油供给系统一般由燃油箱 1、粗滤器 2、输油泵 6、细滤器 9、低压油管 8、喷油泵 5、高压油管 10、喷油器 11、回油管 12 等组成。示意图如图 1.56 所示。

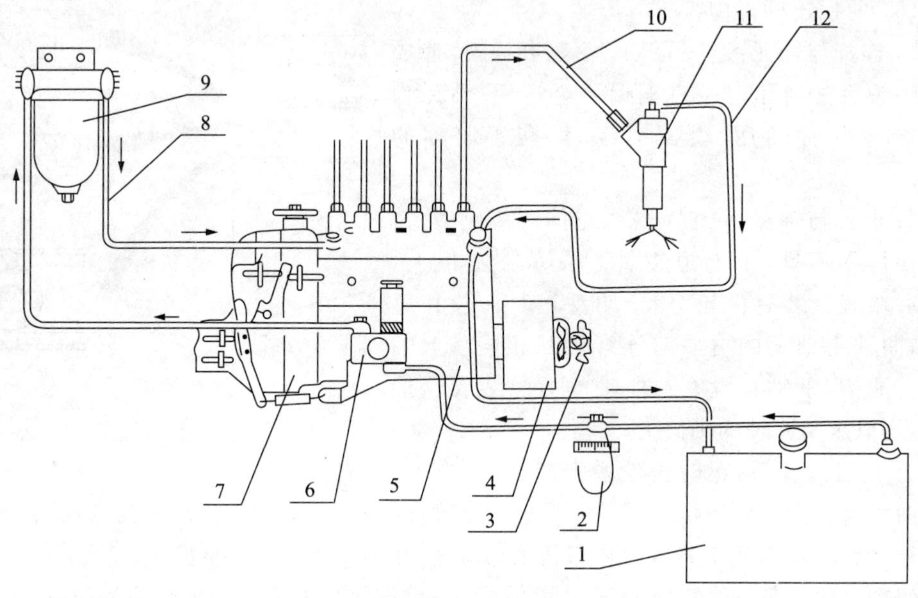

图 1.56　柴油机燃油供给系示意图

1. 燃油箱;2. 粗滤器;3. 连接器;4. 提前器;5. 喷油泵;6. 输油泵;
7. 调速器;8. 低压油管;9. 细滤器;10. 高压油管;11. 喷油器;12. 回油管

(10) 电源及起动系统

本机采用6—QA—100S型干式荷电蓄电池,两只串联,每只容量100A·h,系统标称电压24V,单线制,负极搭铁。

实训 1.3.2　CA6110型柴油机总成的解体检查与修理

1. 技术要求

1) 为了保证在解体过程中零件不受损坏和刮伤,要使用合适的专用工具。

2) 解体前应彻底清洗外部灰尘和油污。

3) 为了保证零件装复后恢复到原始工作状态,对无须更换又易于装错位置的零件,在适当的位置上打上标记或拴上标签。

4) 与各缸相关的零件,应按其装配关系妥善保管好;对与气缸无关的零件,应在不同的地方摆放好,以备清洗、检查、装配。

5) 对个别零部件在解体或清洗后很难辨认的征状和现象,要作好记录,以备进行综合故障分析。

2. 总成的解体与检查

(1) 汽缸盖组合图

拆卸顺序(图 1.57)：

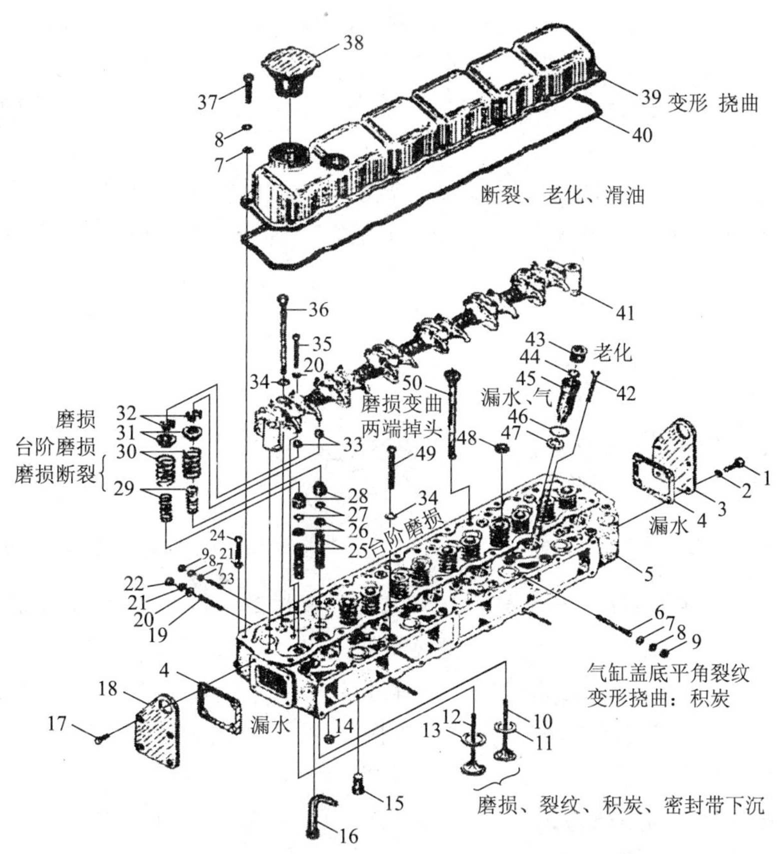

图 1.57　汽缸盖结合组的解体

1、17. 吊耳固定螺栓；3、18. 吊耳；4. 吊耳垫片；5. 气缸盖；10. 排气门；11. 排气门座；12. 进气门；13. 进气门座；14. 塞片；15. 喷水磁；25. 气门导管；26. 气门弹簧下座；27. 挡油罩弹簧；28. 挡油罩；29. 气门内弹簧；30. 气门外弹簧；31. 气门弹簧上座；32. 气门锁块；33. 气门杆盖；35. 摇臂轴支架螺栓；36、49. 气缸盖螺栓；37. 气缸盖罩盖螺栓；38. 加油口盖；39. 气缸盖罩盖；40. 气缸盖罩盖垫片；41. 摇臂组合组；42. 喷油器螺栓；43. 喷油器防尘套；44. 喷油器垫；45. 喷油器套；46. O 型密封圈；47. 垫片；48. 塞片；50. 推杆

松开气缸盖罩盖螺栓 37 取下气缸盖罩盖 39 和垫片 40 松开摇臂轴支架螺栓 35 和气缸盖螺栓 36，取下摇臂结合组 41，抽出推杆 50，松开气缸盖螺栓 49，吊下气缸盖 5，取下气门杆件 33，用专用工具(俗称气门拿子)取出气门锁块 32 和气门弹簧上座，取出气门外

弹簧30和内弹簧29,取下挡油罩28和弹簧27,取出气门弹簧下座,抽出进气门和排气门。

解体注意事项:

1) 在气缸盖拆下前,应先把喷油器拆下来,避免把喷油器碰坏或使喷油孔堵塞。

2) 当因气缸垫粘上气缸体或气缸盖上时,要清除残余垫片时,不要刮伤气缸盖底平面和气缸体上平面。

3) 拆卸气门时,应用专用工具将气门弹簧慢慢压下,取出气门锁块后,即可拆下气门(图1.58)。

4) 气门杆挡油罩拆下时后,如有老化、裂纹、裂口时,应更换新件。

5) 若喷油器套没有出现漏水、漏气现象时,请不要拆卸,否则须用专用工具进行拆卸(图1.59)。

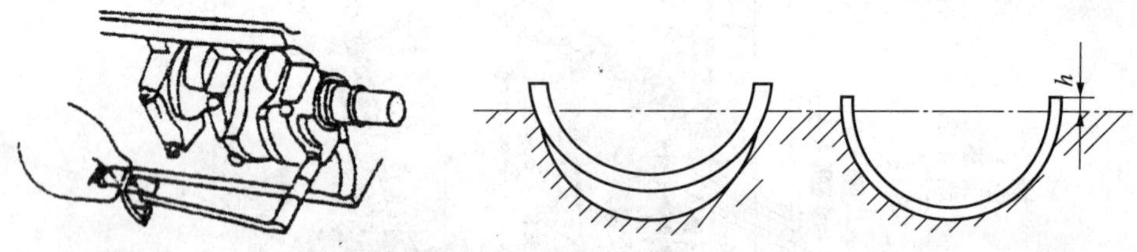

图1.58　气门的拆卸

图1.59　喷油器套的拆卸

6) 进、排气门座,如没有出现裂纹,严重烧蚀、密封带明显下沉时,不要拆卸气门座,否则须用镗床镗出或铣出气门座,以便更换新件。

7) 吸水套、喷水管,如无严重松动不要拆卸。

8) 左、右吊耳处如有漏水现象,可拆卸更换垫片。否则不必拆卸。

(2) 拆卸摇臂轴组

摇臂轴组的拆卸需用扭力扳手,按照由两边至中间的拆卸顺序进行,若为两组的摇臂轴应注意前后安装方向。

(3) 齿轮传动机构

1) 飞轮的拆卸顺序:打开锁片,松开飞轮螺栓,然后取下飞轮,取下飞轮时,须用飞轮螺栓拧入飞轮上供拆卸飞轮用的螺孔内,把飞轮顶出;若需要拆卸齿圈时,可用拔轮器将其拆下。

2) 曲轴后油封的拆卸:用螺丝刀插入后油封座的三个槽内,将其与后油封一起缓缓地撬下来,但不要损坏油封。

3) 惰轮齿轮及惰轮轴的拆卸次序:松开第一惰轮轴的固定螺栓,取下第一惰轮轴和第一、二惰轮齿轮,卸下卡簧,取出止推垫片和惰轮齿轮,松开第二惰轮轴和固定螺栓,取下第二惰轮轴。

4）凸轮轴的拆卸顺序：松开挺杆室侧盖板螺栓，取下侧盖板及垫片，松开止推凸缘固定螺栓，抽出凸轮轴及其正时齿轮。抽凸轮轴时，应用手在气缸挺杆室内拖住凸轮轴慢慢的抽出，千万不能破坏凸轮轴，除遇凸轮轴或其正时齿轮严重磨损或损坏时，一般不要拆下凸轮轴正时齿轮。如确需要拆卸时，则应先在凸轮轴中心孔处拧入一个螺栓后用拔轮器卸下正时齿轮。

（4）活塞连杆组的拆卸

1）活塞连杆组的拆卸次序：松开连杆螺母，取下连杆盖和连杆轴承下瓦，从缸孔上端抽出活塞连杆组。

2）活塞环的拆卸：用活塞环卡钳依次拆下第一道气环、第二道气环和组合油环。

3）活塞销的拆卸：用尖嘴钳子取下卡环，推出活塞销，使连杆和活塞分离。虽然活塞和活塞销是间隙配合，但间隙很小，如果活塞销难以推出时，可用软质锤轻轻打下，也可以用热水加热活塞后，取出活塞销，严禁用铁器敲打。

4）曲轴皮带轮的（减振器）拆卸：松开曲轴螺母，拧入锥套拆卸工具，拧出锥套，拔除曲轴皮带轮。

5）曲轴前油封的更换：松开前油封座固定螺栓，取下前油封座和前油封，即可更换新的前油封。

6）曲轴的拆卸：松开主轴承盖的螺栓，拆下主轴承盖，吊下曲轴，取下止推轴承片。

（5）润滑系统

机油泵的解体与检查：

1）用铜质或软质锤轻轻的敲打泵盖，将其拆下。

2）用厚薄规测量主、从动齿轮端面与泵壳之间的间隙，如果超过使用极限时应更换齿轮或壳体。

3）用厚薄规测量机油泵主、从动齿轮的啮合间隙，如果超过使用极限应更换新齿轮。

4）用厚薄规测量机油泵主、从动齿轮与壳体间的径向间隙。

5）拆卸从动齿轮。

机油泵的装配：将机油泵主动齿轮和从动齿轮装入壳体内，盖好机油盖板，按规定的扭紧力矩拧紧螺栓，把限压阀及其锁止垫片一起装入机油泵后弯好锁止垫片。

机油冷却器的拆卸：

1）松开机油冷却器盖螺栓取下冷却器盖和垫片，松开螺母取出冷却器芯子，松开旁通阀体，取出挡圈、柱塞、弹簧、密封圈。

2）拆下主油道调压阀。

3）拆下离心式机油滤清器。

4）拆下输油泵。

5）拆下柴油细滤器。

6）拆下喷油泵。

实训 1.3.3 CA6110 型柴油机的重新装配和调整

1. 装配技术要求

1）准备安装的零件必须仔细清洗。仔细清洗润滑油道，油道内不允许有铁沫或其它杂物；彻底清楚零部件装配表面的灰尘、油、水等赃物，然后用压缩空气吹干。

2）垫片、O 型圈等密封件，锁止垫片、开口销等锁紧件应视情况更换新件。

3）除有特殊情况外，在装配之前对所有运动件表面应涂以润滑油。

4）对有扭矩规定的紧固零件应将其拧紧到规定值；没有扭矩要求的零件应按一般的螺栓扭紧力矩拧紧。

5）对有涂胶要求的部位，除有规定使用的密封胶牌号外，其他部位密封胶的使用不作具体规定。

6）零件装配前要注意装配方向和装配标记；装配后要按技术要求检查；调整各部位装配间隙。

2. 气缸套、活塞及曲柄连杆机构的装配

（1）气缸套的装配

先把 O 型密橡胶密封圈仔细置于气缸体的环槽内，然后选用同一尺寸分组的气缸套，同时，在其下部约 50mm 范围内的外表面均匀涂布肥皂水，平稳的把气缸套压入气缸体中，并用软质锤子轻轻敲打，使台肩与气缸体止口的上平面紧密贴合。装配时 O 型圈不许被剪断和刮伤。气缸套上端法兰面凸出缸体顶面 0.085～0.165mm，相邻的缸套高度差不大于 0.03mm。

气缸套装配完毕后，缸体水腔须经 294～392kPa 的水压试验，在 3～5min 内不得渗漏。

（2）曲轴的装配

首先将气缸体旋转，使底面朝上放平。分别将上主轴瓦放入气缸体轴承孔内，使瓦片凸肩嵌入缸体轴承座孔凸肩槽内，注意观察缸体上的油孔是否在轴瓦油槽范围内。使轴瓦内表面涂润滑油，然后将止推轴承片用两个弹性圆柱销装在最后一个轴承座后端止推面上，使带有油槽面朝外并于端面靠紧。

用专用吊具将曲轴吊起，用压缩空气把曲轴全部油孔吹干净。用磁性钢丝伸到油孔中吸出孔内残留的铁屑，全部轴径轴肩擦拭干净。平稳地放入气缸体中的主轴瓦上，并向主轴径上涂以机油，然后转动一下曲轴，或用软质锤子轻轻敲打，使其与轴瓦贴合。

(3) 主轴承盖的安装

首先把下主轴瓦分别置于主轴承盖内，在把止推轴承片分别装到后主轴承盖前后端面上，使带有油槽面向外用弹性圆柱销固定。在紧密贴合状态下，弹性圆柱销应凹入止推轴承片 0.5～1.0mm。

将已装好主轴承瓦的主轴承盖依次放入缸体上相应的主轴承的止口内，向前标记不得装反。将主轴承螺栓螺纹部分及螺栓头支撑面均涂机油。然后旋入螺孔中，孔壁不得与螺栓定位带接触，可用铜锤轻敲主轴承盖进行调整。直至与缸体贴合为止，要保证后端面上、下止推片在同一平面内。

拧紧主轴承螺栓时，应从中间开始向两端交叉进行，并分两次拧紧。其拧紧力矩为 250±10N・m。待全部主轴承螺栓拧紧后，转动曲轴应轻快自如。最后将曲轴推至前端，用厚薄规检查止推间隙应保证在 0.105～0.309mm 范围之内。

3. 活塞连杆组装

(1) 活塞和连杆的装配

安装在同一台发动机上的活塞连杆总成应为同一重量分组，同一裙部尺寸分组和同一销孔尺寸分组。

装配活塞连杆总成时，应使连杆体与连杆盖上有 ϕ1.5mm 小球的一侧和活塞上向前的标记于同侧。活塞销表面涂润滑油后对准销孔和衬套轻轻推入。如果活塞销装配困难，可将活塞放入热水中加热后再行装入，不允许锤击。然后用专用工具把活塞销挡圈装入槽内，必须使挡圈完全入槽。

(2) 活塞环的装配

安装活塞环时应注意使用专用工具进行，第一道气环有 RN 标志的一面朝上；第二道气环有 R 的一面朝上；油环总成的安装顺序是：先打开弹簧膨胀圈的搭接口，在把膨胀圈入活塞环槽内，结合搭口，最后把油环外圈套在弹簧胀圈上，并使环的开口和弹簧胀圈搭口互成 180°。活塞环装入环槽后要能在槽内自由转动，第一道气环的开口与活塞销轴线成 30°，第二道气环和油环依次错开 120°。

(3) 活塞连杆组总成的装配

向发动机内安装活塞连杆总成时，要使用专用工具(在不更换零件的条件下)按原始缸序装配。并用塑料管将连杆螺栓的螺纹保护起来，以防止碰坏螺纹或刮伤缸壁。装配前，需要发动机润滑油润滑活塞、活塞环、连杆轴瓦、曲轴连杆轴径。注意瓦背上和大头孔不得有润滑油，活塞顶部的向前标记和连杆盖上的小球朝向发动机的风扇端。同一台发动机上的活塞裙部尺寸必须与气缸套尺寸分组相同。

螺母的拧紧力矩是 140～160N・m。如超过该数值时，不准用退回办法退到扭矩范围，必须是松开螺母重心拧紧，连杆轴径与连杆轴瓦之间的间隙为 0.05～0.11mm。连杆螺栓连杆与连杆孔是过渡配合，一般不要拆卸，装配时可用铜锤轻轻打入。

(4) 曲轴前端的装配

前油封在压入油封座之前，先把挡油片放入油封槽内，并使开口与座上的开口对齐，然后把油封两刃口之间的沟槽内填满 SY1403-59 钙钠基润滑质，用专用工具把油封压入油封座孔内。再将曲轴平键打入曲轴键槽内，直至与槽底贴合为止，并装入挡油片，再把装好油封油封座用螺栓装在气缸体前面上，螺栓的扭紧力矩为 600～700N・m 。

4. 凸轮轴、正时齿轮、飞轮及飞轮壳的装配

(1) 凸轮轴的装配

用压缩空气把凸轮轴吹干净，然后将其夹持在台钳上；为防止损伤凸轮轴，应在钳口垫以铝或铜片。安装半月键于凸轮轴键槽上后，安装止推片和正时齿轮，注意齿轮上的正时记号面向外，将锁紧垫圈套入并使其锁舌插进正时齿轮的键槽中，然后拧紧凸轮轴紧固螺栓。在正对螺栓平面处撬起锁紧垫圈并与该面紧贴，然后检查止推片和正时齿轮轮毂端面之间的间隙为 0.080～0.218mm。

凸轮轴及正时齿轮总成装入气缸体时，应先在各轴径涂以发动机润滑油，不得刮伤凸轮轴衬套，然后用套有弹簧垫圈和平垫圈的螺栓把止推片紧固于气缸体后端，其拧紧力矩是 30～40N・m。

(2) 安装正时中间齿轮

注意：中间正时齿轮的记号要与其他正时齿轮的记号对正。

(3) 飞轮及齿轮室盖或飞轮壳的装配

在齿轮室盖、飞轮壳装到汽缸体上之前，应先将飞轮正时指针、喷油泵正时指针分别紧固到该件内的相应位置上，将紧固起动机、压缩空气机、离合器外壳用的双头螺栓拧紧到该件的相应孔中，将六角头螺塞和橡胶堵塞装于该件上，然后在该件前端周边的法兰面上涂以密封胶并装到气缸体上，其螺栓拧紧力矩为 30～40N・m。同时检查飞轮壳止口与曲轴中心线摆差≤0.27mm。如果超出，应将螺栓松开，轻敲飞轮壳找正后再重新拧紧。

飞轮安装完之后，把后油封两刃口之间的沟槽内填满 SY1403-59 钙钠基润滑脂，用专用工具把油封压入油封座孔中。后油封座套上 O 型橡胶密封圈，从曲轴后端套入，并紧固在飞轮壳上，螺栓拧紧力矩为 15～20 N・m。

飞轮的安装：把飞轮用压缩空气吹干净，同时擦净与曲轴相配合的表面和端面，用铜锤敲击。使飞轮与曲轴完全贴合，把垫圈和锁片套在飞轮螺栓上拧入曲轴后端，拧紧力矩是 160±10 N・m，拧紧顺序按直径方向成对角拧紧，用扁铲撬起锁片使之与螺栓头的平面贴紧，但不要铲伤飞轮表面。然后检查飞轮端面摆动差在 R150mm 范围内应≤0.15mm，如果超差应检查螺栓拧紧是否均衡或安装表面是否有杂物。

5. 气缸盖及配气机构的装配

(1) 气缸盖总成的装配

1) 喷油器套的装配：装配前先将 O 型橡胶圈套上，然后在配合表面涂以密封胶后再压入缸盖孔内。用碾压器挤压同时在下端孔口处扩孔。

2) 喷水管的装配：喷水管总成装入前，先在喷水管座外圆柱面上涂以密封胶，并且将端面上的短线对准缸盖的前端，然后在压入孔内。

3) 气门导管的装配：将气门导管孔清洗干净，在孔壁上涂以润滑油，将导管压入孔内。压至气门导管上端距离气门弹簧座面 18mm 时为止。

气缸盖总成装配完毕之后，要进行 3min 的水压试验，压力为 0.3MPa 不得有渗漏现象，以上三项要根据使用具体情况决定是否更换。

(2) 气门机构的装配

1) 气门导管密封圈的装配：首先把气门弹簧下座放入气缸盖上的座孔内，其大端与气缸盖贴合，用专用工具把气门导管密封圈总成压在气门导管上。

2) 气门弹簧的装配：将研磨好的气门清洗干净，在杆部涂上机油，按配对顺序重新放入气缸盖内，然后装入气门内、外弹簧、气门弹簧座。用专用工具压弹簧座，使弹簧处于压缩状态，装入气门锁块。最后安装气门杆盖。

(3) 摇臂机构的装配

将摇臂支架从摇臂轴后端套入，并使其上的油孔与轴上的通孔对准，螺纹孔对准轴上定位凹坑，然后拧紧定位螺栓。从摇臂轴后端套入摇臂总成、波形弹簧及摇臂后支架，并在支架上装入垫圈后，拧上摇臂轴紧固螺钉。此时当摇臂处于水平状态时，与气门尾端接触的摇臂圆柱面和定位螺栓方向相反且该端与支架上的切口处于摇臂轴的同侧。然后从摇臂轴的前端套入其余的零部件，各部件的位置与上述相同。最后装上前支架并拧紧紧固螺钉。该装配组件装配后应该是：每缸有两个摇臂总成和一个摇臂轴支架，且支架位于两个摇臂之间，相邻两缸的两个摇臂之间应该是定位弹簧。该装配组件用摇臂轴支架螺栓紧固在气缸盖上，拧紧力矩为 30～40N・m，并和缸盖一起用缸盖螺栓拧紧在发动机上。

当上述各部分完成后，将挺杆放入缸体挺杆孔中，然后安装气缸垫总成。先检查是否有缺陷，是否清洁，然后对准定位销孔放平，注意正反面，是否对准各个缸套、水孔及螺栓孔。再向每个气缸内壁注入 20ml 润滑油后在放上气缸盖。注意对准定位销孔。这时要把推杆装到推杆孔中。将摇臂轴总成，摇臂及摇臂轴支架合件放在气缸盖上，放上气缸盖螺栓垫圈，在气缸盖螺栓螺纹部分涂润滑油后在拧入气缸体。气缸体的拧紧力矩为：180～200 N・m(M14 螺栓)和 35N・m(M10 螺栓)。

按气缸盖螺栓拧紧顺序图(图 1.60)分三次拧紧，最后达到所要求的扭矩，装配完毕后待发动机运转到正常温度后，在按上面顺序和扭矩要求复查气缸盖螺栓。

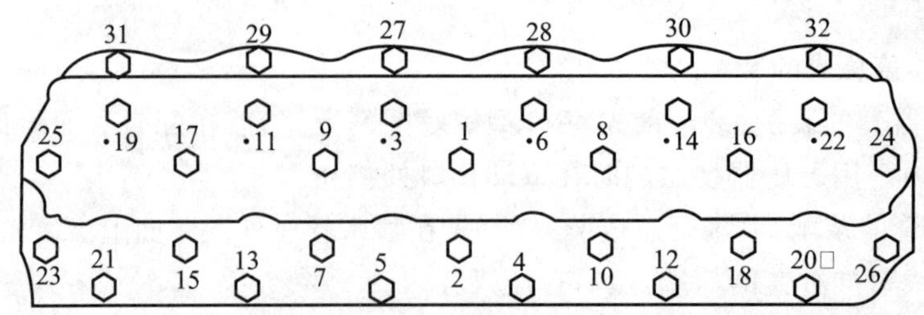

图 1.60　气缸盖螺栓拧紧示意图

调整气门间隙，冷态时，进气门的间隙为 0.30mm，排气门间隙为 0.35mm。

6. 风扇皮带的安装与调整

水泵总成、发电机总成安装之后，安装风扇皮带。通过改变发电机的位置来调节其松紧程度。在 4kgf 的作用下（图 1.61）两轮间的皮带挠度应在 10～15mm 范围内。

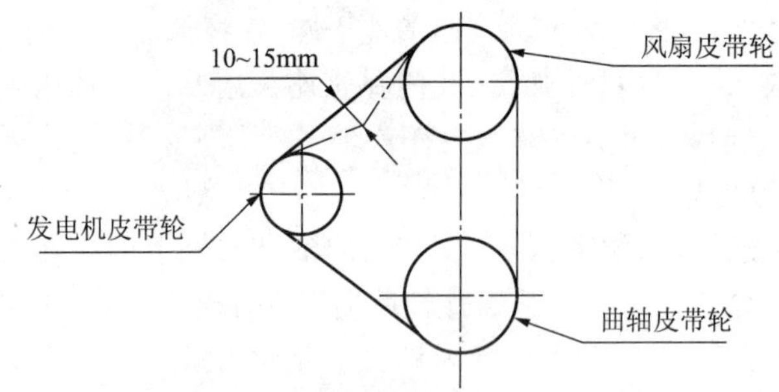

图 1.61　发动机风扇皮带调节示意图

7. 喷油泵及空气压缩机的安装与供油正时调整

(1) 安装

喷油泵安装前，应先将飞轮上的（上止点/1—6）供油正时标记“O”度对准飞轮壳上的指针，并确认发动机第一缸活塞处于压缩行程上止点位置，然后，将空气压缩机传动齿轮上的装配标记“2”对准飞轮壳上指针装入。同时拆下飞轮壳观察孔橡胶塞，检查装配的正确性。

装配喷油泵时，转动自动提前器壳体上的刻线与正时片指针重合，此时为喷油泵第一缸供油始点，并用连接盘将其与空气压缩机连接。若发现连接盘上的螺栓孔不对中时，可松开喷油泵前端连接盘上的正时调整盘上二个压紧螺钉进行调整。在均匀地紧固四个喷油泵固定螺栓，即可起动。

(2) 调整

1) 打开飞轮壳观察孔橡胶塞。

2) 转动飞轮至一缸压缩上止点前 14°角的位置对准飞轮壳上的固定指针。

3) 松开连接器的连接盘两螺钉。

4) 转动自动提前器,使提前器壳体上的刻线与正时指示刻线重合,此时即为喷油泵第一缸供油始点。

5) 锁紧连接盘两螺钉。

注意:转动自动提前器方向与发动机旋转方向相同为喷油正时提前。转动方向相反,为供油正时迟后。

若感觉供油正时稍早或稍晚,可松开连接盘上的紧固螺栓,调整在连接器的连接盘长槽内转移,向机体外旋转稍早;或向机体内旋转稍迟作法进行调整。

实训 1.4　桑塔纳轿车汽油机的拆装

实训 1.4.1　从时代超人桑塔纳 2000GSI 型汽车上拆下 AJR 型发动机总成

1. 观察发动机

观察发动机在车上的布置及与车身、车架的连接方式;确定拆卸方法与步骤,如图 1.62所示。

2. 拆卸蓄电池

1) 切断点火开关,拆下蓄电池接线。

2) 取下蓄电池,拆下蓄电池支架。

3. 拆下散热器

1) 在发动机下放置一个容器。

2) 旋开冷却液储液罐盖,松开散热器下水管夹箍,拔下散热器下水管,放出冷却液;拔下散热器左侧的热敏开关接头,松开散热器上水管夹箍,拔下散热器上水管。

3) 拆下电动冷却风扇和散热器。

4. 拆下各连接导线和管路

1) 拔下空气流量计的电线接头。

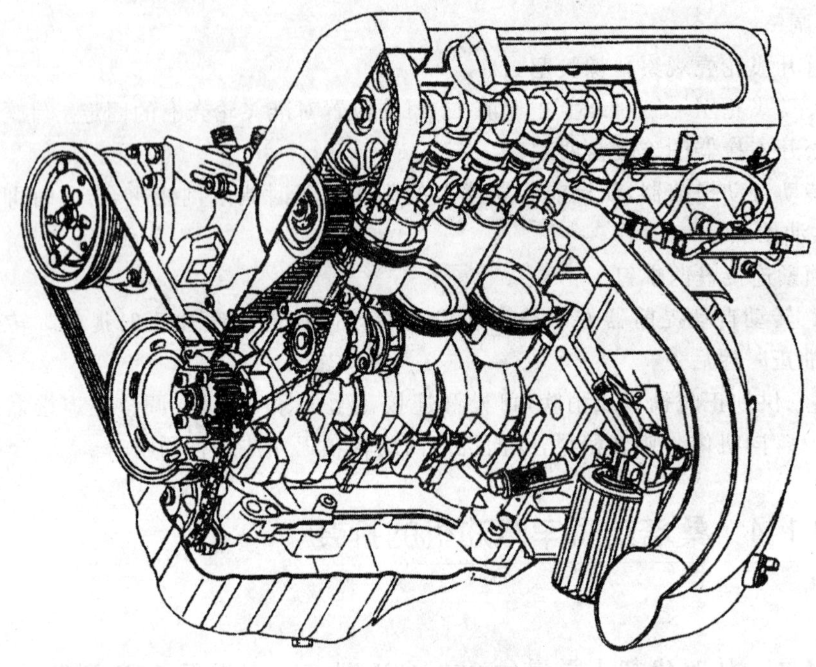

图 1.62　AJR 型发动机剖面图

2）拔下活性炭罐电磁阀的电线接头。

3）从空气滤清器上取下活性炭罐电磁阀。

4）拆下空气滤清器至节气门控制器之间的空气管路。

5）拆下空气滤清器罩盖。

6）拔下燃油分配管上的供油管和回油管（注意；燃油系统内是有一定压力的，在打开系统之前应先在开口处用抹布盖住，然后小心地松开接头泄去油压）。

7）松开节气门拉索。

8）拔下通向活性炭罐电磁阀的真空管。

9）拔下通向制动助力装置的真空管。

10）拔下位于发动机底部通向暖风热交换器的冷却液管。

11）拔下气缸盖通向暖风热交换器的冷却液管。

12）拔下变速器上的车速传感器插头及倒车灯开关插头。

5. 拆下空调压缩机

1）松开空调压缩机与支架的连接螺栓，记清 V 形带安装方向和位置，取下 V 形带。

2）移开空调压缩机，用绳索或电线将其悬挂在副梁上，不要悬挂在制冷剂管道上，且不可打开空调管路。

6. 拆下转向油泵

1) 用专用工具顺时针扳动张紧轮，用销钉固定张紧轮。
2) 记清 V 形带安装方向，从发电机上取下 V 形带。
3) 取出销钉，拆下张紧轮。
4) 拆下动力转向油泵，将其固定在发动机舱内的一侧，且不可松开油管。

7. 吊下发动机

1) 拆下前排气管。
2) 拔下起动机电线，从变速器壳体上拆下起动机。
3) 拆下所有发动机与车身的连接螺栓，拆除搭铁线。
4) 用千斤顶或托架托住变速器，用吊车吊住发动机。
5) 拆下发动机与变速器的紧固螺栓。
6) 检查是否还有没拆的连接件或连线，如无，可小心吊下发动机。

实训 1.4.2　观察 AJR 型发动机整体结构

1) 将发动机安放在拆装架或平台上，抽出发动机机油，清洗发动机外部。
2) 观察各小总成及附件在发动机上的安装位置与连接方式，如图 1.63 所示。

实训 1.4.3　AJR 型发动机解体

1. 拆卸各小总成及附件

1) 拆下发电机。
2) 拆下节温器盖，取出节温器。
3) 拆下进、排气歧管和支架。
4) 拆下供油管及油压调节器和喷油器。
5) 拆下机油滤清器。

2. 拆下同步带

1) 摇转曲轴，使曲轴 V 形带轮上的上止点标记与同步带下防护罩上的上止点标记对正。
2) 拆下同步带上防护罩。
3) 检查凸轮轴同步带轮上的标记是否与后防护罩上的标记对正。
4) 拆下曲轴 V 形带轮。

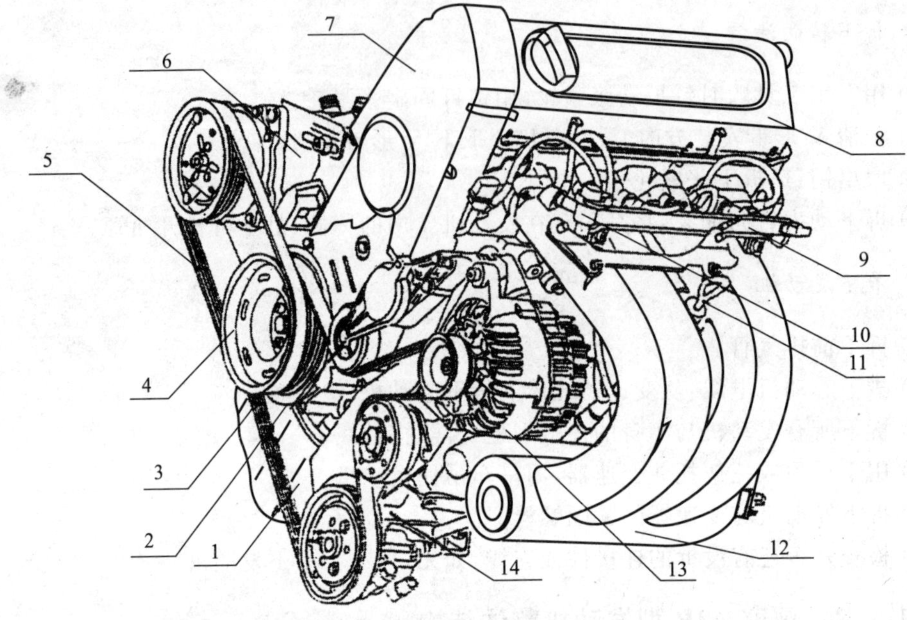

图 1.63　AJR 型发动机总图

1. 油底壳；2. 发电机 V 形带张紧轮；3. 发电机 V 形带；4. 曲轴 V 形带轮
5. 空调压缩机 V 形带；6. 空调压缩机；7. 同步带上防护罩；8. 气门室罩盖
9. 供油管总成；10. 油压调节器；11. 机油尺；12. 进气总管；13. 发电机；14. 转向油泵

5）拆下同步带中间和下防护罩。

6）检查曲轴同步带轮的安装标记，将同步带安装方向位置作上标记。

7）松开并拆下半自动张紧轮。

8）拆下同步带。

3. 拆下气门罩盖

1）拆下同步带后护罩，拆下水泵总成。

2）拔下火花塞插头。

3）拆下气门罩盖。

4. 拆下气缸盖

1）检查凸轮轴轴向间隙并记录。

2）按序（先 1、5、3 道，后 2、4 道）拆下凸轮轴轴承盖，记好方向、位置。

3）取下凸轮轴，取出液压挺杆（柱）。

4）按序（从两端向中间）、分次、对角旋松旋下气缸盖紧固螺栓。

5）将气缸盖抬下，不要磕碰工作面。

6）检查气缸垫安装方向，取下气缸垫。

5. 拆下飞轮

1）检查离合器是否有配重块、垫并记清位置。

2）对角、分次旋松旋下离合器紧固螺栓，拆下离合器。

3）拆下飞轮，拆下中间支板。

6. 拆下曲轴后密封凸缘

1）将发动机倒置，拆下油底壳。

2）拆下曲轴后密封凸缘。

7. 拆下曲轴前密封凸缘

1）拆下曲轴同步带轮，拆下同步带后护板及扭力臂和曲轴前密封凸缘总成。

2）拆下链条张紧器，记清传动链传动方向，拆下机油泵传动链，拆下机油泵。

3）拆下曲轴链轮。

8. 拆下活塞连杆组

1）清除各缸缸口积炭，检查各连杆大端轴向间隙并记录。

2）下活塞连杆组：

① 摇转曲轴使待拆的活塞连杆组处于下止点。

② 拆下连杆螺栓，拆下连杆瓦盖；摇转曲轴使该缸活塞处于上止点位置，用木棒抵在连杆大端结合面上，将活塞连杆推出气缸。

③ 记清活塞连杆安装方向及缸号，检查连杆大端与瓦盖配对记号并装合一起。

④ 用同样方法拆下其他各活塞连杆组。按序摆放好不要磕碰。

9. 拆下曲轴

1）检查曲轴轴向间隙并记录。

2）检查各瓦盖是否有位置标记，如无应作上标记。

3）按序（从两端向中间）拆下主轴瓦盖紧固螺栓，取下主轴瓦盖，记清安装方向并按序摆放好。

4）抬下曲轴立置于安全地方。

5）取出止推瓦片，放好不要磕碰。

实训 1.4.4 清洗发动机各零、部件及油道，进行零、部件的检验

零、部件和各部分油道的清洗主要采用汽油进行，油道还要用压缩空气将内容的脏物吹出，对零、部件进行检验。

实训 1.4.5 观察发动机结构

包括各部组成及润滑油路、冷却水路；拆装机油泵、水泵及机油滤清器，观察其组成及结构特点；进行节温器试验

实训 1.4.6 AJR 发动机总装

(1) 安装曲轴

安装前应先检查其与轴瓦的径向间隙，标准值为 0.01～0.04mm，极限值为 0.15mm。

1) 将发动机机体倒置于工作台上。

2) 将主轴瓦上瓦片擦净安放在瓦座上，第三道主轴瓦应安装止推环且应将润滑槽朝向曲柄方向；将所有的瓦片涂上润滑油。

3) 将曲轴擦净按正确的方向安放在轴瓦上，将各主轴径涂以润滑油。

4) 将安好下瓦片的主轴瓦盖按正确的方向、位置安放在瓦座上。

5) 从中间向两端分次按规定扭矩(65N·m＋90°)扭紧更新的主轴瓦盖螺栓。

6) 转动曲轴应无卡阻现象。

7) 检查曲轴的轴向间隙应在规定范围内(0.07～0.21mm；极限值为 0.30mm)。

(2) 安装活塞连杆组

安装前应先检查缸套与活塞的配合间隙(标准值为 0.04～0.045mm；极限值为 0.12mm)和连杆轴径与连杆瓦的配合间隙(标准值为 0.01～0.05mm，极限值为 0.12mm)。

1) 将发动机侧置在工作台上。

2) 在不装活塞环时，安装活塞连杆组检查是否“偏缸”，若偏缸应查明原因予以修理。

3) 安装活塞环；将活塞环上带有“TOP”标记朝上安装。

4) 将一、四道连杆轴颈置于下止点的位置。

5) 将一缸气缸套、活塞、活塞环、活塞销、连杆瓦、连杆轴径上涂上润滑油。

6) 将一缸活塞连杆组的瓦盖拆下，将连杆的全部及活塞的 2/3 按正确的方向(活塞的裙部的箭头朝向发动机的前方)装入气缸套。

7) 将一、二道气环开口互错 180°，并避开活塞销方向、主侧压力方向，将油环和气环开口互错 90°。

8) 用活塞环卡箍将活塞与活塞环卡紧，用木棒将活塞推入气缸。

9）用手拉动连杆的大端，使连杆瓦与连杆轴径贴合。

10）按正确的方向安装连杆瓦及瓦盖，将更新的连杆螺栓与螺母的螺纹表面涂润滑油。

11）按规定的扭矩（30N・m＋90°）分次扭紧连杆螺母。

12）转动曲轴一至两圈应无卡阻现象。

13）检查连杆轴向间隙（标准为 0.10～0.35mm；极限为 0.40mm）。

14）用同样方法装上其余各活塞连杆组；转动曲轴数转。

（3）安装曲轴链轮（将链轮加热 220℃后压入曲轴前端）

（4）装上机油泵（泵内加注机油）

按正确方向安上传动链；装上链条张紧器，将机油泵传动链张紧。

（5）安装曲轴前密封凸缘及油封

1）将涂有密封胶的曲轴前密封凸缘按正确方向装上，分次按规定扭矩（16N・m）扭紧螺栓。

2）将更新的曲轴前油封的密封唇涂上润滑油，按正确方向用专用工具压入密封凸缘。装上扭力臂及同步带后护板。

（6）装上曲轴同步带轮

（7）按规定扭矩（100N・m）扭紧机体油道螺塞，装上曲轴后密封凸缘，按规定扭矩（16N・m）扭紧螺栓；装上中间板

（8）装上飞轮，按规定扭矩（60N・m＋90°）扭紧更新的飞轮紧固螺栓

（9）装上油底壳

（10）检查离合器前轴承并加注润滑脂；利用芯轴按正确方向、位置装上离合器，按规定扭矩（25N・m）分次、对角扭紧更新的离合器紧固螺栓

（11）将发动机正置

（12）安装气缸盖

1）将机体上平面擦净。

2）将更新的气缸垫按正确方向（有字的一面向上、向前）放在机体上平面，并使各孔位对正。

3）将组装和清洗好的气缸盖按正确方向放在气缸垫上，使各孔对正。

4）将更新的缸盖螺栓按规定扭矩（40N・m＋180°）从中间向两端分次、对角扭紧。

（13）安装凸轮轴

1）将挺杆（柱）按正确方向、位置装入挺杆孔中。

2）将凸轮轴下瓦片擦净涂上润滑油，按正确方向、位置装入座孔中，放上凸轮轴，将凸轮轴上瓦片涂上润滑油与瓦盖一起按正确方向、位置装在凸轮轴上；按规定扭矩（20N・m），并按序（先 2、4 道，后 3、1、5 道），分次扭紧凸轮轴瓦盖紧固螺母。

3) 装上凸轮轴油封，装上气门室罩盖。

(14) 安装同步带

1) 装上水泵，装上同步带后上防护罩。

2) 装上凸轮轴同步带轮及霍尔传感器，按规定扭矩(100N·m)扭紧紧固螺栓。若此时需转动凸轮轴时，应使各缸活塞不在上止点位置。

3) 转动凸轮轴，使凸轮轴同步带轮标记与同步带后上防护罩标记对准(此时一缸凸轮向上)。

4) 转动曲轴使曲轴同步带轮的标记与同步带标记对准，按正确方向装上同步带。

5) 装上半自动张紧轮，将同步带张紧，检查同步带张紧度。

(15) 装上同步带下防护罩和中间防护罩；装上发电机支架

(16) 安装上防护罩

1) 装上曲轴V型带轮，按规定扭矩(40N·m)扭紧螺栓。

2) 检查曲轴V型带轮与下防护罩上的上止点标记是否对准；检查凸轮轴同步带轮上的标记是否与后防护罩上的标记对正。

3) 装上同步带上防护罩。

(17) 安装各小总成及附件

1) 装上机油滤清器支架，装上更新的机油滤清器。

2) 装上喷油器、供油管和油压调节器。

3) 装上火花塞，按点火顺序(1—3—4—2)插上高压线。

4) 装上进、排气歧管垫及歧管，安上支架。

5) 装上节温器，装上节温器盖。

6) 装上发电机支架，装上发电机。

(18) 检查发动机各部

检查发动机各部是否有错装、漏装的零部件，如有应纠正或装上。

实训 1.4.7　进行发动机冷、热磨合

将装配后的发动机安装在发动机冷热磨合试验台上，它要求对发动机进行冷热磨合。

实训 1.4.8　将发动机安装在汽车上

(1) 安装发动机

1) 将发动机吊装在发动机机座上。

2) 连接并紧固发动机与变速器的紧固螺栓。

3) 安上发动机与车身的连接螺栓(不要扭紧)，撤去变速器底部支撑和吊车。

4) 扭紧所有发动机与车身及副梁的连接螺栓，接上搭铁线。

(2) 安装并固定电起动机，接上起动机电线

(3) 连接并紧固前排气管与排气歧管的螺栓

(4) 安装动力转向油泵

1) 将动力转向油泵固定在支架上。

2) 按正确方向装上发电机 V 型带，装上张紧轮，将 V 型带张紧并调整张紧度。

(5) 安装空调压缩机

1) 将空调压缩机安装在支架上。

2) 按正确方向装上 V 型带，检查调整 V 型带张紧度，扭紧紧固螺栓。

(6) 连接各导线和管路

1) 装上车速传感器插头及倒车灯开关插头。

2) 连接气缸盖通向暖风热交换器的冷却液管。

3) 连接发动机底部通向暖风热交换器的冷却液管。

4) 连接制动助力装置的真空管。

5) 连接通向活性炭罐电磁阀的真空管。

6) 连接并调整节气门拉索。

7) 连接主供油管和回油管。

(7) 安装空气滤清器

1) 更新空气滤芯，盖上空气滤清器罩盖。

2) 连接空气滤清器至节气门控制器之间的空气管路。

3) 安上活性炭罐电磁阀和电线接头。

4) 插上空气流量计的电线接头。

(8) 安装散热器

1) 将散热器安装在车架上，安装上电动冷却风扇，连接电线，插上热敏开关接头。

2) 连接各水管。

(9) 安装蓄电池

1) 装上蓄电池支架及蓄电池。

2) 接上蓄电池电线。

(10) 加注润滑油和冷却液

(11) 检查各部

1) 检查是否有错装、漏装的零、部件及小总成，如有应纠正或装上。

2) 检查是否有润滑油和冷却液的泄露，如有应排除。

(12) 查询故障存储器，必要时删除故障存储

第 2 章 曲柄连杆机构构造与维修

☆ 知识点

1. 曲柄连杆机构与机体零件的功用、形式及结构特点
2. 机体零件与曲柄连杆机构的缺陷，产生损伤的原因，修复方法
3. 活塞连杆组各部件的检验与选配补整
4. 活塞连杆组的组装；活塞连杆向气缸内安装

★ 要求

掌握：

1. 解释曲柄连杆机构与机体零件的功用、形式及结构特点
2. 辨认机体零件与曲柄连杆机构的缺陷，分析产生损伤的原因，确定修复方法
3. 进行气缸盖、机体平面变形的正确检验
4. 进行气缸套的正确拆装
5. 正确进行活塞连杆组各部件的检验与选配补整
6. 正确进行活塞连杆组的组装；活塞连杆向气缸内安装

了解：

1. 曲柄连杆机构与机体零件的材质及特点
2. 曲柄连杆机构与机体零件的受力分析

理论部分

2.1 概述

2.1.1 曲柄连杆机构的功用、组成

曲柄连杆机构的功用是把燃气作用在活塞顶上的力转变为曲轴的转矩，机械输出机械能。该机构是往复活塞式内燃机将热能转化为机械能的主要机构。

曲柄连杆机构组成：

1）机体组：主要包括气缸体、曲轴箱、气缸盖、气缸衬套、油底壳等机件。

2）活塞连杆组：主要包括活塞、活塞环、活塞销和连杆等机件。

3）曲轴飞轮组：主要包括曲轴、飞轮和扭转减震器等机件。

曲柄连杆机构主要零件如图 2.1 所示。

2.1.2 曲柄连杆机构的受力分析

在发动机做功时，气缸内的高温可达 2500K 以上，最高压力可达 5～9MPa，现代工程机械和车用发动机最高转速可达 3000～6000r/min，则活塞每秒要进行 100～200 个行程，可见其线速度是很大的。此外，与可燃混合气和燃烧废气接触的机件（如气缸、气缸盖、活塞组等）还将受到化学腐蚀。因此，机体零件与曲柄连杆机构的工作是在高温、高压、高速和化学腐蚀的条件下工作的。

由于曲柄连杆机构是在高压下作变速运动，因此它在工作时的受力情况是很复杂的。在此只对其受力情况作一简单的分析。

曲柄连杆机构受到的力主要有气体压力、往复惯性力、旋转运动的离心力以及相对运动件接触表面的摩擦力。

1. 气体压力

在每个工作循环的四个行程中，气体压力始终存在，但由于进气、排气两个行程中气体压力较小，对机件影响的不大，因此在这里主要研究做功和压缩两个行程中的气体作用力。

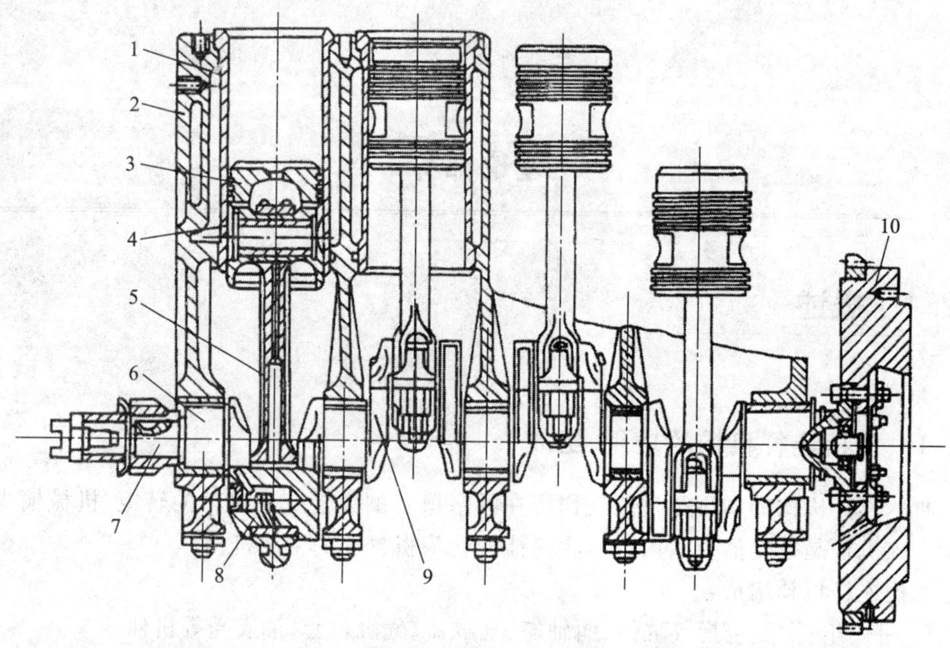

图 2.1　活塞连杆及曲轴飞轮组的组成

1. 气缸套；2. 气缸体；3. 活塞；4. 活塞销；5. 连杆；
6. 曲轴主轴颈；7. 曲轴；8. 连杆轴颈；9. 曲柄；10. 飞轮

在做功行程中，气体压力是推动活塞向下运动的。这时，燃烧气体产生的高压直接作用在活塞顶部。如图 2.2(a)所示，设活塞所受总压力为 F_p，传到活塞销上，可分解为 F_{p1} 和 F_{p2}，分力 F_{p1} 通过活塞销传给连杆，并沿连杆方向作用在曲柄上。F_{p1} 可分解为两个分力 R 和 S。沿曲柄方向分力 R 使曲柄主轴颈与主轴承间产生压紧力；与曲柄相垂直的分力 S 除了使主轴颈和主轴承之间产生压紧力外还对曲柄形成转矩 T，推动曲柄旋转。力 F_{p2} 把活塞压向汽缸壁，形成活塞与汽缸壁间的侧压力，使两者产生摩擦。

在压缩行程中，如图 2.2(b)所示，气体压力是阻碍活塞向上运动的阻力。这时作用在活塞顶的气体总压力 F'_p 也可以分解为两个分力 F'_{p1} 和 F'_{p2}，而 F'_{p1} 又分解为 R' 和 S'。R' 使曲轴主轴颈与主轴承间产生压紧力；S' 对曲轴造成一个旋转阻力矩 T'，企图阻止曲轴旋转。而 F'_{p2} 则将活塞压向汽缸的另一侧壁，也使两者产生磨损。

在工作循环的任何行程中，气体作用力的大小都是随活塞和位移而变化的，再加上连杆在左右摇摆，因而作用在活塞销和曲轴轴颈的表面以及二者的支承表面上的压力和作用点不断变化的，造成各处磨损的不均匀性。同样，汽缸壁沿圆周方向的磨损也是不均匀的。

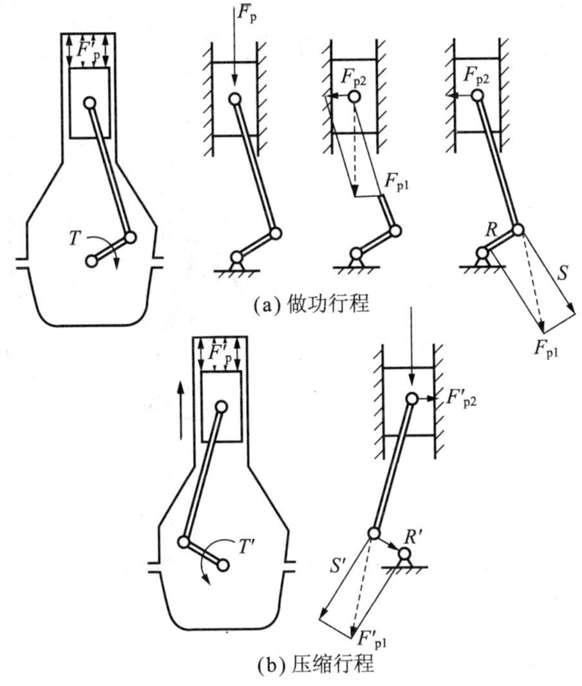

图 2.2　气体压力作用情况示意图

2. 往复惯性力和离心力

往复运动的物体，当运动速度变化时，就要产生往复惯性力。物体绕某一中心作旋转运动时，就会产生离心力，这两种力在曲柄连杆机构的运动中都是存在的。

活塞和连杆小头在气缸中作往复直线运动时，速度很高，而且数值在不断的变化。当活塞从上止点向下止点运动时，其速度变化规律是：从零开始，逐渐增大，临近中间达最大值，然后又逐渐减小至零。也就是说，当活塞向下运动时，前半程是加速运动，惯性力向上，以 F_j 表示。如图 2.3(a)所示，后半程是减速运动，惯性力向下，以 F_j 表示，如图 2.3(b)所示。同理当活塞向上时，前半程惯性力向下，后半程惯性力向上。

活塞、活塞销和连杆小头的质量越大，曲轴转速越高，则往复惯性力也越大。它使曲轴连杆机构的各零件和所有轴颈承受周期性的附加载荷，加快轴承的磨损；未被平衡的变化着的惯性力传到气缸体后，还会引起发动机的振动。

偏离曲轴轴线的活塞、活塞销和连杆大头绕曲轴轴线旋转，产生旋转惯性力，即离心力，其方向沿曲柄半径向外，其大小与曲轴半径、旋转部分的质量及曲轴转速有关。曲柄半径长，旋转质量大，曲轴转速高，则离心力大。如图 2.3 所示，离心力 F_C 在垂直方向分力 F_{cy} 与往复惯性力方向总是一致的，因而加剧了发动机的上、下振动，而水平方向分力

F_{cx}则使发动机产生水平方向的振动。离心力使连杆大头的轴瓦和活塞销、曲轴主轴颈及其轴承受到又一个载荷,增加它们的变形和磨损。

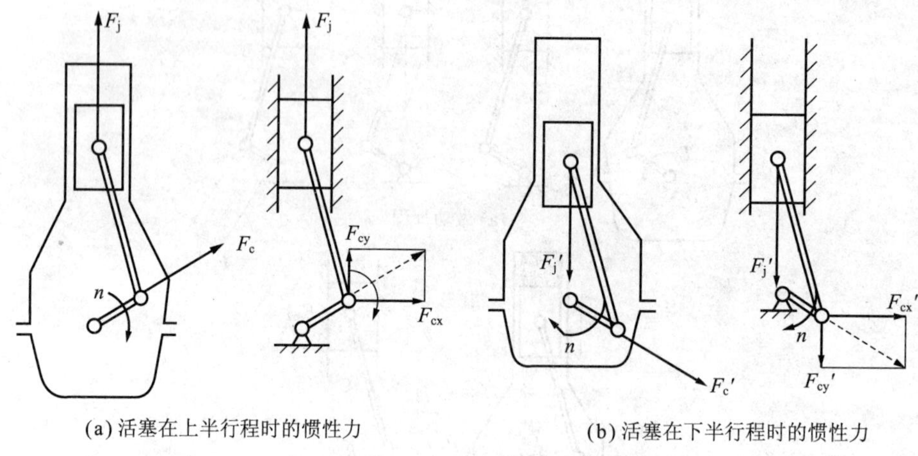

(a) 活塞在上半行程时的惯性力

(b) 活塞在下半行程时的惯性力

图 2.3　往复惯性力和离心力作用情况示意图

3. 摩擦力

曲柄连杆机构中相互接触的表面作相对运动时都存在摩擦力,其大小与正压力和摩擦系数成正比,其方向总是与相对运动的方向相反。摩擦力的存在是造成配合表面磨损的根源。

为了方便,上述各力分析是单独分析的,实际上这些力不是单独存在的,各机件所受的力是各种力的综合。

曲柄连杆机构产生的惯性力和摩擦力都是有害的,现代高速发展的发动机尽量减少运动件的质量和活塞的行程,以便减少惯性力。同时保证运动件有较高的加工精度和装配精度,并采取加强润滑等措施,以减少摩擦力。

2.2 机体组

机体零件包括气缸体、气缸套、气缸垫、气缸盖和油底壳等主要零件。将这些零件用螺栓、螺母连结成一整体,构成内燃机的骨架,其他的机构和系统装在其内部或外部构成内燃机总成。

2.2.1 气缸体

气缸体与上曲轴箱制成一体的叫机体, 机体内加工有垂直座孔,用于装气缸套。铸有用于冷却内燃机的冷却水套和水孔，以及为增强机体刚度的水平隔壁和加强筋。在机体内还加工有主轴承座孔、凸轮轴套安装孔、挺柱孔、油道孔和油水渗漏孔等。机体的上、下，前、后和左、右都加工有安装平面，上平面装缸垫和缸盖，下平面装油底壳，前平面装定时齿轮室，后平面装飞轮壳，左、右平面分别装有机油、燃油滤清器等。

气缸套分为干式缸套和湿式缸套两种。

干式缸套的特点是外表面不直接与冷却水接触，其壁厚一般为 1～3mm。为了获得与缸体间足够的实际接触面积，保证缸套的散热和定位，缸套的外表面和与其配合的气缸体承孔的内表面都有一定的加工精度，二者一般采用过盈配合。强度和刚度都较好，加工复杂，拆装不便，散热不良。

湿式缸套的特点是其外表面直接与冷却水接触。另外，它较干式缸套壁厚大，其厚度一般为 5～9mm。散热良好、冷却均匀、加工容易。强度和刚度不如干缸套，易漏水。

发动机的曲轴轴线与曲轴箱分开面在同一平面上的为一般式机体(也叫平底式)[图 2.4(a)]，这种机体的特点是便于机械加工，但刚度较差，曲轴前后端的密封性较差，多用于中小型发动机，富康 ZX 轿车 TU3.2K 发动机，BJ2032 吉普车的 492QA 型发动机的气缸体即属于这种结构。若发动机的曲轴轴线高于曲轴箱分开面的则称为龙门式机体[图 2.4(b)]，这种机体的特点是结构刚度和强度较好，密封简单可靠，维修方便，但工艺性较差。桑塔纳、捷达、奥迪属于这种结构。

隧道式机体的主轴承承孔不分开[图 2.4(c)]，这种机体的特点是其结构强度比龙门式的更高，主轴承的同轴度易保证，但拆装比较麻烦，多用于主轴承采用滚动轴承的组合式曲轴，如黄河 JN1181C13 型汽车 6135Q 型发动机。

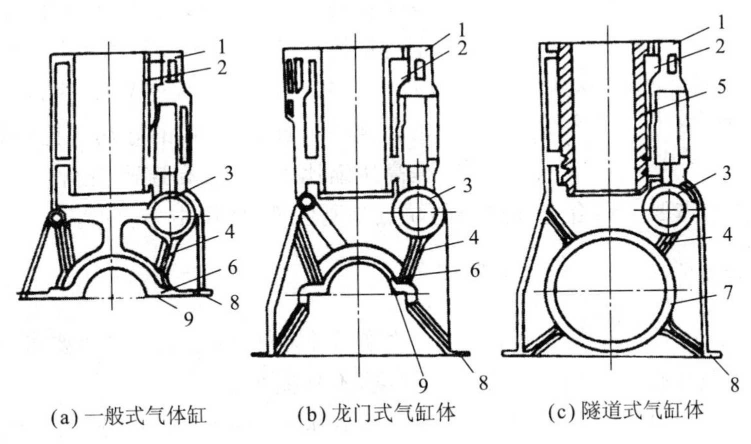

图 2.4　气缸体示意图

1. 气缸体；2. 水套；3. 凸轮轴孔座；4. 加强筋；5. 湿缸套；6. 主轴承座；7. 主轴承座孔；8. 安装油底壳的加工面；9. 安装主轴承的加工面

2.2.2 气缸盖与气缸衬垫

1. 气缸盖

气缸盖的主要功用是封闭气缸上部，并与活塞顶部和气缸壁一起形成燃烧室。

气缸盖内部有与气缸体相通的冷却水套，并有进、排气门座及气门导管孔和进、排气通道，有燃烧室、火花塞座孔（汽油机）或喷油器座孔（柴油机），上置凸轮轴式发动机的气缸盖上还有用以安装凸轮轴的轴承座。

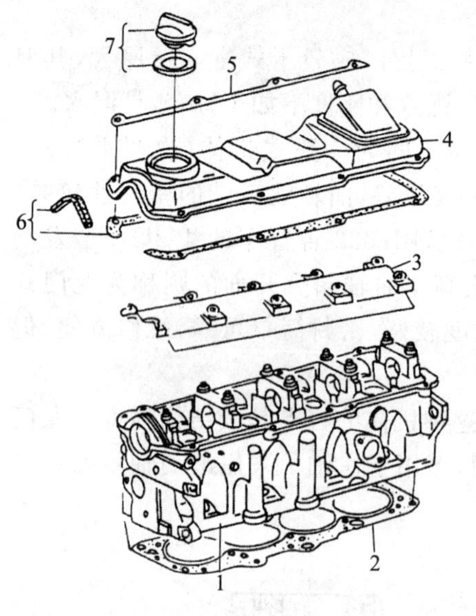

图 2.5 上海桑塔纳轿车发动机的气缸盖

1. 气缸盖；2. 气缸垫；3. 机油反射罩；4. 气缸盖罩；5. 压条；6. 气门罩垫；7. 加油盖

图 2.5 为上海桑塔纳轿车发动机的气缸盖分解图。

在多缸发动机的一列中，只覆盖一个气缸的气缸盖，称为单体气缸盖；能覆盖部分（两个以上）气缸的称为块状气缸盖；能覆盖全部气缸的气缸盖则称为整体气缸盖。采用整体气缸盖可以缩短气缸中心距和发动机的总长度，其缺点是刚性较差，在受热和受力后容易变形而影响密封；损坏时需整个更换。整体式气缸盖多用于缸径小于105mm 的汽油发动机上。缸径较大的发动机常采用单体气缸盖或块状气缸盖。

气缸盖由于结构复杂，一般采用灰铸铁或合金铸铁铸成，CA6102 型发动机系采用铜钼低合金铸铁铸造的整体式气缸盖；目前铝合金铸造的缸盖正在逐步推广，如桑塔纳、捷达等轿车均采用铝合金的气缸盖，因铝的导热性比铸铁好，有利于提高压缩比，以适应高速高负荷强化汽油机散热及提高压缩比的需要。铝合金气缸盖的缺点是刚度低，使用中易变形。

2. 气缸衬垫

气缸垫的作用是保证燃烧室的密封。气缸盖衬垫应满足如下主要要求：

1）在高温高压燃气作用下有足够的强度，不易损坏。

2）耐热和耐腐蚀。即在高温、高压燃气或有压力的机油和冷却液的作用下不烧损或变质。

3）具有一定的弹性，能补偿接合面的不平度，以保证密封。

4) 拆装方便，能重复使用，寿命长。

目前汽车发动机采用的气缸垫大致有以下结构：

应用最多的是金属-石棉气缸盖衬垫，如图 2.6(a)、(b)所示。石棉中间夹有金属丝或金属屑，且外覆铜皮或钢皮。水孔和燃烧室周围另用镶边增强，以防被高温燃气烧坏。这种衬垫压紧厚度为 1.2～2mm，有很好的弹性和耐热性，能重复使用，其厚度和质量的均一性较差。

有的发动机采用在石棉中心用编织的钢丝网[图 2.6(c)]或有孔钢板[图 2.6(d)]为骨架，两面用石棉及橡胶粘结剂压成气缸盖衬垫。近年来，国内正在试验采用膨胀石墨作为衬垫的材料。

很多强化的汽车发动机采用实心的金属片作为气缸盖衬垫。例如红旗轿车发动机即采用如图 2.6(e)所示的钢板衬垫。这种衬垫在需要密封的气缸孔和水孔、油孔周围冲压出一定高度的凸纹，利用凸纹的弹性变形实现密封。

有的发动机采用了较先进的加强型无石棉气缸垫结构[图 2.6(f)]，在气缸口密封部位采用五层薄钢板组成，并设计成正圆形，没有石棉夹层，从而消除了气囊的产生，在油孔和水孔处均包有钢护圈以提高密封性。解放 CA1092 型汽车 6102 型发动机就采用了这种气缸垫，安装气缸盖衬垫时，应注意安装方向。一般是衬垫卷边的一面朝向气缸盖，光滑面朝向气缸体安装。也可根据标记或文字要求进行安装，如衬垫上的文字标记“TOP”“OPEN”表示朝上，“FRONT”表示朝前。

气缸盖用螺栓固紧在气缸体上，在拧紧螺栓时必须按由中央对称地向四周扩展的顺序分几次进行，最后一次要用扭力扳手按工厂规定的拧紧力矩值拧紧，以免损坏气缸衬垫或发生漏水的现象。如果气缸盖由铝合金制成，则最后必须在发动机冷态下进行，这样在热机状态时能增加密封的可靠性，因为铝制气缸盖膨胀程度比钢制螺栓的大，铸铁气缸盖应在发动机热时拧紧。

3. 油底壳

油底壳的主要作用是贮存机油并封闭曲轴箱。油底壳受力很小，一般采用薄钢板冲压而成的，油底壳的形状决定于发动机的总体布置和机油的容量。在有些发动机上，为了加强油底壳内机油的散热，采用了铝合金铸造的油底壳，在壳的底部还铸有相应的散热肋片。

为了保证在发动机纵向倾斜机油泵能经常吸到油，油底壳后部一般做得较深。油底壳内还设有挡油板，防止汽车振动时油面波动较大。油底壳底部装有放油塞。有的放油塞是磁性的，能吸集机油中的金属粉屑，以减少发动机运动零件的磨损。

4. 发动机支撑

发动机一般通过气缸体和飞轮壳或变速器壳支承在车架上，发动机的支承方法一

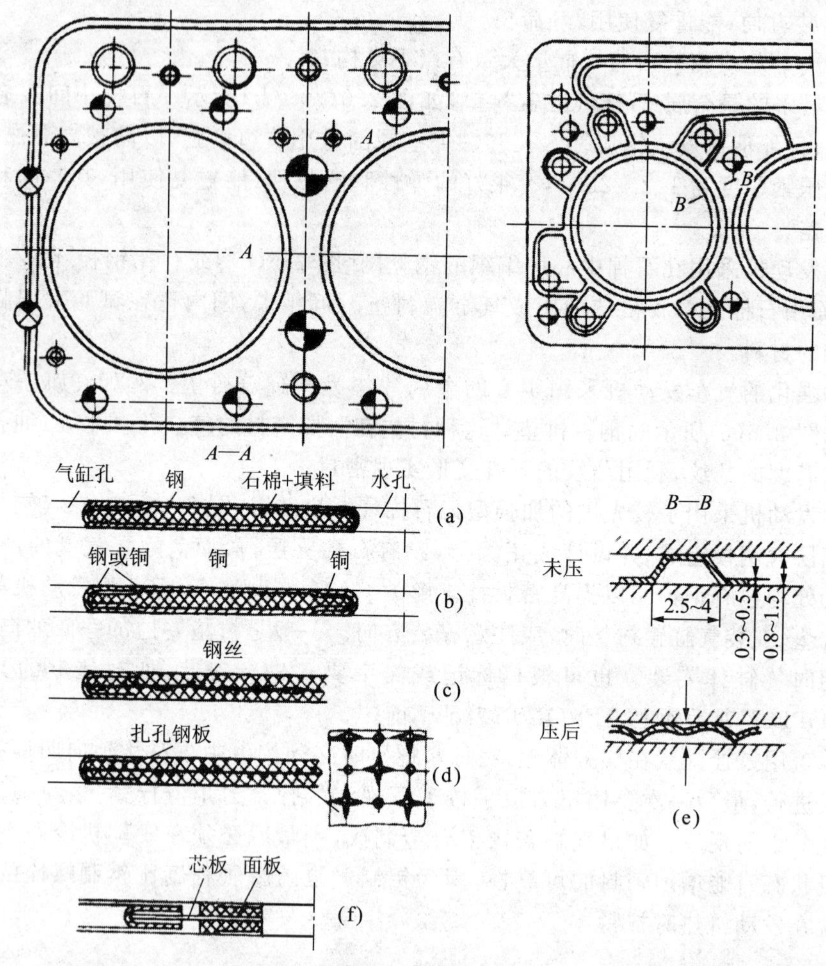

图 2.6　气缸盖衬垫结构

(a)～(d) 金属-石棉板；(e) 冲压钢板；(f) 无石棉气缸垫

般有三点支承和四点支承两种，如图 2.7 所示。三点支承为前端两点通过曲轴箱支承在车架上，后端一点通过变速器壳支承在车架上，四点支承为前端两点通过曲轴箱支承在车架上，后端两点通过飞轮壳支承在车架上。

发动机在车架上的支承是弹性的，这是为了消除在汽车行驶中车架的扭转变形对发动机的影响，以及减少传给底盘和乘员的振动和噪声。为了防止当汽车制动或加速时由于弹性元件的变形而产生的发动机纵向位移，而设有纵拉杆，通过橡胶垫块使发动机与车架纵梁相连。

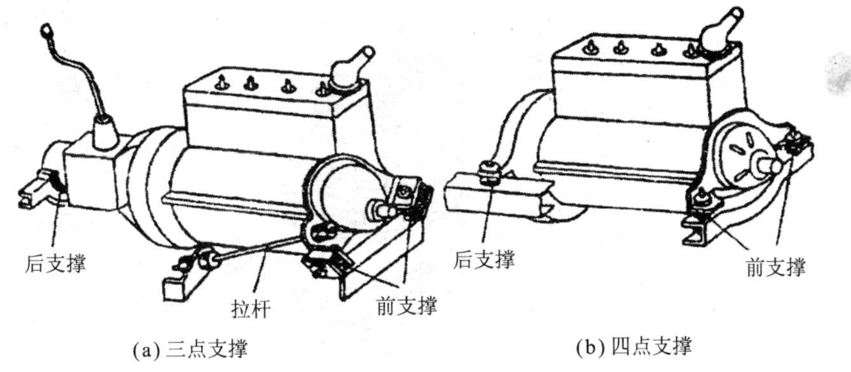

(a) 三点支撑　　(b) 四点支撑

图 2.7　发动机支撑

2.3　活塞连杆组

活塞连杆组由活塞、活塞环、活塞销、连杆等机件组成(图 2.8)。

2.3.1　活塞

活塞的功用是承受燃气压力,并将此力通过活塞销、连杆、曲轴和飞轮对外做功;封闭气缸,形成燃烧室;吸入、压缩和排出气体,传出部分热量,以及将活塞的侧向力传给气缸壁。

活塞的构造如图 2.9 所示,分头部、防漏部、裙部和销座部。

头部的形状与燃烧室有直接关系,随燃烧室不同形状各异,有平顶、凸顶和凹顶的。

为便于选配和安装,在活塞顶还制有尺寸、重量分组和安装箭头等标志。同组活塞重量差不大于 10g。

防漏部:防漏部制有环槽用以安装气环与油环,气环多为 2～3 道,油环多为一道。环槽内装有气环与油环,气环装在上部,下部装油环。气环数减少、环高减少可降低活塞高度和减小活塞质量,有利于内燃机转速的提高,以增加其动力性和经济性。活塞顶到第一环槽之间的环岸,叫火力岸。在此岸上制有退让和绝热环槽,用以减小此部与缸壁间隙,增加节流以达到减轻第一道环的热负荷和机械负荷,缩短火力岸的高度;绝热环槽的作用是改变热传导路线以减轻第一道环的热负荷,在高强化柴油机的活塞第一环槽中铸有高镍铸铁环架,以提高活塞使用寿命。

销座部:用以装配活塞销,将活塞受力传给连杆。为降低活塞销与座孔的压力,减轻磨损,这部分支承面要尽量大些,也就是孔径与支承长度要大些,销座与顶部用加强筋相连。

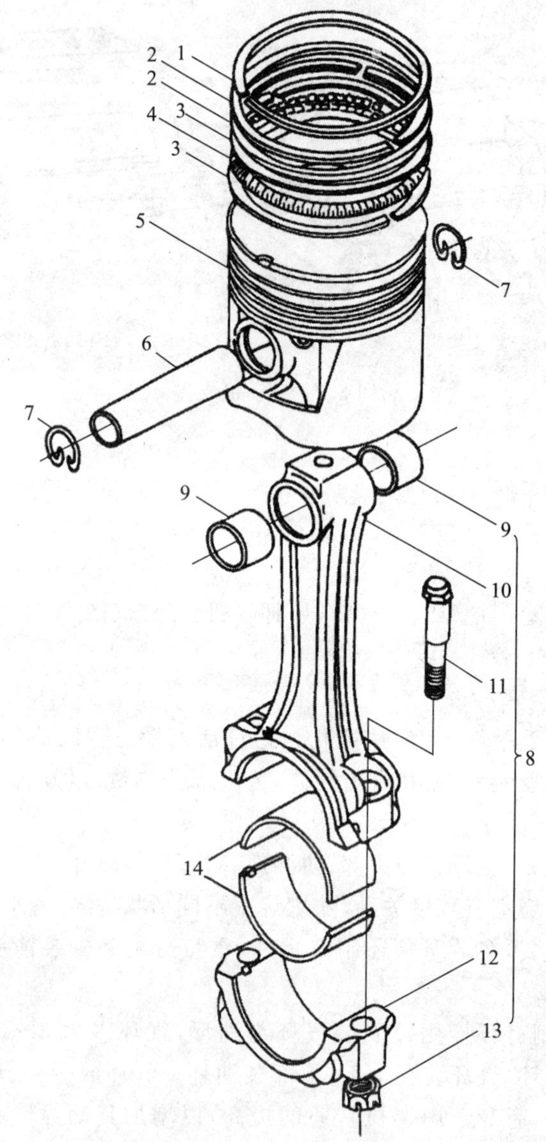

图 2.8　活塞连杆组

1、2. 活塞环；3. 油环刮片；4. 油环衬套；5. 活塞；6. 活塞销；7. 活塞销卡环；
8. 连杆组；9. 连杆衬套；10. 连杆；11. 连杆螺栓；12. 连杆盖；13. 连杆螺母；14. 连杆轴承

裙部：也叫导向部，在活塞往复运动中起导向作用，并承受侧压力。目前，一些高速发动机为防止活塞换向时产生拍击和磨损，使活塞销孔中心线与活塞轴线不相交，向主推力面一侧偏移 1～2mm。因此，这种活塞安装时，要注意安装朝前标志。

活塞在工作中由于裙部受侧压力、销座承受活塞方向上的轴向力、销座金属量多受热后变形量大等都使活塞裙部变椭圆形，沿销轴方向直径增大，侧压力方向直径变小。如不采取措施，活塞在工作时将拉伤缸壁，甚至卡缸。汽油机活塞在其裙部开有梯形或Π形切口，其横向切口为切断热流、减少裙部受热膨胀；纵向切口在裙部变形时留有膨胀余地。另外，有很多活塞将销座孔周围制成凹陷部，作为膨胀余地，也有将活塞制成椭圆的，其长轴为侧压方向，短轴为销轴方向。这种活塞也叫椭圆活塞。有的活塞铸入恒范钢片使裙部与销座相连，恒范钢片热膨胀系数很小，可使活塞与气缸配合间隙减小。为防止活塞裙部与曲轴平衡块相碰，沿活塞销方向将销座以下裙部切除或部分切除。这样，还可降低摩擦阻力和减轻重量。这样活塞也称拖鞋式活塞或半拖鞋式活塞。

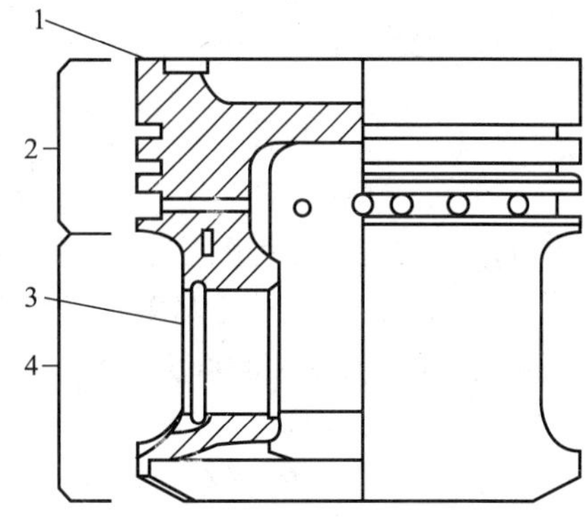

图 2.9　活塞结构

1. 活塞顶；2. 活塞头；3. 活塞销座；4. 活塞裙部

活塞由于沿高度方向受热不同，膨胀量亦不同。因此，活塞均制成上小、下大的锥形。

活塞裙部的最下端为定位止口，也可去除此处部分金属量为调整活塞重量。

2.3.2　活塞环

活塞环是一个具有开口的弹性圆环，一般用优质灰铸铁或合金铸铁制成。活塞环有气环和油环两种。气环的作用是：密封、导热、布油、刮油；油环的作用是：刮油、布油、密封。气环根据截面形状不同有多种，如图 2.10 所示。

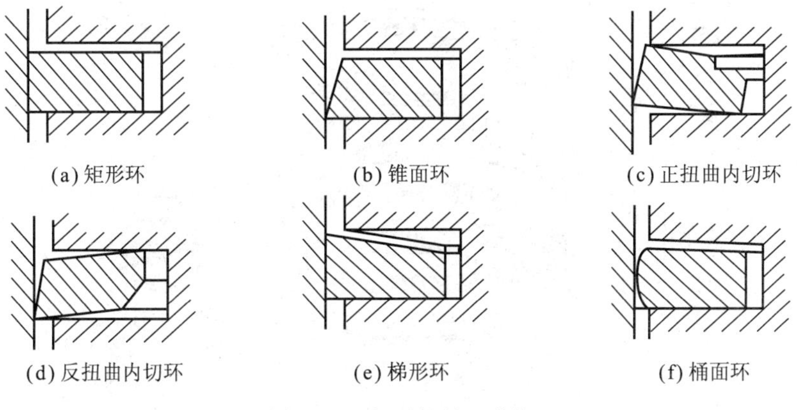

图 2.10　气环的断面形状

1. 气环种类

气环有如下几种：

1）矩形环：也叫平环，多用于柴油机第一道环，为增长使用寿命，其表面多采用多孔镀铬，铬耐磨，多孔可贮油改善润滑条件。

2）锥形环：其断面为梯形，此环装入气缸后与缸壁呈线接触，比压大，易磨合具有布油和刮油作用，安装时有方向性。

3）扭曲环：在矩形断面的内侧或外侧去除部分金属，也称内切口和外切口。此环装入气缸后产生扭转，具有锥形环一样的作用，被广泛用于二、三道环，安装时要注意方向，内切口朝上，外切口朝下。

4）梯形环：其断面呈梯形。环槽也制成梯形断面，环在环槽中内外移动时，环在环槽中的间隙发生变化，将槽中的焦状油挤出，防止焦环故障。

5）桶形环：其表面呈桶形。装入气缸壁呈线接触，活塞在上、下止点换向运动时，产生倾斜，桶形环将沿缸壁微量移动，且活塞上、下运动时均有油楔作用，所以，此种环易磨合、磨损小，现被广泛用做内燃机的第一道环。

2. 油环种类

油环有如下两种：

一是整体式油环，二是组合式油环。目前，多数内燃机用组合式油环，如图 2.11 所示。图 2.11(a)是普通的油环，图 2.11(b)是两片一簧式组合油环，弹簧既是径向弹簧又是轴向弹簧。其轴向弹力将上、下刮片压向环槽，径向弹力增强刮片对缸壁的压力。此环安装时，应先安衬簧片，立面朝外，对接的上、下切口在内，然后再装上、下两片刮片环，且三者的开口互相错开。

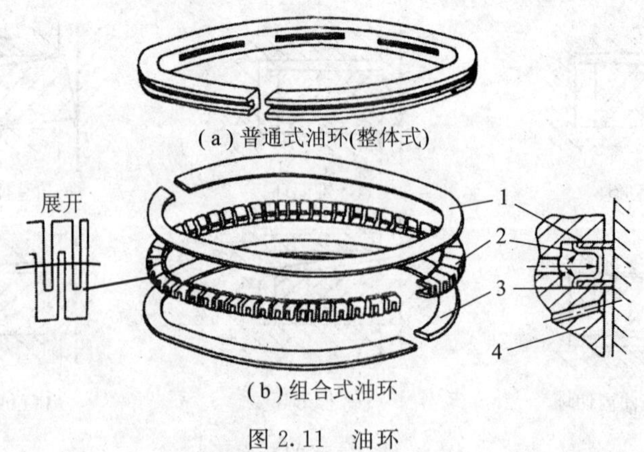

图 2.11　油环

1. 上刮片；2. 衬簧；3. 下刮片；4. 活塞

图 2.12 所示的是三片双簧式组合油环，由上两片刮片环、下一片刮片环、轴向强力环和径向强力环组成。轴向强力环将上、下刮片环压向环槽，径向强力环将刮片环压向气缸壁。这种环的弹力很强且不易下降。因此，该环性能佳、寿命长。

3. 活塞环间隙

活塞环有三隙，即端隙、边隙、背隙。

1）端隙：环装入气缸后的切口间隙称为端间隙，其作用是防止环受热膨胀后卡缸造成断环。但端间隙也不能过大，过大会失掉弹力，密封不良。端间隙第一道环最大，依次减小。

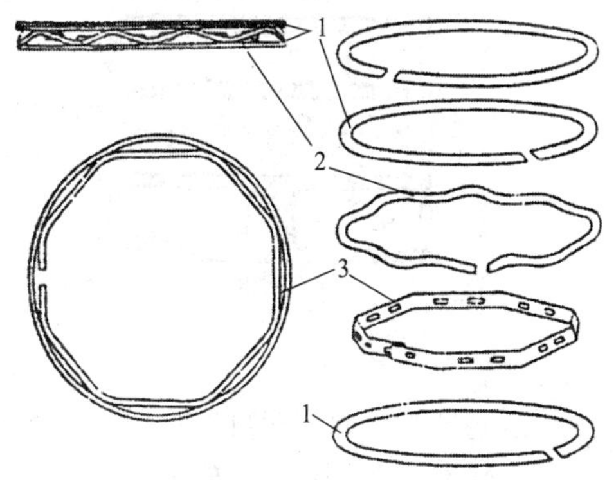

图 2.12　三片双簧式组合油环

1. 扁平环；2. 波形环；3. 衬环

2）侧隙：也叫边隙。环装入环槽中，环的一边贴紧环槽一侧，另一侧留有的间隙称为边间隙。其作用是防止活塞和环受热后环被环槽夹住失去弹力。边间隙也是上大下小，一般第一、二道环是 0.18～0.22mm 最大不能超过 0.6mm；第三道为 0.08～0.13mm，最大不能超过 0.5mm。过大会使活塞环泵油增加、烧机油。

3）背隙：是活塞及活塞环装入气缸后，活塞环背面与环槽底部间的间隙，一般为 0.5～1mm，油环的背隙较气环大，目的是增大存油间隙，以利于减压泄油。一般用环的厚度与环槽深度差来表示背隙，此值比实际背隙要小。

4. 活塞销

活塞销的功用是把活塞与连杆小端铰链连接在一起，并把活塞或连杆受的力传给连杆或活塞。

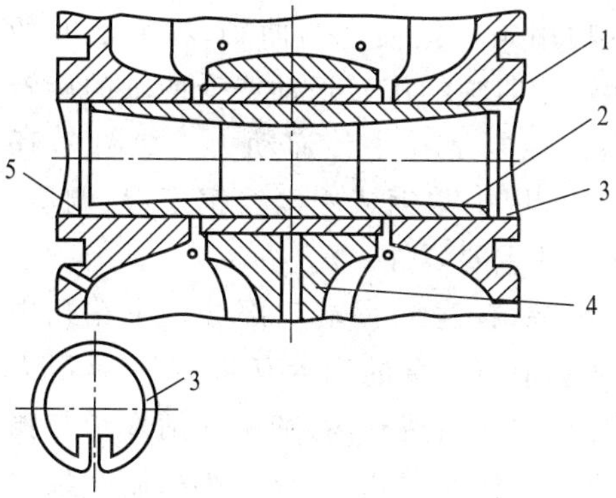

活塞销的材料一般用低碳优质钢或低碳合金钢，表面经渗碳淬火或氰化处理后，进行精加工，使其具有较高的强度、刚度和耐磨性。

图 2.13 所示为活塞销的一般构造和安装定位方式。为减轻重量活塞销制成中空的短管。

直通圆柱孔和圆锥形孔的活塞销质量较小，中间或单侧封闭的活塞销适用于二行程的发动机，以免出现扫气损失，成型销用于增压发动机，内部有塑料芯的钢套销则可用于要求不高的发动机，如图 2.14 所示。

图 2.13　活塞销

1. 活塞；2. 活塞销；3. 卡簧；4. 连杆；5. 铜套

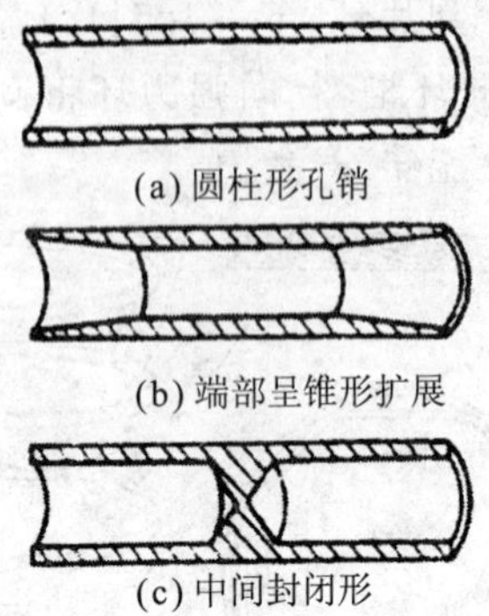

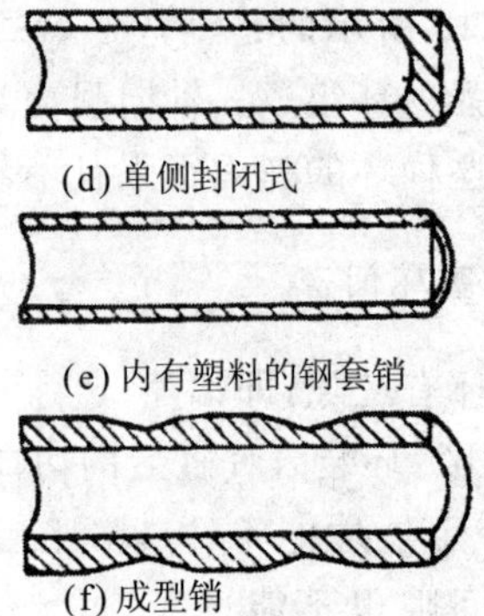

图 2.14　活塞销形状

活塞销与活塞、连杆的连接方式分为全浮式和半浮式。全浮式连接就是发动机在正常工作温度下，活塞销在连杆小头及活塞销座孔内部都有合适的配合间隙而能自由转运。半浮式连接就是销与销座孔和连杆小头两处，一处固定，一处浮动。其中大多数采用活塞销与连杆小头固定的方式。

活塞销与活塞、连杆的连接一般都采用全浮式，以便使其磨损均匀。为防止活塞销轴向窜动，在活塞销的座孔两端卡簧槽中装有弹性卡簧。由于活塞销和销孔是摆动摩擦，油膜不易形成，所以其配合间隙较小，活塞销与铜套间隙一般是 0.025～0.048mm，活塞销与座孔的配合一般采用过渡配合，装配时应把活塞放在油或水中加热到 100℃左右，将活塞销推入孔中。

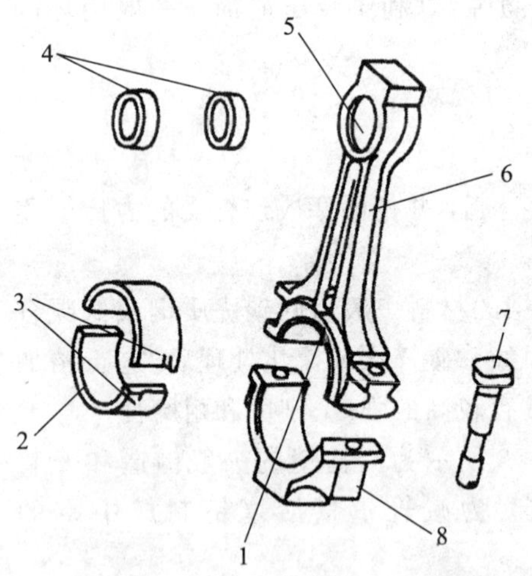

图 2.15　连杆组件

1. 连杆大端；2. 连杆轴承；3. 止推凸唇；4. 衬套；5. 连杆小端；6. 连杆杆身；7. 连杆螺栓；8. 连杆盖

5. 连杆

连杆的功用是连接活塞与曲轴，在变活塞的往复直线运动为曲轴的旋转运动或变曲轴的旋转运动为活塞的往复运动中传递动力。如图 2.15 所示，连杆是采用中碳钢或中碳铬钢模锻、调质、机械加工而成的重要零件。

连杆分小端、杆身和大端三部分。小端孔中压装铜套，活塞销与铜套的润滑有两种：一是压力润滑，连杆杆身钻有油道孔，将油引入活塞销与铜套摩擦表面；二是集油润滑，在连杆小头制有集油孔或槽，把飞溅的机油集在孔或槽中渗入摩擦表面。在强化系数较大的柴油机连杆小端制有喷油孔，向活塞头部喷油冷却活塞头部。

杆身做成“工”字形断面，使其既减轻重量又有足够的抗弯强度。大端孔中装有合金轴瓦与曲轴的连杆轴颈相连。大端的剖分面有两种：一是平分式，即连杆大端沿着与杆身轴线垂直的方向切开，多用于汽油机。二是斜切式。斜切式剖分面一般与杆身中线成 45°或 60°夹角，其目的是减少分解后的大端横向尺寸，便于活塞连杆组向气缸中的安装。斜切后会使连杆螺栓产生剪切应力，为此，必须使连杆大端盖有可靠的定位，其主要定位方法有：锯齿形定位、止口定位和套筒定位等多种形式，如图 2.16 所示。

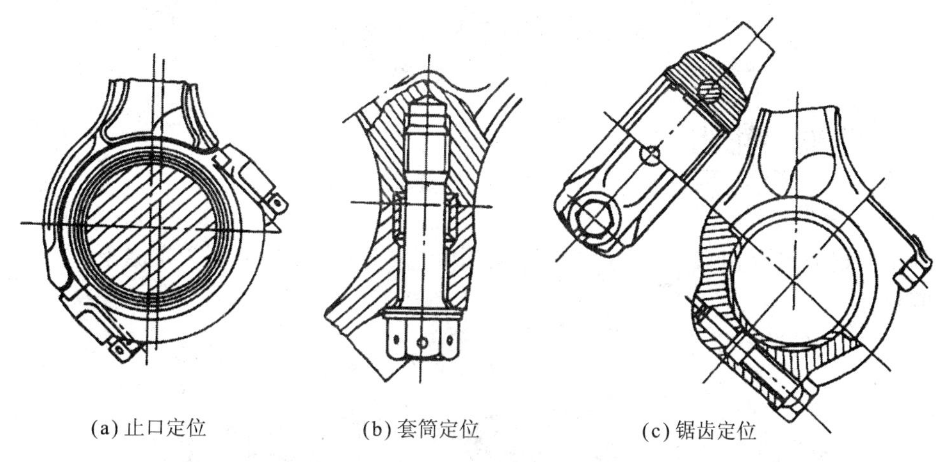

(a) 止口定位　　(b) 套筒定位　　(c) 锯齿定位

图 2.16　斜切口连杆大头的定位方式

连杆大端是配对加工的，没有互换性，也不可翻转 180°安装，故在其侧面打有配对和重量分组记号。端盖一般用两根连杆螺栓紧固，大端为平分式的一般用螺栓外圆柱面定位，连杆螺栓或螺母必须可靠锁定。否则，产生松动就会酿成重大机械事故。其锁定方法有锁片法、开口销法、锥螺纹法、螺母开槽法、螺纹镀层法以及采用高强度精制螺栓、螺母的扭矩法等。锥螺纹上大下小，不得装反。为防止连杆瓦转动和轴向窜动，在大端剖分面处加工有定位舌槽与瓦片上的凸舌相配合。

V 型发动机连杆结构通常有三种：

1) 并列连杆式：连杆可以通用，两列气缸的活塞连杆组的运动规律相同，但曲轴的长度增加。

2) 主副连杆式：可不增加发动机的轴向长度，但主副连杆不能互换，两列气缸的活塞连杆组的运动规律不同。

3) 叉形连杆式：两列气缸中的活塞连杆组的运动规律相同，但叉形连杆的制造工艺复杂，且大头的刚度较低，如图 2.17 所示。

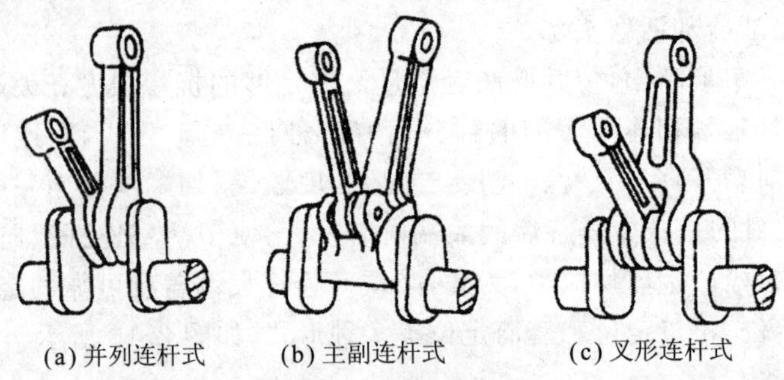

图 2.17　V 型发动机连杆示意图

2.4　曲轴飞轮组

曲轴飞轮组主要由曲轴、飞轮、扭转减振器、皮带轮、正时齿轮(或链条)等组成如图 2.18所示。

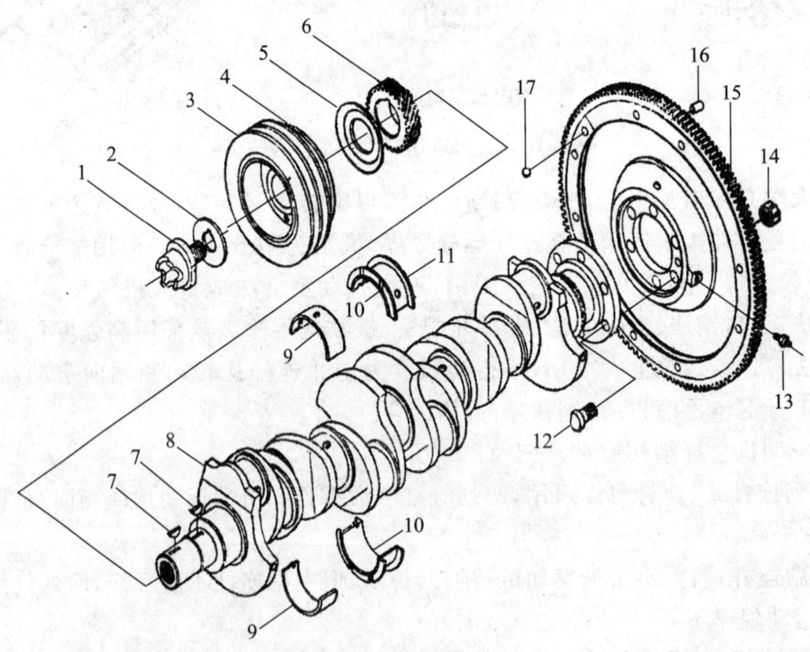

图 2.18　曲轴飞轮组

1. 起动爪;2. 锁紧垫圈;3. 扭转减振器;4. 皮带轮;5. 挡油片;6. 正时齿轮;7. 半圆键;8. 曲轴;9、10. 主轴承;11. 推力片;12. 飞轮螺栓;13. 滑脂嘴;14. 螺母;15. 飞轮与齿圈;16. 离合器盖定位销;17. 一、六缸上止点记号用钢球

2.4.1　曲轴

曲轴的功用是承受连杆传来的力，并由此造成绕其本身轴线旋转的力矩，然后通过飞轮输出，另外，还用来驱动发动机的配气机构及其他辅助装置（如发电机、风扇、水泵、转向油泵等）。

在发动机工作中，曲轴受到旋转质量的离心力，周期性变化的气体压力和往复惯性力的共同作用，使曲轴承受弯曲与扭转载荷，为了保证工作可靠，因此要求曲轴具有足够的刚度和强度，各工作表面要耐磨而且润滑良好，还必须有很高的动平衡要求。

曲轴要求用强度、冲击韧性和耐磨性都比较高的材料制造，一般都采用优质中碳钢（如 45 号钢）或中碳合金钢（如 40Cr）模锻。为了提高曲轴的耐磨性，其主轴颈和连杆轴颈表面上均需高频淬火或氮化。

曲轴一般由主轴颈、连杆轴颈、曲柄、平衡重、前端轴和后端凸缘等组成。一个连杆轴颈和它两端的曲柄及相邻两个主轴颈构成一个曲拐。

曲轴的曲拐数取决于气缸的数目和排列方式。直列式发动机曲轴的曲拐数等于气缸数；V 型发动机曲轴的曲拐数等于气缸数的一半。

按照曲轴的主轴颈数，可以把曲轴分为全支承曲轴和非全支承曲轴两种。在相邻的两个曲拐之间，都设置一个主轴颈的曲轴，称为全支承曲轴；否则称为非全支承曲轴。因此直列式发动机的全支承曲轴，其主轴颈总数（包括曲轴前端和后端的主轴颈）比气缸数多一个；V 型发动机的全支承曲轴，其主轴颈总数比气缸数的一半多一个，如图 2.19 所示。

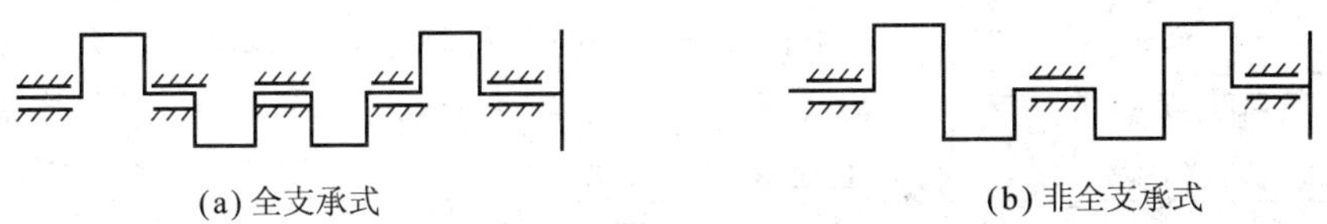

(a) 全支承式　　(b) 非全支承式

图 2.19　曲轴支承型式示意图

全支承曲轴的优点是可以提高曲轴的刚度，并且可以减轻主轴承的载荷。其缺点是曲轴的加工表面增多，主轴承数增多，使机体加长。上海桑塔纳、一汽奥迪 100 型汽车均采用全支承曲轴。柴油机也多采用全支承曲轴，这是因为载荷较大的缘故。

多缸发动机的曲轴一般做成整体式的。连杆大头为整体式的某些小型汽油机或采用滚动轴承作为曲轴主轴承的发动机必须采用组合式曲轴（图 2.20），即将曲轴的各部分分段加工，然后组合成整个曲轴。

平衡重用来平衡曲轴的离心力和离心力矩，有时还用来平衡一部分活塞连杆组的往复惯性力。

平衡重有的与曲轴制成一体，有的单独制成后再用螺栓固定在曲轴上，称为装配式平衡重。有些刚度较大的全支承曲轴(如解放CA1091型汽车的6102型发动机曲轴)可不设平衡重。曲轴无论有无平衡重,都必须进行动平衡试验,对不平衡的曲轴常在其偏重的一侧钻孔,除去些质量。

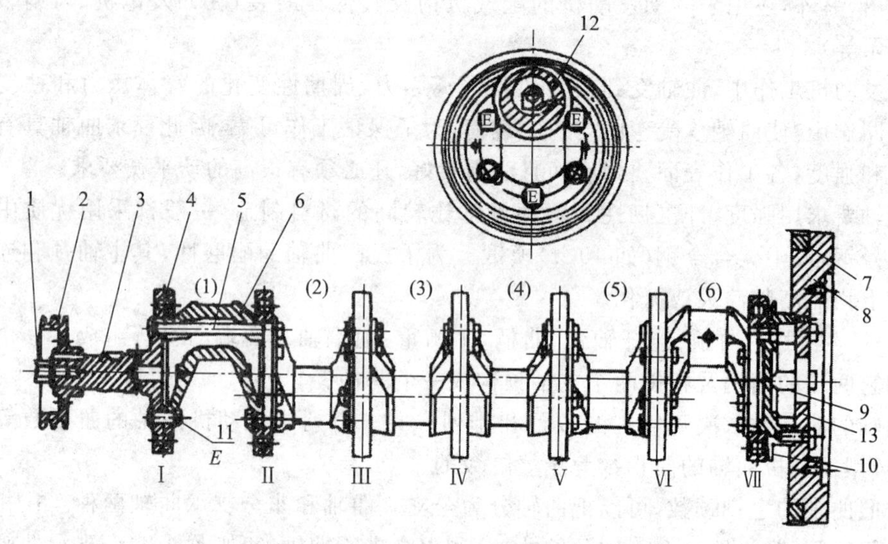

图2.20　组合式的曲轴

1. 起动爪;2. 皮带盘;3. 前端轴;4. 滚动轴承;5. 连杆螺栓;6. 曲柄;7. 飞轮齿圈;8. 飞轮;9. 后端凸缘;10. 挡油圈;11. 定位螺钉;12. 油管;13. 锁片

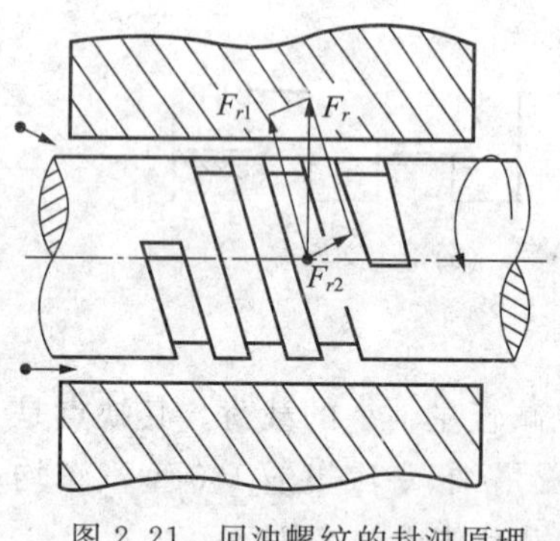

图2.21　回油螺纹的封油原理

曲轴前端是第一道主轴颈之前的部分,其上装有驱动配气凸轮轴的正时齿轮,驱动风扇和水泵的皮带轮以及推力片。为了防止机油沿曲轴轴颈外漏,在曲轴前端上还装有一个甩油盘。

曲轴后端是最后一道主轴颈之后的部分,有安装飞轮用的凸缘。为防止机油向后漏出,在曲轴后端通常切出回油螺纹或其他封油装置。回油螺纹可以是梯形或矩形的,其螺旋方向应为右旋,回油螺纹的工作原理如图2.21所示。

曲轴作为转动件,必须与其固定件之间有一定的轴向间隙。而在发动机工作时,曲轴经常受到离合器施加于飞轮的轴向力作用而有轴向窜动。曲轴轴向窜动将破坏曲柄连杆机构各零件的正确相对位置,因此曲轴必须有轴向定位装置。而在曲轴受热膨胀时,又应允许它能自由伸长,所以曲轴上只能有一处设置轴向定位装置。

曲轴推力轴承的形式有两种:翻边轴承的翻边部分和单制的具有减摩合金层的推力

片，如图 2.22 所示。

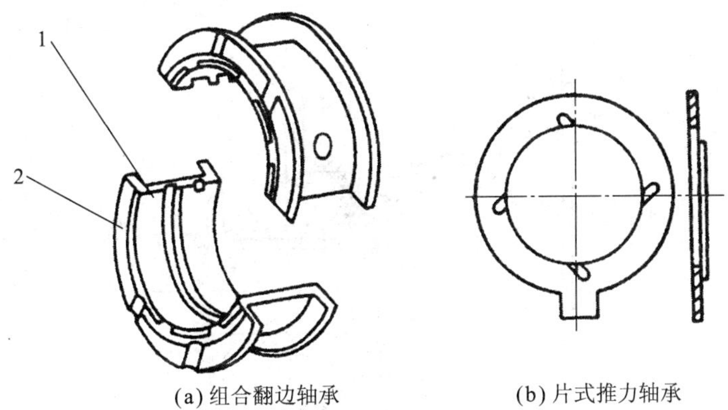

(a) 组合翻边轴承　　(b) 片式推力轴承

图 2.22　曲轴推力轴承

1. 轴瓦；2. 推力片

2.4.2　曲轴扭转减振器

在发动机工作过程中，连杆作用于连杆轴颈的作用力的大小和方向都是周期性变化的，在这种周期性变化的激力作用在曲轴上，引起曲拐回转的瞬时角速度也呈周期性变化。由于固装在曲轴上的飞轮转动惯量大，其瞬时角速度基本上可看作是均匀变化的。这样，曲拐便会忽而比飞轮转得快，忽而又比飞轮转得慢，形成相对于飞轮的扭转摆动，这就是曲轴的扭转震动，当激力频率与曲轴自振频率成整数倍关系时，曲轴扭转震动便因共振而加剧。这将使发动机的功率受到损失，正时齿轮或链条磨损增加，严重时甚至将曲轴扭断，为了消减曲轴的扭转震动，有的发动机在曲轴的前端装有扭转减震器。

汽车发动机最常用的曲轴扭转减震器是摩擦式扭转减震器，其可分为橡胶式扭转减震器、摩擦片式扭转减震器及硅油式扭转减震器三类。

在橡胶摩擦式扭转减振器中(图 2.23)，转动较大的惯性盘用一层橡胶垫和由薄钢板冲压制成的与圆盘相连。圆盘和惯性盘都同橡胶垫硫化粘结。圆盘的毂部用螺钉固定在装于曲轴前端的风扇皮带轮上，当曲轴发生扭转振动时，曲轴前端的角振幅最大，而且通过皮带轮毂带动圆盘一起振动。惯性盘则因转动惯量过大而实际上相当于一个小型的飞轮，其转动瞬时角速度也就比圆盘均匀得多。这样，惯性盘就同圆盘有了相对的角振动，而使橡胶垫产生正反方向交替变化的扭转变形。这时，由于橡胶垫变形而产生的橡胶内部的分子摩擦，消除扭转振动能量，整个曲轴的扭转振幅将减小，把曲轴共振转速移向更高的转速区域内，从而避免在常用转速内出现共振。上海桑塔纳、一汽奥迪 100 型轿车发动机的曲轴都采用了橡胶扭转减振器。图 2.24 所示即为一汽奥迪 1.8L 四缸机的曲轴扭转减振震器。

此外，还有摩擦式扭转减震器和黏液式减震器。

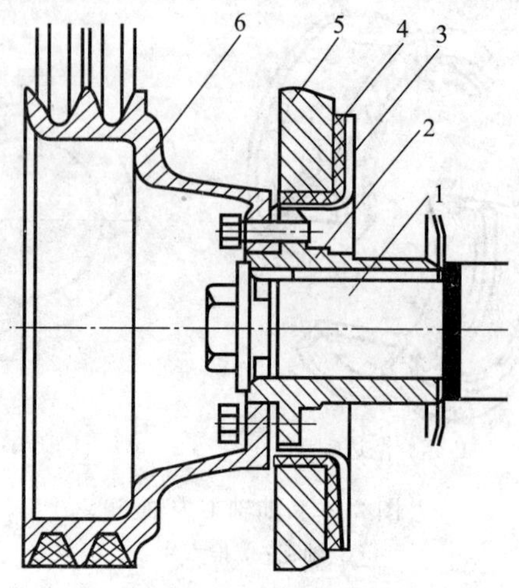

图 2.23　橡胶摩擦式曲轴扭转减震器

1. 曲轴前端；2. 带轮毂；3. 减震器圆盘；4. 橡胶垫；5. 惯性盘；6. 带盘

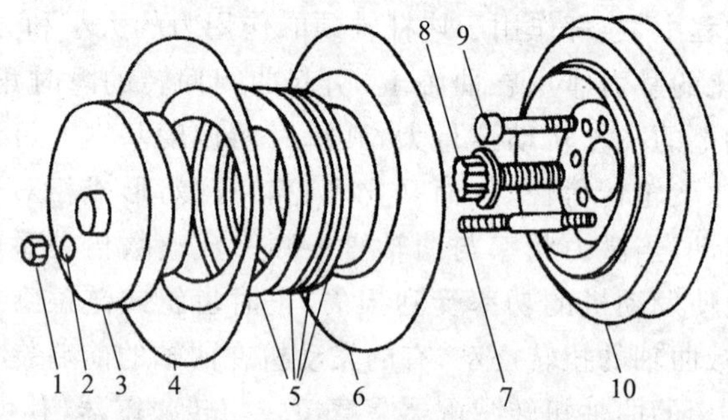

图 2.24　一汽奥迪 1.8L 发动机的曲轴扭转减振器

1. 螺母；2. 波形垫片；3. 带轮固定盘；4、6. 带轮；5. 调节垫片；
7. 双头螺栓；8. 大螺栓；9. 螺栓；10. 带轮总成

2.4.3　飞轮

飞轮是一个转动惯量很大的圆盘，其主要的功用是在发动机做功行程中输入曲轴的功能的一部分贮存起来，用以在其他行程中克服阻力，带动曲柄连杆机构越过上、下止点，保证曲轴的旋转角速度和输出扭矩尽可能的均匀，并使发动机有可能克服短时间的超载，此外，飞轮又往往用作摩擦式离合器的驱动件。

为了在保证有足够的转动惯量的前提下，尽可能减小飞轮的质量，应使飞轮的大部分质量都集中在轮缘上，因而轮缘通常做的宽而厚。

飞轮多采用灰铸铁制造，当轮缘的圆周速度超过 50m/s 时，要采用强度较高的球铁或铸钢制造。

飞轮外缘上压有一个齿环，可与启动机的驱动齿轮啮合，供启动发动机用。飞轮上通常刻有第一缸的发火正时记号，以便校准发火时间。解放 CA6102 型发动机的正时记号是“上止点/1-6”，当这个记号与飞轮壳上的刻线对正时，即表示 1-6 缸的活塞处在上止点位置，如图 2.25(a)所示。东风 EQ6100-1 型发动机的飞轮上的这一记号为镶嵌的钢球，当钢球与飞轮壳上的刻线对准时，为 1-6 缸的活塞处于上止点位置，如图 2.25(b)所示。

(a) CA6102发动机点火正时记号　(b) 东风EQ6100发动机点火正时记号

图 2.25　汽车发动机发火正时记号

飞轮与曲轴装配后应进行动平衡试验，否则在旋转时因质量不平衡而产生离心力，将引起发动机振动并加速主轴承的磨损。为了在拆装时不破坏它们的平衡状态，飞轮与曲轴之间应有严格的相对位置，用固定销或不对称螺栓予以保证。

2.5　汽车修理的基本知识

汽车在使用过程中，随着行驶里程的增加，各个零件、合件、组件、总成因受各种因素的影响，逐渐由设计的“应有状态”向使用后的“实有状态”变化，当变化到一定程度时，即出现故障。因此，研究、掌握汽车零件的变化规律及其原因，适时、合理地进行维护与修理，对于降低运输成本、确保行车安全、延长汽车使用寿命具有重要意义。

2.5.1　零件、合件、组件及总成

汽车是由许多零件装配组合而成的。零件与零件的组合，按其功能可分为若干个单独的零件、合件、组件和总成等。它们各自具有一定的作用，彼此之间有一定的配合关系。将它们有机地组合在一起，便成为一部完整的汽车。

1. 零件

零件是汽车最基本的组成单元。它是由一块材料制成的不可拆卸的整体,如活塞。

2. 合件

合件是有两个或两个以上的零件装和成一体,起着单一零件的作用,如带盖的连杆。

3. 组件

组件是由若干个零件或合件组装成一体,零件与零件之间有一定的运动关系,但尚不能起单独完整机构作用的装配单元,如活塞连杆组。

4. 总成

总成是由若干零件、合件或组件装合成一体,能单独起一定机构作用的装配单元,如化油器总成。

2.5.2 零件故障及其原因

组成汽车的各零件、合件、组件、总成之间都有着一定的相互关系,在其工作过程中,这种关系会发生变化,使其技术状况变坏,使用性能下降。人为使用、调整不当和零件的自然恶化是产生此种现象的原因。

1. 故障概念

汽车零件的技术状况,在工作一定时间后会发生变化,当这种变化超出了允许的技术范围,而影响其工作性能时,即称为故障,如发动机动力下降、起动困难、漏油、漏水、漏气、离合器打滑。

2. 故障形成的原因

汽车产生故障的原因是多方面的,但主要是零件、合件、组件总成之间的正常配合关系受到破坏和零件产生缺陷。

(1) 零件配合关系的破坏

零件配合关系的破坏主要是指间隙或过盈配合关系的破坏。如缸壁与活塞配合间隙增大,会引起窜机油和气缸压力降低;轴颈与轴瓦间隙增大,会产生冲击负荷,引起振动和敲击声;滚动轴承外圈在变速器、后桥壳体孔内松动,会引起零件磨损,产生冲击响声等。

(2) 零件间相互位置关系的破坏

零件间相互位置关系的破坏主要是指结构复杂的零件或基础件。如发动机体、变速器和后桥壳体变形,轴承孔沿受力方向偏磨等,都会造成有关零件间的同轴度、平行度、垂直度等超过允许值,从而产生故障。

(3) 零件、机构间相互协调性关系的破坏

汽油机点火时间的过早或过晚,柴油机各缸供油量不均匀,气门开、闭时间过早或过晚,制动跑偏等,都属协调性关系的破坏。

(4) 零件间连接松动和脱开

零件间连接松动和脱开,主要是指螺纹连接及焊、铆连接松动和脱开,如螺纹连接件松脱,缝开裂,铆钉松动和铆钉的剪断等,都会造成故障。

(5) 零件的缺陷

零件的缺陷主要是指零件磨损、腐蚀、破裂、变形引起的尺寸、形状及外表质量的变化。如活塞、缸壁的磨损,缸体、缸盖的裂纹,连杆的扭弯,气门弹簧弹力的减弱。电气设备绝缘被击穿和油封橡胶材料的老化等。

(6) 使用、调整不当

由于汽车不同的结构、材质等有不同的特点,因此对其使用、调整、维修应按规定进行,否则,将造成零件的早期磨损,破坏正常的配合关系,导致损坏。

综上所述,不难得出产生故障的原因:一是使用、调整、维修不当造成的故障,这是经过努力可以完全避免的人为故障;二是在正常使用户零件缺陷产生的故障。这种故障到目前为止,人们尚不能从根本上消除它,是零件的一种自然恶化过程。此类故障虽属不可避免,但只要掌握其规律,是能设法减少其危害的。

2.5.3　零件的磨损及其特性

汽车在正常使用过程中,随着行驶里程的增加,它的技术状况会逐渐变坏,表现出功率下降,燃料消耗增加,发出不正常响声,甚至操纵装置失灵等。产生这些现象的原因很多,主要是出于汽车各部分动配合的零件,在相对运动中表面相互摩擦,造成接触面的磨损,破坏了正常的配合间隙,导致车辆技术性能的变坏。

1. 零件的摩擦与磨损

零件的磨损是指配合件在工作过程中相互摩擦,使其表面尺寸、形状和表面质量发生变化,这种变化叫磨损。

在配合件中,相对运动的两零件表面间存在着摩擦,磨损是摩擦的结果,也就是说零件磨损的直接原因是摩擦力对其表面的破坏。

(1) 摩擦

1) 摩擦的概念及其影响

两个相互配合的零件,在外力作用下发生相对运动或具有相对运动的趋势时,在其配合面间产生切向阻力的现象叫做摩擦。这个切向阻力叫做摩擦力。

摩擦的影响主要有以下几个方面:

① 摩擦消耗大量能量。

② 摩擦产生磨损,使机器一批一批报废,造成经济上的严重损失。

③ 利用摩擦传递动力或使物体保持稳定。离合器、制动器是靠摩擦力来工作的。

2) 摩擦的种类

摩擦按运动形式可分为滑动摩擦和滚动摩擦。

滑动摩擦:两零件接触面相对滑动时的摩擦叫滑动摩擦。

滚动摩擦:两物体的接触表面相对滚动时的摩擦叫滚动摩擦。

摩擦按润滑情况可分为干摩擦、液体摩擦、边界摩擦和混合摩擦。

干摩擦:在摩擦表面之间完全没有润滑剂的摩擦称为干摩擦。在汽车机件中有的是需要干摩擦。

(2) 磨损

汽车零件的磨损不是孤立的,是和它周围的其他事物相联系和影响着的,零件的磨损除与摩擦的类型有关外,还与零件的材料、相对运动速度和受力、润滑质量等条件有关。磨损的形式通常有机械磨损、磨料磨损、粘附磨损、腐蚀磨损和疲劳磨损。

汽车零件的磨损,由于零件所处的工作条件不同,引起磨损的主要原因也不完全一样,但从许多实践中证明,其磨损增长的规律却是相似的,即具有共同的磨损特性。从实验得出的零件磨损特性曲线如图 2.26 所示。

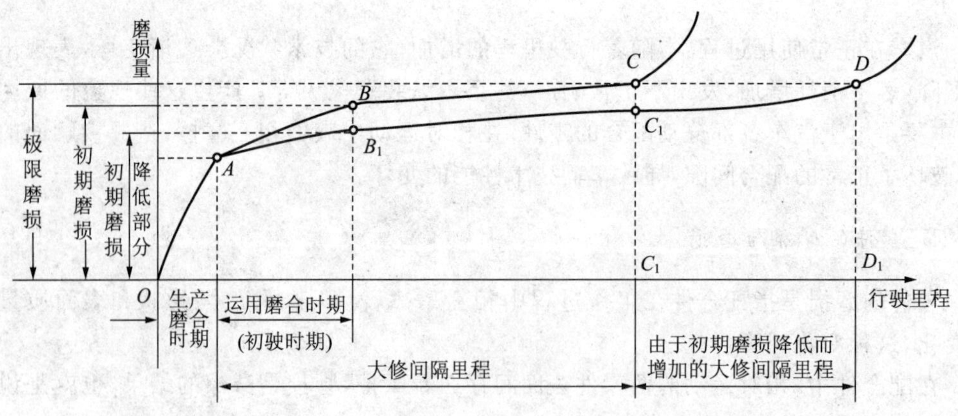

图 2.26　零件的磨损曲线图

2. 零件磨损的特性

图 2.26 中纵坐标表示零件的磨损量，横坐标表示行驶里程。随着汽车行驶里程的增加，零件的磨损也随之增加，但磨损过程的磨损量不相同，大致分为三个磨损阶段。

(1) 磨合阶段

磨合阶段包括生产磨合和运用磨合(初始磨合)两个阶段。即因 2.26 中曲线 OB 段。这一阶段的磨损量大，曲线上升得快。其原因一是新的或重新修过的零件表面比较粗糙，加工后几何形状和装配位置等存在一定偏差，致使配合件的接触面积减小，单位面积压力增大。润滑油被挤出而产生干摩擦或半干摩擦；二是新配合件表面的凹凸部分相互嵌合，在相对运动时大量的金属屑被磨落混入润滑油中，形成磨料磨损，使磨损加剧；三是由于摩擦作用的加剧。零件表面还将产生很高的热量，使润滑油粘度下降，造成润滑不良，使磨损加剧。正是由于上述原因，零件在磨台阶段磨损较快。

(2) 正常工作阶段

正常工作阶段如图 2.26 中曲线 BC 段。这段曲线上升比较平滑．是由于零件已经磨合，其工作表面凸出的部分已被磨掉，凹陷部分由于塑性变形而填平，零件配合表面已达到相当的光洁程度，润滑条件也已改善，因而磨损程度明显减慢。

(3) 加速磨损阶段

图 2.26 中曲线 C 点以后为加速磨损阶段。这段曲线从 C 点向右开始剧烈上升，其原因是由于配合件之间的配合间隙已达到最大允许极限，间隙过大，机件运转的冲击负荷增大，润滑油膜难以维持，使零件磨损急剧增加。这时如不及时调整、维修，而继续行驶、将会造成零件的迅速损坏。

综上所述，根据零件的磨损规律，为了延长零件的使用寿命，在使用中应尽量减小磨合阶段的磨损，如零件磨损曲线图中所示的下面一条曲线，这样就可以使零件的使用时间相应延长，从而增长了正常工作时间，增加了汽车大修间隔里程。减缓磨合阶段的方法一般是：机件装配后先采用无负荷磨合；进入使用期后的初始阶段减轻负荷；在磨合阶段采用优质润滑油；在磨合阶段加强调整、紧固和维护工作等。如新车或大修后的汽车都规定有走合期，并对走合期的使用有具体规定。目的就是为了延缓磨合阶段的磨损。

3. 零件磨损极限值与允许值

在汽车修理中，正确确定零件磨损极限值及允许值，对零件的使用寿命和防止机器故障有着重要意义。

(1) 零件磨损极限值

零件在工作中的磨损程度，达到其不能再继续使用(图 2.26 中曲线上 C 点)，如继续使用将引起急剧磨损，甚至造成损坏，严重影响机器工作性能时，称为磨损极限值。零件磨损极限值的确定主要是以零件能否满足工作要求、保证机器工作性能为依据，通常采用总结经验、统计分析、生产试验和实验室研究等方法来确定。

(2) 零件磨损允许值

零件在工作中虽已磨损，但若继续使用一个修理间隔期，也不会超过磨损极限值，则此零件已具有的磨损值称为磨损允许值。例如，某零件的磨损极限值为 0.15mm，使用一个修理间隔期后，其磨损值为 0.08mm，显然，这个零件再继续使用一个修理间隔期不会超过磨损极限值。那么，零件已有的磨损值(0.08mm)即为磨损允许值。

4. 零件的分类

零件经检验后，应根据“汽车修理技术标准”的要求，结合修理单位的具体情况，将零件分为堪用、待修、报废三类。

(1) 堪用零件

堪用零件是符合大修技术标准要求，不需要修理，而能继续使用的零件。

(2) 待修零件

待修零件是经修理后能达到大修技术标准要求的零件。

(3) 报废零件

报废零件是已损坏不能修复、条件缺乏无法修复或没有修理价值的零件。

在保证质量的前提下，做到既要节约利废，物尽其用，降低成本，又能高质量地修好汽车。

5. 汽车零件的修复方法

汽车零件在使用中会产生磨损、裂纹、折断和变形等，修复时，应根据损伤性质的不同及技术上的可能性和经济上的合理性，采用不同修复方法。汽车零件常用修复方法很多。

(1) 机械加工修复法

机械加工修复法通过车、镗、磨等机械加工方式，来恢复磨损零件正确的几何形状和配合特性。它包括修理尺寸法、附加零件法(镶套修复法)、转向和翻转修复法。

(2) 修理尺寸法

修理尺寸法是通过机械加工的方式，除去磨损零件的表面层，使零件具有规定的几何形状和新的尺寸(修理尺寸)。它适用于孔的扩大和轴的缩小两种情况。

汽车零件都规定有标准尺寸，经过使用磨损后，就会改变原几何形状和尺寸。这样，就破坏了配合零件间的正常间隙，当间隙超过极限时，即影响了工作性能。修复这些零件的配合关系时，可保留其中的一个，把它的尺寸加工成另一尺寸，对磨损的轴则缩小外径尺寸，对磨损的孔则扩大内径尺寸。同时更换与新尺寸的轴或孔相配合的零件，以恢复规定的配合间隙。这种轴颈缩小或孔径扩大的修理方法，具有一定修理次数，而且每次又有一定加工尺寸。采用这种方法修复零件，就叫修理尺寸法，加工后的尺寸叫修理尺寸。

在预定修理尺寸时，是把配合的两个零件中较贵重的一个保留下来，规定修理尺寸，而将另一零件换掉。如气缸与活塞修配时，先按一定修理尺寸加工气缸，然后再配以相应尺寸的活塞。曲轴轴颈与主轴承修配时，先按一定修理尺寸光磨曲轴轴颈，然后再配以相应修理尺寸的轴承。

由于零件受本身强度及其他指标等限制，有些零件只有一个修理尺寸，有些零件则有几个修理尺寸，如表 2.1 所示。

表 2.1　常用零件修理尺寸

修理尺寸 / 零件名称	1 级	2 级	3 级	4 级	5 级	6 级	7 级
气缸或气缸套内径	(＋0.25)	＋0.50	＋0.75	＋1.00	＋1.25	＋1.50	
活塞直径	(＋0.25)	＋0.50	＋0.75	＋1.00	＋1.25	＋1.50	
活塞外径	＋0.25	＋0.50	＋0.75	＋1.00	＋1.25	＋1.50	＋1.75
活塞销直径	＋0.08	＋0.12	＋0.16	＋0.20			
曲轴主轴颈及连杆轴颈直径	－0.25	－0.50	－0.75	－1.00	－1.25	－1.50	
曲轴主轴承及连杆轴承内径	－0.25	－0.50	－0.75	－1.00	－1.25	－1.50	
前轴转向节主销承孔内径	[＋0.12]	[＋0.16]	[＋0.20]	＋0.25	＋0.50	＋0.75	
转向节主销直径	[＋0.12]	[＋0.16]	[＋0.20]	＋0.25	＋0.50	＋0.75	

注：圆括号内的数字系不常用修理尺寸；方括号内的数字供企业自行制造零件及修理时选用。

为了简化修理工艺，保证质量，降低成本，国家主管部门根据零件磨损极限尺寸、磨损特征及加工余量等因素，把主要配合件的修理尺寸标准化，由供应部门组织供应备件。

修理尺寸法的主要优点是可以延长结构复杂以及比较贵重零件的使用寿命，加工方法也较为简单，修理质量较高。其缺点是过多的修理尺寸限制了备件的互换性，同时在备件的供应上也引起很多困难。

实训部分

实训 2.1　气缸盖、气缸体的检验与修理

实训 2.1.1　气缸盖的检查

气缸盖的常见损伤如下：

1) 气缸盖变形：主要是与气缸体安装配合平面的翘曲变形。多数表现为气缸盖下平面外凸内凹。

2) 气缸盖裂纹：多发生在水套壁比较薄的燃烧室表面。

3) 火花塞螺孔损坏：多为螺纹拉伸扭伤、滑丝、火花塞拧紧后漏气等。

4) 岸堤烧蚀：两燃烧室之间的分隔部位称为岸堤。是气缸盖与缸体装配密封的关键部位，由于高温、高压燃气的影响，烧蚀尤为严重，表现为岸堤缺陷下陷。

产生以上损伤的原因如下：

1) 拆装气缸盖时操作方法不当，未按规定顺序和扭力矩拆装操作。

2) 使用、保养不善，如长时间高负荷运转热应力大，热机缺水快速加入冷水。

3) 局部碰撞。

4) 电化学腐蚀等。

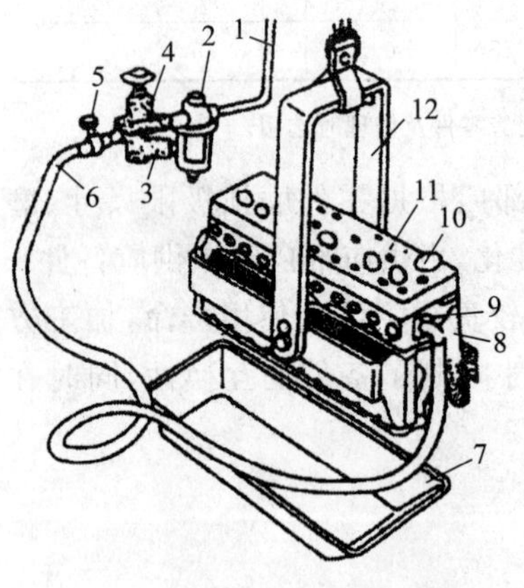

图 2.27　水压试验装置

1. 压缩空气管；2. 除油杯；3. 气压表；4. 减压阀；5. 球阀；6. 软管；7. 乳化液槽；8. 气缸体；9. 压缩空气接头；10. 密封盖板；11. 气缸盖；12. 旋转夹具

实训 2.1.2　气缸盖的检验

1. 裂纹的检验

采用外表观察和水压试验法检验裂纹的方法如图 2.27 所示。把气缸盖、气缸垫安装在气缸体上，封堵出水口，将水压机的出水口与气缸体的进水口相连接，用手压泵将水加压注入水套中，压力为 194～392kPa，保持 5min，查找漏水或有水珠渗

出的部位。进行水压试验,应在清除水垢后进行。

2. 翘曲变形的检验

可直接将气缸体放在检验平板上,用厚薄规(塞尺)沿缸盖四周测量气缸盖与平板之间的缝隙大小。也可以用直尺(平尺或刀尺)直接靠在气缸盖的平面上,用目测或用塞尺测量直尺与缸盖平面间的缝隙大小,其最大的缝隙即为气缸盖的平面度或翘曲变形量。

几种国产常见车型气缸盖的形位公差要求见表 2.2。

表 2.2　各种国产常见车型气缸盖的形位公差要求

项目＼车型		解放 CA1091	东风 EQ1090	北京 BJ2022 北京 1040	天津 TJ7100 天津 7100V	上海 桑塔纳
下平面的平面度/mm	全　长	0.20	0.10	0.10	<0.05	0.05
	局　部	100∶0.05	100∶0.03	50∶0.025		
气缸盖厚度/mm		105.8±0.1	106		126	>132.6
气缸盖厚度减小不大于/mm		1.5	1		0.3	
燃烧室容积/mL		116±3	137.2±3	88±3	39	
各缸燃烧室容积差不大于/mL		3	4	3	1.5	
进、排气平面的平面度/mm			0.30	0.10	<0.10	<0.10

实训 2.1.3　气缸盖的修理

1. 裂纹的修理

可采用粘结、焊接和螺钉填补的方法修复。

当裂纹在工作温度不高,受力不大的部位时,可采用环氧树脂粘结的方法。先在裂纹的两端钻止裂孔,开坡口(图 2.28),再用环氧树脂粘结即可。

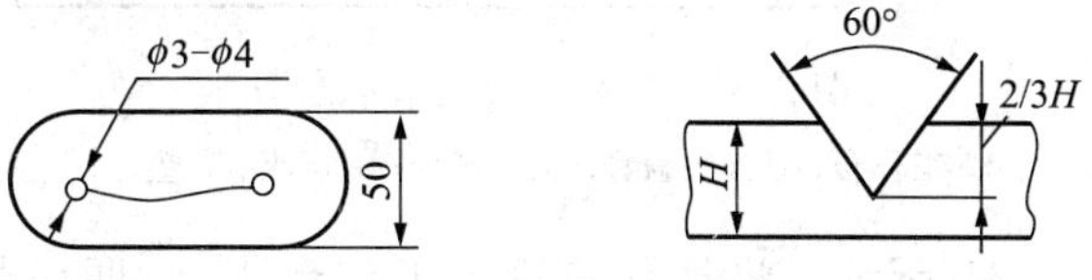

图 2.28　钻止裂孔、开坡口

当裂纹产生在温度高、受力大的部位(如燃烧室、气门座处)时,可采用环氧树脂粘接并镶双球金属键的方法。键的尺寸如图 2.29 所示,与键槽单边间隙 0.2～0.5mm,其壁表面经清洗后涂以 CuO 或 $CuPO_4$ 胶体,镶入键槽内烘干硬化即可。键厚为壁厚的 2/3。

焊接法分为冷焊和热焊两种。不预热工件或预热温度低于673K(400℃)的焊接称为冷焊;将工件预热至823～973K(600～700℃)后,再进行焊接,焊后再以773～873K(500～600℃)温度下保温1h,然后经16h缓慢冷却的方法称为热焊。

冷焊使用铜铁焊条有上焊铸607、612。热焊用镍基焊条有上焊铸308或高矾焊条铸116、铸117等。焊接前应先钻止裂孔,在钻坡口孔,用錾子錾坡口后再进行焊接(图2.30)。

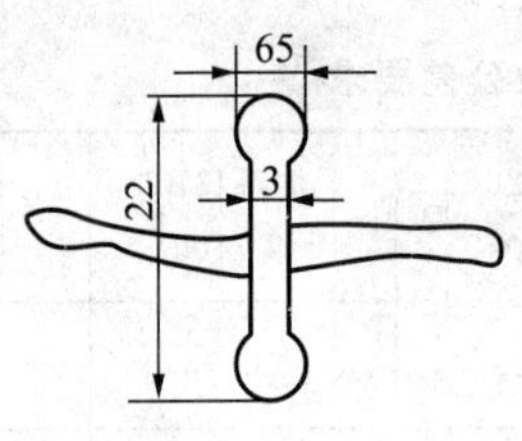

图2.29　双球金属键

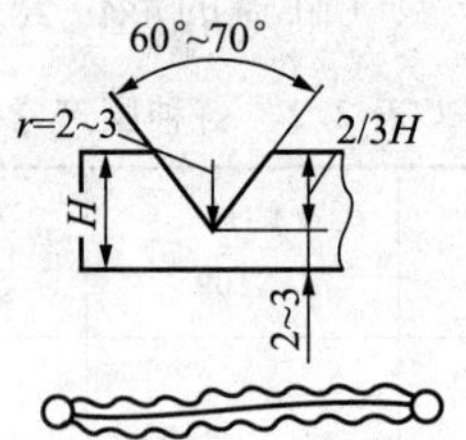

图2.30　钻止裂口、开坡口

2. 气缸盖翘曲变形的修理

如果气缸盖的翘曲变形偏差在0.3mm范围内或局部不平有凸起,可采用刮、铲、锉和研磨的方法修平。如果翘曲变形量较大,应根据变形超差量、部位等,再用敲压校正法或用铣削、磨削的方法修复。

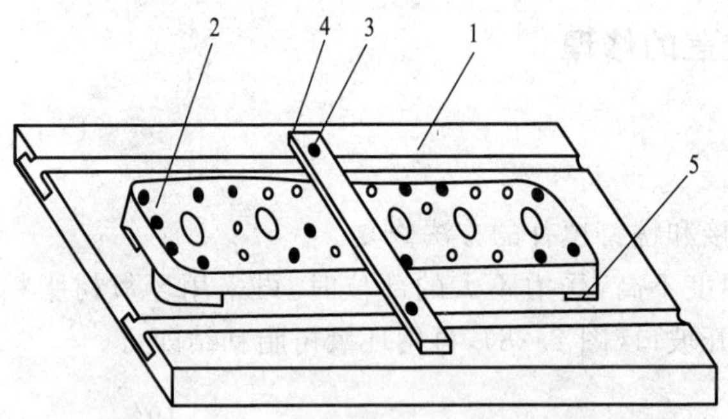

图2.31　气缸盖校正法示意图

1. 工作台;2. 气缸盖;3. 压紧螺栓;4. 压板;5. 垫片

敲压校正法如图2.31所示。将气缸盖置于工作台1上,凹面朝下,根据变形的情况,在气缸盖的两端或四角垫以垫片5,其厚度为变形量的四倍。将牙板4压在气缸盖的变形最大的凸起部位,拧紧螺栓3至平面接触工作台面为止。

用小锤在气缸盖上有加强肋处逐步敲击2～3遍。敲击时应垫以紫铜棒或紫铜板,以防击伤气缸盖。敲击后停留5min。

校正压板检查，根据校正效果可改变垫片的支撑位置和厚度，变更校压点，重复进行，直至合格为止。

校正时要勤检查，以防止过量。若出现校压过量，可将气缸盖均匀地烘烤片刻。过量变形会有所恢复。

如将气缸盖预热后再进行压校，则更为有利。

敲压校正的优点是不改变燃烧室的容积，能同时纠正因变形而产生的形位误差；缺点是生产率低。

磨削、铣削修平法是气缸盖变形量大，又不规则，其他方法不能修复时，而采用的修复方法。其加工量不得超过表 2.2 中的规定值，并应保证气缸盖的高度尺寸不小于表中所列尺寸。

机械加工修复的优点是：修理彻底，平面精度高、质量好，工艺可靠。缺点是只修理了平面度，不能同时修复形位偏差，还必须检测、校正燃烧室的容积。

燃烧室容积的检测、校正方法如图 2.32所示。首先彻底消除燃烧室内的积炭和污垢，再将气缸盖翻放在工作台上，用框式水平仪校正气缸盖基面的水平度误差（不大于 0.05mm/m）。再用橡皮泥封堵火花塞孔（内端要平整，以免增减燃烧室容积），用量杯向燃烧室内注水，以水面与玻璃盖板接触无空隙为止量杯中水的减少量（mL）即为该燃烧室的容积。常见车型气缸盖燃烧室容积见表 2.2。不符合规定时，应进行修正。

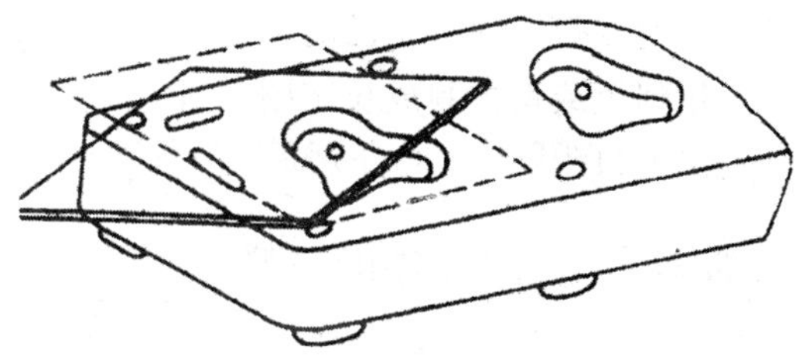

图 2.32　燃烧室容积检验示意图

燃烧室容积的修正方法是根据厂家规定的部位，用铣削或钻、锪的方法切除部分金属实现的，修正时应注意燃烧室的深度不能超差，并保持燃烧室内表面几何结构圆滑，不准有凸台、棱角等。如燃烧室容积大于规定值，可用补焊的方法修正。

3. 火花塞螺孔的修理

当铸铁缸盖火花塞座孔螺纹损害超过两个牙，铝合金的缸盖火花塞座孔螺纹损坏超过一个牙时，应予修复。修理时一般是采用扩孔、镶套攻丝的方法。镶套的材料：铸铁缸盖用中碳钢，铝合金缸盖用黄铜。镶套的内螺纹与火花塞外螺纹相同，镶套的外螺纹与改制后的缸盖火花塞座孔螺纹相同。

4. 水道口腐蚀的修理方法

铝合金缸盖的水道口比铸铁缸盖水道口易被腐蚀，腐蚀较轻的用环氧树脂，重的用堆焊和镶补法修复。镶补的方法如图 2.33 所示。

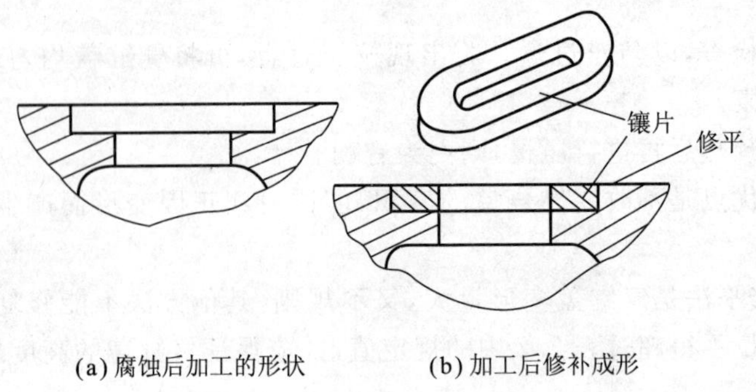

(a) 腐蚀后加工的形状　　(b) 加工后修补成形

图 2.33　水道口的镶补

在铣床上将腐蚀的水道口(不规则的)加工成长椭圆形的阶梯孔,深度应大于 3mm,其长和宽应等于或大于已腐蚀的长度和宽度[图 2.33(a)]。

用铝板或钢板制成长椭圆的环形板,厚度略大于铣槽深度,然后将其粘结镶嵌在铣好的水道口内[图 2.33(b)]。

实训 2.1.4　气缸体的检修

1. 气缸体的形位公差要求

修理前应对气缸体各主要部位的形位公差或技术标准有概括的了解。

2. 裂纹的修理

裂纹是气缸体损坏的只要形式之一,也是气缸体报废的主要原因。气缸裂纹的检查与气缸盖的方法相同。

当裂纹不长,又发生在工作温度低于 373K 的非受冲击的部位时,可采用环氧树脂粘结的方法。

当裂纹出现在受力不大,又不影响气缸体强度的部位时,只为了堵漏修补裂纹,可采用螺钉填补法。其具体操作方法如下:

1) 在裂纹的两端钻止裂孔(图 2.34 中的 1、2)。

2) 沿裂纹分别钻孔 3、4、5,钻孔的直径和数量,应根据裂纹的长度和保证相邻两螺纹孔能搭接名义尺寸的 1/3,例如 M6 的螺孔,中心距应为 4mm。

3) 在上述 1～5 孔中攻丝,并拧入具有相应外螺纹的铜质螺塞(图 2.35),切断时留高出量 1～1.5mm。

4) 在上述各孔之间分别钻孔 6～9,并用上述同样的方法攻丝和拧入螺塞。

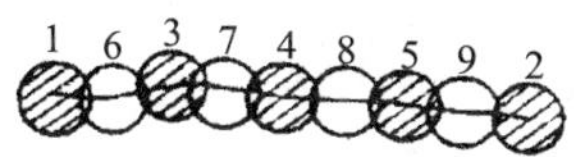

图 2.34　螺钉填补钻孔顺序

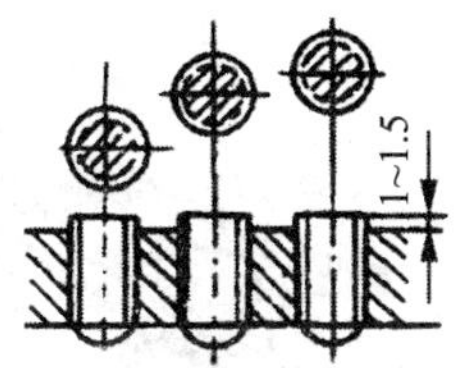

图 2.35　螺塞填补裂纹纵剖面

5）用锉刀修平（锉去高出部分）。

如发生在工作温度较高处时，可采用无机粘接剂粘结。磷酸氢氧化铝、氧化铜按一定比例调制而成，又称氧化铜粘结。它耐高温可达 873～1173K，工艺简单，使用方便。其缺点是性脆，耐冲击能力差，受力大的关键部位不能使用。

焊接法一般应用于裂纹处于受力较大的部位，但由于气缸体体积大，精度高，形位公差严，要认真选择焊补工艺。应尽量采用冷焊，对焊接质量要求高又不便于冷焊的部位采用热焊。

3. 气缸体平面翘曲变形的检修

气缸体上平面的翘曲不平，一般多表现为两头高，中间低，它将造成密封不严、漏水、漏气和冲坏气缸垫的不良后果。原因是铸造后残余应力不均匀造成的。

螺纹空口部隆起导致平面不平，原因是拧紧力矩过大。

拆装过盈配合零件时引起的变形等。

（1）气缸体平面的检查

气缸体上、下平面的平面度要求是：六缸铸铁气缸体上平面在全长范围内不大于 0.30mm；四缸铸铁气缸体不大于 0.20mm；六缸铝合金气缸体则应不大于 0.50mm；柴油机六缸发动机气缸体上平面在全长范围内不大于 0.10～0.12mm。轿车用发动机气缸体要求更精确一些，上海桑塔纳和日本丰田 12R 发动机气缸体与气缸盖接合平面的不平度为 0.05mm；天津夏利 TJ376Q 发动机为 0.10mm。

气缸体平面度可用直尺和塞尺检查或在检验平板上作接触检查（图 2.36）。

气缸体上、下平面的平行度和两端高度，可用游标卡尺或高度尺进行检查。

将气缸体翻转，用专用支架百分表可检测气缸体底面至曲轴主轴承座孔的距离，以及二者之间的平行度。

（2）气缸体平面的修理

气缸体平面属于局部不平或凸起，可用油石、锉刀、刮刀或平面砂轮修正。

气缸体平面属于大面积不平或超差较大时，在兼顾气缸体其他形位公差的情况下，可用铣削、磨削的方法修理。加工量不得超过厂家规定的修正极限。如天津夏利 TJ376Q 型发动机气缸体的最大加工量为 0.3mm。

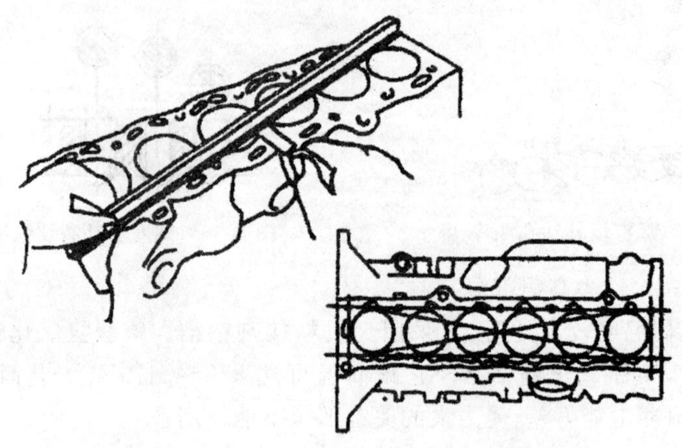

图 2.36 气缸体和气缸盖的平面度的检查

4. 主轴承座孔形位公差的检修

气缸体翘曲变形不仅是平面的不平，它还会使主轴承座孔的同轴度超差，其变形量和方向与气缸体上平面的变形基本一致。主轴承座孔同轴度偏差的增大将导致曲轴主轴承配合间隙的破坏和磨损不均匀，产生抱瓦、烧瓦和发动机异响等故障。除此以外还会使气缸的轴心线与轴承座孔轴心线的垂直度超差等。

(1) 检验

首先应将主轴承盖(包括原调整垫片)，按原位装回气缸体主轴承座孔上，并按规定扭力拧紧轴承盖紧固螺母。

主轴承座孔直径、圆度和圆柱度的检测：可用内径百分表(量缸表)分别沿座孔的圆周测 3～5 点，测出各孔的直径和圆度偏差，再轴向移动量缸表，分别在各孔轴向测三处，测出各座孔的圆柱度偏差。一般铸铁气缸体主轴承座孔的圆度和圆柱度偏差不大于 0.01mm；铝合金气缸体则不大于 0.015mm。

气缸轴心线与主轴承孔轴心线垂直度的检测：气缸与主轴承座孔垂直度偏差一般不大于 0.03mm/100mm；在全长范围内不大于 0.05mm。垂直度的检测方法如图 2.37 所示。检验仪用定心套 7 支撑在气缸筒中，并用调整螺钉 10 轴向支承定位于气缸体的上平面。测量时，用手转动手柄 6，测量头 8 便水平转动与定心轴前、后两点接触，表针在两触点的示值差，即为气缸筒与主轴承座孔的垂直度实际偏差。

主轴承座孔与凸轮轴(下置或中置)轴承孔的平行度检测：两轴的轴承座孔平行度偏差一般不大于 0.10mm。其检测方法如图 2.38 所示。

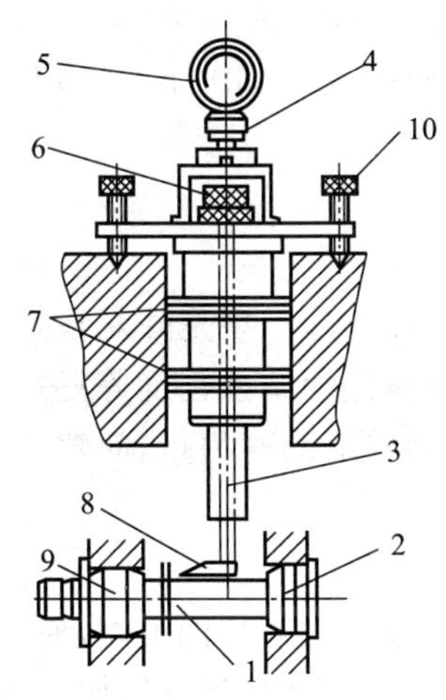

图 2.37　气缸轴线对曲轴轴线垂直度的检验原理图

1. 定心轴；2. 前定心套；3. 测量杆；4. 千分表触头；5. 千分表；6. 转动手柄；7. 气缸定心套；8. 测量头；9. 后定心套；10. 调整螺钉

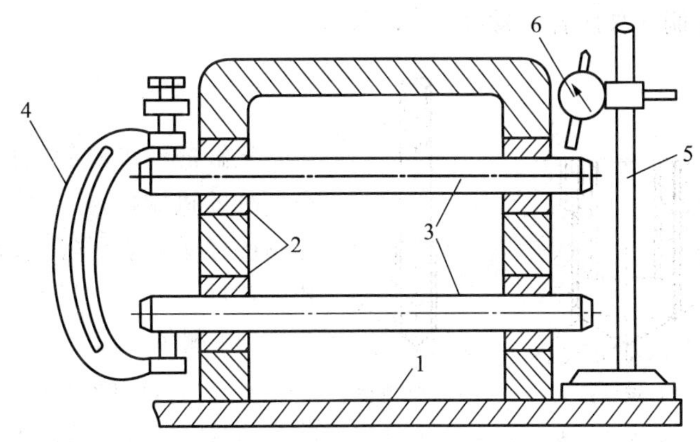

图 2.38　平行度的检测示意图

1. 平板；2. 定心套；3. 测量轴；4. 卡尺；5. 高度尺；6. 百分表

（2）修理方法

主轴承座孔圆度、圆柱度和同轴度的修复：当偏差较小（≤0.10mm）时，可选用留有加工余量，轴瓦采用刮研，铰削主轴承瓦的方法修理。当偏差大于 0.15 mm 时，应采用专用镗削夹具或在专用卧式镗床上镗削主轴承座孔。镗削加工的方法修理彻底，精度高，修复后的精度标准见表 2.3。

表 2.3　汽缸体主轴承座孔修复后精度标准

圆柱度偏差/mm	圆度偏差/mm	表面粗糙度 R_a/μm
不大于 0.0075	不大于 0.01～0.015	不大于 205

气缸筒轴心线与主轴承座孔轴心线垂直度的修理，需要气缸体的基面修复后，并结合镗缸时在镗缸机上进行。

主轴承座孔与凸轮轴轴承孔平行度偏差的修理，应与镗削修理主轴承座孔同轴度同时进行。

5. 气缸体螺孔损伤的检修

气缸体上的螺孔非常多，由于受力复杂、拆装时用力过大或操作不当等，很容易损坏，螺孔损伤后，可采用镶套法和加大螺栓法进行修复。

镶套法是将损伤的螺孔扩大，攻丝，安装螺塞后，重新钻孔、攻丝[图 2.39(a)]。

加大螺栓法是在原损坏的螺孔中，采用加大一级规格的螺纹(如 M10 加大为 M12)，车制一件阶梯形螺栓[图 2.39(b)]。

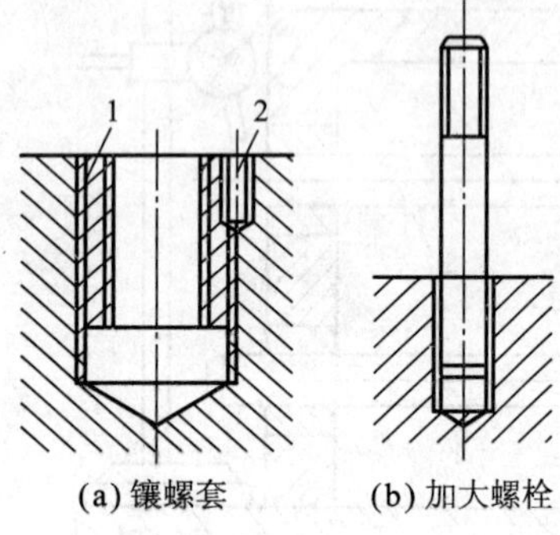

图 2.39　螺纹损伤修理方法

1. 螺套;2. 止动螺钉

6. 气缸的检修

气缸的检查一般包括两项内容，一项是外观检查，检查气缸的机械损伤、表面质量和化学腐蚀程度等;另一项是用内径千分表(量缸表)检测气缸的磨损量、间隙、圆度和圆柱度。

(1) 测量方法

1) 安装百分表:将百分表安装在表杆的上端，使表的两头与连杆上端接触，并使表有一定的压缩量，使小指针指向一个整数，一般是指向“0”位，用固定螺钉将百分表头固定在表杆上。

2) 选百分尺:根据所测量气缸套的基本尺寸选择合适的百分尺，将百分尺校正好并调整到气缸套的基本尺寸数值时锁定。

3) 选择量杆:根据所测量的数值选择。

4) 校表:用调整好的百分表，量取测杆与接杆端的尺寸，并使测杆有 1mm 的压缩量。即小指针指向“1”处，若没有指向可通过改变量杆的接杆长度调整。

5) 测量部位:一般在气缸轴向上选取三个截面(图 2.40);即 S_1-S_1(活塞在上止点时，第一道环所对应的缸壁位置)，S_2-S_2(气缸中部)，S_3-S_3(距气缸下边缘 10～15 mm 处)。要求测量时在同一截面上进行多点测量，测出其最大值与最小值。

6) 测量读数(图 2.41):测量时手应握住绝热套，把量缸表斜向放入气缸被测处，轻微摆动量缸表使指针左右摆动相等(在气缸中心线与测杆垂直)。如果指针正好对“0”处，则与被测缸径相等，当指针顺时针方向离开“0”，则缸径小于标准尺寸，如逆时针方向离开“0”位，则读数大于标准缸径记录下所测得三个剖面不同方向上的数值。

(2) 最大磨损量与间隙的计算

在所测得数值(一般取 S_1-S_1位置)中最大的直径与未磨损部位的直径之差，为气缸套的最大磨损量

在剖面 S_2-S_2侧压方向所测取的直径值与活塞裙部所测得的直径值之差，为缸套与活塞的配合间隙。

(3) 圆度与圆柱度的计算

被测气缸的圆度误差用各个横截面上最大与最小直径差值的一半的最大值表示，被测气缸体的圆度误差用各缸中所得数值最大的表示。

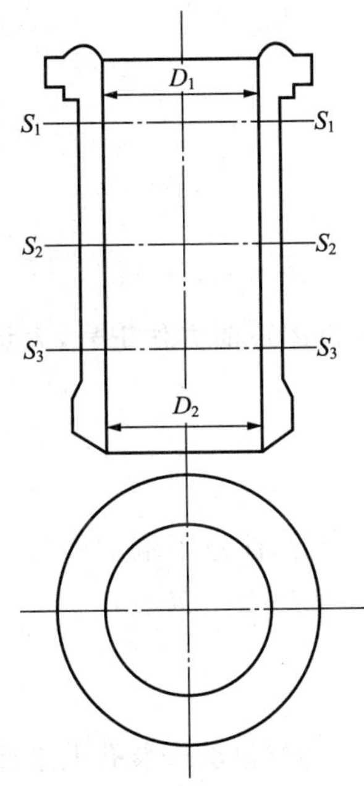

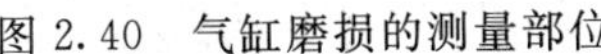

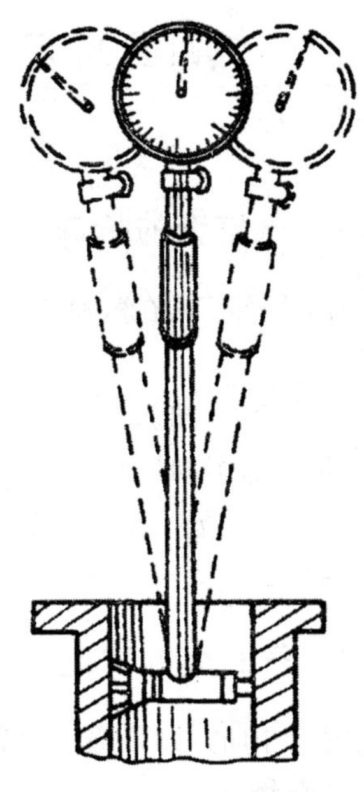

图 2.40　气缸磨损的测量部位

图 2.41　量缸表测量法

被测气缸的圆柱度误差用三个横截面上的最大与最小的直径差值的一半表示，气缸体的圆柱度用最大圆柱度气缸的数值表示。

(4) 气缸修理尺寸的确定

当气缸磨损超过允许的限度时，应确定气缸的修理尺寸进行修理，并选配与气缸修理尺寸相适应的活塞、活塞，以恢复气缸的正确几何形状和正常的配合间隙。

修理尺寸是指零件表面通过修理形成符合技术文件规定的大于原设计基本尺寸的新的基本尺寸。

气缸的修理尺寸通常通过计算方法来确定：

修理尺寸＝气缸最大磨损直径＋加工余量

其数值再与标准修理尺寸对照，以选出合理的修理级别。例如，测得 CA6102 型发动机最大磨损气缸修理尺寸为 102.2mm，与标准尺寸 101.6mm 比较。

气缸修理尺寸－气缸基本尺寸＝0.6mm，此值按照三级修理尺寸(＋0.75mm)修理，再选用同一修理尺寸的活塞。

实训 2.2　气缸套拆装

实训 2.2.1　气缸套的拆卸

1）拆卸前用钢字码在气缸套上打上气缸号，可在机体正前方作记号，表示安装方向及安装位置。

2）测量气缸套上端面高出气缸体上表面的高度。

3）使用拉缸器拆卸气缸套。

选择圆托盘，把拉缸器总成安装到需拆卸的气缸套上，注意下端的圆托盘不能抵在缸体上，以免损坏缸体，然后进行操作，把气缸套从机体上拆下。

实训 2.2.2　气缸套的安装

1）清除水套内的水垢，清除气缸套台肩下平面与机体气缸套安装孔上平面阻水圈环槽内的水垢和杂物。

2）试装气缸套：在不装阻水圈的情况下，将气缸套装入机体气缸套安装孔内，应能转动气缸套但无过大的晃动量。气缸套凸出机体上平面的高度应在 0.08～0.21mm（一般用深度卡尺或平尺加塞尺配合测量）。如果凸出量高度不够，可在气缸套台肩下加垫薄铜皮来调整。同一机体上的气缸套高度差不应超过 0.03mm。

3）安装阻水圈：检查阻水圈是否是合格产品（特征是粗细均匀无裂纹，表面平整光滑），将阻水圈平整的装入槽内，不准扭卷和损伤，并应沿整个圆周均匀凸出环槽。

4）安装气缸套：用肥皂水涂阻水圈表面，将气缸套按试装位置分别压入安装孔内。检查阻水圈是否被挤出或切坏，如果被挤出或切坏应更换阻水圈重新安装。检查气缸套是否变形，若锥椭度超过 0.03mm。应卸下气缸套，查明原因，消除故障重新安装。

5）复查各气缸套凸出高度及高度差。

实训 2.2.3　气缸套安装后的检查

修后的气缸应进行质量检查，并将结果填入气缸套鉴定卡片。对修后的气缸套技术要求如下：

1）气缸套工作表面无黑皮（未镗之处），无刀痕，光洁度不低于技术规定值。

2）气缸套直径应在修理尺寸的公差范围内，其圆度与圆柱度应在标准范围内。其气缸套下部（50～80mm 处）圆度允许在 0.005mm 范围内。

3）气缸套的中心偏斜，在 100mm 长度内不得超过 0.05mm。

4）气缸套装入后，应进行水压试验。一般在 0.3～0.5MPa 的压力下，阻水圈处没有漏水现象。

实训 2.3　连杆衬套的铰削、连杆的检验与校正

实训 2.3.1　连杆衬套的铰削

活塞销与活塞销座和连杆衬套的配合一般是通过铰削、镗削或滚压来完成的，其配合要求是：在常温下，汽油机的活塞销与销座的配合间隙为 0.0025～0.0075mm，与连杆衬套的间隙为 0.005～0.010mm，且要求活塞销与连杆衬套的接触面积在 75%以上；柴油机活塞销与销座的过盈量较大，过盈量一般为 0.02～0.05mm，与连杆衬套的间隙也比汽油机大，一般为 0.03～0.05mm。

连杆衬套的铰削：

1）选择铰刀：按活塞销的实际尺寸选用铰刀，将铰刀的刀把垂直地夹在台钳的钳口上。

2）调整铰刀：将连杆衬套孔套入铰刀，一手托住连杆大端，一手压住连杆小端，以绞刀刃露出衬套上面 3～5mm 作为第一刀的铰削量为宜。

3）铰削：铰削时，一手托住连杆大端均匀用力扳转，另一手把持小端并向下略施压力，铰削时应保持连杆轴线垂直于铰刀轴线，以防铰偏如图 2.42 所示。当衬套下平面与刀刃相平时停止铰削，将连杆下压退出以免铰偏或起棱。然后在铰刀量不变情况下，再将连杆从反向重铰一次，铰刀的铰削量以调整转过 60°～90°为宜。

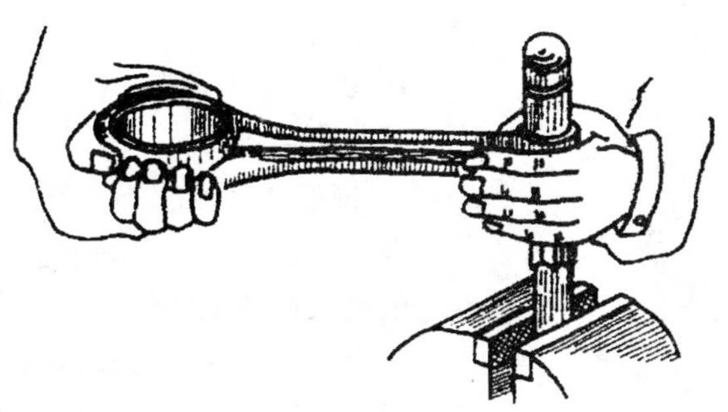

图 2.42　连杆衬套的铰削

4）试配：每铰削一次都要用相配的活塞销试配，以防铰大。当用手掌力能将活塞销推入衬套 1/3～1/2 时停铰，用木锤打入衬套内，并夹持在台钳上左右扳转连杆，如图 2.43所示。然后压出活塞销，视衬套的压痕适当修刮。

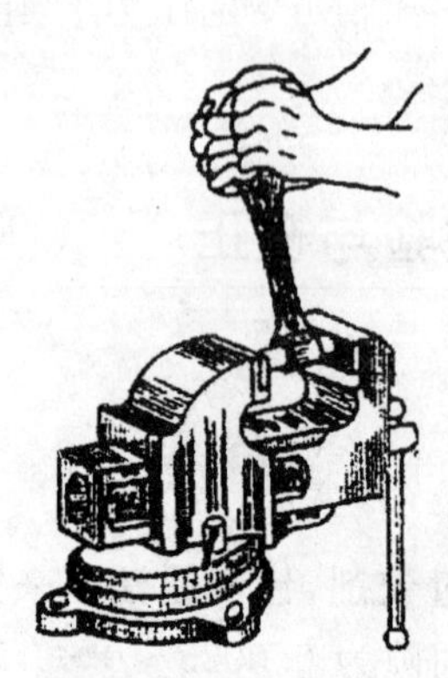
图 2.43　检验活塞销与连杆衬套的配合(一)

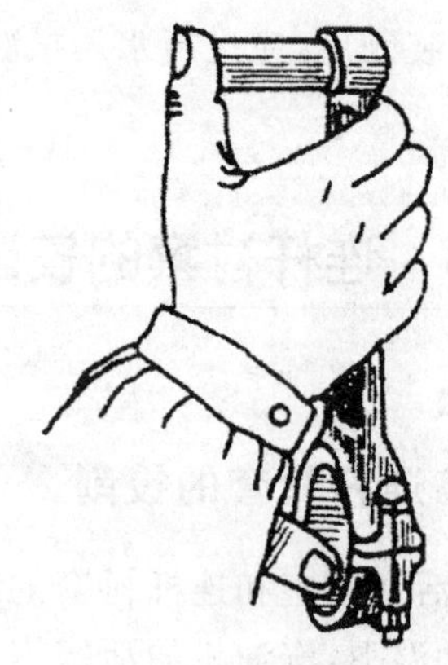
图 2.44　检验活塞销与连杆衬套的配合(二)

活塞销与连杆衬套的配合通常也有凭感觉判断的，即以拇指力能将涂有机油的活塞销推过衬套为符合要求如图 2.44 所示。或将涂有机油的活塞销装入衬套内，连杆与水平面倾斜成 45°，用手轻击活塞销应能依靠其自重缓缓下滑。此外，活塞销与连杆衬套的接触呈点状分布，面积应在 75%以上。

实训 2.3.2　连杆的检验与校正

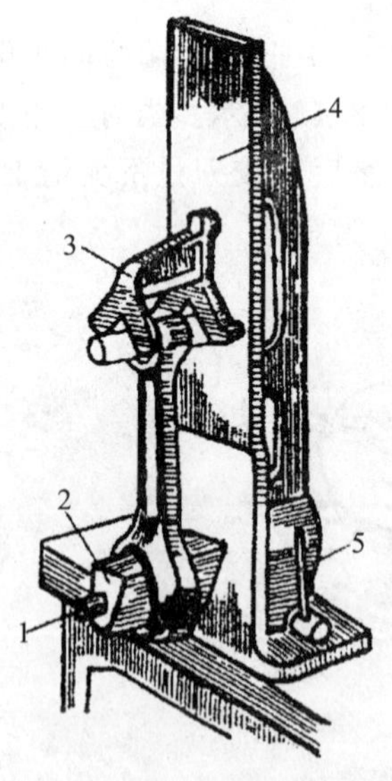

图 2.45　连杆校正仪
1. 调整螺钉；2. 菱形支承轴；3. 量规；4. 检验平板；5. 锁紧支承轴扳杆

1. 连杆变形的检验

连杆的变形检验在连杆检验仪上进行的。

1）根据被检验连杆轴承孔径，选择合适的标准芯轴及月亮销，然后将芯轴装进校准台基准孔，用锁紧手柄固定。

2）装上连杆下盖，按规定力矩拧紧，将活塞销穿入连杆衬套至中部。

3）将连杆大端套在连杆检验仪的可调芯轴上，并用调整螺钉固定连杆，使之直立，不得松动。使连杆大端轴线与芯轴轴线平行。

4）用三点规的 V 形槽贴合活塞销，并将其上的三个测量基准点（游标头）轻轻推向连杆检验仪的基准平面（图 2.45），检查三个测量基准点与基准平面的间隙，并作出记录。如以 a、b、c 分别表示上测量基准点、下左测量基准点和下右测量基准点与基准平面的间距，则连杆在 100mm 长度上的弯曲度 f 和

扭曲度 r 的计算公式如下：

$$f \approx \left| [(b+c)/2] - a \right| \times 100/L$$

$$r \approx \left| b - c \right| \times 100/I$$

式中，L——三点规上基准点与两个下基准点连线的垂直距离，mm；

I——三点规两个下测量基准点的距离，mm。

5）用同样的方法从正反多次检验，并用粉笔在变形部位上标出变形的形式和方向。

2. 连杆变形的校正

连杆的弯曲度和扭曲度超过公差值时，应对连杆进行校正。连杆如有弯扭共存的情况，应先校正扭曲，再校正弯曲。其校正方法如下：

1）连杆扭曲校正：先将连杆下盖按规定装配和拧紧，然后用台钳口垫以软金属垫片夹紧连杆大端侧面，使用专业扳钳装卡在连杆杆身上下部位（图 2.46），按图示安装方法是校正连杆逆时针的扭曲变形。校正顺时针的扭曲变形时，可将上下扳钳交换即可。

2）连杆弯曲的校正：见图 2.47，将弯曲的连杆置入专用的压器，弯曲的凸起部位朝上，在丝杠的部位加入垫片，根据连杆的弯曲程度，扳动丝杠加压。

3）连杆的弯扭矫正多在常温下进行的，由于材料弹性后效的作用，卸荷后连杆有复原的趋势。因此变形量较大的连杆校正后，必须进行时效处理。方法是将连杆加热至 573K，保温一定时间，以消除其内应力。校正变形较小的连杆，只需在校正负荷下保持一段时间即可。

4）对于校正后的连杆，应多次从正反方向进行复查，直至确认合格为止。

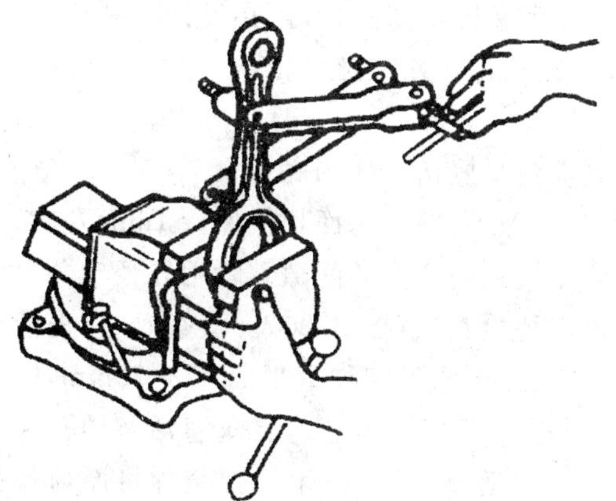

图 2.46　连杆扭曲的校正

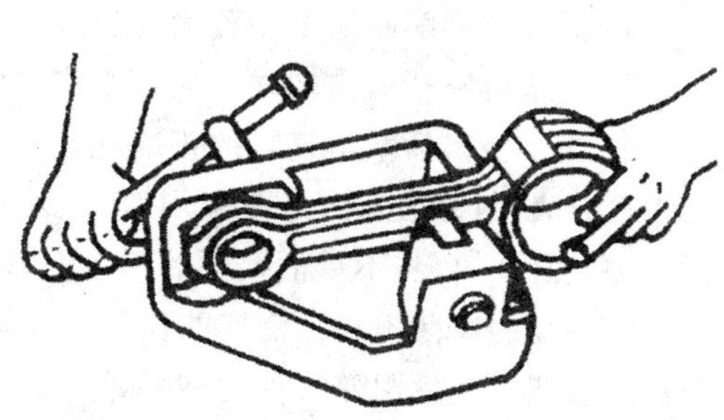

图 2.47　连杆的弯曲校正

实训 2.4　活塞连杆组装

实训 2.4.1　活塞的选配

当磨损的活塞超过使用限度，不能修复再用时，应当更换新件。选配活塞应以气缸的修理尺寸为依据，即气缸加大到哪一级修理尺寸。活塞的修理尺寸、分级尺寸与气缸相同，加大的尺寸数字，一般都刻在活塞顶上。选配时应注意下列要求：

1) 为保证材料、性能、重量和尺寸的一致性，要求同一台发动机，必须选用同一厂牌成组的活塞，不得拼凑。

2) 同一发动机上同一组活塞的直径差不得大于 0.020mm。

3) 同一台发动机内各活塞的重量差不得超过活塞重量的 3%。东风 EQ1090、解放 CA1092 等应不大于 8g；北京 492QA 不应超过 4g。如果同一组活塞仅重量不符合规定，可车削活塞裙部内壁下部向上 20mm 的部位来修正。CA6102 型发动机的活塞就采用上述方法，达到要求的。

4) 活塞裙部的圆度和圆柱度应符合规定要求，即不能太大，也不能太小。汽油机活塞裙部的圆柱度为 0.005～0.015mm，最大不得超过 0.025mm，膨胀槽开到底的活塞应为 0.015～0.030mm。活塞的圆度偏差一般为 0.10～0.20mm，膨胀槽开到底的活塞为0～0.075mm。

5) 由于活塞头部壁较厚、质量大，工作时温度又比裙部高，所以在设计或制造时，头部与裙部的直径大小有差异，以防活塞头部热胀后而“卡死”在缸内。也为了提高活塞环工作的可靠性。

6) 活塞裙部膨胀槽上端若无防裂圆孔，则应将膨胀槽开通到底。

7) 活塞销座孔两内端面与连杆小头之间的间隙，一般是每面均应保持 1mm 左右。

8) 为了获得活塞与气缸的正确配合，应测定气缸与活塞的间隙。除用外径千分尺和内径百分表(量缸表)外，还可采用厚薄规与弹簧秤检查法(图 3.20)。检查时，应先清洗活塞和气缸壁，再将不带活塞环的活塞倒置于气缸内，低于气缸上平面 15～20mm，同时将一定厚度的厚薄规塞在活塞的裙部与气缸壁之间，其圆周位置应在垂直活塞销孔无膨胀槽的一侧。然后用弹簧秤钩住厚薄规，一手握住活塞，另一只手用弹簧秤将厚薄规拉出。拉出时，弹簧秤的拉力示值应符合要求。

实训 2.4.2　活塞销的选配

在发动机大修或更新活塞后，应更换活塞销。一般应选配标准尺寸的活塞销，以便在小修时有修理尺寸的余地。

活塞销的修理尺寸(加大尺寸)是根据活塞销座孔和连杆小头衬套的磨损情况决定的,一般大型车分为四级。活塞销还有尺寸分组标记,一般用颜色区别。Ⅰ组为浅蓝色,Ⅱ组为红色,Ⅲ组为白色,Ⅳ组为黑色。天津夏利 TJ7100 车用 TJ376 型发动机活塞销分三组,其着色是红、黄、绿三色。配合间隙为 0.008 mm±0.003mm。

更换或修配后的活塞销,其表面粗糙度 R_a 应不大于 0.63μm,圆度和圆柱度偏差不得大于 0.005mm。同一组活塞销的硬度差不得超过 3HRC,重量差不得超过 5g。

实训 2.4.3　活塞销与活塞销座孔的装配与铰削工艺

由于车型不同,活塞与活塞销的装配方法也是不同的,上海桑塔纳采用热装法,将活塞放在水中加热至水沸后,迅速取出用手将活塞推入;广州标致发动机的活塞销与座孔有微量间隙,冷态用手稍一用力即可推入 ;天津夏利 TJ376Q 型发动机的活塞销则是在冷态用压床压入座孔中。

活塞销装入活塞座孔内,必须在活塞销锁环槽内装上锁环,并确保锁环安装牢固可靠。

活塞销与活塞销座孔及连接小头衬套的配合精度,可采用镗、铰、拉削和挤压的方法实现。

活塞销座的铰削是通过手工操作进行的,其铰削工艺步骤如下:

1) 选择绞刀:应根据活塞销的实际尺寸选择长刃活动绞刀,使两活塞销座能同时进行铰削,以保证两端座孔的同轴度,然后将选好的绞刀的刀把夹入虎钳,并与钳口平面保持垂直。

2) 调整绞刀:第一刀只做实验性的微量调整,一般调整到绞刀的上刃刚露出销座即可。以后各刀的吃刀量也不可过大,一旋转调整螺母 60°～90°为宜。如感到铰削量过小,则再旋转调整螺母 30°～60°。

3) 铰削:如图 2.48 所示,铰削时要用两手平握活塞,按顺时针方向转动活塞并轻轻向下施压进行铰削。掌握要平稳,用力要均匀。为提高铰削质量,每次铰削至刀刃下端与销座平齐时停止铰削。压下活塞从绞刀下放退出,以防止铰偏或起楞,并在不调整绞刀的情况下从反向再铰一次。

4) 试配:如图 2.49 所示,在铰削过程中,每镗削一刀都要用活塞销试配,以防止铰大,当铰削到用手掌力能将活塞销推入一端销座深度的 1/3 时,应停止铰削。然后在活塞销一端垫以阶梯冲轴,用手锤将活塞销反复从一端打向另一端,取下活塞销视其压痕用刮刀修刮。销座经刮削后,应能用手掌力将活塞销击入一端销座的 1/2,接触面积呈点状均匀分布,轻重一致,面积在 75%以上。装配后的连杆衬套与活塞销之间应转动灵活且能在轴向移动灵活。

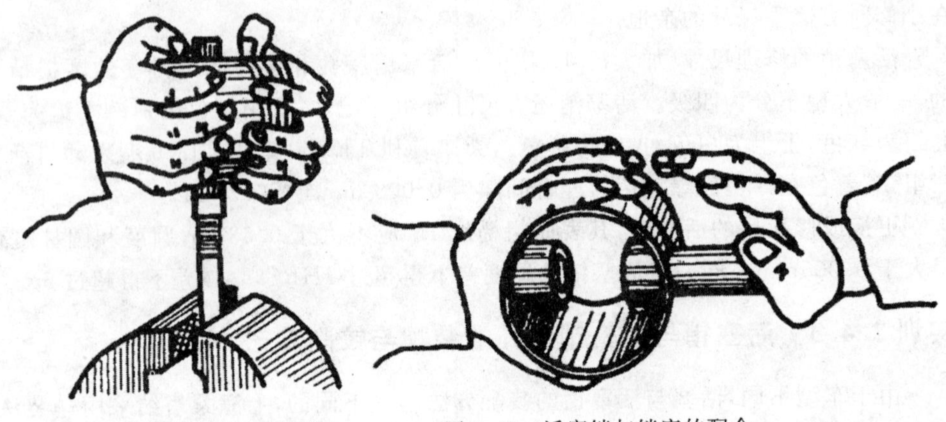

图 2.48　活塞销座孔的铰削　　　　图 2.49　活塞销与销座的配合

实训 2.4.4　活塞连杆组装工艺

1. 注意事项

1) 同一台发动机要选用同一厂家、同一级别、同一尺寸分组的活塞，其尺寸精度差，不大于 0.025 mm。活塞与气缸的配合间隙应符合规定：CA6102 是 0.015～0.035mm。同组活塞的重量差应符合规定：CA6102 不大于 8g。

2) 同一台发动机要选用同一厂家的连杆，其同组连杆的重量差应符合规定：CA6102 不大于 20g。装配好的活塞连杆各总成的重量不大于 40g。连杆在组装前应进行弯曲、扭曲的检查及校正。

3) 活塞销与活塞销孔应选用同一尺寸组的，配合应适宜。其检查方法是：在室温条件下，将活塞销一端插入座孔，以能用手掌力量推入销孔 1/2 左右深度；或在活塞加热至 75～85℃时能以拇指将活塞销推入销孔内为合适。活塞销与衬套配合要符合要求：CA6102 是 0.005～0.010mm。

4) 连杆瓦与连杆轴颈的配合间隙应符合要求：CA6102 是 0.032～0.064mm。

5) 活塞连杆组装时应注意安装方向：CA6102 连杆杆身向前标记(小凸起)，应与活塞顶向前标记(箭头)对正。

6) 组合时应戴厚手套，避免活塞烫伤手。

2. 活塞连杆组装

1) 清洗：将活塞连杆彻底清洗干净。尤其是连杆杆身有油道的(如 4125A4 型)及连杆大端有喷油孔的(如 CA6102 型)，应用细钢丝(注意不要划伤油道)逐一清除油道、油孔中的污垢，并用汽油冲洗后用压缩空气吹净。

2）活塞加热：一般是将活塞放入水中、油中或放入恒温箱中加热最高温度不得超过 100℃。决不允许用火烧活塞的方法来加热。先将活塞放入冷水中，让活塞随水温的逐渐升高使活塞由外到内热透。

3）涂油：将导向销、活塞销及衬套均匀涂上机油。

4）组装：

① 取出已加热好的活塞，迅速擦净销孔，随即将连杆小端伸入活塞内（注意安装方向），装上导向销，然后用拇指将活塞销推入销孔及连杆衬套中直至另一端销孔的锁环槽内端面。

② 装上锁环。锁环与活塞销两端面各应有 0.20mm 以上的间隙。如间隙过小，可将活塞销端面磨去一部分。两端面的间隙应基本一致，如差太多允许在热态下轻轻敲击活塞销使其一致。

③ 锁环嵌入环槽中的深度，相当于锁环钢丝直径的 2/3。

实训 2.4.5　检查

1）当活塞逐渐降温至室温后，测量其裙部尺寸，与装配前尺寸差不得超过 0.025mm。如超过，应查明原因重新装配。

2）活塞连杆组的重量差应在规定范围内。

3）将活塞连杆组放在检查仪上，检查活塞裙部母线与连杆大端孔轴线的垂直度。

实训 2.4.6　连杆衬套和活塞销的测量与鉴定

1. 连杆衬套的测量与鉴定

1）选择外径百分尺与内径量缸表，并按衬套内径安装调整量缸表。

2）选择测量部位：选Ⅰ（$Ⅰ_1$和$Ⅰ_2$）和Ⅱ（$Ⅱ_1$和$Ⅱ_2$）两个剖面为测量部位（$Ⅰ_1$和$Ⅱ_1$为同一方向，$Ⅰ_2$和$Ⅱ_2$为同一方向）。

3）测量圆度值：取$|Ⅰ_1-Ⅰ_2|$与$|Ⅱ_1-Ⅱ_2|$的差的一半（取大值）为圆度误差。

4）测量圆柱度：在$Ⅰ_1$、$Ⅰ_2$、$Ⅱ_1$、$Ⅱ_2$四个位置测量值中某一方向的最大值减去另一方向的最小值的一半为圆柱度误差。

5）衬套的圆度误差、圆柱度误差及活塞销的配合间隙，有其中任何一项超过允许值时，应更换衬套或衬套有裂纹、剥落、麻点及活塞销接触面积小于 75％时应更换衬套。

2. 活塞销测量与鉴定

1）选外径百分尺，并校正。

2）选择测量部位，选Ⅰ、Ⅱ、Ⅲ、Ⅳ为测量部位。

3）测量圆度值：所选四个剖面位置的测量值中，同一方向两个数差值的一半（取最大值）为圆度误差。

4）测量圆柱度值：所选四个剖面位置的测量值中，不同方向的最大值与最小值差的绝对值的一半为圆柱度误差。

5）测量最大磨损量：活塞销没磨损部位的最大值与磨损最严重的直径之差为最大磨损量。

6）鉴定：活塞销的圆度误差、圆柱度误差及最大磨损量超过允许值时，应更换活塞销或活塞销用手摸能感觉有棱角的时候，及活塞销有裂纹、表面脱落、麻点等缺陷时应更换活塞销。

7）对于Ⅰ、Ⅳ，是对应活塞销孔所做的剖面。由于现在使用的百分表和尺的精度达不到要求，故在实际工作中是使用选配或试配的方法来进行。

3. 汽油机的连杆衬套与活塞销的测量

对于汽油机的连杆衬套与活塞销的测量，只能用于磨损后的测量，其方法同上。

对于新衬套和新活塞销而言，其配合间隙大小为0.0045～0.0095mm，现用的百分表和尺的测量精度不够，所以只能采用试配法。方法如下：将连杆衬套铰削至用手掌的力可以将活塞销推入衬套的1/2～2/3时，再用刮研的方法至用手掌力能将活塞销全部推入衬套为止，且接触的面积不少于75%，活塞销能在用手握住时在衬套内转动，为试配合适。

实训2.5　活塞连杆组向气缸内安装

将所有的待安装的零部件清洗干净，待干后将零部件互相运动的表面涂上机油。

实训2.5.1　检查偏缸

1）将已装好的气缸套和曲轴的机体侧置在工作平台上，下面用木方垫牢。

2）将不带活塞环的活塞连杆组，逐个装上相应连杆瓦的上瓦片，按原定气缸记号装入气缸内，保证安装方向正确：CA6102型发动机连杆方向是活塞顶部箭头朝向机体前方。将下瓦片装在相应的连杆盖上，同连杆大端及上瓦片一起合在连杆轴颈上，并使连杆配对记号或瓦片定位槽在同侧。按规定扭矩（CA6102型发动机的扭矩为66.6～73.5 N·m）分次扭紧连杆螺母。

3）转动曲轴，逐个气缸检查活塞在上、下止点和气缸中部时活塞头部前、后两个方向上与气缸壁的间隙，其差不应大于0.1mm，否则有“偏缸”现象，应进行校正。

4）拆下各活塞连杆组，校正完“偏缸”后，准备正式装配。

实训 2.5.2　活塞环的检查

1. 检查活塞环

1）活塞环的尺寸选择：应选用与气缸、活塞同级别的活塞环，不允许用加大尺寸的活塞环锉小使用。

2）活塞环弹性的检查：活塞环弹性可在专用检验器上进行，其弹力应符合规定，如 CA6102 型其开口间隙在 0.25～0.45mm 时，弹力不小于 4.5kg。

3）活塞环漏光度的检查：一般对平环进行漏光度检查时，漏处不应超过两处，每处漏光弧长不超过 25°，在同一环上漏光总和不超过 45°，且光隙不超过 0.02mm，在开口处左、右 30°范围内不允许漏光。扭曲环可适当放宽。

4）活塞环的端隙检查：活塞环的端隙即开口间隙，是将活塞环装入相应的气缸没有磨损处时开口处两端应有一定的间隙。CA6102 型第一道环为 0.4～0.6mm，第二道环为 0.3～0.5mm，第三道环为 0.2～0.4mm。如端隙过小允许在环的一端用平锉修复。检查方法如图 2.50 所示。

5）活塞环的背隙和边隙的检查：背隙是指活塞与环装入气缸后，在活塞环背部与活塞环槽部的间隙。通常以槽深与环宽之差来确定，即活塞环一般应低于岸边 0～0.35mm，以免在气缸内卡住，如背隙小可将环槽车深。

边隙是指活塞环与槽平面间的上下间隙。边隙过大，将影响活塞的密封作用，过小会卡死在环槽内，所以要求边间隙要符合规定：CA6102 型是 0.035～0.072mm。测量检查时，如边间隙过小可在平板上面铺上 0 号砂纸细心研磨如图 2.51 所示。

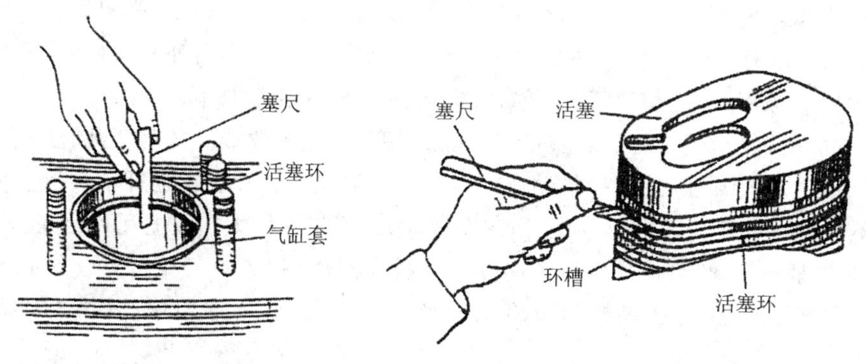

图 2.50　活塞环端间隙检查　　　图 2.51　活塞环边间隙检查

2. 安装活塞环

1）活塞环在组装时，应按指定的气缸孔及活塞的环槽进行个别选配，不可装错。

2）活塞环容易折断，因此不可将开口张的过大，应用专用装卸钳来安装如图 2.52 所示。

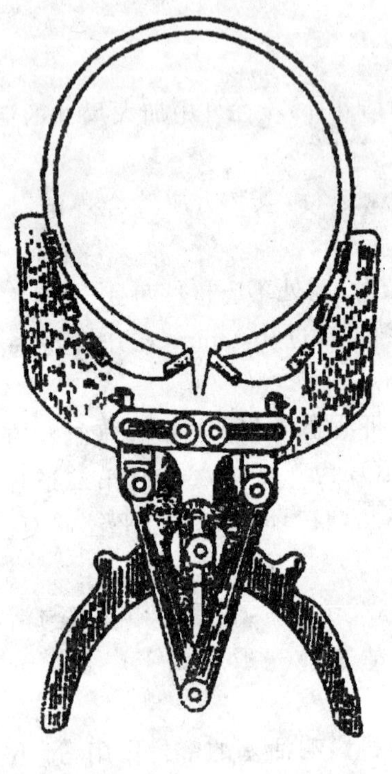

图 2.52　活塞环的拆装工具

3）装活塞环时应由下而上安装，先油环后气环。

4）各环应注意安装方向。扭曲环内切口朝上，外切口朝下。第一道气环大多数是镀铬的平环，没有方向性要求，但也有的是锥面环，其环面上有记号或文字，应将记号或文字向上安装。

5）在安装组合式油环时应注意：在钢片组合油环的两钢片开口应错开 180°；螺旋弹簧胀圈式油环，其弹簧胀圈接头与油环开口要错开 180°。

6）活塞环安装后，用手转动活塞环应灵活，如有卡阻现象应排除。

3. 活塞连杆向气缸套内安装

1）清洗：将所有的待装的零部件清洗干净，均匀涂上机油。

2）转动曲轴：将即要安装的相应的连杆轴颈转到下止点的位置。

3）装活塞连杆：将活塞连杆组按正确位置和方向使连杆全部及活塞的 2/3 装入汽缸（活塞裙部有油环的除外）。

4）布置活塞环的开口方向：将一、二道气环的开口方向错开 180°，且开口方向要避开活塞销和侧压力方向（使开口方向位于销轴与侧压方向 45°夹角处）。将油环开口方向与其错开 90°。如有第三道气环，其开口方向与油环开口错开 180°。

5）将活塞推入气缸：用活塞环卡箍压紧活塞环，用木棒或铜棒将活塞轻轻推入气缸。

6）装合连杆瓦盖：用双手拉动连杆大端将大端及上瓦片靠在连杆轴颈上。将连杆瓦盖与下瓦片一起按正确方向、记号扣在连杆轴颈上，与连杆大端及上瓦片合在一起。

7）扭紧连杆螺母：按规定扭矩，分次（一般为两次）扭紧连杆螺母并使销孔与螺母凹槽对正。如不对正，可调换螺母或将螺母平面磨去少许，不准用增、减扭矩的方法对正销孔。

8）检查：用手锤沿曲轴向前、后敲击连杆瓦盖，连杆应能前后移动。转动曲轴一、二圈，曲轴转动应较灵活，确定无问题再按同样方法安装下一组活塞连杆。

9）全部活塞连杆组装完毕后，转动曲轴数周，其转动阻力应正常。确定无任何问题后，再用适当的开口销按相同方向锁止各连杆螺母。

实训 2.6　气缸套的更换、镗削、磨削工艺

实训 2.6.1　气缸套的更换工艺

气缸超过最后一级修理尺寸或缸壁上产生较深的沟痕和裂纹损伤时，可在气缸内镶嵌新缸套（干式）或在缸体上换配新缸套（湿式），以恢复气缸的技术精度，延长气缸体的使用寿命。个别气缸损坏，允许单缸更换，必须镗磨到与其他缸径相同的尺寸。

气缸第一次镶套时，应选用外径尺寸最小的气缸套，以便以后能进行多次镶套修理。已镶过缸套的气缸，应先用专用工具将废缸套拉出或压出，也可用镗床镗掉。然后检查气缸套承孔，圆柱度误差不大于 0.01mm，表面粗糙度不大于 R_a3.2。湿式气缸套座孔，上、下承孔的圆柱度误差不大于 0.015mm。

1. 干式气缸套的镶配工艺

1）对于第一次镶配气缸套的气缸，应根据选用的气缸套外径尺寸，镗至所需要的尺寸和表面粗糙度，以保证气缸套与气缸承孔结合紧密牢固，导热性能好。

2）检查气缸套外径的过盈尺寸，上端有突缘的气缸套过盈量为－0.04～－0.07mm；无突缘的气缸套为 0.070～0.100mm。厂家有分组规定的（表 2.4），应按厂家规定选配。气缸套外圆下口处应有 10×5°的倒角，以便于镶装。

表 2.4　解放 CA6102 气缸套外圆和气缸体内圆分组尺寸（mm）

零件名称	气缸套	气缸体
组别	外圆直径	内圆直径
Ⅰ	105.622～105.634	105.60～105.612
Ⅱ	105.634～105.646	105.612～105.624
Ⅲ	105.646～105.658	105.624～105.636

3）镶装时，先在气缸套的外壁和气缸的内壁上涂以机油（机油和石墨的混合液也可），放正气缸套，先插入气缸承孔内一部分，再垫以平整的厚木板，用压床以 2～6kN 的力将气缸套压入气缸中，在开始压入 20～30mm 时应将压力卸荷几次，以使气缸套产生的稍许歪斜得以自行校正，同时也可用角尺检查气缸套是否垂直，以便及时矫正。待准确无误后，再缓缓将气缸套压入气缸中。

4）为防止气缸体变形，镶装气缸套时，应采用隔缸压入法。气缸套压入后，应与气缸体上平面平齐，不平时，可用锉刀修平。

5）如用无机粘结剂粘接气缸套时，则气缸套与气缸的配合为 0.30～0.40mm 的间隙。缸壁的表面粗糙度最好在 R_a12.5～R_a25 范围内。

6）气缸套镶配完成后，应进行水压试验。再按气缸规定的修理尺寸进行镗缸或珩磨。

2. 湿式气缸套的更新工艺

1）拆除旧缸套，可轻轻敲击旧缸套的底部，稍有松动后，用手或专用拉卸器将旧缸套取出。刮除气缸体内的锈蚀、污垢等杂物，并可用细纱布轻轻擦气缸体与气缸套配合的定位部，使其露出金属光泽，特别是密封圈接触的气缸孔壁必须干净光洁。

2）换装新气缸套，在安装前应先将未装密封圈的气缸套与气缸体试装。如采用铝或铜质垫片则将选好的气缸套先装入气缸体中，先计算垫片的厚度（$B=H+\Delta$）。

如采用橡胶密封圈，(492Q 型发动机）则应将密封橡胶圈套在气缸套上，在装入气缸体中，用专业工具压紧后再测量气缸套的凸出量 Δ。北京 492Q 型发动机气缸套的凸出量为 0.05～0.125mm，相邻两缸的凸出量相差不得大于 0.04mm，试装和测量垫片、凸出量准确后，才能进行下一道工序。

3）将新的涂有白漆的防漏水的橡胶圈、垫片等套在气缸套上或气缸承孔中，将汽缸套压入气缸中。

4）湿式气缸套因压入时用力不大，缸套内径不受影响，一般不需要进行光磨加工。

实训 2.6.2　气缸套的镗削工艺

1. 镗前的准备（以 T8014 为例，如图 2.53 所示）

1）检查气缸体水压合格后，掌握气缸体的磨损状况。

2）清洁气缸体，平整定位平面。

3）确定气缸的修理尺寸等级。

$$n \geqslant (D_{max} - D_0 + X)/0.25\text{（圆整后取整数）}$$

式中，n——修理尺寸等级；

D_{max}——气缸最大磨损处直径，mm；

D_0——气缸标准直径，mm；

X——气缸镗削余量，取 0.10～0.15mm。

4）按计算的修理尺寸等级选配同一厂牌同一修理尺寸的成组活塞。

5）气缸镗削后直径的计算

镗削后直径＝活塞直径＋配缸间隙－珩磨余量

6）计算汽缸最大镗削量

最大镗削量＝镗削后汽缸直径－镗削前气缸最小尺寸

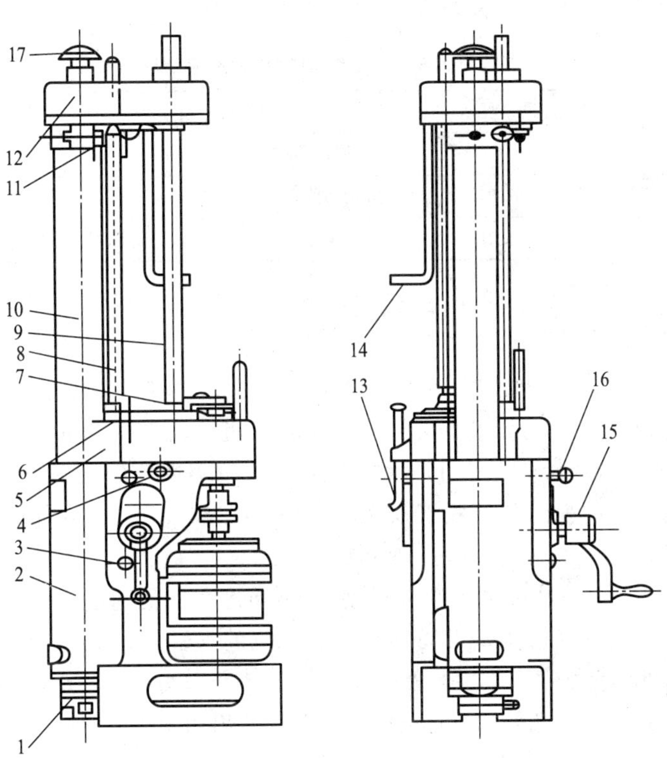

图 2.53　T8014 型镗缸机

1. 镗头；2. 机体；3. 放油孔；4. 油标；5. 变速器盖；6. 注油孔；7. 磨刀轮；8. 升降丝杠；9. 光杆；10. 镗杆；11. 张紧轮装置；12. 皮带轮箱；13. 开关；14. 自动停刀装置；15. 升降把手；16. 走刀量变换杆；17. 定心爪控制旋钮

2. 机床调整与选择切削量

1）安装固定镗缸机：在需镗缸的邻近缸孔内用压紧装置将镗缸机压紧在气缸体上，用定心调节器使主轴与被镗缸孔同心。

2）根据缸孔深度调节制动杆，以限止工作行程。

3）用专用千分尺测量镗刀的尺寸，按需要调整镗刀的尺寸。

4）切削量选择，一般第一刀和最后一刀为 0.1～0.15mm，其余各刀应不超过镗缸机的规定。

3. 气缸镗削后的质量要求

气缸镗削后的质量要求应符合表2.5。

表2.5 汽缸镗削的质量要求

项　目	质量要求	项　目	质量要求
圆度公差/mm	0.005	气缸轴线横向位移公差/mm	0.10
圆柱度公差/mm	0.01	气缸轴线纵向位移公差/mm	0.07
轴线垂直度公差/mm	0.05	表面粗糙度/mm	$R_a \leqslant 1.6$

4. 气缸套的磨削工艺

磨削气缸又称珩磨。磨缸的主要工具是珩磨头。珩磨头与磨缸机挠性联结浮动，依靠珩磨的气缸内圆表面自动定心，可自行消除磨缸机主轴与气缸的同心度偏差。工作时，珩磨头由磨缸机带动旋转并作上下往复运动，从而实现珩磨头对气缸内表面的连续加工。珩磨后的气缸内表面留下相互交叉的细微网状纹如图2.54所示，切削网纹的交角α与工作速度之间有如下关系：

$$\mathrm{tg}\alpha/2 = 上下往复运动速度/珩磨头圆周速度$$

实践证明α角60°为宜，天津TJ376Q型发动机的气缸α角规定为35°±5°。珩磨后气缸的表面粗糙度不大于$R_a 0.32$。

珩磨设备可采用东风TM1型镗磨缸机。也可使用功率为0.245～0.365kW、转速为280r/min的手电钻改制成的简易珩磨机(图2.55)。

珩磨气缸的工艺步骤如下：

1）将镗过缸的气缸体清洗干净后放置在油盘8内再将支架2、栓臂1和弹簧组3装在气缸体上。

2）将选择好的成组磨条装在珩磨头上，调整圆柱度小于0.2mm。圆柱度超差时可在磨条内侧加减垫片调整。

3）将珩磨头装在悬挂在弹簧组上的手电钻接头座4上。

4）调整珩磨头磨条的压力，即磨条对气缸壁的压力。将珩磨头放入气缸内，用手旋转调整盘，使磨条向外扩张，直到磨条紧贴气缸壁，松手后珩磨头不会自由下落，上下移动又没很大的阻力时为宜。

5）打开冷却液开关，使冷却液注入磨头与气缸壁之间。冷却液使煤油、柴油或者在煤油中加入15%～20%的机油。

6）接通电源，珩磨头开始旋转的同时，必须作上下往复运动，以防磨削不均匀而产生锥度。磨头转数和上下往复运动的关系根据厂家规定的α角大小决定。

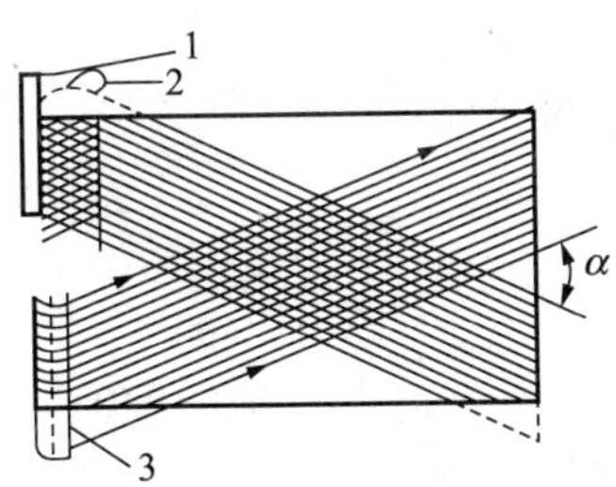

图 2.54　珩磨后的网状磨痕
1. 前进行程开始时的砂条位置；
2. 返回行程终了时的砂条位置；
3. 前进行程终了时的砂条位置；
α. 磨痕螺旋线相交的角

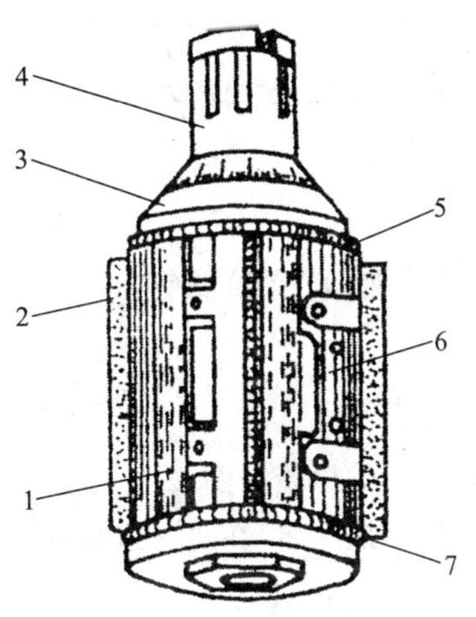

图 2.55　珩磨头
1. 连接杆；2. 砂条；
3. 调整盘；4. 接头座；
5、7. 箍其；6. 砂条导片

7) 磨削时，上下往复运动行程的大小以上下两端各露出磨条 15～20mm 为宜上下行程过大易产生喇叭形；上下行程过小易产生腰鼓形。

珩磨气缸过程中必须勤测量，确保磨缸质量。当磨至所需尺寸时，不可再动调整盘，磨缸时，还应注意尽可能使磨缸机的主轴、珩磨头和气缸在同一中心线上，以防偏磨。还应常用活塞进行试配，以防磨大。

用粗磨条珩磨气缸到一定程度后（一般为磨削量一半），应改换细磨条光磨。当用活塞试配，间隙合格后，可用“00”号砂布包在珩磨头上进行气缸的抛光。

经过珩磨的气缸，应符合《汽车修理技术标准》(JT3101-81)中规定的有关技术要求。

气缸表面应光滑看不到磨痕，粗糙度不大于 R_a0.32。检验方法是：气缸壁表面应呈黑蓝色（经硫酸铜溶液研磨后的呈黄色或紫铜色），看不到螺旋痕迹，并能照出手指。

干式气缸圆度误差应不大于 0.005mm，圆柱度误差不大于 0.0075mm，湿式气缸套的气缸圆度误差不应大于 0.0125mm，气缸如有锥度也应是上小、下大。

气缸与活塞的配合间隙应符合技术要求，达到表 2.5 的规定标准。气缸与活塞的选配一般采用弹簧秤拉出活塞与缸壁间的厚度规所用的拉力是否在规定范围内为标准。

气缸轴线偏斜的检查，即检查气缸轴心线与气缸体主轴承座孔轴心线垂直度。

实训 2.7 曲轴的修理

实训 2.7.1 曲轴的检验鉴定

1. 曲轴轴径的磨损检验

曲轴轴径磨损的检验如图 2.56 所示。

根据轴径的磨损规律，在每一道轴径上选取两个截面Ⅰ－Ⅰ与Ⅱ－Ⅱ在每一道截面上取与曲柄平行及垂直的两个方向 $A—A$ 和 $B—B$，用外径千分尺进行测量。此时轴径同一横断面上测得的最大的数值差的一半，即为圆度误差。轴径在纵断面上测得的最大的差数值的一半即为圆柱度误差。

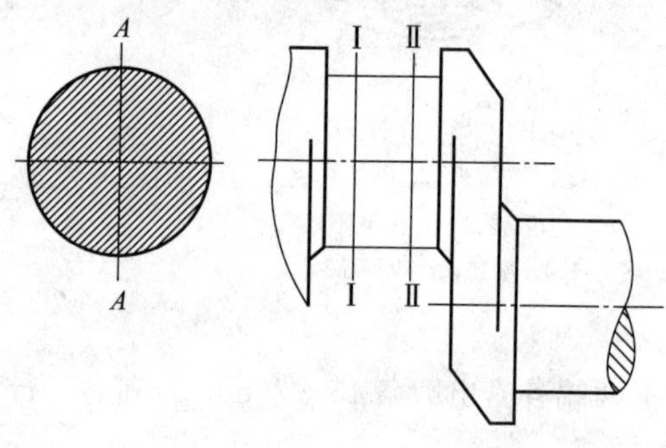

图 2.56 曲轴轴径的测量位置

2. 曲轴裂纹的检验(磁力探伤法)

(1) CJS-3 型便携式磁力探伤仪的主要技术性能

电源电压：单相交流电 220V±10%。

磁化电流：马蹄形探头为 5A；环行探头为 7A。

磁化范围：马蹄形探头：70mm≤L≤120mm；

环行探头 ：ϕ≤60mm。

(2) 磁力探伤的原理

磁力探伤的原理是：使磁力线通过被检验零件，如果零件表面有裂纹，在裂纹部位的磁力线将偏散而形成磁极。当在零件表面撒上磁性铁粉，铁粉被磁化并吸附在裂纹处，从而显现出裂纹的部位和形状大小。

利用磁力探伤时，必须使磁力线垂直通过裂纹，否则裂纹不易被发现。因为裂纹平行于磁场时，磁力线偏散很小，所以在探伤时，要估计裂纹可能产生的位置和方向，而采用相应的磁化方法。即横向裂纹要对零件纵向磁化，纵向裂纹要对零件横向磁化。

(3) 磁力探伤的步骤

1) 探伤前表面处理。清除零件表面油污、锈斑和腐蚀物质等，用 20～40℃清水清洗后烘干。

2) 根据被检验的零件的形状选择探头。马蹄形探头适用于检测异形表面。如销孔四周的表面、锻造面及铸钢件表面的裂纹。环行探头用于检测半轴、转向节、横拉杆等轴类零件的纵向裂纹。

3) 探伤仪使用前的准备。首先接好电源线和探头线，开启“电源开关”，根据被检测零件尺寸的大小，将“磁场控制”开关置于“强、中、弱”的所需要的位置。然后打开探头的电源开关，探头通电产生磁场，此时应立即探伤。

4) 探伤：

① 马蹄形探头的操作。探头电源开启后，手持探头的一臂，使探头吸附干铁粉，再把探头放在零件表面上，并在零件表面上徐徐移动探头。此时，零件如有缺陷，就会在缺陷处(各种裂纹、砂眼等)产生漏磁场，磁粉就会聚集在缺陷处，显示出缺陷处的位置和形状。为使探头移动灵活不被吸附，在连续移动探头时，可将探头的一个臂抬起 10～20mm，如向右移动抬起左侧触臂，向左移动抬起右侧触臂。

② 环行探头的操作。探头电源接通后，将干磁粉撒到零件表面上，再把探头从零件一侧套入，移动探头进行探测。探测时，探头圆孔与轴径保持 20mm 的缝隙以利观察。探头的轴向移动速度为 50～60mm/s，轴件表面的探伤可分四次完成，每次可转动 90°。如有缺陷干磁粉便会聚集在缺陷区，从而显示其位置和形状。

(4) 操作注意事项

1) 仪器工作温度不得高于 40℃，空气相对湿度不得大于 85%。

2) 探头通电后应立即探伤。其空载运行时间不得超过 3min。

3) 在探伤状态下，探伤仪每次持续通电时间不得超过 0.5h，以避免探头过热。如需继续探伤，必须间隔 0.5h 后再通电使用。

4) 每次探伤完毕，应将被检测零件与探头远离 1m 以上，然后再及时关闭电源，以获得最佳自动退磁效果。

实训 2.7.2　曲轴的磨削修理

1. 曲轴磨修前的检查

(1) 曲轴弯曲的检查

曲轴弯曲变形后，曲轴主轴径的同轴度偏差增大，将曲轴置于平台上的两块 V 形铁上，再将百分表触头在中间的主轴径上，然后缓慢的转动曲轴一周，此时百分表指针所示的最大摆差，即为该轴径对前后两主轴径轴线的同轴度偏差，该数值一般应不大于 0.15mm，否则应校正，低于此限可结合磨削轴径予以修复。

(2) 曲轴扭曲的检查

曲轴扭曲检验时，可将曲轴置于平台上的两块 V 形铁上，然后将第一、六缸连杆轴径转到水平位置，用百分表分别测量第一缸连杆轴径和第六缸连杆轴径至平台的距离，求

得这一方向上两个连杆轴径的高度差 ΔA，则扭转变形的扭转角

$$\theta=360\Delta A/2\pi r=57\Delta A/R$$

式中，R—曲柄半径，mm。

EQ6100　$R=57.5\pm0.10$mm

CA6102　$R=57.15$mm，

(3) 轴径的测量

用百分表测量轴径的直径尺寸，按测量结果算出圆柱度和圆度。

2. 曲轴主轴径的磨削

1) 将床头、床尾的活动卡盘调到中心位置。

2) 装卡曲轴，以飞轮接盘外缘和安装正时齿轮轴径表面作为安装基准。

3) 粗调整，利用 V 型规和 K 型规进行初校正。

4) 细调整，用百分表检查飞轮接盘外缘和正时齿轮轴径表面，使其径向偏差量不大于 0.03～0.05mm。

5) 手转动曲轴一圈，检查曲轴转动是否灵活。

6) 调整砂轮位置，使砂轮对正要磨削的轴径。

7) 检查快速进给后的位置。使其与所磨轴径距离合适(在没有快速进给之前，为避免砂轮与曲轴相撞，应用手动手柄将砂轮退回到最后的位置)。

8) 启动床头和砂轮同时供给冷却液。

9) 慢慢进给砂轮，使其与轴径接触。

10) 一般应先从中间主轴径开始依次磨削其余各主轴径(如遇到轴径尺寸不一致时，应由轴径最小的一道开始)。

3. 曲轴连杆轴径的磨削

1) 移动床头、床尾活动卡盘，使偏心标尺推偏数值等于曲轴的回转半径。根据曲轴的重量，初步加上配重铁。

2) 单独进行床尾的平衡工作，加减调整配重铁的位置，使床尾、车头在任何位置上均可停止。

3) 将卡曲轴，定位基准与磨削主轴径相同。

4) 用 V 型规找正使一、四道连杆轴径与床头主轴中心线重合。

5) 在床头进行总的平衡调整。

6) 用 K 型规校正，使曲轴中心线在垂直平面内，如不符，则应调整两卡盘的偏心距。

7) 初步校正后，用百分表复查，进行精确定心。

8) 再复查曲轴的平衡状态(如不符，仍在床头调整)。

9)检查连杆轴径的扭曲,将曲轴转到连杆轴径处于水平位置,用 K 型规检查同心的连杆轴径的高度,如图 2.57(a)所示。当偏差超过 0.15mm 时,进行补充调整,方法是轻轻放松卡爪,微量转动曲轴,使连杆轴径高度偏差对称于磨床中心,如图 2.57(b)所示。

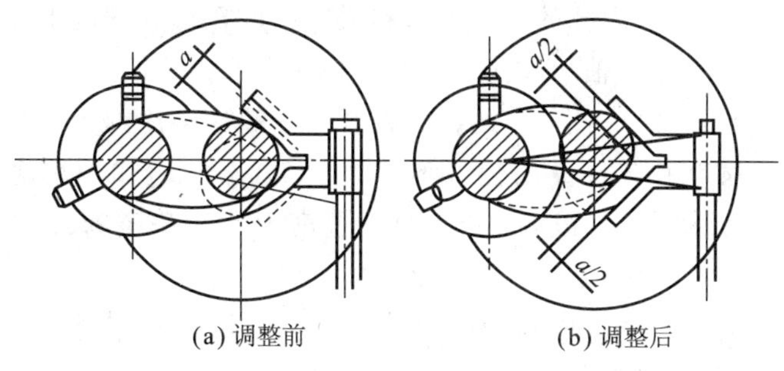

图 2.57　连杆轴颈磨削时的补充调整

10) 实际回转半径的检查,检查时,以床面为基准,用高度游标卡尺测量主轴径处于最高和最低位置的高度,其差值的一半,即为实际回转半径。

11) 检查快速进给后的位置。使其与所磨轴径距离应合适(在没有快速进给之前,为避免砂轮与曲轴相撞,应用手动手柄将砂轮退回到最后的位置)。

12) 启动床头和砂轮同时供给冷却液。

13) 慢慢进给砂轮,使其与轴径接触。

14) 先将两端的轴径开始磨削。

15) 磨完同一轴线的各连杆轴径后,放松卡盘,转动曲轴,对其余的连杆轴径找正紧固卡盘,逐个磨削。

实训 2.7.3　连杆轴承、曲轴轴承选配

发动机的曲轴轴承多数采用薄壁、双金属的滑动轴承(轴瓦),只有少数汽车或采用组合式曲轴的使用滚动轴承。双金属轴瓦的内圆有 0.3～0.7mm 厚的一层减磨合金(巴氏合金、铜铝合金或高锡铝合金等)它具有保护油膜、减小摩擦阻力和加速磨合的作用。同时还具有较高的导热性、抗压性和抗疲劳性。

1. 轴承常见的损伤和原因

曲轴或连杆作用于轴承上的气体压力、离心惯性力等冲击多变载荷,是轴承磨损、损坏的主要原因,润滑不良、润滑油太脏、温度过高、配合间隙过大或过小、曲轴轴径磨损后几何精度下降、表面粗糙等又加剧了轴承的磨损和损坏。长期的不正常的运转引起疲劳是产生疲劳裂纹和块状脱落的重要原因。曲轴轴承损坏的主要现象好似合金磨损、刮伤或划伤、裂纹脱落及烧蚀等。

2. 选配时应做的几项工作

(1) 检查轴承座孔

薄壁轴承刚度较低，其内孔的几何形状和尺寸精度在很大程度上取决于轴承座孔的精度状况。选配时应先检查轴承座孔是否符合技术要求。

检查时先将轴承盖装好，按规定的扭力拧紧紧固螺栓再用内径千分表测量内孔的直径、圆度、圆柱度。圆度和圆柱度的偏差不得大于 0.025mm，如轴承座的圆度超差不大时，可采用加、减垫片的方法加以调整。表面粗糙度不得大于 R_a0.8。

(2) 检测轴承的预紧力

轴承的预紧力的大小应适度，预紧力过大，将引起轴瓦变形，挤裂或使合金脱落，螺栓或螺母产生屈服变形等损伤，预紧力过小，也会降低轴承和螺栓的使用寿命。

预紧力是通过轴承盖的紧固螺栓和螺母实现的。厂家对扭力大小都作规定，见表 2.6。

表 2.6 常见车型曲轴主轴承盖、连杆轴承盖扭力矩(N·m)

项目 \ 车型	EQ1090	CA10B	BJ2020 BJ492Q
曲轴主轴承盖螺栓	166～186	中间和后面 78～98 其　余 108～127	122.5～137.2
连杆大头轴承盖螺栓	78～98	78～88	68.6～78.4
项目 \ 车型	**上海桑塔纳**	**广州标致**	**北京切诺基**
曲轴主轴承盖螺栓	64.68	73.5	95～115
连杆大头轴承盖螺栓	45.08	39.2	41～47

(3) 选择轴承的过盈量

轴承和座孔采用过盈配合，目的是使轴承座孔具有一定的箍紧力，把轴承的外圆表面紧密地贴合在轴承座孔的内圆面上，以保证轴承在座孔内无振动或松动现象。

过盈量的大小，取决于轴承与座孔的加工精度和轴瓦钢背是否镀锡(一般钢背外表面应有 0.001～0.003mm 的镀锡层)。为实现轴承在座孔内的过盈量，轴承在自由状态下并非正圆，其曲率半径大于座孔的半径(图 2.58)，当轴承装入座孔内，上下两片轴瓦均应高出座孔平面一定距离，此距离称为轴瓦的高出量(H)。轴承与座孔过盈配合的过盈量就是以高出量 H 值来衡量的。一般过盈量的推荐数据：汽油发动机，轴径 ϕ55～65mm 时 H 值为 0.03～0.07mm。东风 EQ6100Q-1 发动机规定的 H 值为 0.02～0.045mm。

当 H 值没有具体规定时，可按下式计算：

$$H=0.0006\pi d/4$$

式中，d——轴承外径。

H 值的选择，一般应严格按厂家规定，对有镀锡层的轴承应取小值；反之，则取大值。

H 值的选择是否适当，可按下述方法进行验证：将轴承装入座孔中，装上轴承盖，按规定扭力矩先扭紧一边的紧固螺栓，在轴承盖另一边的接合面间垫入厚度为 0.05mm 的垫片或厚薄规后，在拧紧力矩达到 10～20 N·m 时，抽动垫片或厚薄规，如果抽不动，则说明 H 值选择合适。如果能将垫片或厚薄规抽出，则说明 H 值选大，可将轴承没有定位凸台的端面上锉削，以降低 H 值。如果螺栓扭力矩尚未达到上述规定标准时，垫片已抽不动，则说明 H 值太小，应重新选配轴承。

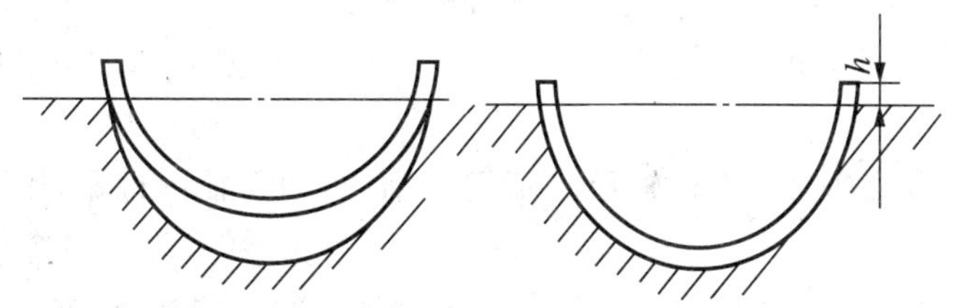

图 2.58　轴承装入轴承孔的要求

(4) 选择配合间隙

曲轴轴颈与轴承配合间隙的准确性，是保证发动机正常运转，延长使用寿命的重要条件。其大小与轴承的减磨材质、润滑油性能、润滑条件、发动机的负荷大小及特征、轴承和轴颈的加工精度、表面质量等有关。其数值一般是厂家试验后规定的。为保证修理质量，必须严格按厂家规定的数据执行，不得任意修改。

3. 轴承的选配

曲轴轴承的选配，在采用修理尺寸的基础上，有四种选配形式。

(1) 轴承的直接选配

也称为成品轴承的选配。目前许多生产厂家将轴承配件直接加工到各级修理尺寸不留镗、铰、刮削余量。修理时，只需将曲轴轴颈修磨到与之相适应配合的修理尺寸即可。各种轿车和微型汽车，如一汽奥迪、上海桑塔纳、天津夏利等车用发动机的曲轴轴承就是直接选配。

将曲轴轴颈与轴承擦干净，在主轴颈或连杆轴颈上放置一根塑料间隙条，如图 2.59 所示。

将轴承或连杆盖按原规定位置装复，以规定扭力矩拧紧螺母，如图 2.60 所示。

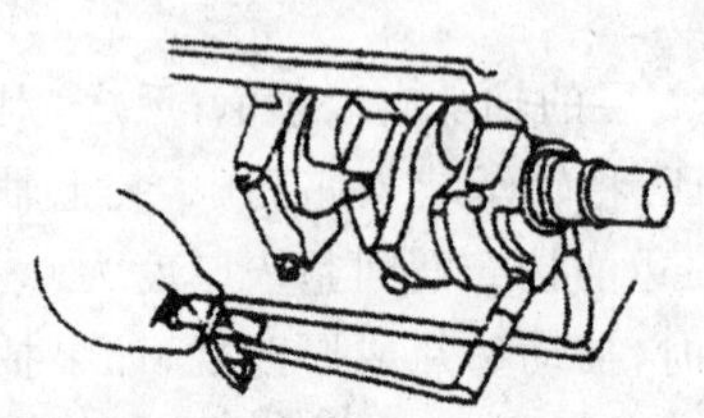
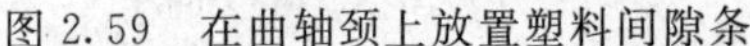

图 2.59　在曲轴颈上放置塑料间隙条

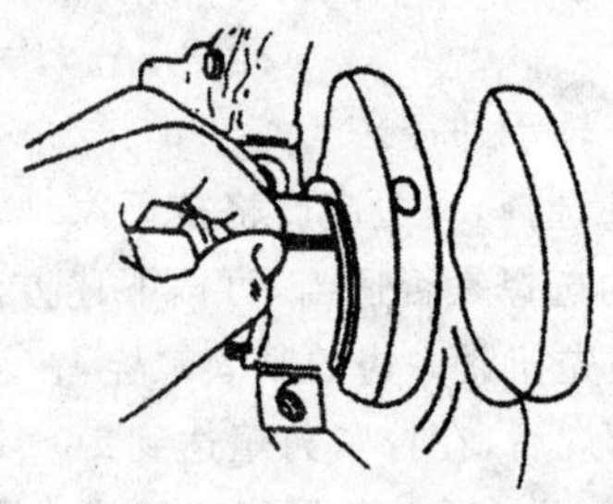

图 2.60　扭紧曲轴轴承的螺栓

拆下轴承盖，用测量规对照测量间隙条的宽度，测量规宽度所对应的塑料间隙条宽度值，即为该轴颈与轴承的配合间隙，如图 2.61 所示。

桑塔纳发动机测量规：绿色 0.025～0.076mm 、红色 0.05～0.150mm、蓝色 0.10～0.0230mm。

轿车发动机曲轴轴承和连杆轴承是不用修刮的，如果轴承过紧，不准用修刮来满足其松紧。

桑塔纳发动机在分解连杆时应进行连杆轴承轴向间隙的检查，方法如图 2.62 所示。要求连杆的轴向间隙不得超过 0.37mm。

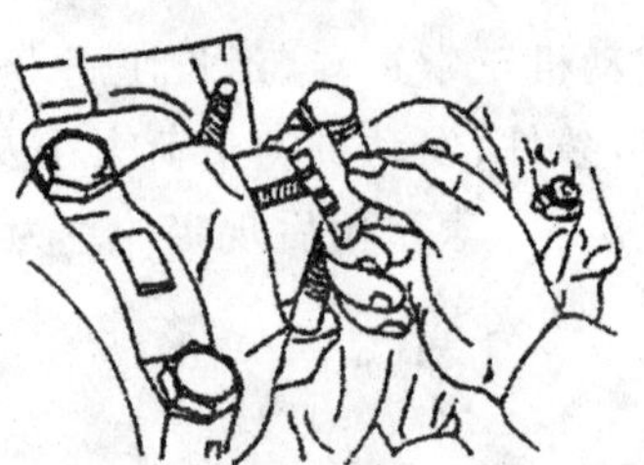

图 2.61　用测量规检查轴承间隙

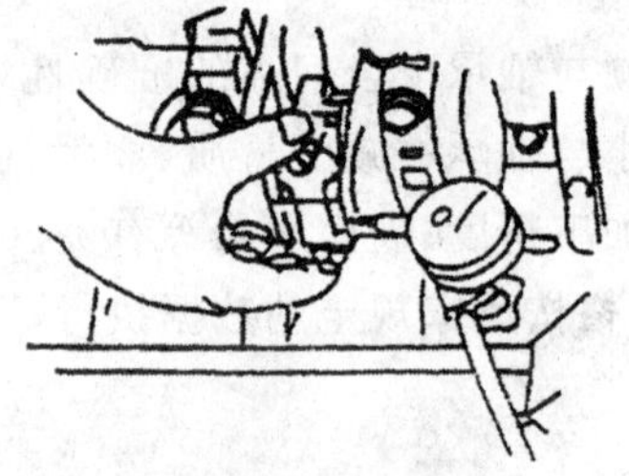

图 2.62　检查连杆轴承轴向间隙

(2) 有镗削余量轴承的选配

选配有镗削余量的轴承，适用于主轴承和连杆轴承，现以连杆轴承为例说明。

根据曲轴连杆轴颈的磨损情况，确定连杆轴颈的修理尺寸(按修理尺寸标准)。根据连杆轴颈确定的修理尺寸选择轴承，新轴承的背面有供选择的尺寸标记，如果没有标记或修理尺寸级别与轴承的厚度不符，可通过测量轴承厚度，再用标准核定其修理尺寸级别。

检查选配的轴承有无裂纹和其他机械损伤，尺寸是否符合修理尺寸级别。用选配法将轴承装入连杆大头承孔中，结合面积不得少于 85%，轴承的榫舌与座孔的凹槽应吻合牢固，轴承两端的 H 值应符合标准。

组装连杆轴承，安装连杆盖，旋紧螺栓至座孔与轴承密合为止，用手指推轴承无松旷现象为合格。如有松动，应重新进行选择，确认轴承选择合格后，按规定扭力矩，拧紧连杆螺栓或螺母。

以修磨合格的曲轴连杆轴颈为基准，确定镗孔直径。连杆轴承镗削用设备有手动和机动两种。手动只用于镗削锡基合金；机动用于镗削铜铅和铝基合金的轴承。图 2.63 是国产 JCS-007 型镗瓦机，该机具有加工尺寸精度高，表面质量好，生产率高，劳动强度低等优点。

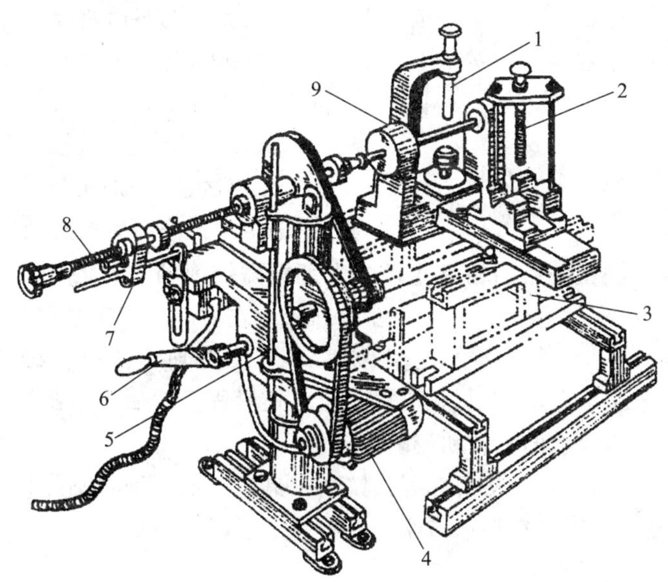

图 2.63　JCS－007 型镗瓦机

1、2. 杆卡压螺栓；3. 机架；4. 电动机；5. 动力头升降连杆；
6. 动力头升降手柄；7. 进给箱；8. 进给量调整手柄；9. 刀杆轴承座

(3) 铰削轴承的选择

曲轴主轴颈和连杆轴颈轴承都可以选用留有铰削余量的轴承。例如北京 BJ2020 等车用 492Q 型发动机的修理，就是铰削主轴瓦。它是用专用成套铰刀进行的，如图 2.64 所示。这种专用可调绞刀有大小两种规格，大的铰削直径为 62～65mm，小的铰削直径为 47～54mm 。伸缩支架也有两种，有支承和定心导向功能。绞刀杆的一端有手柄另一端装绞刀。铰削不仅能达到准确的配合间隙，还可以修正各轴承内表面间的直线度和各主轴承座孔的同轴度。因此，它得到一些没有专用镗床修理厂的广泛采用。其操作工艺如下(以 492Q 型发动机汽缸体为例)：

将气缸体倒置在工作台上，铰一、二道轴承时，将一、二道选配好的轴承(包括调整垫片)装入主轴承座孔，三、四道不装轴承，清洁后将全部轴承盖都装在气缸体上，并按规定扭力矩拧紧。

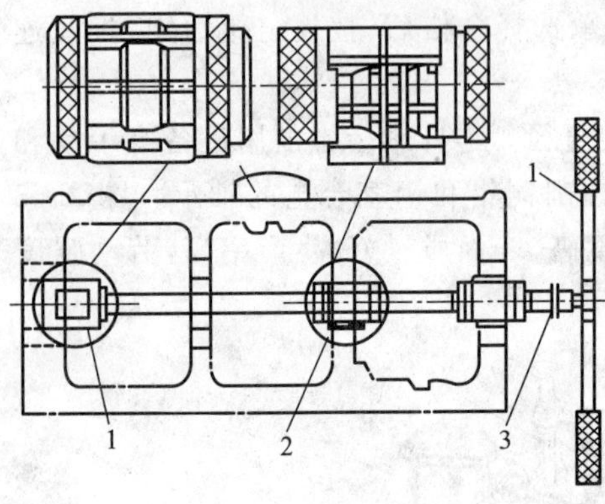

图 2.64　轴承合金铰削工具

1. 活动绞刀；2. 伸缩支架；3. 铰杆；4. 铰杆手柄

清洗绞刀杆和伸缩支架并涂以机油，将两个伸缩支架分别安装在第三、四道主轴承座孔中并定位，若座孔直径大于伸缩支架的最大可调直径时，应使用加大直径的调整垫块。

装绞刀杆从第三、四道主轴承座孔内的伸缩支架中插入。在二、三道轴承座间安装可调绞刀试铰，推动绞刀杆，将绞刀伸进第二道轴承孔内，调整绞刀，使绞刀刃与轴承接触后退出绞刀，再将绞刀调大 0.02mm 左右，顺时针旋转绞刀杆，试铰削第一、二道轴承孔。

一、二道试铰后，即可确定铰削量，铰削量等于曲轴主轴颈修磨后的直径加轴承配合间隙(0.026～0.071mm)减试铰后的轴承孔径。为了提高铰削轴承孔的表面质量，每次最大铰削量不得大于 0.10mm，最后精铰时应在 0.05mm 左右。铰削次数根据铰削余量确定。

铰削三、四道轴承时，应将伸缩支架移到第一、二道轴承孔中(铰好的轴承不准拆下)，将三、四道轴承装配在座孔中，并按规定扭力矩紧固。然后按铰削第一、二道轴承孔的方法进行第三、四道轴承的试铰和铰削加工。

铰削后，检查内孔，确认合格后在拆除铰削工具。并利用刮刀刮除轴承边缘、油孔或油槽内的毛刺。最后按顺序在轴承与座孔上做装配标记。

(4) 刮研轴承的选配

刮研轴承的余量一般是 0.04～0.08mm。刮研轴承只为了提高轴与轴承的接触面积，达到精确的配合间隙。如果用刮研的方法，修复几何精度(同轴度，平行度等)的偏差是困难的。在汽车修理企业机械化作业不断完善，修理设备基本配套的情况下，这种作业方法已逐渐废除，考虑到有些修理厂还沿用的实际情况，现简单的介绍连杆轴承的刮研工艺。

刮研前，需将曲轴连杆轴颈擦拭干净并架置在工作台上，将连杆和轴承按装配标记，对号入座摆放整齐。

将轴承着色(红丹粉)后，同连杆装在连杆轴颈上，盖上连杆盖，按规定扭力矩拧紧连杆螺栓，至转动连杆感到稍有阻力为止。

用手扳动连杆数圈，使轴承与连杆轴颈摩擦。拆下连杆，根据轴承表面的接触痕迹进行刮削。

修刮轴承接触痕迹的原则是刮重留轻，刮大留小。其操作方法是左手托住连杆或盖，右手持刮刀，以手腕运动使刮刀由外向内修刮，或者是取下连杆后，就装上连杆盖并稍紧螺栓，将连杆夹持于台钳上，修刮更为方便。反复刮研多次，直至将某一缸的连杆轴承修刮至转动松紧合适，接触面不少于 85%以上为止。

对于装有调整垫片的连杆轴承，如解放 CA10B 型发动机的连杆轴承，经过反复刮研后，当接触面积达到轴承长度的 1/3 时，则应调整垫片，以便减少轴承合金的刮削量，缩短刮削时间。

清洗轴承和连杆轴颈，并擦拭干净，涂以汽机油，再将连杆、轴承和曲轴连杆颈装合在一起，按规定扭力矩拧紧连杆螺栓或螺母，然后将连杆（杆身）置于水平位置，松开手，连杆应靠自重缓缓下垂，并且可用手甩动连杆，连杆能转动一周，则认为配合松紧度合适，否则应重新检查，刮研或调整。有调整垫片的发动机，可通过增、减垫片的方法实现连杆轴承配合间隙。

4. 止推轴承的修配

曲轴的轴向间隙是靠止推轴承保证的，常用曲轴止推轴承的形式有单片式和组合式两种。单片式还可以分为半圆形和圆形。组合式止推轴承是将主轴承和止推轴承铸造加工为一体，利用轴承的翻边为止推凸缘。

选择止推轴承时应注意以下几点：

1）检查气缸体主轴承座孔的支承端面是否平整，端面相对于主轴承的摆差不应大于 0.02mm。

2）止推轴承的底板应平整无变形，合金层应结合的牢固可靠。

3）止推轴承的轴向间隙可用撬杠将曲轴撬向前或后靠紧一端，然后用厚薄规测量松端间隙，也可用百分表顶住曲轴的某一端，撬动曲轴，检验曲轴的轴向窜动量，其值应符合表 2.7 的规定值。

表 2.7　常见车型曲轴轴向间隙和止推垫片厚度(mm)

部位＼车型	解放 CA1091	解放 CA10C	东风 EQ1090	北京 BJ1040	北京 切诺基	天津 TJ7100	上海 桑塔纳
轴向间隙	0.15～0.35	0.07～0.15	单片式 0.06-0.27 组合式<0.47	0.06～0.25	0.038～0.165	0.020～0.030	0.07～0.17
止推垫片厚度	2.5～0.04	2.46～2.5	单片式 2.9152.955 组合式 43.73-43.86	前片 2.4±0.02 后片 2.495-2.5		1.94～1.99	

4）若曲轴轴向间隙超差，则先进行以下有关计算，再决定修复方案。

$$D=(A+B-C)/2$$

式中，A——实际测得的轴向间隙；

B——左、右侧曲轴止推轴承厚度和；

C——规定的轴向间隙值(从表中选定)。

根据 D 值选用或修复止推轴承。

5) 单片式止推轴承安装时应注意将有合金层的面向曲轴，切勿装错。

实训 2.8　机体零件与曲柄连杆机构故障

实训 2.8.1　发动机不能起动，且排气冒黑烟

(1) 故障现象

现象一：发动机不能起动，排气冒黑烟；

现象二：起动机转速正常，发动机不能起动；

现象三：燃油消耗高；排气冒蓝烟。

(2) 故障分析

活塞环发黏或断裂导致发动机不能起动，排气冒黑烟等故障发生。

(3) 故障排除

发动机出现上述故障时，在简单排除其他故障的前提下，均可把活塞环发黏或断裂视为主要原因进行判断；经判断确定后解体发动机，拆下活塞环，清洗或更换以排除故障。

1) 拆气缸盖。

① 旋开前、后气缸盖罩盖紧固螺栓，取下前、后气缸盖罩盖；

② 拆下前、后摇臂及摇臂轴总成；

③ 标好推杆和气缸盖的原始装配位置，然后抽出推杆；

④ 拆下气缸盖，并仔细取下气缸垫放好。

2) 拆机油盘。

将发动机放倒，并注意不要碰坏机油油标尺管；拆下机油盘和机油泵总成。

3) 拆曲柄连杆机构。

① 按顺序将主轴承盖打出相应的顺序号；

② 拆下连杆盖，在活塞顶部打出各缸序号，从缸体顶部抽出活塞及连杆总成，并将连杆轴承按原位置放在连杆大头和连杆盖内，装好连杆螺栓；

③ 拆下皮带轮和扭转减振器总成、正时齿轮室盖、各主轴承盖，拆下飞轮总成拆下飞轮壳，取出曲轴；

④ 取出主轴瓦并作好位置标记，并装回主轴承盖。

4) 拆下活塞环

① 清除活塞顶部积炭，在活塞顶部用钢印打上与连杆相同的顺序号；

② 用专用工具拆下各道活塞环；

③ 将符合规格的新活塞环换上，并按照拆卸的相反顺序将发动机组装，要求保证原有的技术要求。

实训 2.8.2　活塞拉缸

(1) 故障现象

气缸内表面或活塞表面拉毛或拉出沟槽。

(2) 故障分析

1) 缸套与活塞或活塞环装配间隙过小，润滑不足。

2) 活塞裙边有毛刺、砂粒附着表面。

3) 润滑油变质或使用不当。

4) 节温器失效或自行摘除，造成发动机温度过高。

5) 超载、超速行驶，发动机大负荷运转。

6) 活塞环断裂。

7) 活塞与活塞销配合过紧使活塞变形，裙部膨胀成反椭圆形。

8) 连杆弯曲，使活塞一侧压紧气缸，产生单边拉缸。

(3) 故障排除

1) 保证装配质量，严格修理工艺。室温在 20℃ 时取拉力为 10～20N，配缸间隙为 0.05～0.07mm。

2) 清除活塞毛刺及表面上的磨粒。

3) 保证良好润滑，按要求使用润滑油更换变质的润滑油。

4) 更换失效的节温器。

5) 按规定的装载量，正确使用汽车，避免发动机长时间大符合运转。

6) 更换折断的活塞环。

7) 按要求装配活塞销，使与活塞的配合正常；更换变形的活塞。

8) 检查连杆，校正或更换弯曲的连杆。

实训 2.8.3　缸套的早期磨损

(1) 故障现象

车辆运行远远不到大修间隔里程，气缸压力便下降至 0.59～0.64MPa 以下，燃料消耗增加，机油消耗严重。

(2) 故障分析

1) 发动机温度时高时低,缸套磨损严重。

2) 机油变质、润滑不良,燃料中含有杂质。

3) 空气滤芯损坏,气缸壁上粘附磨料,缸壁磨损加重。

4) 长时间超载行驶,使发动机长时间过热,高温气体腐蚀缸壁。

5) 活塞环开口间隙过小,活塞环断裂,在缸壁上硬拖。

(3) 故障排除

1) 检修或更换节温器,使其作用正常,保持发动机在最佳的工作温度。

2) 更换变质的机油。

3) 更换损坏的空气滤清器滤芯,消除或更换含有杂质的燃料。

4) 按规定装载,按要求车速行驶,避免发动机过热,减少腐蚀磨损。

5) 修理开口间隙过小的活塞环;更换折断的活塞环。

第3章 内燃机配气机构构造与维修

☆ **知识点**

1. 配气机构的功用、型式、气门间隙、配气相位、主要零件的构造及结构特点
2. 配气机构的基本理论知识

★ **要求**

掌握：

1. 配气机构的功用、型式、气门间隙、配气相位、主要零件的构造及结构特点、基本理论知识
2. 四、六缸机的气门间隙的检查调整方法
3. 配气相位的正确检查，并准确分析影响配气相位的因素
4. 正确光磨气门、铰修气门座、气门与气门座的研磨、气门密封性的检查、能正确操作磨气门机及气门研磨机等

了解：

1. 配气机构的材料特性
2. 配气机构的受力分析

理论部分

3.1 配气机构的功用与分类

3.1.1 配气机构的功用

配气机构是控制发动机进气和排气的装置,其作用是按照发动机的工作循环和发火次序的要求,定时开启和关闭各缸的进、排气门,以便在进气行程时尽可能多的可燃混合气(汽油机)或空气(柴油机)进入气缸,在排气行程将废气快速排出气缸。配气机构是发动机的两大核心机构之一,其结构和性能的优劣直接影响发动机的总体性能。

3.1.2 气门式配气机构

四冲程车用发动机采用气门式配气机构。

气门式配气机构由气门组和气门传动组构成。其结构型式多种多样,一般按气门布置型式的不同可分为侧置气门式和顶置气门式两大类;按照凸轮轴布置型式的不同又可分为下置式、中置式和顶置式凸轮;按曲轴与凸轮轴间的传动方式可分为齿轮传动、链传动和齿形带传动三种方式;按照发动机每缸气门数量的不同可分为二气门、三气门、四气门、五气门配气机构,每缸超过二气门的发动机称为多气门发动机。

1. 气门的布置型式

(1) 侧置气门式配气机构

侧置气门式配气机构的结构型式如图 3.1 所示。这种结构型式的配气机构出现较早,具有结构简单、造价低、维修方便等优点。但由于其气门侧置造成燃烧室结构不紧凑,导致发动机动力性与高速性较差、经济性不高。目前,这种配气机构已趋于淘汰。

(2) 顶置气门式配气机构

顶置气门式配气机构是由侧置气门式配气机构演化而来,其结构型式如图 3.2 所示。结构特点气门安装在气缸盖中,处于气缸的顶部,采用半球形、楔形或盆形燃烧室,燃烧室结构紧凑,压缩比高,改善了燃烧过程,减少了热量损失,提高了热效率,因而有利于提高 发动机的动力性和经济性。国产东风 EQ6100-1 型汽油机即采用这种结构型式。

工作原理:发动机工作时曲轴通过正时齿轮驱动凸轮轴旋转,当凸轮的凸起部分顶起挺柱时,挺柱推动推杆一起上行,作用于摇臂上的推动力驱使摇臂绕轴转动,摇臂的另一端压缩气门弹簧使气门下行,打开气门如图 3.3(a)所示。

随着凸轮轴的继续转动,当凸轮的凸起部分离开挺柱时,气门便在气门弹簧张力的作用下上行,关闭气门,如图 3.3(b)所示。

四冲程发动机每完成一个工作循环,曲轴旋转两周,各缸的进、排气门各开启一次,此时凸轮轴只旋转一周。因此,曲轴与凸轮轴间的传动比应为 2∶1。

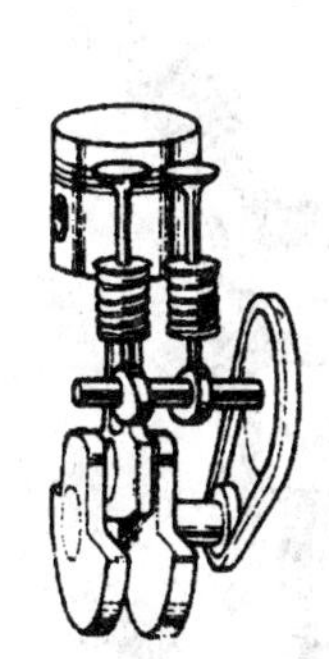

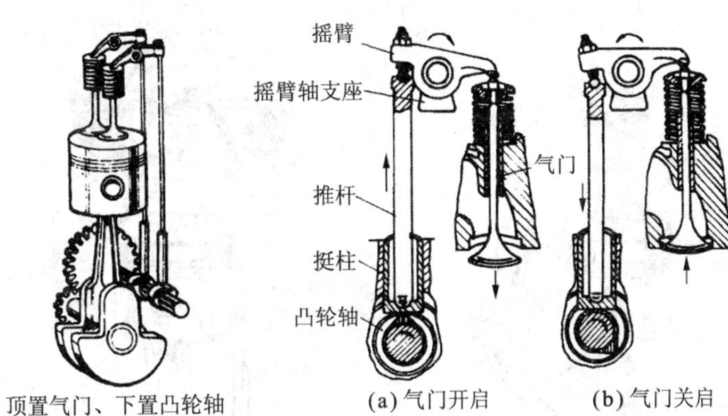

图 3.1　侧置气门式配气机构　图 3.2　顶置气门式配气机构　图 3.3　配气机构工作原理

2. 凸轮轴的布置型式

凸轮轴的布置型式根据凸轮轴在机体中安装位置的不同,可划分为下置式、中置式和顶置式三种。

凸轮轴的三种布置型式都可用于顶置气门式配气机构,而侧置气门式配气机构则只能采用下置凸轮轴。下面只介绍顶置气门式配气机构所采用的 3 种凸轮轴布置型式。

(1) 下置凸轮轴、顶置气门式配气机构的结构形式(图 3.2)

结构特点:凸轮轴位于曲轴箱中部,距离曲轴很近,曲轴通过一对正时齿轮直接驱动凸轮轴,传动方式简便,且有利于发动机整体布置,这是下置式凸轮轴的突出优点。但凸轮轴与气门相距较远,气门传动组的零部件较多,特别是细而长的推杆容易变形,冷机运转噪声大,往复运动质量大,影响发动机转速的提高。

(2) 中置凸轮轴、顶置气门式配气机构的结构

为了消除下置凸轮轴存在的上述缺陷,设计人员将凸轮轴的安装位置移到了气缸体的上部,缩短推杆或适当加长挺柱后去掉推杆,让凸轮通过挺柱直接驱动摇臂,这种形式称为凸轮轴中置式,其结构形式如图 3.4 所示。

凸轮轴上移后,由于凸轮轴与曲轴间的距离增大,已不可能直接采用正时齿轮来传

动，需增加中间齿轮（惰性轮）或采用链传动方式。

(3) 顶置式凸轮轴

顶置凸轮轴、顶置气门式配气机构的结构型式如图 3.5 所示。

结构特点：凸轮轴和气门都布置在气缸的顶部，气门装在气缸盖之中，凸轮轴则安装在气缸盖的上端面上。凸轮轴直接通过摇臂驱动气门，凸轮轴与气门之间没有了挺柱和推杆等中间传动机件，使配气机构往复运动质量大大减小，因而，此结构多用于高速发动机。

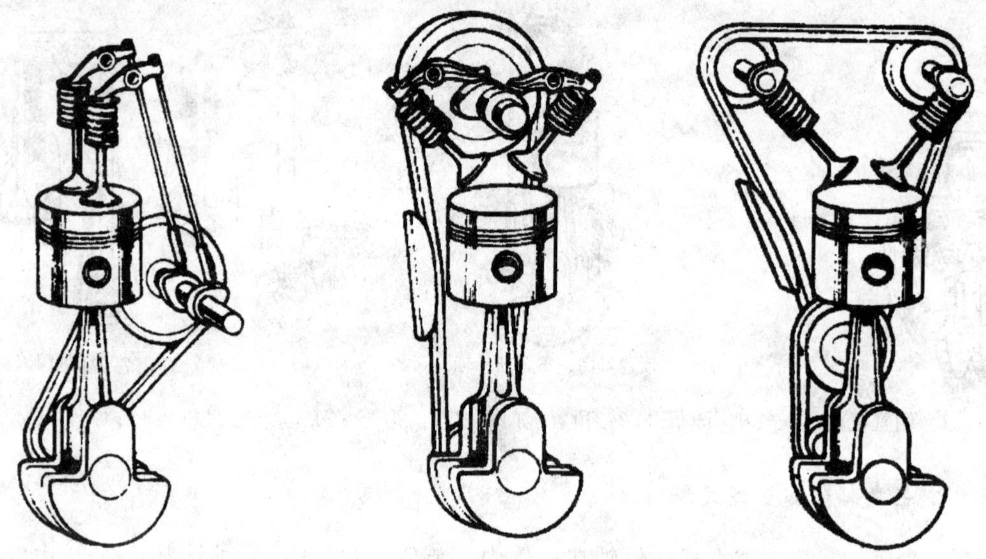

图 3.4　中置凸轮轴、顶置气门式配气机构　　图 3.5　顶置凸轮轴、顶置气门式配气机构

由于凸轮轴与曲轴相距较远，必须采用链传动或齿形带传动的方式来取代正时齿轮传动。

工作原理：发动机工作时，曲轴通过链条或齿形带机构驱动凸轮轴旋转。在进气行程开始时，进气凸轮凸起部分开始推动摇臂绕轴转动，摇臂的另一端则克服气门弹簧的弹力推动气门离开气门座圈下行，使进气门打开；随着凸轮轴的继续旋转，当凸轮的凸起部分离开摇臂时，气门在气门弹簧弹力的作用下上行而落座，使进气门关闭。同样，在排气行程，由凸轮轴上的排气凸轮驱动排气门打开。四冲程发动机顶置凸轮轴式配气机构的工作过程如图 3.6 所示。

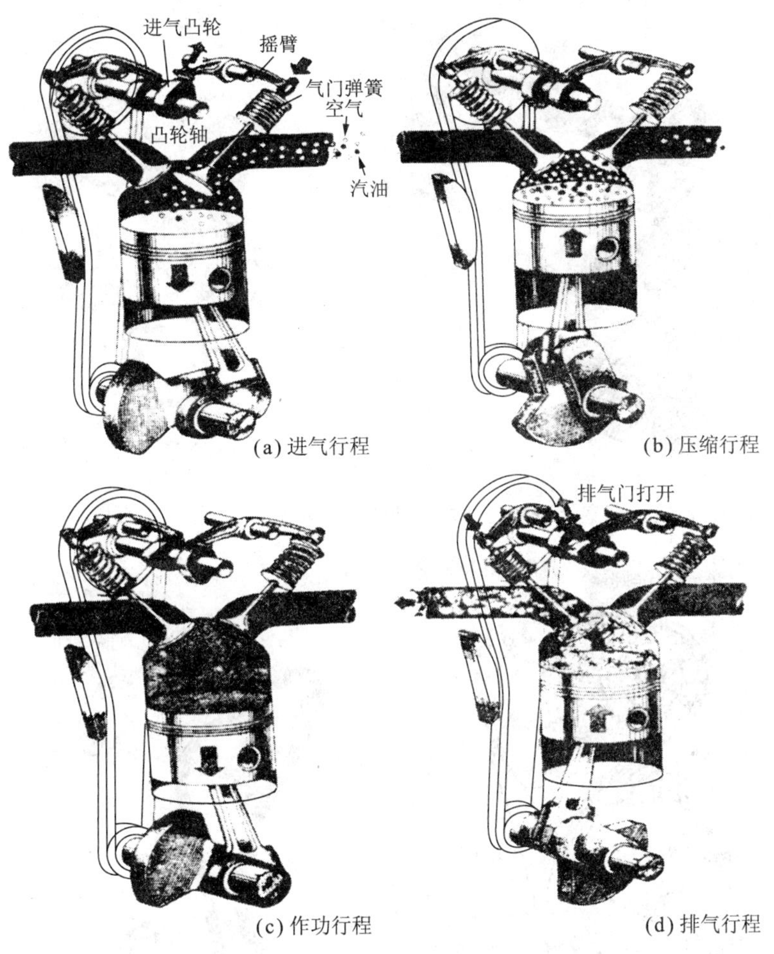

(a) 进气行程　(b) 压缩行程

(c) 作功行程　(d) 排气行程

图 3.6　四冲程发动机顶置凸轮轴式配气机构的工作过程

顶置凸轮轴的另一种型式是用凸轮轴来直接驱动气门，去掉了摇臂机构，使气门传动机构更加简练。其结构型式如图 3.7 所示。一汽奥迪 100 型 JW 发动机和上海大众桑塔纳 JV 发动机以及桑塔纳 2000 型 AFE 发动机都采用这种型式的配气机构。

3. 凸轮轴的传动方式

曲轴与凸轮轴间的传动方式有齿轮传动、链传动和齿形带传动三种方式。凸轮轴下置式、中置式配气机构大多采用圆柱形正时齿轮传动。一般只需要一对正时齿轮，必要时可增设中间齿轮。为了啮合平稳，降低噪声，多采用斜齿圆柱齿轮，如图 3.8 所示。

齿轮传动正时精度高，传动阻力小且无需张紧机构，但不适合顶置凸轮轴式配气机构。顶置凸轮轴采用链传动或齿形带传动，如图 3.9、3.10 所示。

图 3.7　凸轮轴来直接驱动气门配气机构　　图 3.8　凸轮轴来直接驱动气门

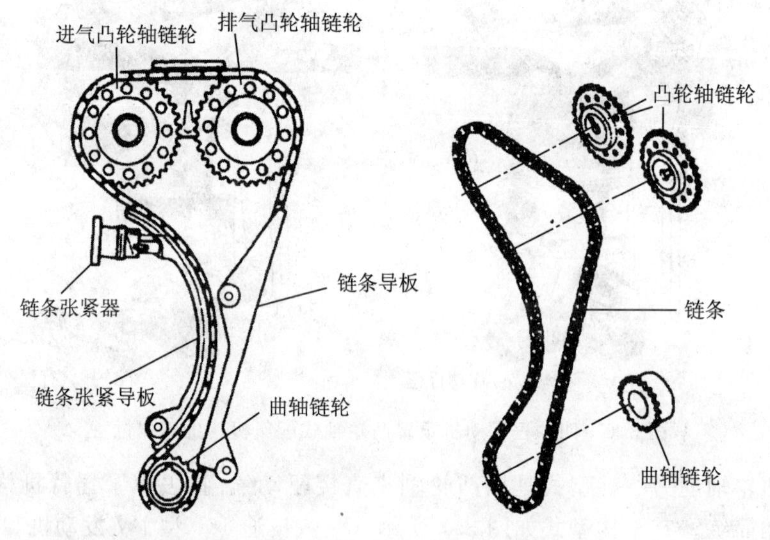

图 3.9　齿形带传动　　图 3.10　链传动

链传动的可靠性和耐久性不如齿轮传动。其传动性能主要取决于链条的制造质量。齿形带传动与链传动相比传动平稳噪声小,不需要润滑,且制造成本低,广泛应用于中高速发动机上。齿形带一般用氯丁橡胶制成,中间夹有玻璃纤维和尼龙织物;以增加强度。随着材料性能的提高和制造工艺的改进,齿形带寿命已提高到 10 万 km 以上。一汽奥迪、上海桑第纳、神龙富康等车型均采用齿形带传动。无论哪种传动方式,曲轴与凸轮轴之间均必须保证 2∶1 的传动比。

4. 多气门发动机配气机构

从 20 世纪 80 年代开始，世界各大汽车厂商竞相开发多气门发动机，先后推出了三气门、四气门和五气门等多气门发动机配气机构，其气门排列形式如图 3.11 所示。

(1) 顶置双凸轮轴发动机

在多气门发动机中尤以四气门发动机配气机构技术最完善，动力性和经济性最好，使用最广泛，目前处于主流地位。其原因是：

1) 气门数量的增加提高了发动机的进、排气效率。

2) 单个气门尺寸缩小，质量减轻有利于发动机高速化的要求。

3) 可以将火花塞布置在燃烧室的中心位置能够改善燃烧过程，提高压缩比，有利于提高发动机的功率和降低燃油消耗量。

结构特点：

四气门发动机配气机构一般采用顶置双凸轮轴式结构，结构型式如图 3.12 所示，双凸轮轴的传动方式如图 3.13 所示。

驱动方式：顶置双凸轮轴驱动气门方式有两种：

1) 直接驱动方式。

2) 摇臂驱动方式。

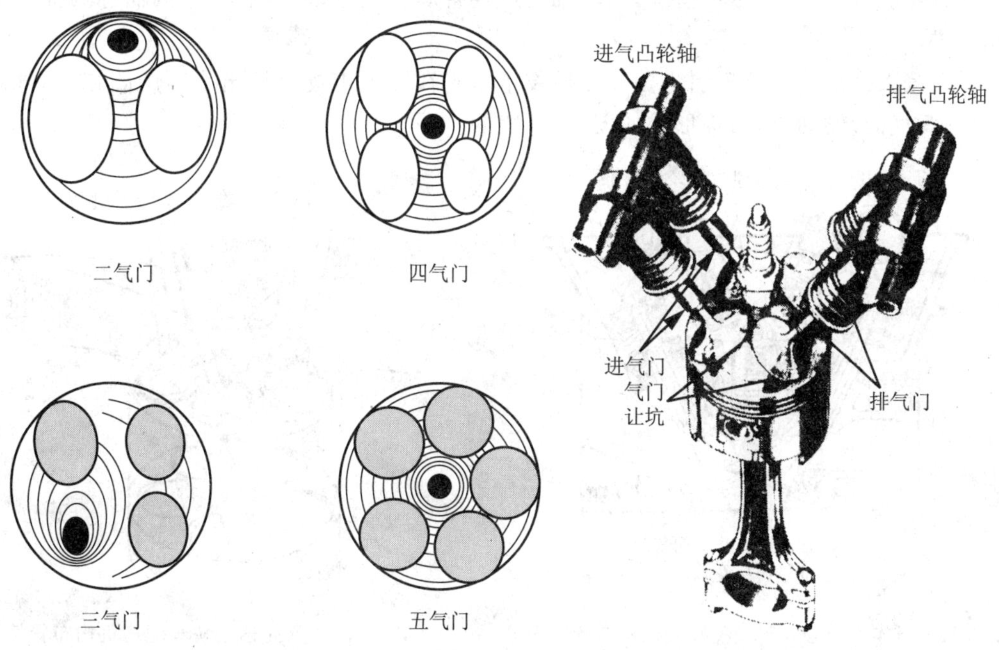

图 3.11　多气门配气机构　　图 3.12　顶置双凸轮轴式结构

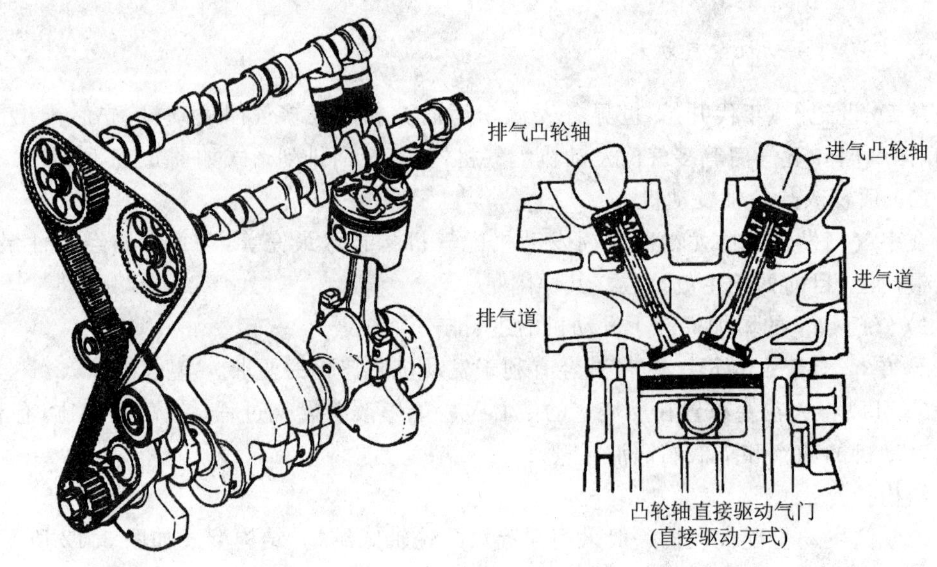

图 3.13　双凸轮轴的传动方式　　图 3.14　日本丰田公司 2Z－GE 型配气机构结构图

图 3.14 是日本丰田公司 2Z－GE 型直列六缸、顶置双凸轮轴、四气门、凸轮轴直接驱动进、排气门式配气机构结构图。图 3.15 是日本丰田公司 B20A 直列四缸、顶置双凸轮轴、四气门配气机构布置情况，凸轮轴通过摇臂间接地驱动气门运动，因而称为摇臂驱动方式。

一汽大众捷达王轿车引进国外先进技术率先在国内市场上推出了国产四缸 20 气门(每缸 5 气门)发动机，结构形式如图 3.16 所示。

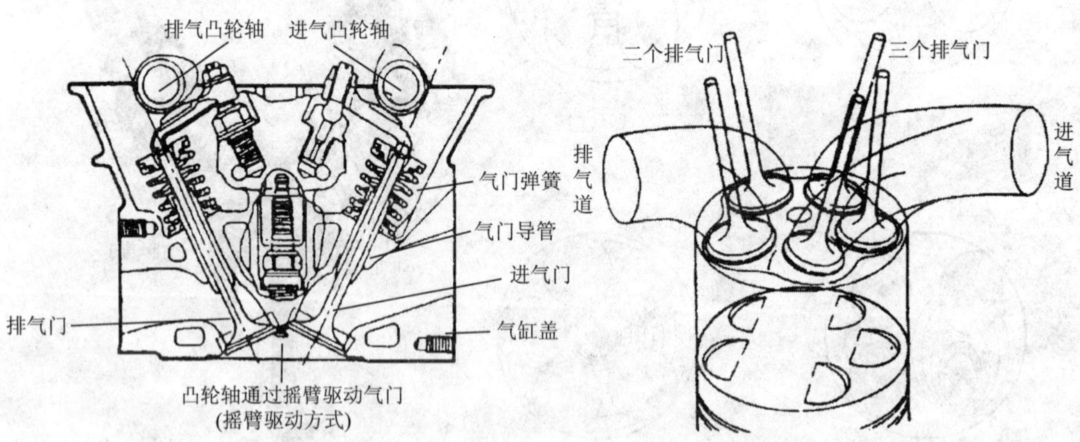

图 3.15　日本丰田公司 B20A 配气机构布置情况　　图 3.16　一汽大众捷达王轿车配气机构布置情况

(2) V 型多气门发动机

图 3.17 是日本本田 V 型 6 缸 4 气门发动机结构图。V6 发动机采用前横置、前轮驱动布局，从装车位置来看，6 个气缸可分为前排和后排。前排气缸装有两根凸轮轴，一根进气凸轮轴和一根排气凸轮轴。后排气缸与前排气缸完全一样，同样有两根凸轮轴。因此，V 型 4 气门发动机有两套顶置双凸轮轴气门驱动系统。四根凸轮轴用一副齿形带来传动。

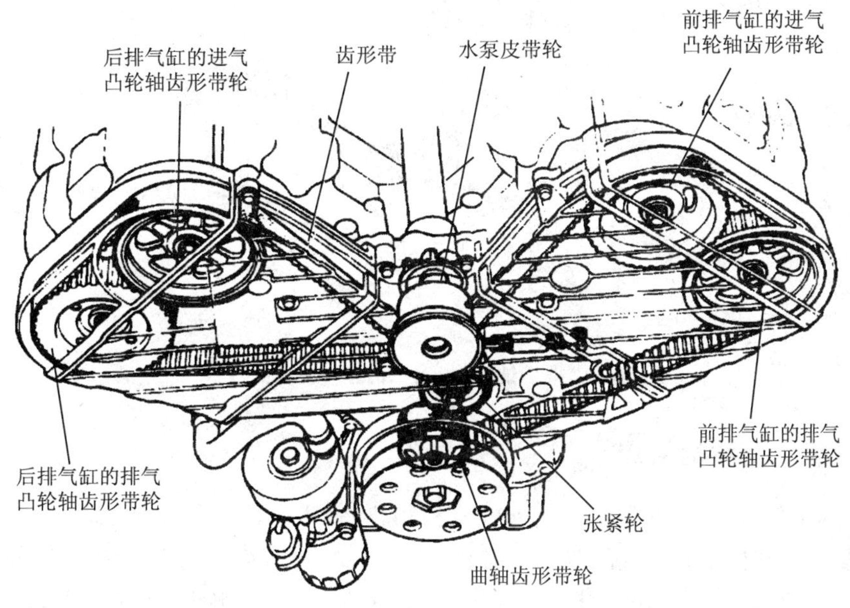

图 3.17　日本本田 V 型 6 缸 4 气门发动机结构图

3.2　配气机构的主要零部件

配气机构通常由气门组和气门传动组两部分组成。下面以桑塔纳 JV 发动机和东风 EQ6100－1 型发动机为例介绍配气机构的组成及其主要零部件。

3.2.1　JV 发动机配气机构

桑塔纳 JV 发动机、桑塔纳 2000 型 AFE 发动机以及一汽奥迪 100JW 发动机配气机结构基本相同，均采用同步齿形带驱动的单根顶置凸轮轴、单列顶置气门、液压筒形挺柱、直顶式配气机构，如图 3.18 所示。

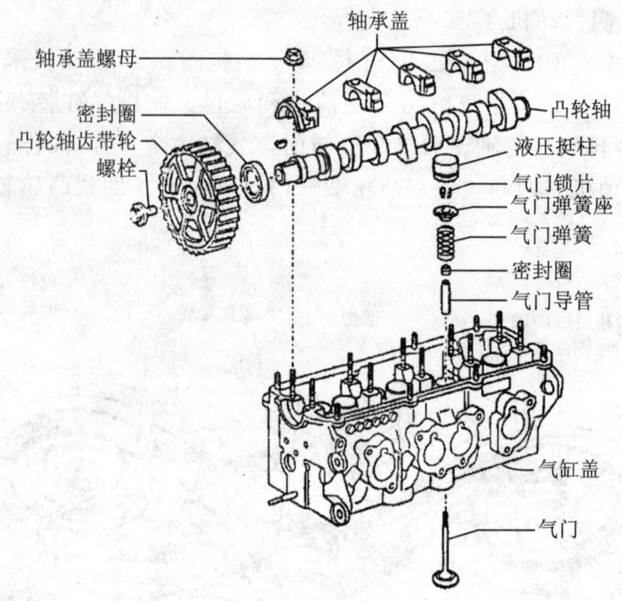

图 3.18 桑塔纳 2000 型 AFE 发动机配气机构

3.2.2 组成及结构特点

配气机构与其他顶置凸轮轴式配气机构相比，取消了凸轮轴支架、摇臂和摇臂轴等零件。凸轮轴直接安装在气缸盖上平面和五个轴承盖组合而成的承孔内，凸轮通过液压挺柱直接驱动气门。整个配气机构的组成十分简练，零部件很少，是轿车发动机中一种较为先进的配气机构。配气机构的组成见图 3.19。气门组包括进、排气门、气门导管、气门弹簧、弹簧座、锁片及气门座圈等零件。气门传动组主要有凸轮轴、液压挺柱、正时齿形带和齿带轮等零件。

3.2.3 EQ6100-1 发动机配气机构

EQ6100-1 型发动机采用下置凸轮轴、顶置气门式配气机构。这种结构在国产车型中有一定的代表性，其组成见图 3.20。与桑塔纳配气机构相比，气门传动机构差异较大，由正时齿轮、凸轮轴、挺柱、挺柱架、推杆、摇臂、摇臂轴、气门间隙调整螺钉等零部件组成。

1. 气门组主要零件

气门组件包括进、排气门及其附属零件，组成情况如图 3.21 所示。气门组件的作用是保证实现对气缸的可靠密封。工作中要求：

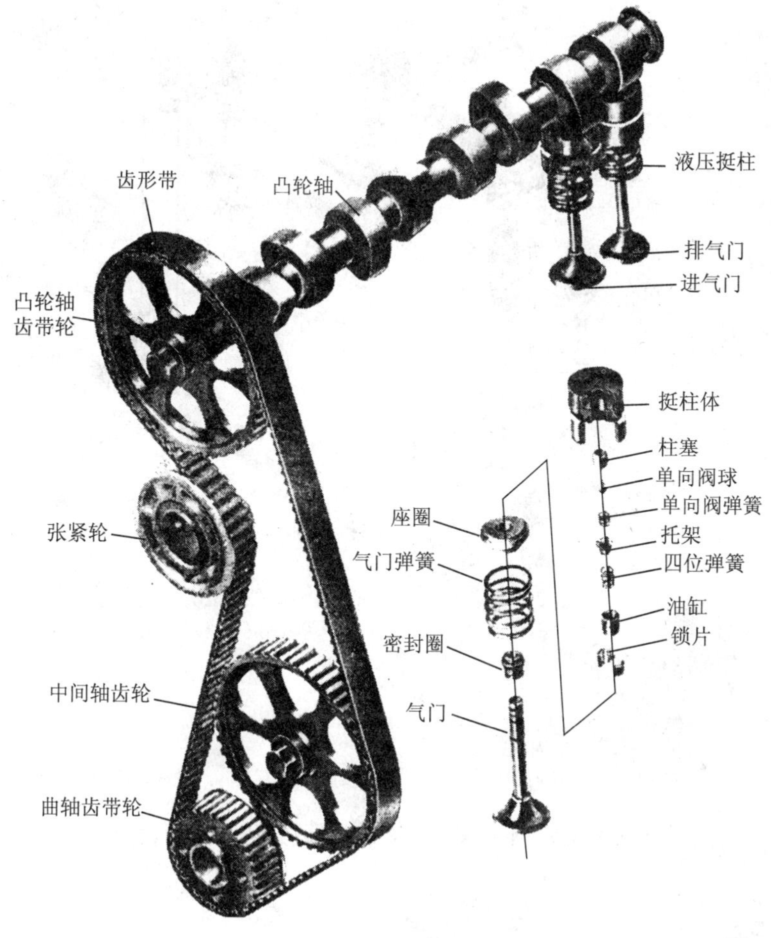

图 3.19　配气机构组成

① 气门头部与气门座贴合严密。

② 气门导管对气门杆的往复运动导向良好。

③ 气门弹簧两端面与气门杆中心线相互垂直，以保证气门头在气门座上不偏斜。

④ 气门弹簧的弹力足以克服气门及其传动件的运动惯性力，使气门能迅速闭合，并能保证气门关闭时紧压在气门座上。

(1) 气门

气门分进气门和排气门两种。进、排气门结构相似，都由头部和杆部两部分组成，如图 3.22 所示。

1) 气门头部：气门头部的形状一般有以下三种形式。

平顶：结构简单，受热面积小，便于制造。进、排气门都可以采用，目前应用最广。

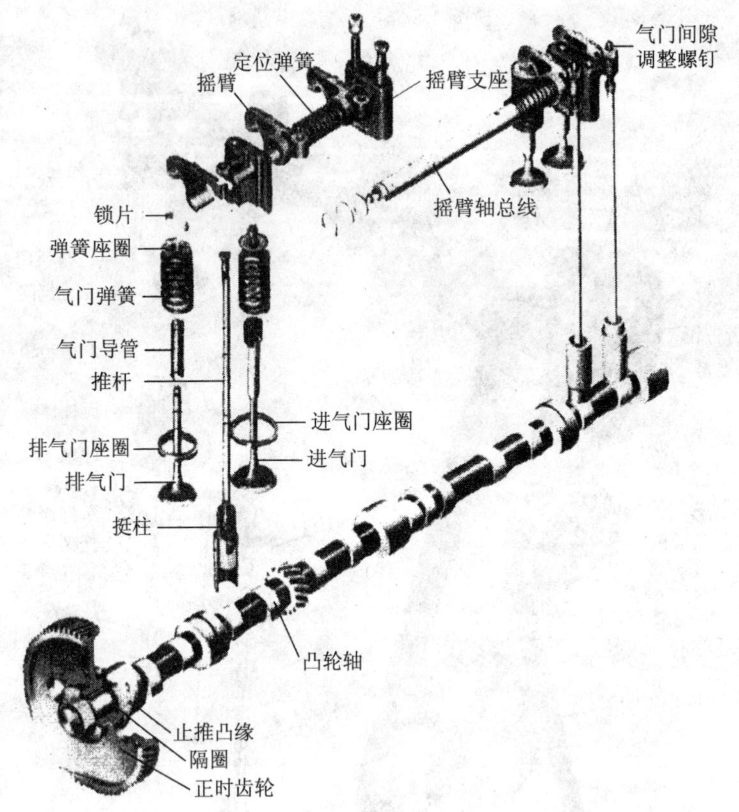

图 3.20　东风 EQ6100-1 型发动机采用下置凸轮轴、顶置气门式配气机构

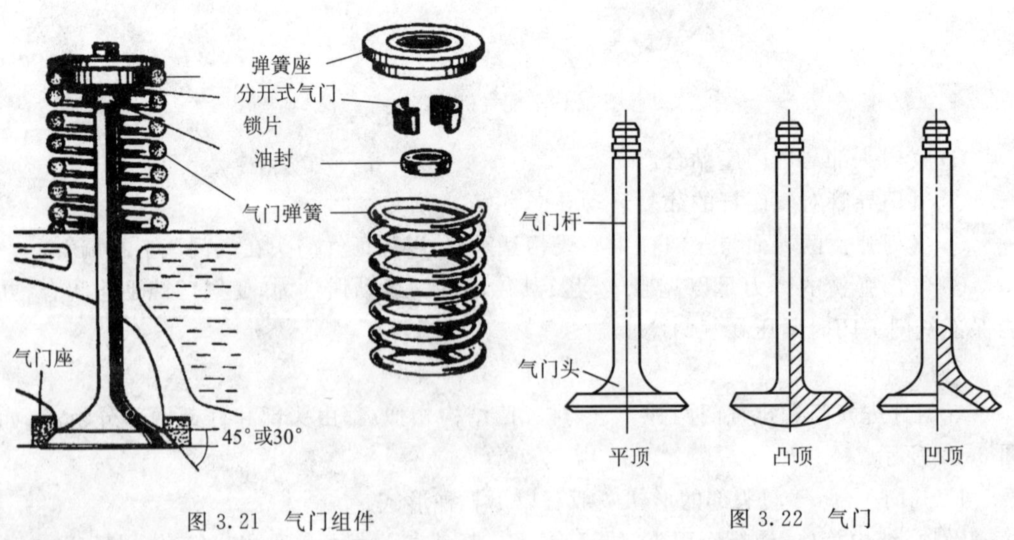

图 3.21　气门组件

图 3.22　气门

凸顶:呈球面形,中央加厚,强度增加,适用于排气门,与平顶气门相比,受热面积大,质量增加,较难加工。

凹顶:呈喇叭形,头部与杆部过渡曲线呈流线形,进气阻力小,适合用于进气门,凹顶受热面积最大,不宜用于排气门。

2) 气门锥角:为了保证气门与气门座贴合紧密,将气门密封面做成锥面,通常把气门密封锥面的锥角称为气门锥角。一般排气门锥角为 45°进气门锥角为 30°,如图 3.23 所示。在气门升程一定的情况下,减小气门锥角,可以增大气流通道断面,减小进气阻力,但锥角减小会引起气门头部边缘厚度变薄,致使气门的密封和导热性变差。因此,多数发动机,进气门用小锥角,而排气门采用大锥角。

气门与气门座密封锥面相接触时形成的环状密封带,也叫接触带,应位于气门密封锥面的中部,其宽度应符合厂家的设计要求。桑塔纳 JV 发动机规定:进气门为 2mm,排气门为 2.40mm。接触带过窄散热效果差,影响气门通过接触面向气门座圈传递热量;过宽则会降低接触面上的比压值,使气门的密封性下降。

为了保证气门与气门座间密封良好,需经过配对研磨,形成连续、均匀,宽度符合要求的接触环带,研磨后的气门不能互换。

3) 气门杆部:气门在导管中上下运动,全靠气门杆部起导向和传热作用。因而,对气门杆部表面加工精度和耐磨性有比较高的要求,使气门与气门导管之间有合理的间隙,以保证精确导向和排气时不沿导管间隙泄漏废气。气门杆尾端的形状取决于气门弹簧座的固定方式。如图 3.24 所示,锁片式在气门杆尾端切有环槽用来安装锁片;锁销式则在气门杆尾端钻有一个径向孔用来安装锁销。

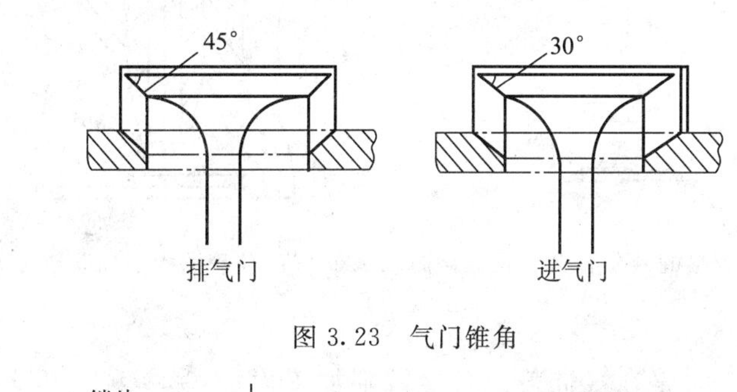

图 3.23　气门锥角

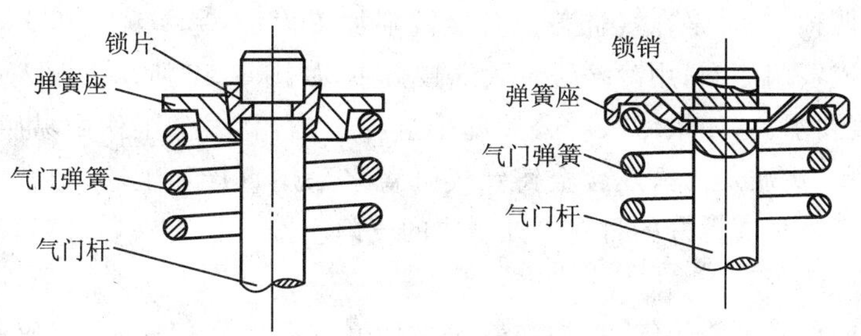

图 3.24　气门杆部

为了保证在高温条件下工作可靠，要求气门必须要有足够的强度、刚度、耐磨损、耐热不易变形，且质量要尽可能地轻。因此，一般进气门采用合金钢（如铬钢或镍铬钢）制作，排气门则采用特种耐热合金钢（如硅铬钢等）制作。桑塔纳JV发动机进气门采用铬、镍钴合金钢整体锻造而成；排气门则采用双金属结构，头部用耐热、耐蚀的合金钢制造，杆部与进气门材料相同，两部分通过摩擦焊接技术焊成一体。气门的密封锥角均为45°，为了提高气门寿命，在气门密封锥面上堆焊了一层铬镍钴高强度合金，如图3.25所示。

（2）气门导管

气门导管的主要作用是导向，以保证气门作上下往复运动时不发生径向摆动，准确落座，与气门座正确贴合。同时起导热作用，将气门杆的热量经气门导管传给缸盖及水套。

气门导管用耐磨性和导热性较高的材料制作，以过盈配合方式压入气缸盖或气缸体中。一般在导管的上端装有骨架式氟橡胶气门油封。为了防止导管在使用过程中松动脱落，有的发动机在气门导管的中部加装定位卡环，如图3.26所示。

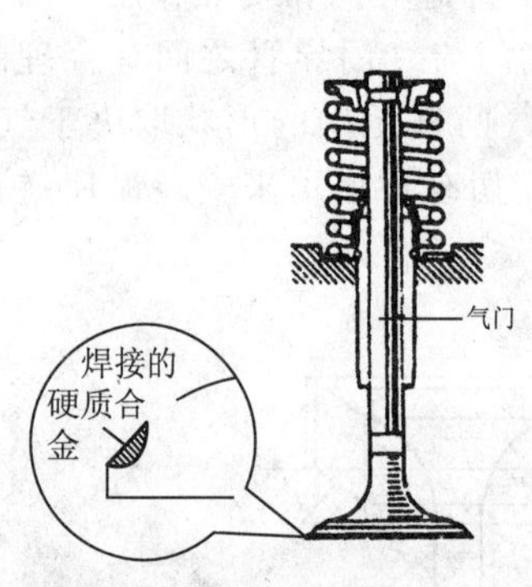

图3.25　焊接的硬质合金

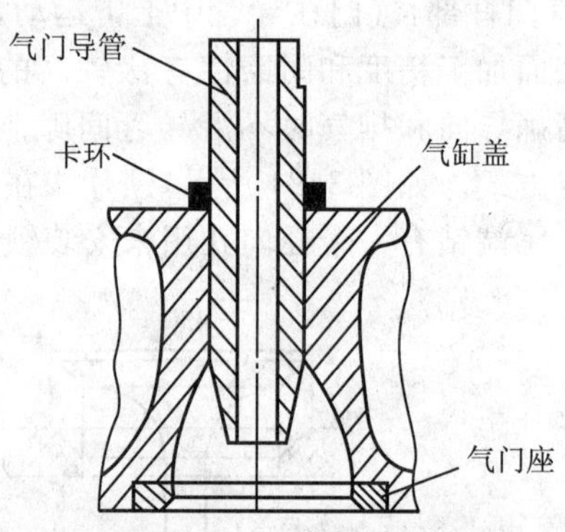

图3.26　气门导管的中部加装定位卡环

（3）气门座

气门座有两种：一种是在气缸盖上直接铣削加工而成；另一种是用合金铸铁或奥氏体钢单独制作成气门座圈，用冷缩法镶入气缸盖中，如图3.27所示。镶入式气门座导热性差，加工精度要求高，如果镶入时公差配合选择不当，高温下工作中易脱落，容易导致重大事故。因此，优质灰铸铁或合金铸铁气缸盖多采用直接加工法，铝合金气缸盖则必须采用镶入法镶入耐磨性好的材料单独制成的气门座圈。

（4）气门弹簧

气门弹簧的作用是关闭气门，靠弹簧张力使气门压在气门座上，克服气门和气门传动组件所产生的惯性力，防止各传动件彼此分离而不能正常工作。

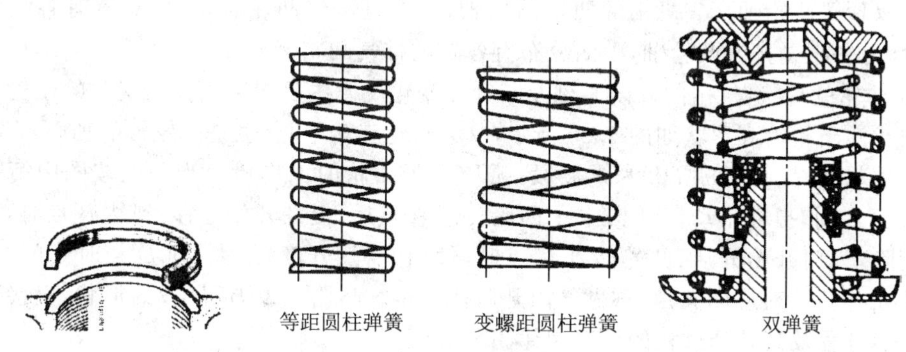

图 3.27　气门座　　　　图 3.28　气门弹簧

气门弹簧一般采用圆柱形螺旋弹簧，如图 3.28 所示。为了防止弹簧发生共振，可采用变螺距圆柱弹簧。现代高速发动机多采用同心安装的内外两根气门弹簧，这样既提高了气门弹簧工作的可靠性，又能有效地防止共振的发生，安装时，内外弹簧的螺旋方向应相反，以防止折断的弹簧圈卡入另一个弹簧圈内。

3.2.4　气门传动组主要零部件

气门传动组主要包括凸轮轴及其传动机构、挺柱、推杆和摇臂机构等零部件。

1. 凸轮轴

凸轮轴是气门传动组中的主要部件，其作用是控制气门的开闭及其升程的变化规律。下置凸轮轴式发动机，还依靠凸轮轴来驱动汽油泵、机油泵和分电器等装置。

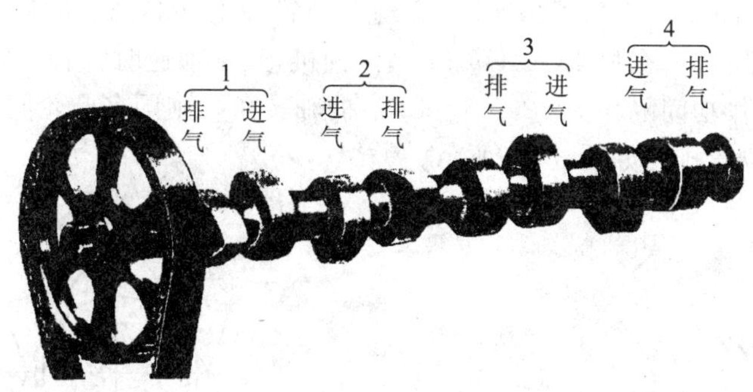

图 3.29　凸轮轴的结构

(1) 凸轮轴的结构

凸轮轴主要由凸轮和轴颈两部分组成。

单根凸轮轴一般将进气凸轮和排气凸轮布置在同一根凸轮轴上，其结构如图 3.29

所示。双顶置凸轮轴配气机构的两根凸轮轴，一根是进气凸轮轴，上面布置有各缸的进气凸轮；另一根是排气凸轮轴，上面分布有各缸的排气凸轮。

1）凸轮的形状：气门的开闭时刻及其升程变化规律主要取决于控制气门的凸轮外部轮廓曲线。凸轮轮廓形状如图 3.30 所示，O 为凸轮旋转中心（也是凸轮轴的轴心），弧$\overset{\frown}{EA}$为凸轮的基圆，弧$\overset{\frown}{AB}$和弧$\overset{\frown}{DE}$为过渡段，弧$\overset{\frown}{BCD}$为凸轮的工作段。当凸轮按图中箭头方向未转过 A 时，挺柱不动，气门关闭；凸轮转过 A 点后，挺柱开始上移，到达 B 点时，气门间隙消除，气门开始开启；凸轮转到 C 点时，气门升程（开度）最大；到 D 点时气门关闭。弧$\overset{\frown}{BCD}$工作段所对应的夹角，称做气门开启持续角。凸轮轮廓 BCD 段的形状，直接决定了气门的升程及其升降过程的运动规律。

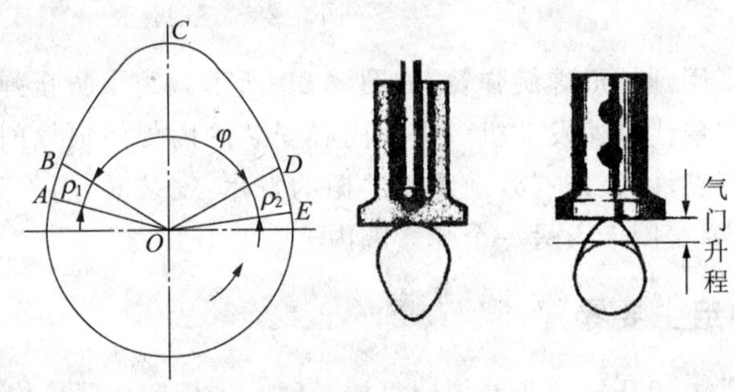

图 3.30　凸轮轮廓形状

2）同名凸轮间的相对角位置：凸轮轴上各缸同名凸轮相对角位置的排列与凸轮轴的转动方向、各缸的工作顺序和做功间隔角有关。上海桑塔纳 JV 发动机，凸轮轴顺时针转动（从前向后看）工作顺序为 1—3—4—2，做功间隔角为：720°/4＝180°（曲轴转角），由于曲轴与凸轮轴间的传动比为 2∶1，所以，表现在凸轮轴上同名凸轮间的夹角则为 180°/2＝90°，如图 3.31 所示。东风 EQ6100Q-1 型汽油机，凸轮轴逆时针转动，工作顺序为 1—5—3—6—2—4，作功间隔角为 720°/6＝120°（曲轴转角），则同名凸轮间的夹角为 120°/2＝60°，同名凸轮位置排列如图 3.32 所示。

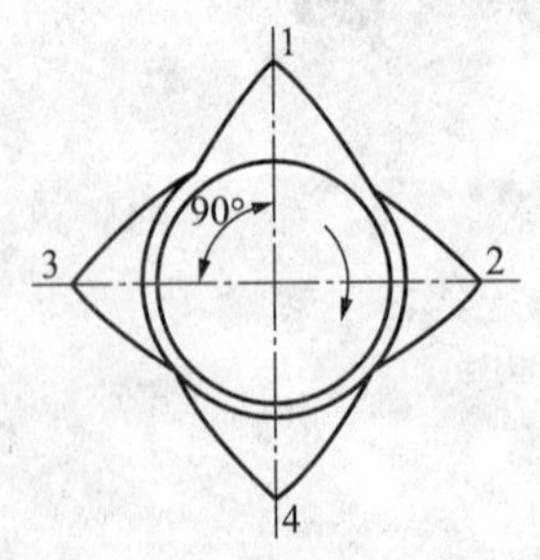

图 3.31　4 缸机同名凸轮位置排列

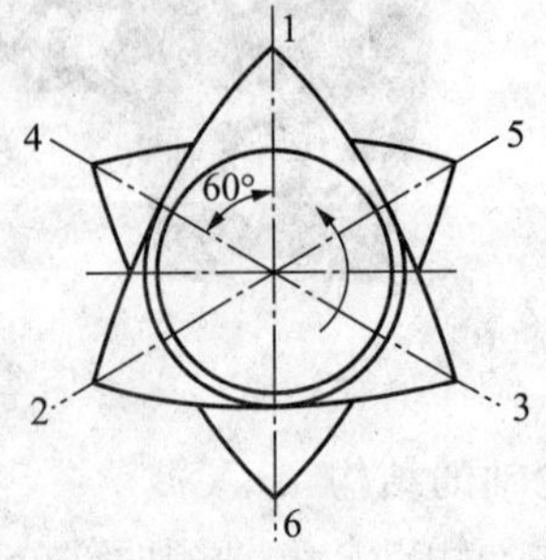

图 3.32　6 缸机同名凸轮位置排列

3）异名凸轮的相对角位置：同一气缸进、排气（异名）凸轮间的相对角位置排列取决于凸轮轴的转动方向和发动机的配气相位。按照四冲程发动机工作原理来分析，排气和进气只相差一个行程，即曲轴转角 180°，反映到凸轮轴上排气凸轮和进气凸轮间的相对角位置为 180°/2＝90°，但由于气门早开晚闭，且进、排气门早开角与晚闭角不等，造成了凸轮间的夹角不再是 90°，一般都大于 90°。

4）凸轮轴轴颈：凸轮轴轴颈用以安装支承凸轮轴，轴颈数量取决于凸轮轴的支承方式。

① 全支承：对应每个气缸间设有一道轴颈，支承点多，能有效防止凸轮轴变形对配气相位的影响。

② 非全支承：每隔两个（或多个）气缸设置一个轴颈，工艺简单，成本降低，但支承刚性较差。由于装配方式的不同，轴颈的直径有的相等，有的则从前向后逐级缩小，以便于安装。

凸轮轴一般用优质钢模锻而成，并对凸轮和轴颈工作表面进行高频淬火（中碳钢）或渗碳淬火（低碳钢）处理。近年来，改用合金铸铁或球墨铸铁铸造凸轮轴的越来越多。JV 发动机采用合金铸铁凸轮轴，凸轮工作表面采用电弧熔工艺，使表层组织形成莱氏体金相结构，精加工后再经盐浴氮化处理，提高了凸轮轴的工作寿命。

（2）凸轮轴的轴向定位

为了防止凸轮轴轴向窜动，一般设有轴向定位装置。解放 CA6102 发动机采用止推凸缘实现轴向定位，其结构形式如图 3.33 所示。JV 发动机利用凸轮轴第五轴承盖的两端面实现轴向定位。

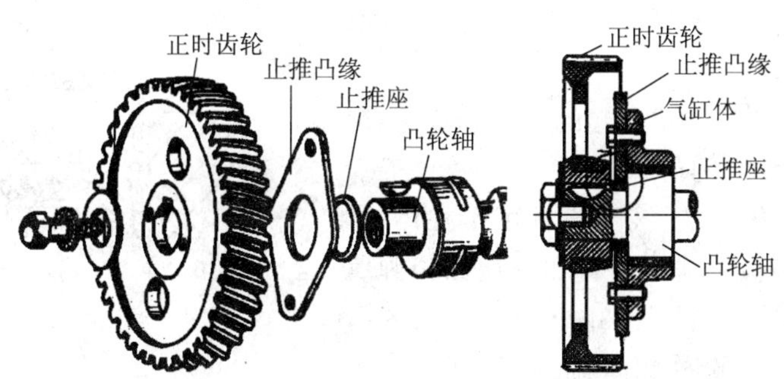

图 3.33　凸轮轴的轴向定位

2. 挺柱

挺柱的作用是将凸轮轴旋转时产生的推动力传给推杆（下、中置凸轮轴）或气门（顶置凸轮轴）。挺柱一般用耐磨性好的合金钢或合金铸铁等材料制造。

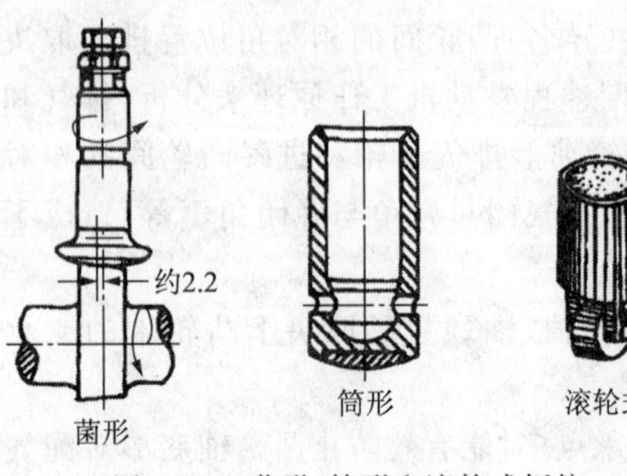

图 3.34　菌形、筒形和滚轮式挺柱

(1) 普通挺柱

常见的挺柱主要有菌形、筒形和滚轮式三种,其结构形式如图 3.34 所示。

通常把挺柱底部工作面设计为球面,并且将凸轮制做成锥形,使两者的接触点偏离挺柱轴线。工作中,当挺柱被凸轮顶起时,接触点间的摩擦力使挺柱绕自身轴线旋转,以实现均匀磨损。

菌形挺柱顶部装有气门间隙调节螺钉,可以用来调节气门间隙。筒形挺柱质量较轻,一般和推杆配合使用。滚轮式挺柱结构较为复杂,但其与凸轮间的摩擦阻力小,适合于中速大功率柴油机。

挺柱可直接安装在气缸体一侧的导向孔中,或安装在可拆卸的挺柱架中。

(2) 液压挺柱

前面谈到了采用预留气门间隙的方法,可以解决气门传动组件受热膨胀可能给气门工作带来的不利影响。但气门间隙的存在,会使配气机构在工作过程中出现撞击而产生噪声。为了消除这一弊端,不少发动机采用了液压挺柱。如,一汽奥迪 100JW 型发动机、上海大众桑塔纳 JV 发动机均采用液压挺柱。

1) 液压挺柱的作用:自动补偿气门间隙,并具有以下优点:

① 取消了调整气门间隙的零件,使结构大为简化。

② 不用调整气门间隙,极大地简化了装配、使用和维修过程。

③ 消除了由气门间隙引起的冲击和噪声,减轻了气门传动组件之间的摩擦。

2) 液压挺柱的构造:液压挺柱由挺柱体、油缸、柱塞、单向球阀、单向阀弹簧和柱塞回位弹簧等部件组成。具体结构如图 3.35 所示。

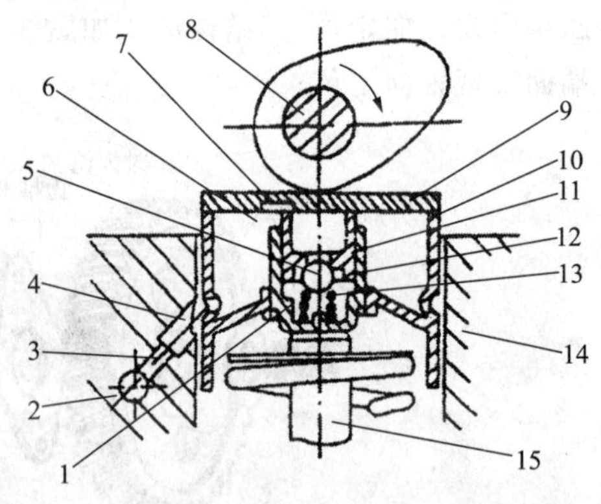

图 3.35　液压挺柱

1. 高压油腔;2. 缸盖油道;3. 量油孔;4. 斜油孔;5. 球阀;6. 低压油腔;7. 键形槽;8. 凸轮轴;9. 挺柱体;10. 柱塞焊缝;11. 柱塞;12. 油缸;13. 补偿弹簧;14. 缸盖;15. 气门杆

挺柱体:是液压挺柱的基础件,外圆柱面上加工有环形油槽,顶部内侧加工有键形油槽,中部内圆柱面用来安装油缸。机油通过缸盖上的主油道及专门设计的量孔、斜油孔进入挺柱体环形油槽,再经键形油槽进入柱塞上部的低压油腔。这样缸盖主油道与液压挺柱的低压油腔之间便形成了一个通路。

油缸与柱塞：油缸、柱塞、单向球阀和单向阀弹簧装配到一起，便构成了气门间隙补偿偶件。球阀将油缸下部和柱塞上部分隔为两个油腔。当球阀关闭时，上部为低压油腔，下部为高压油腔；当球阀打开时，上下油腔连通。

3）液压挺柱的工作原理：杯状液压挺柱装在气缸盖上的挺柱孔内，挺柱顶面与凸轮接触，油缸底面则与气门杆端接触，如图 3.36 所示。当凸轮的升程段与挺柱顶面接触时，挺柱受凸轮推动力和气门弹簧力的作用，挺柱下移，高压腔内的机油被压缩，单向球阀在压力差和单向阀弹簧的作用下关闭，高、低压油腔被分隔开。由于液体的不可压缩性，油缸与柱塞成为一刚性整体推动气门打开。

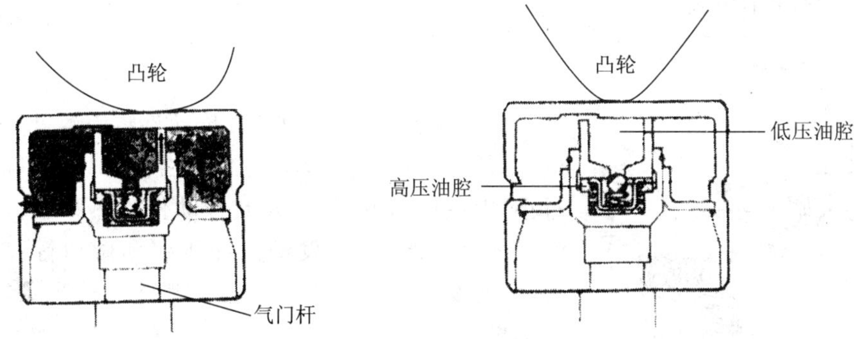

图 3.36　液压挺柱的工作原理

随着凸轮的转动，当凸轮升程段结束，挺柱与凸轮基圆段接触时，气门落座，挺柱不再受凸轮推动力和气门弹簧力的作用，高压油腔中的压力油与回位弹簧推动柱塞上行，高压油腔的压力下降，单向球阀打开，低压油腔中的机油流入高压油腔，使两腔连通。这时，液压挺柱的顶面仍然和凸轮基圆接触，从而达到补偿气门间隙的作用。

凸轮轴的中心线与挺柱的中心线也错开了 1.5mm，凸轮稍带锥度，使接触点偏离挺柱中心线，挺柱在工作过程中，在摩擦力的作用下绕其轴线旋转，有利于实现均匀磨损。

(3) 推杆

下置凸轮轴配气机构中有细而长的推杆，推杆的作用是将挺柱传来的凸轮推动力传递给摇臂机构。

(4) 摇臂

摇臂的作用是将推杆或凸轮传来的力改变方向后传给气门，使其开启。

摇臂组件主要由摇臂、摇臂轴、支承座、气门间隙调整螺钉等零件组成，如图 3.37 所示。

摇臂是一个以中间轴孔为支点的双臂杠杆，短臂一侧装有气门间隙调整螺钉，长臂一端有一圆弧工作面用来推动气门。为了提高其工作寿命，长臂圆弧工作面需经淬火处理。

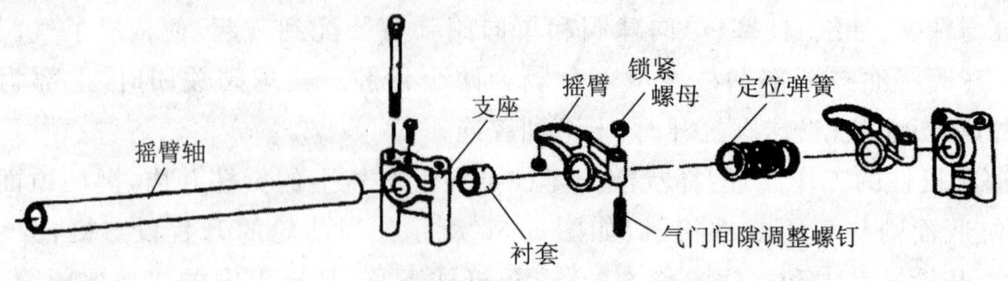

图 3.37 摇臂

3.3 气门间隙

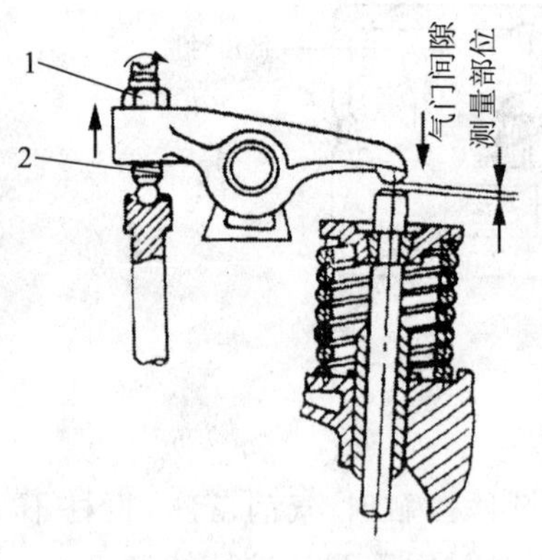

图 3.38 气门间隙

发动机工作中,气门及其传动件将因温度升高而膨胀。如果气门及其传动件之间,在冷态时无间隙或间隙过小,则在热态下,气门及其传动件受热膨胀势必引起气门关闭不严,造成发动机在压缩和做功行程中的漏气,会使发动机功率下降。为了消除上述现象,通常在发动机冷态装配时,在气门及其传动机构中留有适当的间隙,以补偿气门受热后的膨胀量。这一预留间隙称为气门间隙,如图 3.38 所示。

气门间隙的大小一般由发动机制造厂家根据试验确定。一般冷态下,进气门间隙为 0.25～0.30m,排气门间隙为 0.30～0.35mm。间隙过小,发动机在热态下可能会发生漏气现象,导致功率下降,甚至烧坏气门;间隙过大,传动零件之间以及气门与气门座之间将产生撞击,造成整个配气机构运转不平稳,噪声增大,且使气门开启持续时间减少,充气和排气不充分。

采用液压挺柱的发动机,靠液压挺柱轴向自动调整功能改变挺柱长度,随时补偿气门的热膨胀量,故不需要预留气门间隙。

3.4 配气相位

配气相位是指用曲轴转角表示进、排气门开闭时刻,以及开启持续时间。图 3.39 是用曲轴转角绘制的配气相位图。

前面在介绍四冲程发动机工作原理时,为了便于理论分析与阐述,简单地把进、排气过程分别看作是在活塞的一个行程即曲轴转动180°内完成的。实际上，由于汽车发动机转速较高，一个行程所占时间很短，例如当四冲程发动机以3000r/min的转速运转时，一个行程的时间仅0.01s，况且凸轮驱动气门开启也需要一个过程，气门全开的时间就更短了。在这样短的时间内难以做到进气充分，排气彻底。为了改善换气过程，气门的开启和关闭时刻已不在上下止点处，采用提前打开和迟后关闭的办法来延长进、排气时间。使发动机的实际进、排气行程所对应的曲轴转角均大于180°。

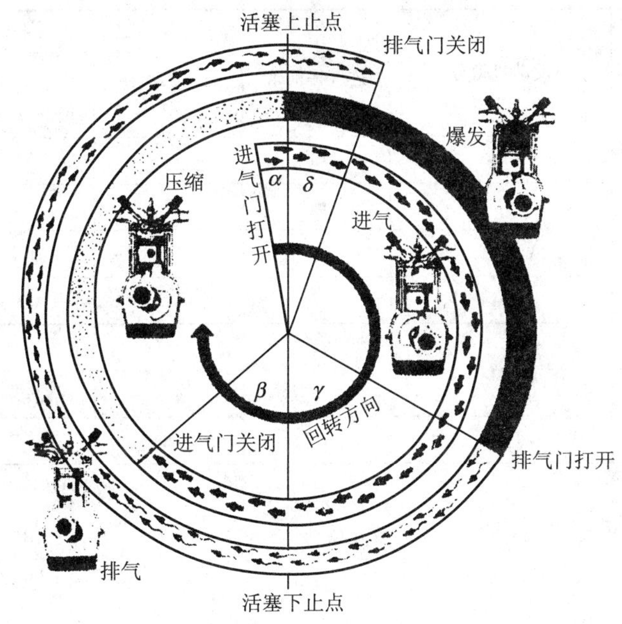

图3.39　用曲轴转角绘制的配气相位图

3.4.1　进气相位

1. 进气提前角

在排气行程接近终了，活塞到达上止点之前，进气门便提前开启。从进气门开启到上止点间所对应的曲轴转角α就叫做进气提前角。进气门提前开启，保证了进气行程开始阶段气门已有较大的开度，有利于提高充气量。α角一般为10°～30°。

2. 进气迟后角

活塞越过进气下止点，掉头上行（压缩行程开始）一段后，关闭进气门。从下止点延迟至进气门关闭所对应的曲轴转角β称为进气迟后角。延迟进气门关闭时刻，能够充分利用进气行程结束前缸内存在的压力差和较高的气流惯性继续进气。下止点过后，随着活塞的上行，气缸内的压力逐渐增大，进气气流速度也逐渐减小，理论上当气缸内外压力差消失，流速接近为零时，关闭进气门，此时对应的β角最佳。若β角过大，会引起进气倒流现象。β角一般为40°～70°。从以上分析可知，进气门持续开启时若用曲轴转角来表示，即进气持续角应为$\alpha+180°+\beta$。

表3.1列出了常见车型配气相位参数，供参考。

表3.1　常用车型配气相位参数一览

车型	发动机型号	进气		排气	
		进气提前角 α	进气迟后角 β	排气提前角 γ	排气迟后角 δ
夏利7100U	3760	19°	51°	51°	19°
桑塔纳LX	JV	10°	37°	42°	2°
富康ZX	TU3－2/K	75°	41°26′	51°28′	1°14′
奥迪100	JW	3°	41°	33°	5°
东风EQ1092		20°	56°	38.5°	20.5°
CA1092	CA6102	15°	45°	45°	15°
BJ2021	Ⅰ－4	12°	78°	56°	34°

3.4.2　排气相位

1. 排气提前角

在作功行程的后期，活塞到达下止点之前，排气门提前打开。从排气门打开至下止点间所对应的曲轴转角γ就称为排气提前角。排气门适当提前打开，虽然损失了一定的作功行程和功率，但可以利用较高的缸内压力将大部分燃烧废气迅速自由排出，待活塞上行时缸内压力已大大下降，可以使排气行程所消耗的功率大为减少。此外，高温废气提前排出也有利于防止发动机过热。γ角一般为40°～80°。

2. 排气迟后角

活塞越过排气上止点，延迟一定时刻后再关闭排气门。从上止点到排气门关闭所对应的曲轴转角δ称为排气迟后角。δ角一般为10°～30°。由于活塞到达上止点时，气缸内的压力仍高于大气压，且废气气流有一定的惯性，适当延迟排气门关闭时刻可以利用此压力和气流惯性使废气排得较干净。

排气门开启持续时间用排气持续角表示，应为 $\gamma+180^\circ+\delta$。

3.4.3　气门的叠开

分析图 3.39 可知，由于进气门在上止点前开启，而排气门在上止点后关闭，这就出现了在上止点附近，同一段时间内，进、排气门同时开启，进气道、燃烧室、排气道三者沟通的现象，通常称为气门叠开。对应的曲轴转角($\alpha+\delta$)，称为气门叠开角。叠开期间进、排气门的开度均比较小，且由于进气气流和排气气流的惯性较大，短时间内不会改变流向，因而只要气门叠开角选择适当，就不会出现废气倒流入进气管和新鲜气体随同废气排出的问题。若选择不当，叠开角过大，发动机小负荷运转时则会出现上述问题，致使发动机换气质量下降。

合理的配气相位由制造厂家根据发动机结构和性能要求的不同，通过反复试验来确定。

3.5　发动机的换气过程

发动机的进气过程和排气过程，统称为换气过程。其任务是将废气尽可能排除干净，吸入更多的新鲜混合气或空气，使发动机尽可能发出大的功率与转矩。

本节将阐述换气过程的组成、充气效率及其影响因素、提高充气效率的措施 。

3.5.1　四冲程发动机的换气过程

1. 换气过程

发动机上一循环排气门开启直到下一循环进气门关闭的整个时期，称为四冲程发动机的换气过程，它约占 410°～480°曲轴转角。根据气体流动特点，换气过程可分为自由排气、强制排气和进气三个阶段。

(1) 自由排气阶段

排气门开始开启到气缸内压力接近于排气管内压力，称为自由排气阶段。此期一般在下止点前开始，为了减小排气所消耗的功与当排气行程开始时，排气门已有较大的开度，排气门应提前开启，一般提前 40°～80°的曲轴转角开启，即排气提前角，用 γ 表示。在排气门开始开启的初期，气缸内压力大于排气管压力 2 倍以上的排气状态，称为超临界流动状态。此时，通过排气门口的废气流速，达到该状态下的声速，当排气温度为 600～900℃时，可达 500～600m/s。废气以声速流过排气门口后突然膨胀，产生特殊的噪声。所以，排气系统须装有消声器。

当气缸内压力与排气管压力之比下降到2倍以下时，称为亚临界状态。此阶段废气流过排气门口的速度低，不会产生特殊的噪声。

在全负荷、高转速情况下，需要排出的废气量大，排气的时间更短，为使缸内压力及时减小，减小排气阻力，要求高转速下排气门提前开启角度较大。因此，转速高的发动机总是比转速低的发动机排气门提前开启角度大。

(2) 强制排气阶段

上行的活塞将废气强制排出的阶段，称为强制排气阶段。如果排气门在活塞到达上止点时关闭，在活塞接近上止点时，排气门的开度已经很小，这会增大排气阻力，使气缸内残余废气量增加，且增加排气所消耗的功，因此，排气门一般迟关10°～35°的曲轴转角，即排气迟后角，用δ表示。整个过程的持续时间相当于曲轴转角230°～290°。

(3) 进气过程

在强制排气的后期，活塞处于上止点前某一曲轴转角时，进气门就开始打开，当活塞到达上止点，进气行程开始时，进气门已有较大的开启面积，可使新鲜气体顺利充入气缸。从进气门打开到上止点这段曲轴转角，称为进气提前角，一般为10°～30°。当进气行程结束，活塞到下止点后某一曲轴转角，进气门才关闭，其目的是利用气流的惯性与压力差继续向气缸内充气，增加充气量。进气迟闭角为40°～80°。整个进气过程持续时间相当于曲轴转角230°～290°。由于排气门迟后关闭，进气门提前开启而存在着进、排气门同时开启的现象，称为气门叠开。气门叠开期间进气管、气缸、排气管连通起来，可以利用气流压力差和惯性清除缸内废气，增加进气量。非增压发动机的气门叠开角为20°～60°曲轴转角，若气门叠开角过大，可能会引起废气倒流入进气管的现象。将进气门、排气门的实际开闭时刻用相对于上、下止点位置的曲轴转角的环形图表示，称为配气相位图，如图3.40所示。

2. 换气损失与泵气损失

(1) 换气损失

换气损失分排气损失和进气损失两部分，如图3.41所示。

1) 排气损失：从排气门提前打开到进气行程开始，缸内压力达到进气管内压力前循环功的损失，称为排气损失，它可以分为：

① 自由排气损失：由于排气门提前打开，排气压力线从b'点开始偏离理论循环膨胀线而引起膨胀功的减少，用图中面积W表示。

② 强制排气损失：活塞将废气推出所消耗的功，用图3.41中面积Y表示。

若排气提前角增大，则面积W增大，而面积Y相应减小；反之，若减小，则W减小，Y增大。最有利的应使面积$(W+Y)$为最小，则排气损失最小。

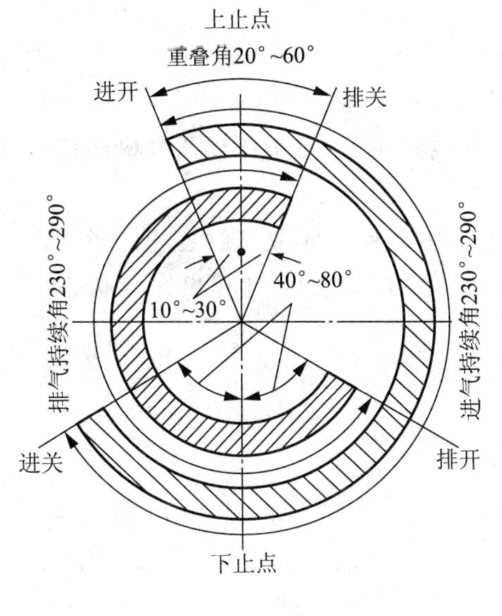

图 3.40　配气相位图

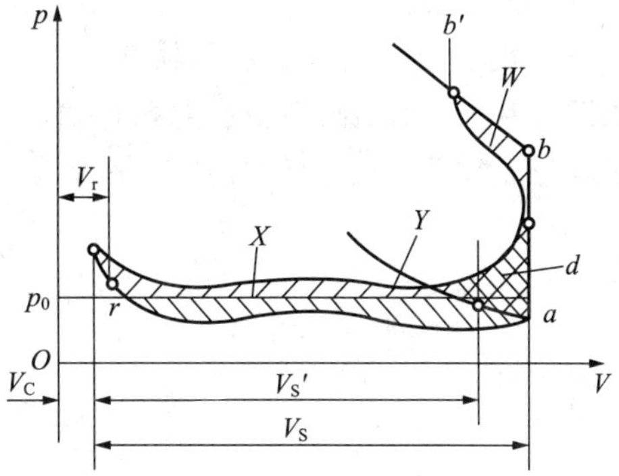

图 3.41　换气损失

2) 进气损失:进气过程中克服进气系统的阻力所消耗的功,称为进气损失,用图中面积 X 表示。它比排气损失小,进气损失与排气损失之和,即为换气损失,用面积($W+X+Y$)表示。

(2) 泵气损失

泵气损失是换气损失的一部分,用面积($X+Y-d$)表示。

3.5.2　四冲程发动机的充气效率

换气过程常用的评价指标有循环充量、充气效率和单位时间充量。

1. 循环充量 ΔG

每循环实际进入气缸内的新鲜充量的质量,称为循环充量 ΔG。循环新气充量大,才可能使循环的最高压力提高,作用于活塞的推力增大,从而使发动机获得大的输出转矩。所以,循环新气充量大是发动机转矩大的必要条件。但是,循环充量不能用来评定不同工作容积发动机换气过程进行的好坏,只能在相同工作容积下进行比较,即两台发动机工作容积相同,若其中一台在相应转速下的循环充量大,则该发动机的进气系统设计得好。

2. 充气效率(充气系数)η_v

实际进入气缸的新鲜空气量 ΔG 与大气状态下充满气缸工作容积的新鲜空气量 ΔG_0

之比，称为充气效率 η_v：

$$\eta_v=\frac{\Delta G}{\Delta G_0}$$

所谓进气状态是指当前、当地的大气状态（非增压机型）和增压器压气机出口的气体状态（增压机型）。

充气效率 η_v 是评价发动机换气过程完善程度的指标，它不受气缸容积的影响。在发动机试验台上，测出某工况时空气进入发动机的流量 G(kg/s)，计算出大气状态下该工况时能充入发动机的空气量。

$$G_0=\frac{iV_h n\gamma}{2\times 60}$$

式中，γ'——空气密度，kg/m^3

则充气效率：

$$\eta_v=G/G_0$$

充气效率 η_v 的一般范围：

汽油机：0.75～0.85；

柴油机：0.75～0.9。

从式中可见，大气状态下能充入气缸工作容积的空气量 ΔG_0 是常数，与发动机转速无关。因此，充气效率随转速 n 变化的趋势与循环充量 ΔG 随转速 n 变化的趋势相同。

3. 单位时间充量 G

单位时间内进入气缸内的新鲜充量的质量，称为单位时间充量 G。单位时间充入的新气量与发动机有效功率紧密相关。汽油机单位时间充量愈大，单位时间内燃烧的气体数量愈多，单位时间内做的功愈多，因而功率愈大；柴油机单位时间充量愈大，单位时间内喷入气缸的柴油量可以相应增加，因而功率也可以提高。显然，发动机的功率首先取决于单位时间充量的大小。

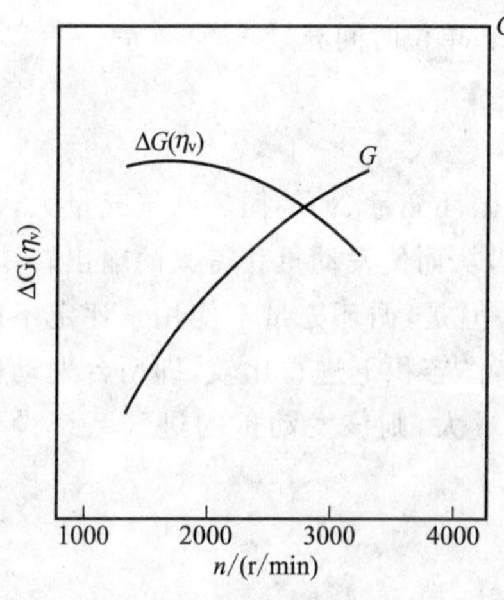

图 3.42　G 及 ΔG 随 n 变化的趋势

单位时间充量 G 的表达式

$$G=\frac{\Delta G n i}{2\times 60}\text{(kg/s)}$$

式中：i——缸数。

单位时间充量 G 及循环充量 ΔG 随转速 n 变化的趋势如图 3.42 所示。

从图中可见，在较低的转速范围内，随着转速的增加，循环充量 ΔG 也增加，从上式可见使单位时间充量增加很快。当循环充量 ΔG 达到最大值后，转速增加，循环充量有所下降，致使单位时间充量的增长减慢。此后，转速继续增加，单位时间充量逐渐接近于一个极限值。这是因为进气通过气门口的流速达到声速时，单位时间充量（流量）达到了极限。

充气效率与有效功率的关系，从下面的计算式可进一步看出 η_v 高，则发动机的功率与转矩可以增加。（证明从略）

有效功率：

$$P_e = \frac{k_1 n}{\alpha} \eta_v \eta_m \eta_i, \text{kW}$$

转矩：

$$M_e = \frac{k_2}{\alpha} \eta_i \eta_v \eta_m, \text{N} \cdot \text{m}$$

式中，k_1，k_2——每种发动机的常数；

α——过量空气系数。

上两式表明：采用较浓混合气（$\alpha<1$），转速高，循环充量大（充气效率大），循环热转换为指示功的效率高，发动机机械损失小，才能使发动机的有效功率大；同样，采用较浓的混合气，充气效率、指示效率、机械效率的乘积大，才能使发动机的转矩大。

3.5.3　影响充气效率的主要因素

充气效率增大，使发动机的功率及转矩增大，分析影响充气效率的因素，具有重要的意义。影响的因素主要有以下几个方面。

1. 转速和配气相位的影响

图 3.43 所示为进气门迟闭角对充气效率和有效功率的影响。图中的实线为进气门迟闭角为 40°时的情况，虚线为迟闭角改为 60°时的情况。可见，在低转速时，由于 η_v 在 60°迟闭角时下降了，所以有效功率较低；高转速时，由于 η_v 增加，所以有效功率提高。

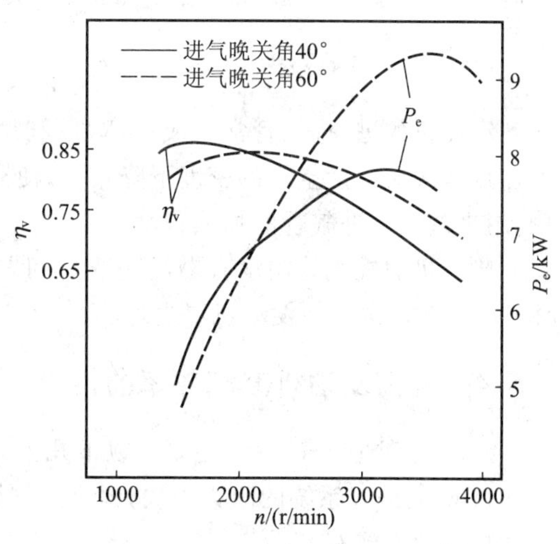

图 3.43　充气效率和有效功率

2. 负荷的影响

汽油机在一定转速下，负荷（阻力矩）减少，节气门开度要相应减少，进气流动的阻力增大，使循环充量、充气效率及单位时间充量均下降。

柴油机在一定转速下，负荷减少，循环充量、充气效率、单位时间充量基本不变，只是循环喷入燃烧室内的燃油量相应减少。

3. 空气滤清器的影响

装空气滤清器是为了减少进入气缸的灰尘，减少发动机气缸的磨损。因而空气滤清器应经常维护，使滤清效果好又不使进气阻力过大，否则充气性能会大为下降，使发动机的功率及转矩下降，并使油耗增加。

4. 化油器喉管尺寸的影响

为了节约燃油，可适当减少喉管尺寸。在中、低转速下，循环充量减少不多，而气流流过喉管的流速加大，混合气的混合、雾化改善，即使适当减小主量孔尺寸，也可使发动机的最大转矩值基本不变。在高转速下，循环充量和单位时间充量有比较明显的降低，虽然雾化混合状况改善，最高功率仍有所降低。

5. 压缩比的影响

提高压缩比，燃烧室相对减少，残余废气量相对下降，吸气开始时废气膨胀占有的体积小，废气对新气的加热相对减少，从而使充气效率提高。

6. 进气管的影响

进气管要有足够的通道断面，拐弯处应有较大的圆角，管内表面应光滑而无积炭，安装时进、排气接口垫应对准，这有利于提高充气效率。

7. 进气加热的影响

汽油机的进、排气管常铸成一体，以利用排气管加热进气管，这对汽油的蒸发有利，但加热过多又会使空气的密度下降较大，使充气系数降低。有的汽油机在排气管内装有阀，用来调节对进气管的加热程度。

柴油机的进气管内没有燃油的蒸发问题，不需要进气加热，所以不和排气管铸成一体，且进气口常设在发动机罩之外。

3.5.4 提高发动机充气效率的措施

提高发动机充气效率，主要从以下几个方面着手。

1）降低进气系统的阻力损失，提高进气终了的压力。

具体的措施有：

减小空气滤清器阻力，空气滤清器性能的影响较大；

减小化油器流动阻力，如选用多重喉管、多腔化油器，或直接喷射代替化油器；

减小进气管的沿程阻力和局部阻力，如加大通道面积、减少弯道和截面突变，保持管道内表面光滑；

减小进气道阻力；

减小进气门处的流动阻力，如加大进气门直径以增加流通能力，增加气门数以增加流通截面，如三气门、四气门、五气门等；

改进凸轮的廓线设计，加大进气门开启时间与截面。

2）降低排气系统的阻力损失，减少缸内残余废气主要减小排气门、排气道与排气管的阻力。

3）减少高温零件在进气过程中对工质的加热，主要维持发动机冷却系技术状况良好，分置进、排气管。

4）合理利用换气过程的动态效应，在压缩波到达进气门处时关闭进气门，在膨胀波到达排气门处时关闭排气门。

5）合理选择配气相位。

6）采用可变配气相位与可变进气系统，以提高气门的流通能力，如利用波动效应、惯性效应与通过旋转件的转动来改变进气管长度和容积的可变进气系统，如惯性增压式电控可变进气机构的充气效率的改进。

3.6　可变配气相位与气门升程电子控制

常见的双气门机构与四气门机构的气门正时主要是考虑发动机的有效功率、转矩尽可能增大，但在发动机怠速运行时，动力性就会急剧下降，燃料经济性会变得很差。为了避免这些缺点，有些汽车近年来采用一种可变配气相位与气门升程电子控制（VTEC）机构[如本田汽车（图 3.44）]，来控制进气时间与进气量，从而使发动机产生不同的输出功率。

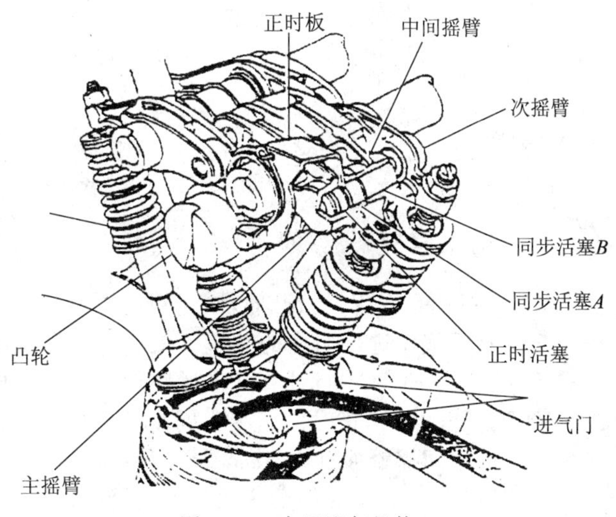

图 3.44　本田配气机构

3.6.1 结构

装有 VIEC 机构的发动机每个气缸和常规的高速发动机一样都配置有二个进气门和排气门。不过,它的两个进气门有主次之分,即主进气门和次进气门。每个进气门均由单独的凸轮通过摇臂来驱动。驱动主、次进气门的凸轮分别叫主、次凸轮。与主、次进气门接触的摇臂分别叫主、次摇臂。主、次摇臂之间设有一个特殊的中间摇臂,它不与任何气门直接接触。三个摇臂并列在一起,均可在摇臂轴上转动。在主摇臂、次摇臂和中间摇臂相对应的凸轮轴上铸有三个不同升程的凸轮,分别称为主凸轮、次凸轮和中间凸轮(图 3.45)。其中,中间凸轮的升程最大,它是按发动机双进双排气门工作最佳输出功率的要求而设计的,主凸轮升程小于中间凸轮,它是按发动机低速工作时单气门开闭要求设计的,次凸轮的升程最小,最高处只是稍微高于基圆,其作用只是在发动机怠速运行时,通过次摇臂稍微打开次气门,以免燃油集聚在次进气门口。中间摇臂的一端和中间凸轮接触,另一端在低速时可自由活动。三个摇臂在靠近气门一端均有一个油缸孔。油缸孔中都安置有靠油压控制的活塞,它们依次为正时活塞 λ 主同步活塞、中间同步活塞和次同步活塞。

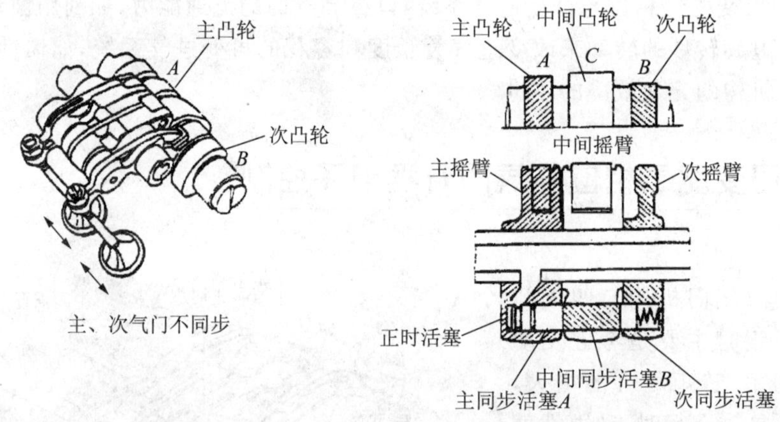

图 3.45 主凸轮、次凸轮和中间凸轮

3.6.2 工作原理

VIEC 机构是采用一根凸轮轴上设计两种(高速型和低速型)不同配气定时和气门升程的凸轮利用液压进行切换的装置。高低速的切换是根据发动机转速、负荷、水温及车速进行检出,由 ECU 进行计算处理后将信号输出给电磁阀来控制油压进行切换。

VIEC 不工作时,正时活塞和主同步活塞位于主摇臂缸内,和中间摇臂等宽的中间同步活塞位于中间摇臂油缸内,次同步活塞和弹簧一起则位于次摇臂油缸内。正时活塞的一端和液压油道相通,液压油来自工作油泵,油道的开启由 ECU 通过 VIEC 电磁阀控制。(VTEC 电磁阀控制原理如图 3.46 所示。)

在发动机低速运行时(图 3.46),ECM 无指令,油道内无油压,活塞位于各自的油缸内,因此各个摇臂均独自上下运动。于是主摇臂紧随主凸轮开闭主进气门,以供给低速运行时发动机所需混合气,次凸轮则迫使次摇臂微微起伏,微微开闭次进气门,中间摇臂虽然随着中间凸轮大幅度运动,但是它对于任何气门不起作用。此时发动机处于单进双排工作状态,吸入的混合气不到高速时的一半。由于仍然是所有气缸参与工作,所以运转十分平顺均衡。

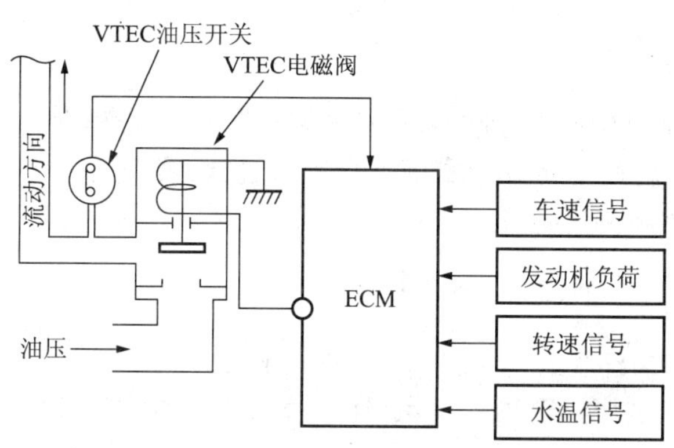

图 3.46　VTEC 电磁阀控制原理

而当发动机高速运行时(图 3.47),即发动机转速在 2300～2500r/min 、车速在 5km/h 以上,水温在 −5℃以上时,发动机负荷到达一定程度时,发动机控制电脑 ECM 就会向 VTEC 电磁阀供电以开启工作油道,于是工作油道中的压力油就推动活塞移动,压缩弹簧,这样主摇臂、中间摇臂和次摇臂就被主同步活塞、中间同步活塞和次同步活塞串联为一体,成为一个同步活动的组合摇臂。由于中间凸轮的升程大于另两个凸轮,而且凸轮角度提前,故组合摇臂随中间摇臂一起受中间凸轮驱动,主、次气门都大幅度地同步开闭,因此配气相位变化了,吸入的混合气量增多了,满足了发动机全功率时的进气要求。

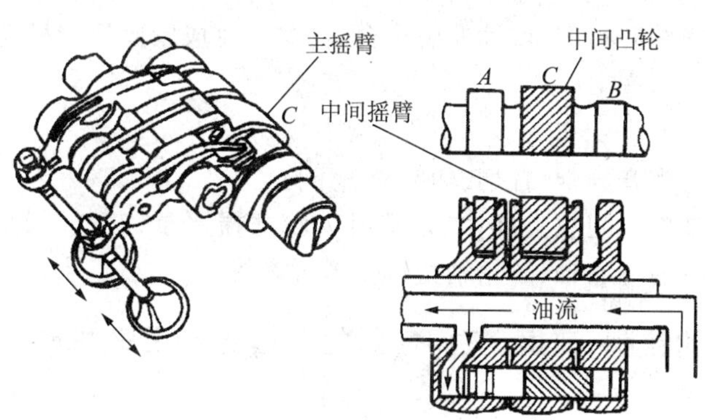

图 3.47　高速时电磁阀控制原理

3.7 配气机构的故障、检查调整与维修

3.7.1 配气机构的主要故障

1. 揿气门

故障现象：柴油机转速突然增加，且冒出股股黑烟，声音异常。

主要原因：一是转速突然增高；二是气门弹簧过软、锁瓣脱落、气门间隙过小；三是摇臂与气门杆接触的圆弧面磨平等。

2. 气门杆与气门导管配合间隙过大

故障现象：烧机油冒蓝烟，上排气大，下排气不大。

主要原因：进气门杆与导管配合间大，烧机油，排气门杆与导管配合间隙大上排气大。

3. 正时齿轮打齿

故障现象：定时齿轮有异响，柴油机着火声音异常或熄火。

主要原因：一是介轮轴不垂直；二是压力润滑油路堵塞、油管断裂或松动；三是齿形、齿距不标准或材质有问题；四是凸轮轴与轴套配合间隙过大；五是超负荷工作。

4. 气门间隙经常变

故障现象：按标准把气门间隙调好，起动着火后不久，着火声音异常，并伴随气门拍击声。

主要原因：摇臂轴磨损严重，轴偏磨出台肩；摇臂总成紧固螺栓松动。

5. 配气相位失准

故障现象：着火声音异常、冒烟、功率显著下降。

主要原因：一是气门间隙失准；二是定时齿轮磨损严重；三是凸轮高度不够；四定时齿轮记号装配失准；五是曲轴、凸轮轴扭转变形过大等。

3.7.2 气门座的铰削、研磨、气门密封性和检查和配气机构的调整

1. 气门座的铰削与研磨

当新下座圈或气门发生单边磨损、刮伤或点蚀时，可用45°或30°铰刀修铰，环带的宽

度和位置可用 75°或 15°铰刀修整，如环带偏上口用 75°铰刀修铰上口，偏下口用 15°铰刀修铰下口如图 3.48 所示。

铰好的气门座与涂有研磨膏的气门配对研磨。气门研磨有两种方法，一是机械研磨，二是手工研磨。其研磨要领是一镦、二蹭、三旋转。研磨好的气门与座应有一条连续乌色环带。

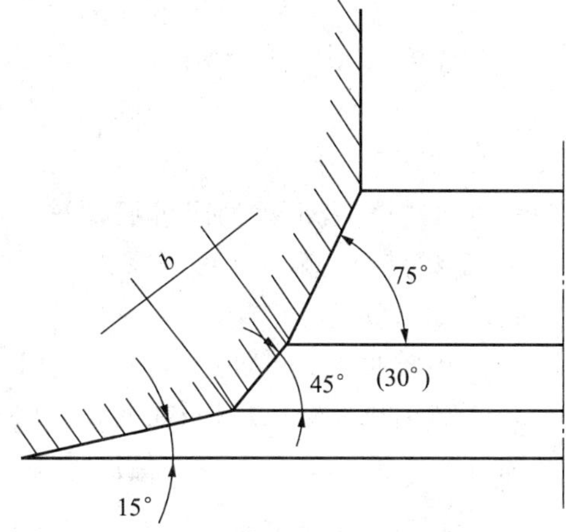

图 3.48　环带的宽度和位置

研磨好的气门，应进行密封性能的检查。其检查方法有两种：一种是将贴合面擦净，在气门大端锥面上沿纵向均匀地画上 6～8 条细铅笔线，用力把气门压在气门座上并旋转 1/8 转，然后抽出气门检查，如铅笔线都有被擦掉的痕迹，则证明气门密封良好。另一种是将擦净贴面的气门组装在汽缸盖上，侧置汽缸盖，由进或排气道注入煤油，在 2 分钟内不渗油，则说明气门密封良好，否则就应重新研磨气门。

2. 气门间隙的检查与调整

当上紧汽缸盖螺母、重新组装配气机构和出现敲击气门时，都应该检查调整气门间隙。气门间隙调整有两种方法：一是逐缸调整法，此法简单易行，但较麻烦。调整步骤是：首先上紧摇臂座螺母，然后找出一缸压缩行程上止点，即可检查调整该缸两只气门。再按发动机工作顺序，摇转一个做功间隔角，即四缸机 180°、六缸机 120°，调节下一个工作缸的两只气门，依此类推调完为止。

第二种是两次调整法，先向读者介绍一个口诀即：四缸机是“全、排、空、进”；六缸机是“全、排、排、空、进、进”。用口诀法必须首先掌握：

1）发动机的机工作顺序，四缸机有 1—3—4—2 和 1—2—4—3；六缸机有 1—5—3—6—2—4 和 1—4—2—6—3—5。

2）气门排列，如：BJ492Q 型汽油机的气门排列是排、进、进、排、排、进、进、排；DC6110A 型柴油机的气门排列是进、排、进、排、……

3）气门的规定间隙，有冷间隙和热间隙之分，如 DC6110A 型柴油机冷间隙：进气门为 0.30mm；排气门为 0.35mm。BJ492Q 型汽油机冷间隙：进气门为 0.20mm；排气门为 0.25mm；其热间隙进气门为 0.15mm；排气门为 0.20mm；纽荷兰 130－90(140－90)涡轮增压柴油机冷车或热车均是进气门为 0.25mm，排气门 0.35mm。

调整步骤：

1）找出一缸压缩行程上止点。

2）口诀与做功顺序对上。如：

BJ492Q 型汽油机　1—2—4—3

全 排 空 进

DC6110A 型柴油机　1—5—3—6—2—4

全 排 排 空 进 进

3）找出第一次应检调的气门。如图 3.22 所示，口诀的含义是："全"表示该缸两只气门都可调；"排"表示排气门可调；"进"表示进气门可调；"空"表示两只气门均不可调。BJ492Q 型汽油机第一次可调：1、2、4、6 四只气门。DC6110A 型柴油机第一次可调 1、2、3、6、7、10 六只气门。

4）摇转曲轴 360°，再调剩下的气门。

5）柴油机有减压机构，在调整气门时，必须把减压手柄放在工作位置上。调完气门间隙后再复查一次，达到规定值后再装气门罩。

3. 配气相位的检查和维修

内燃机配气相位失准会使着火声音异常、冒烟和功率下降等。在使用过程中除装配失误外，因配气机构一些零件的磨损也会改变配气相位。因此，内燃机必须定期检查配气相位。

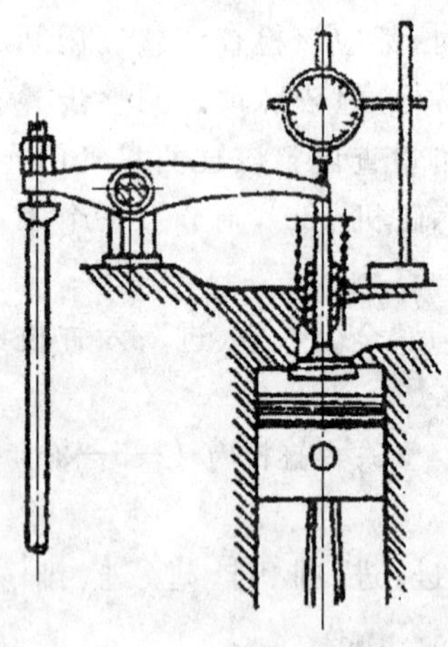

图 3.49　百分表的安装

检查方法有两种：一是动态检查法，就是内燃机着火运转时测定配气相位，这种检查需要一定设备；二是静态检查法，就是内燃机熄火后，用百分表和角度盘来检查配气相位。角度盘可以固定亦可随曲轴旋转，可固定在内燃机前端亦可固定在后端。盘固定指针随曲轴旋转，盘旋转指针固定。百分表装在磁力表架上，把表架放在汽缸盖上平面上，百分表头抵压在进气门弹簧座上，如图 3.49 所示。

检查步骤如下：

1）首先把气门间隙、凸轮轴轴向间隙调整到标准值，然后再找出一缸排气上止点，把指针与刻度盘零位相对；百分表头与进气门弹簧座相抵。

2）逆内燃机旋转方向摇转内燃机，当百分表指针停止移动时，立刻停摇内燃机，此时指针在刻度盘指示的刻度值即是进气门打开的提前角。顺着内燃机旋转方向继续摇转内燃机，在下止点后也是在百分表指针刚停止移动时，立刻停转内燃机，此时指针在刻度盘上指示的刻度值减去 180°即是进气门关闭的迟后角。

3）所测数值与内燃机规定值相比，如偏差过大应进行分析，找出原因加以维修。如：

进气门开启角提前或迟后，关闭角相应提前或迟后，这种现象主要在定时齿轮装配记号失准；齿轮磨损严重齿侧间隙过大；滚键等。进气开启角迟后，关闭角相应提前，这种现象主要原因是凸轮轴磨损严重，凸轮高度不够，应重新磨修凸轮或更新。

4. 气门下陷量的检查与维修

气门座经多次铰削和研磨直径增大，而气门修磨后直径减少，气门将下沉。这样会使内燃机压缩比下降、充气量减少。因此，在内燃机高号保养和修理过程中，必须检查气门的下陷量，如图 3.50 所示。

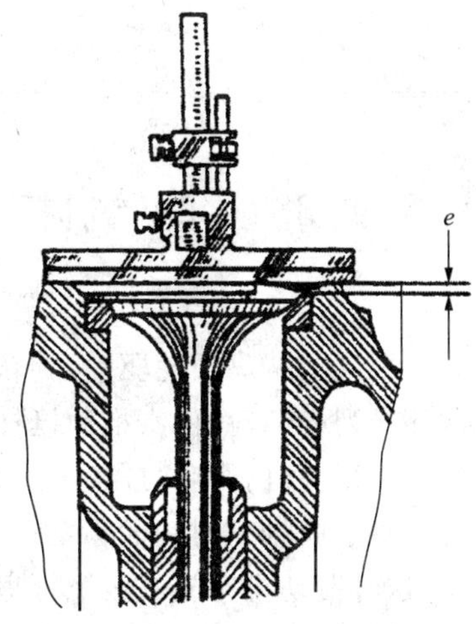

图 3.50　气门下陷量的检查

当下陷量超出规定值时，DC6110A 型柴油机进、排气门超出 2mm 时，应重新换座圈或镗孔下座圈进行修复。镗孔下座圈时应注意以下几点：其一要选用与母体金属材料相近的金属材料制做镶圈；其二是过盈量要合适，过大会胀裂座孔，过小会松动，冷态下一般采用 0.05～0.15mm 过盈量，热态下一般采用 0.20～0.25mm 过盈量。零件表面加工粗糙度较低时采用过盈量小值，反之采用大值。

实训部分

实训 3.1　配气机构的观察

配气机构靠凸轮驱动，旋转的曲轴齿轮带动凸轮轴正时齿轮旋转，凸轮轴上按工作次序排列的凸轮，依次推动挺杆，推杆通过调整螺钉顶起摇臂的一端，则另一端下压推动气门下行，气门开启，按各缸工作次序，进排气门依次打开或关闭，完成发动机的相应行程。由于曲轴正时齿轮齿数是凸轮轴正时齿轮的 1/2，所以，曲轴每转两圈，凸轮轴转一圈，这时发动机完成了四个行程(四冲程发动机)。

1. BJ492Q 型发动机配气机构

BJ492Q 型发动机配气机构是顶置式配气机构，凸轮轴上有四个进气凸轮、四个排气凸轮，按“排进进排”的次序排列着，凸轮轴由三个轴颈支承在缸体的轴承孔中，轴承孔中有合金轴承，所有轴孔都与主油道相连，第一道支承轴颈上还加工有脉动供油槽。由此供油槽供往机体和汽缸盖上的垂直油道，流向摇臂机构各润滑部位。

凸轮轴前端的止推销，与正时齿轮室盖上的调整螺钉配合，限制凸轮轴的轴向窜动。

推杆是一根中空钢管，底部装压一个凸球面、上部压装一个凹球面，并分别与挺杆凹面和调整螺钉面相抵。挺杆底部直径较大，其底平面与凸轮相抵，上部制成球窝与推杆接触。其中四个进气门挺柱的圆柱面上切有环槽，减压轴置于其中。

摇臂机构包括摇臂、摇臂轴、摇臂轴支座等零件。摇臂支承在两个摇臂支座上，每个支座用螺栓固定在汽缸盖上，摇臂后端的球头螺钉，是气门间隙的调整螺钉，拧在摇臂上，用专用的螺母锁紧。气门杆尾端与摇臂端的间隙 0.2～0.25mm。

气门组由气门(进气门、排气门)、气门弹簧、气门弹簧座、气门锁块、气门导管等组成。进、排气门尾部环槽用来与锁块内圈的凸起相吻配，锁块外锥面卡在弹簧座上，弹簧座向上将锁块卡死在弹簧座的锥形孔中。为了提高气门座的耐磨性，汽缸盖上镶有耐热、耐磨的气门座。

2. 解放 CA6102 型发动机也是典型的顶置式配气机构

凸轮轴上有六个进气凸轮，六个排气凸轮，按“排进”的次序排列着，凸轮轴四个轴颈支承在缸体的轴承孔中，轴承孔中有巴氏合金轴承，所有轴承孔都与主油道相通，第 1、4 两个轴承孔上有两个油孔，其中一个油孔与主油道相连，另一个油孔一直通向汽缸盖油道，主油通道来润滑油沿此油道可流向摇臂机构各润滑部位。

凸轮轴的纵向移动由凸轮轴前端止推凸缘限制；凸缘用两个螺栓固定在缸体上；凸缘与凸轮轴第一轴颈面的距离，就是凸轮轴的纵向间隙。

凸轮轴第四对排、进气凸轮之间有一偏心轮是用驱动汽油泵摇臂的；凸轮轴上的螺旋齿轮是用来驱动分电器工作的。推杆是一根中空钢管，两端插入接头，并点焊牢固，上端为球碗座，下端的球头。

挺杆是中空桶形，侧面开有小孔，安置在挺杆孔中的衬套内，挺杆底面为球面，在凸轮轴旋转运动中，凸轮顶面将带动挺杆体一边上下运动，一边旋转运动，使底面磨损均匀。

每根摇臂轴支承在三个支座上，每个支座用两个螺栓固定在汽缸盖上，为了防止摇臂轴在工作时转动，在中间支座上有一个定位螺钉，拧紧螺钉，螺钉端头的定位柱销正好插入摇臂轴中部的相应定位销孔中，摇臂后端的球头螺钉，是气门间间隙的调整螺钉。

气门组由气门、气门弹簧、气门弹簧座、气门锁块、气门导管等组成。进气门导管上装有挡油罩，防止气门室中的机油从进气门与导管的配合间隙中被吸入汽缸内，造成积炭而影响工作。汽缸盖上镶有气门座。

3. JV 发动机配气机构

桑塔纳 JV 发动机、桑塔纳 2000 型 AFE 发动机以及一汽奥迪 100JW 发动机配气机构结构基本相同，均采用同步齿形带驱动的单根顶置凸轮轴、单列顶置气门、液压筒形挺柱、直顶式配气机构。

(1) 配气机构的拆卸

桑塔纳 JV 发动机配气机构的解体应在专用的拆装架(VW540)进行。解体时，应使用专用工具先拆除发动机各附件，然后按照由外到内的顺序进行分解。其体步骤如下：

1) 拆下曲轴皮带轮。

2) 拆除齿形带上、下护罩。

3) 松开齿形带张紧轮，取下齿形带，拆下张紧轮。

4) 拧下曲轴齿带轮紧固螺栓，拆下曲轴齿带轮。

5) 拧下中间轴齿轮紧固螺栓，拆下中间轴齿轮。

6) 拧下气门罩盖的紧固螺母，取下加强条、气门罩盖、挡油罩及密封衬垫。

7) 按顺序拧下缸盖紧固螺栓，取下气缸盖。

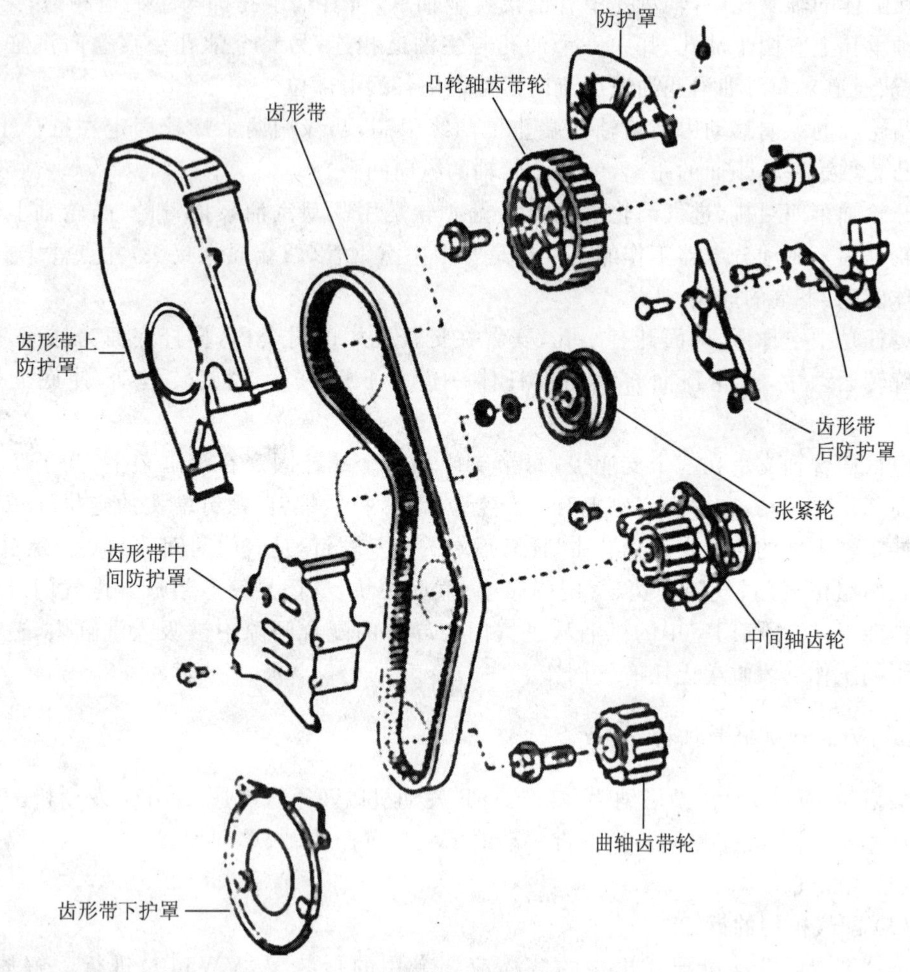

图 3.51　配气机构分解图

8) 从气缸盖上拆下凸轮轴各道轴承盖的紧固螺母(先松 1、3、5 道轴承盖螺母,再松 2、4 道轴承盖螺母),取下轴承盖及凸轮轴,轴承盖按顺序排列或打上装配标记,不得错乱。

9) 取出液压挺柱,按顺序排列或在内壁上做出标记。

10) 用专用工具压下气门弹簧,取出气门锁片、气门弹簧座、气门弹簧、气门油封及气门,各组件按顺序摆放好,不得错乱。具体分解见图 3.51、图 3.18。

(2) 配气机构的装配

配气机构的装配按拆卸时的相反顺序操作,并应注意下列事项:

1）装配前必须对零部件进行清洗，检验。

2）气门组件、液压挺柱、凸轮轴轴承盖等部件必须按原位装入，不得装错。

3）各紧固件必须按规定顺序和扭紧力矩拧紧。

4）安装齿形带时，必须使凸轮轴齿形带轮上的标记与气门罩盖平面平齐。

4. 东风 EQ6100-1 发动机配气机构

东风 EQ6100-1 型发动机采用下置凸轮轴、顶置气门式配气机构。这种结构在国产车型中有一定的代表性，其组成见图 3.26。其与桑塔纳配气机构相比，气门传动机构差异较大，由正时齿轮、凸轮轴、挺柱、挺柱架、推杆、摇臂、摇臂轴、气门间隙调整螺钉等零部件组成。

配气机构的分解按以下步骤进行：

首先，拆卸发动机机体外部的各种附件和装置，然后将发动机装到翻转架上。

1）拆掉气门室罩盖，拆下摇臂轴支座，取下气门摇臂机构及推杆。

2）按规定顺序旋松、卸下气缸盖紧固螺栓，取下气缸盖及气缸垫。

3）用气门弹簧钳压缩气门弹簧，取下气门锁片、弹簧座圈、气门弹簧、进排气门等零件，各缸气门应做出标记，不得错乱。

4）在维修中需要更换气门导管时，可将缸盖的下平面朝上，用压力机将气门导管压出。

5）解体气门摇臂机构。

6）拆下挺柱室盖，取下密封垫，拆下挺柱并依次排放整齐，再将挺柱导向体按原位置固定到缸体上。

7）拆下起动爪，用拉器拆下皮带轮。

8）拆下正时齿轮室盖及衬垫。

9）拆掉凸轮轴止推凸缘固定螺栓，平稳地将凸轮轴抽出；配气机构的装配按上述相反顺序进行。

10）安装凸轮轴时必须对准正时齿轮副上的标记。

凸轮轴的轴向间隙的检查参考图 3.52 凸轮轴的轴向定位进行。

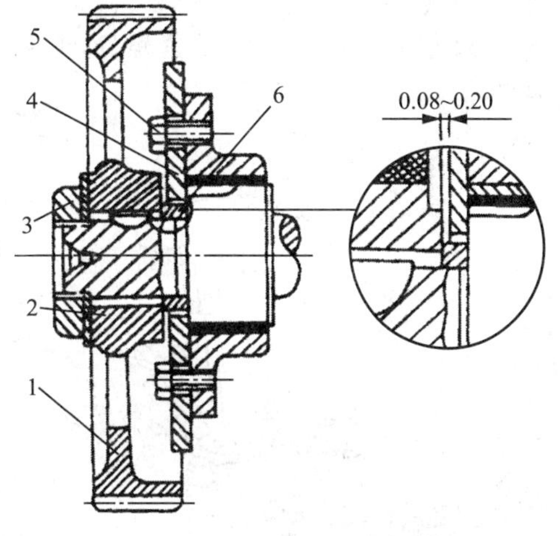

图 3.52　凸轮轴轴向间隙的检查
1. 正时齿轮；2. 锁紧垫圈；3. 螺母；
4. 推力凸缘；5. 推力凸缘固定螺栓；
6. 隔圈

实训 3.2　气门间隙检查调整

实训 3.2.1　BJ492Q 型汽油机气门间隙检查调整

1）拆下气门室盖。

2）检查紧固摇臂轴支座螺母。

3）摇转曲轴，找第一缸压缩上止点。即摇转曲轴时观察一缸进气门由开到关后，继续摇转曲轴，观察正时指针与曲轴皮带轮上止点标记对齐即为第一缸压缩上止点。

4）按发动机工作顺序 1－2－4－3，检查调整气门“全排空进”，即由前向后的第 1、2、4、6 四个气门间隙（进气门间隙 0.20mm，排气门间隙 0.25mm）。

5）摇转曲轴一圈，当正时指针与曲轴皮带轮上止点标记对齐即为第四缸压缩上止点。再检查、调整第 3、5、7、8 四个气门间隙。

检查时，按规定的气门间隙值选好塞尺厚度，将其塞入摇臂头和气门杆尾端之间，用手抽动塞尺，稍有阻力为合适。调整时，拧松锁紧螺母，用螺丝刀拧进或拧出调整螺钉，调整到上述要求后，上紧锁紧螺母，上紧时，需用螺丝刀抵住调整螺钉，以防气门间隙发生变化。

6）摇转曲轴一周，（即找到第一缸压缩上止点），复查 1、2、4、6 四个气门。

7）再摇转曲轴一周（即找到四缸压缩上止点），复查 3、5、7、8 四个气门。

8）装复气门室盖。

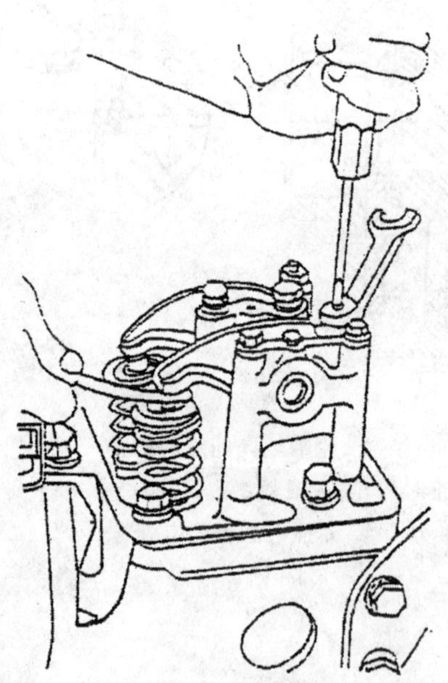

图 3.53　气门间隙检查调整

实训 3.2.2　解放 CA6102 型汽油机气门间隙的检查调整

气门间隙检查如图 3.53 所示。操作步骤如下：

1）打开气门室罩盖。

2）检查紧固摇臂轴座螺栓。

3）找一缸压缩上止点。即在摇转曲轴时观察一缸进气门由开到关后，从飞轮检视口观察飞轮上的上止点标记（1－6）与飞轮壳上的标线对应即为一缸压缩上止点。

4）按发动机工作顺序 1－5－3－6－2－4，检查调整气门“全排排空进行进”即 1、2、4、5、8、9 六个气门。

5）摇转曲轴一周(转曲轴时看 6 缸进气门由开到关后，慢转曲轴对上止点标记)即为六缸压缩上止点，再检查调整没检查的 3、6、7、10、11、12 六个气门。

6）摇转曲轴一周，复查 1、2、4、5、8、9 六个气门。

7）摇曲轴一周，复查 3、6、7、10、11、12 六个气门。

8）装更气门室盖。

实训 3.3　配气相位的检查

操作步骤：

1）检查调整好气门间隙。

2）将刻度盘安装在曲轴的前端。

3）在汽缸盖平面上固定好百分表架，装上百分表(图 3.49)。

4）摇转曲轴，准确找到第一缸上止点位置，将指针固定好，并使其对准刻度盘上的“0”位置。显然，第一缸的下止点为 180°，其他各缸的上、下止点在刻度盘上的读数则可根据曲轴的形状准确找到，第四缸上、下止点时的读数与第一缸相同；第二、三缸上止点时的读数为 180°，下止点时的读数为“0”。

5）检查某一气门的开闭时刻时，在该气门处于完全关闭状态下，将百分表触头抵在气门弹簧座上，并使触头受到一定程度的压缩。缓慢转动曲轴，当百分表表针开始微动时，指针所拨刻度盘上的读数与该缸相应止点位置时的读数差，即为气门提前打开的角度。继续转动曲轴，当百分表触头与弹簧座脱离接触后，再一次相抵时，观察百分表，当表针由摆动到完全停止摆动时，指针所指刻度盘上的读数与该缸另一止点位置时的读数之差，即为气门迟后关闭的角度。如 CA6102 发动机进气门早开 15°，迟闭 45°。排气门早开 45°，迟闭 15°。

6）为准确起见，可重复检查 2～3 次，取平均值。

实训 3.4　气门座与气门铰研

实训 3.4.1　铰削气门座

1）根据气门头的直径和工作斜面的角度，选择一组合适的铰刀，并根据导管内径选择合适的导杆。铰刀导杆以插入气门导管内应能灵活转动而不松旷为宜。

2）汽车发动机气门头斜面角度一般是 45°，每组气门铣刀有 45°、15°和 75°三种不同的角度，铣刀又分为精铣刀和粗铣刀两种（图 3.54）。根据进排气门座斜面的不同角度选择好气门座铰刀，并将铰刀固定在导杆上。

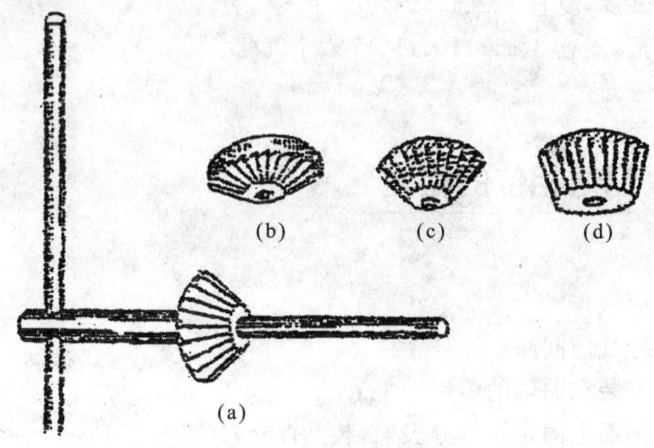

图 3.54　铣刀

3）粗铣 45°斜面，直到消除磨损孔烧蚀的痕迹为止。气门座密封带有硬化层时，可先用粗砂布垫在铰刀下面磨除硬化层，以防铰削时滑溜。

4）铰修气门座斜面宽度。用 15°铰刀在气门座斜面上方缩小其宽；用 75°铰刀在气门座斜面下方缩小其宽度。气门座接触环带的位置应位于其斜面的中部，或中部稍偏向于气门杆部。如环带偏向斜面上部，须加大 15°斜面的铰削量进行修整。如环带偏向气门杆部，则须加大 75°斜面的铰削量进行修理整。

气门座斜面接触环带的宽度在：1.5～2.5mm 之间。

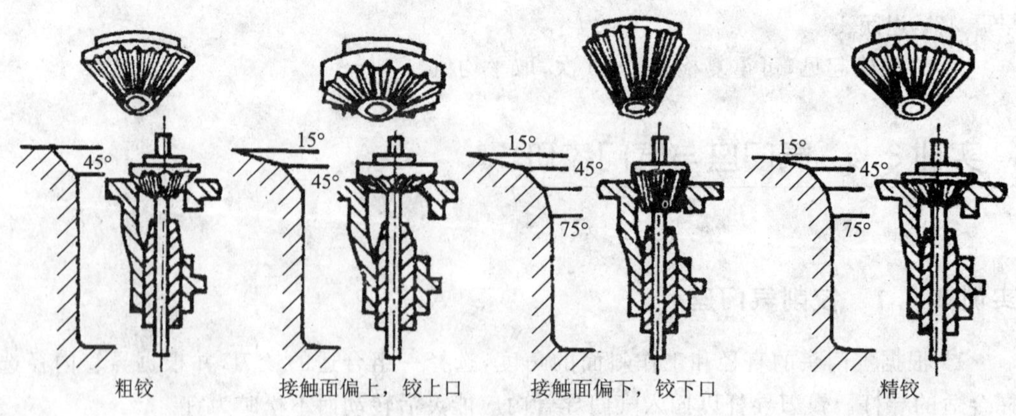

图 3.55　气门座铰削顺序

5）精铰 45°斜面。气门座铣削顺序可参看图 3.55。

6）铰削时注意，尽量减小铰削量，在整个圆周上用力要均匀，铰刀不能倒转，磨损过大的气门导管须更换。

实训 3.4.2　手工法研磨气门

研磨气门应将气门、气门座、导管清洗干净。通过选配应使各缸气门头下陷量趋于一致，并在气门头顶部做好位置记号，以免错乱。

1）在气门杆上套一个软弹簧，在气门斜面上涂上一层气门砂，在气门杆上涂上润滑油将气门插入导管内，用粗砂先研磨，后改用细砂精磨（如果气门斜面经过光磨修复，气门座经过铰削修复、斜面完整，就可以用细砂研磨）。

2）使用气门捻子将气门往复旋转进行研磨。在研磨中应顺应气门旋转而作提起和按下动作，以变换气门与座的磨合位置，保证研磨均匀，研磨时不要过分用力，也不要提高气门，用力在气门座上撞击，以免将斜面磨宽或磨出凹形槽痕。

3）当气门斜面与气门座斜面研出一条完整、光洁的环带时，将气门砂洗净，在斜面上涂上机油，再研磨 3～5min 即可。

4）研磨好的接触斜面应光洁，接触宽度一般为 1.5～2.0mm。

5）检查气门与气门座的密封性。

① 划线法：用铅笔在气门密封环带上，沿圆周划出均布的若干条与母线平行的铅笔线。然后插入气门座内，按紧气门头并旋转 1/4～1/2 圈。取出气门观察铅笔线被切断情况。如果铅笔线均被切断，则说明密封性良好；如果有部分线条被切断，说明密封性不好，有漏气的区域，需重新研磨气门，如图 3.56 所示。

② 渗油法：将研磨好的气门洗净，并安装好，将汽缸盖侧置，然后从进排气口倒入煤油，在 5min 内没有渗漏，即为良好。如有渗漏，说明密封性不好，需要研磨。

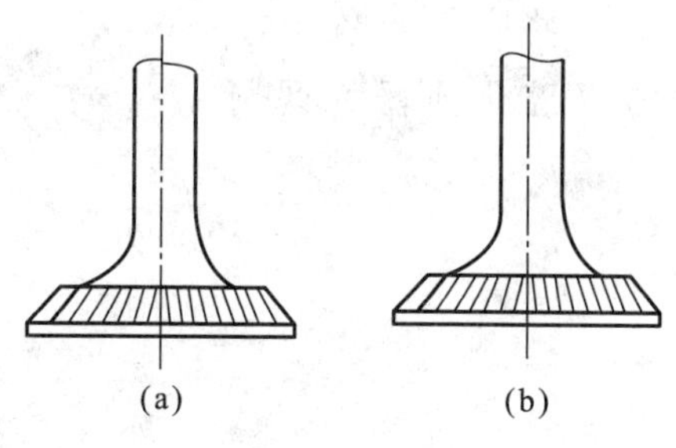

图 3.56　划线法

第4章 化油器式燃料供给系构造与维修

☆ 知识点

1. 化油器式供给系的作用、组成和基本概念
2. 典型化油器的结构特点和工作原理

❖ 要求

掌握：

1. 解释化油器式供给系的作用、组成和基本概念
2. 叙述典型化油器的结构特点和工作原理
3. 正确拆装化油器、能进行化油器的调整和怠速调整
4. 分析和排除故障

了解：

1. 了解现代化油器的一些附属装置
2. 了解单腔化油器与双腔化油器的区别

理论部分

4.1 化油器式供给系的功用和组成

汽油机所用的燃料是汽油。汽油在未输入气缸前,须先喷散成雾状(雾化和蒸发)并按一定的比例与空气混合形成均匀的混合气。这种按一定比例混合的汽油空气混合物,称为可燃混合气,可燃混合气中燃油含量的多少称为可燃混合气浓度。

汽油机供给系功用是,根据发动机各种不同功况的要求,配制出一定数量和浓度的可燃混合气,供入气缸,使之燃烧做功。最后,供给系还应将燃烧产物——废气排至大气中。

一般化油器式供给系由下列装置组成(图 4.1):

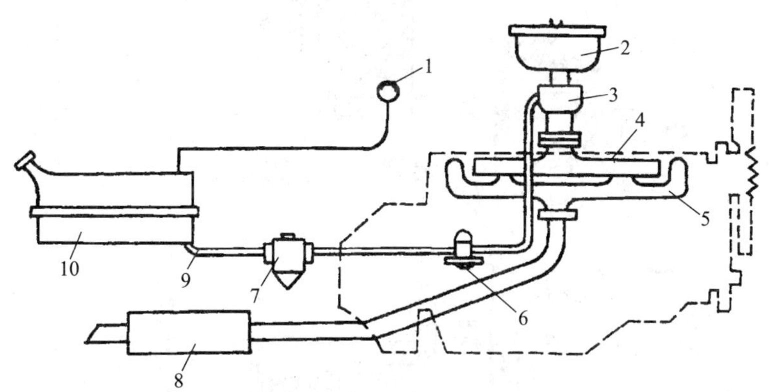

图 4.1 汽油机供给系示意图

1. 油面指示表;2. 空气滤清器;3. 化油器;4. 进气管;5. 排气管;6. 汽油泵;7. 汽油滤清器;8. 排气消声器;9. 油管;10. 汽油箱

1) 燃油供给装置,包括汽油箱 10、汽油滤清器 7、汽油泵 6 和汽油管 9,用以完成汽油的贮存、输送及清洁任务。

2) 空气供给装置,即空气滤清器 2,在轿车上有时还装有进气消声器。

3) 可燃混合气形成装置,即化油器 3。

4) 可燃混合气供给和废气排除装置,包括进气管 4、排气管 5 和排气消声器 8。

汽油自汽油箱 10 流经汽油滤清器 7,滤去所含杂质后,被吸入汽油泵 6。汽油泵将汽油泵入化油器3中。空气则经空气滤清器2滤去所含灰尘后，流入化油器。汽油在化油器中实现雾化和蒸发，并与空气混合形成可燃混合气，经过进气管4分配到各气缸。混合气燃烧生成的废气经排气管5与排气消声器8被排到大气中。为检查油箱内的汽油量，还装有汽油油面指示表1。

如何根据发动机工作的要求配制出不同浓度、不同数量的可燃混合气，是汽油机供给系所要解决的主要问题，因而化油器是其中关键部件。

4.2　简单化油器的构造和工作

为使汽油与空气能在很短的时间内(0.02～0.03s)形成均匀的可燃混合气，应先将汽油雾化成极微小的颗粒以增加其蒸发的表面积。

图4.2为简单化油器的工作示意图。它由两部分组成，即燃油与空气混合部分和控制燃油量部分。

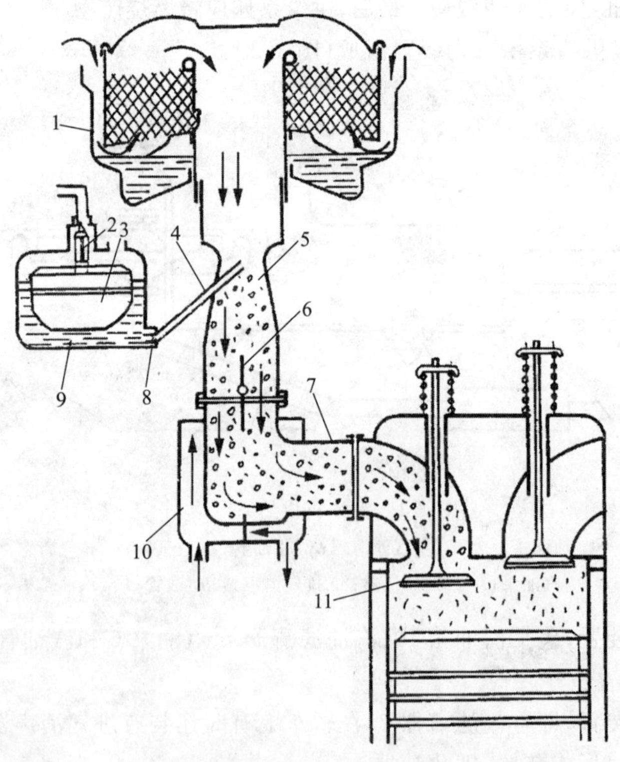

图4.2　简单化油器及其可燃混合气形成原理示意图
1. 空气滤清器；2. 针阀；3. 浮子；4. 喷管；5. 喉管；6. 节气门；
7. 进气歧管；8. 量孔；9. 浮子室；10. 进气预热套管；11. 进气门

燃油与空气混合部分是由空气滤清器 1、喉管 5、主喷管 4 和节气门 6 等组成。当发动机工作时，从喉管上方吸入空气的流速在喉管处被加速，使这里的压力降低，在管壁形成一定的真空度，燃油从主喷管被吸出。吸出的燃油被高速空气流击碎，并在一定温度下被雾化成微小颗粒，和空气混合后向下流动，形成可燃混合气进入气缸。可燃混合气流量的大小靠节气门 6 来调节，节气门的开启程度由脚踏板控制。

控制燃油量部分由针阀 2、浮子 3、浮子室 9 和量孔 8 等组成。一定量的燃油在汽油泵的作用下输送到并储存在浮子室，浮子室的油面高度依靠浮子及针阀来调节以保证浮子室油面高度的基本稳定。尺寸精度要求很高的量孔，用来控制汽油流量。

在简单化油器中，对可燃混合气成分的主要影响因素是节气门开度的变化。

4.3　汽车发动机各种工况对可燃混合气浓度的要求

4.3.1　可燃混合气浓度的表示方法

可燃混合气浓度对发动机的动力性、经济性有很大影响。可燃混合气的成分通常有三种表示方法。

(1) 空燃比

将实际吸入发动机中空气的质量与燃料的质量的比值称为空燃比，用符号 R 表示(多为欧美国家采用)。空燃比亦即燃烧 1kg 燃料实际供给的空气量。

理论上，1kg 汽油完全燃烧需 14.7kg 空气。故对汽油机而言，将空燃比为 14.7 的可燃混合气体称为理论混合气；若空燃比小于 14.7 则说明汽油有余，称为浓混合气；若空燃比大于 14.7 则说明空气有余，称为稀混合气。

(2) 燃空比

空燃比的倒数称为燃空比，用符号 λ 表示，即 $\lambda=1/R$(λ 多为日本工业标准 JIS 采用)。

(3) 过量空气系数

将燃烧 1kg 燃料实际供给的空气质量与理论上 1kg 燃料完全燃烧所需的空气质量之比称为过量空气系数，用符号 α 表示(α 为中国及前苏联等国采用)。

根据上述定义，$\alpha=1$ 的可燃混合气即为理论混合气；$\alpha<1$ 为浓混合气；$\alpha>1$ 的则为稀混合气。

当 $\alpha=1.05\sim1.15$ 时，可使所有的汽油分子获得足够的氧气而完全燃烧，经济性最好，故称为经济混合气。但是空气过量后因燃烧速度减小，热损失增加而使平均有效压力和发动机的功率略有下降。

当 $\alpha=0.85\sim0.95$ 时，因混合气中汽油分子较多而使燃烧速度加快，热损失减小，最高压力高，输出的功率最大，故称功率混合气，但因混合气中空气含量不足，致使其燃烧不完全，经济性较差。

混合气过浓($\alpha<0.85$)、过稀($\alpha>1.15$)时，发动机的动力性和经济性均不理想，即功率下降油耗剧增。当 $\alpha\geqslant1.4$ 时，由于混合气过稀不能被电火花点燃，当 $\alpha=1.4$ 时，称为着火下限，$\alpha=0.4$ 时也不能被电火花点燃，称为着火上限。

4.3.2 汽油机在各种工况下对混合气浓度的要求

汽车在行驶过程中的载荷、车速、路况等经常变化。因此，相对于作固定动力的汽车发动机工作时有以下特点：①工况变化范围大，负荷可从 0 变到 100%，转速可从最低稳定转速变化到最高转速；②在汽车行驶的大部分时间内，发动机在中等负荷下工作。

车用汽油机在不同工况下对混合气的成分有不同的要求：

(1) 起动工况

发动机冷起动时，为了顺利启动，要求化油器供给 $\alpha=0.2\sim0.6$ 的极浓混合气。因此，气缸温度低，化油器所供给的汽油只有部分汽化，而大部分未被汽化，附着在进气管壁上成为液态，所以，要在气缸内获得适当 α 的可燃混合气，就必须供给过量的汽油。

(2) 怠速及小负荷工况

发动机怠速为对外无功率输出情况下的最低发动机转速。此时节气门处于关闭位置，吸入的空气量极少，且汽油雾化蒸发不良，并有废气的稀释，为保证这种品质不良的混合气能正常燃烧，化油器应提供浓混合气($\alpha=0.6\sim0.8$)。节气门略开大进入小负荷时，由于进入的空气量略有增加，可燃混合气的品质逐渐改善，因而可燃混合气浓度可以减少至 $\alpha=0.7\sim0.9$。

(3) 加速工况

节气门开度突然加大，吸入气缸空气量立刻增加，而汽油因其惯性大，其流量的增长比空气流量的增长要慢的多，致使混合气暂时过稀，不易点燃。为改善车用汽油机加速性能，化油器应能在节气门突然开大时，及时的自动增加供油量。

(4) 大负荷和满负荷工况

发动机在节气门接近全开(或全开)运转时，能得到理想的动力性。此时，要求化油器供给 $\alpha=0.85\sim0.95$ 的较浓的功率混合气，使发动机获得最大的功率。

(5) 中等负荷工况

此时节气门的开度约 50%，是车用汽油机常用的工况。为满足经济性的要求，化油器应供给 $\alpha=0.9\sim1.1$ 的可燃混合气(其中主要是 $\alpha>1$ 的稀混合气)。

综上所述，由于发动机必须根据运转状态使可燃混合气浓度发生变化，而简单化油器的功能无法满足要求。因此，为了满足汽油发动机在各种工况下都能配制出最佳的混合气浓度。现代车用化油器均采用了一些自动配制可燃混合气浓度的系统，如主供油装置、怠速装置、加浓装置、加速装置和起动装置等。

4.4　实用化油器的主要装置

4.4.1　主供油装置

化油器主供油装置的功用是保证发动机正常工作时，所供给的混合气随着节气门开度加大而逐渐变稀，并在中负荷下接近于最经济的成分。除了怠速工况和极小负荷工况外，主供油装置都起供油作用。

主供油装置的结构方案很多，目前广泛采用的是降低主量孔处真空度的方案，其结构原理如图 4.3 所示。

这种装置的特点是在喷管上加开一个通气管 3，管 3 上设有控制渗入空气流量的空气量孔 2，目的是引入少量空气，适当降低主喷口处的吸油真空度，使混合气浓度随节气门开大而逐渐变稀。

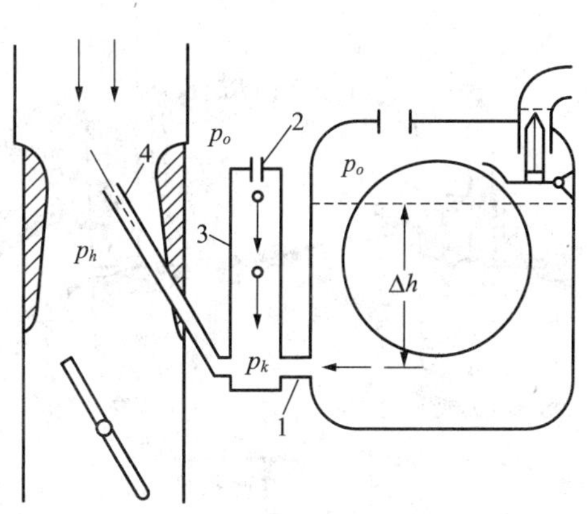

图 4.3　降低主量孔处真空度的主供油系统

1. 主量孔；2. 空气量孔；3. 通气管；4. 主喷管

在发动机未工作时，主喷管、通气管和浮子室的油面是等高的。当发动机开始工作，节气门开度逐渐加大到足以使汽油从主喷管喷出时，通气管 3 中的油面即下降，空气通过空气量孔 2 流入通气管，当喉管真空度达到能使通气管 3 中的油面下降到主喷管入口处时，则通过空气量孔 2 流入的空气渗入油流中形成气泡，随油流经主喷管 4 喷入喉管。由于空气流经空气量孔时有压力损失，故主量孔处的气压小于浮子室油面气压，但却大于喉管处气压，即降低了主量孔处内外的压力差，从而降低汽油的流速和流量。同时从空气量孔渗入的空气使油流“泡沫化”，使化油器获得更好的雾化效果与过渡性能。

当发动机转速不变，节气门开度增加时，喉管真空度增加，即使空气流量增加。通气管 3 中真空度也会增加，会使汽油流量增加，但由于空气流量的增加大于油量的增加，即汽油流量的增长率小于空气流量的增长率，结果使得混合气随节气门开度的增大而逐渐变稀，即满足汽车中小负荷范围内所需经济混合气的要求。

4.4.2 怠速装置

怠速装置的功用是保证在怠速和很小负荷时浓混合气供给。

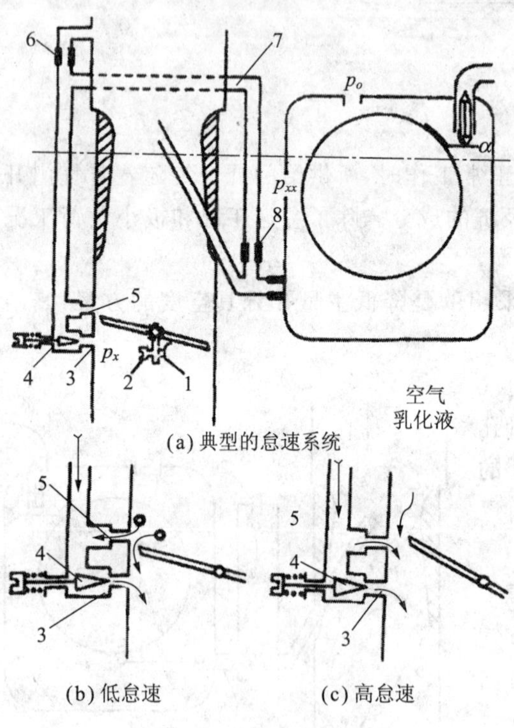

(a) 典型的怠速系统

(b) 低怠速　(c) 高怠速

图 4.4　怠速系统示意图

1. 支块；2. 限止螺钉；3. 怠速喷口；4. 调整螺钉；5. 渡孔；6. 空气量孔；7. 油道；8. 怠速量孔

怠速时，发动机转速低，节气门近于全闭，节气门前方的喉管处真空度很低，以致根本不能将汽油由主喷管吸出。但节气门后面的真空度却很高，故可另设怠速油道，其喷口设在节气门后。

典型的怠速装置，如图 4.4(a)所示。它由怠速喷口 3、怠速调整螺钉 4、怠速过度孔 5、怠速量孔 8、怠速空气量孔 6、怠速油道 7 及限止螺钉 2 等组成。低怠速与高怠速见图 4.4(b、c)。

怠速时，节气门接近全关，在节气门后边形成很高的真空度，具有很大的吸力。在其作用下，汽油经主量孔、怠速量孔、怠速油道，并与经怠速空气量孔进入的空气混合形成泡沫状，从怠速喷口喷出，并受到高速流过节气门边缘的空气冲击，再次雾化，形成浓混合气。由于气缸的吸力被节气门堵塞，喉管处真空度很低，主供油装置停止供油。

怠速空气量孔的作用：一是使汽油泡沫化，有利于混合气形成；二是怠速量孔起降低其真空度的作用，可使怠速量孔尺寸做的大些防止堵塞有利于化油器可靠工作；三是防止产生虹吸作用，以免在发动机不工作时，燃油自动由浮子室经怠速喷口流出。

在怠速喷口 3 的上方不远处还设置一个怠速过渡孔 5，以使发动机能够由怠速工况圆滑的转入小负荷工况而不致发生混合气突然过稀，甚至供油中断，导致发动机熄灭。

4.4.3 加浓装置(省油器)

由于主供油装置的作用，化油器供给的混合气是随负荷增加而变稀的，即使在大负荷范围内直到全负荷时，也是如此，这就不能满足大负荷时加浓要求。为此，另设有加浓装置，在大负荷和全负荷时额外供油，保证在全负荷时混合气浓度达到动力混合气的要求。有加浓装置的补偿加浓作用，就可以将主供油装置设计得符合最经济的要求，而不必考虑全负荷时的最大功率的要求,“省油器”的名称即由此而得。

加浓装置分为机械式和真空式两种。

1. 机械式加浓装置

如图 4.5(a)所示,在浮子室内装有加浓量孔 1 和加浓阀 3,加浓量孔 1 与主量孔 2 并联,加浓阀 3 上方有推杆 4,与拉杆 5 固连为一体,拉杆又通过摇臂 6 与节气门轴相连。

当节气门开启时,摇臂转动,带动拉杆和推杆一同向下移动,只有在节气门开度达到 80%～85%时,推杆才开始顶开加浓阀。于是汽油便从浮子室经加浓阀和加浓量孔 1 流入主喷管,与从主量孔 2 来的汽油汇合,一起由主喷管喷出。这样便增加了汽油的供给量,使混合气加浓。

当节气门开度减小时,拉杆与推杆上移,加浓阀在弹簧作用下关闭加浓进油口。

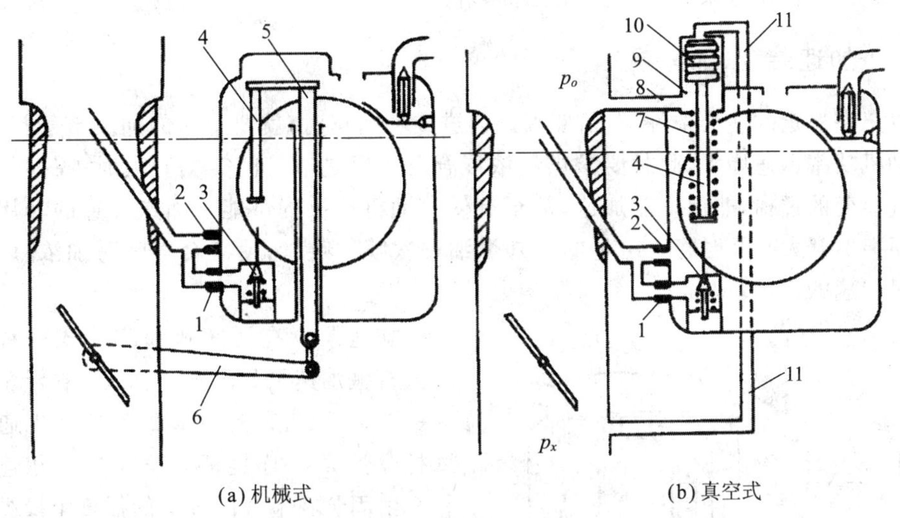

(a) 机械式　　(b) 真空式

图 4.5　加浓系统(省油器)示意图

1. 加浓量孔;2. 主量孔;3. 加浓阀;4. 推杆;5. 拉杆;6. 摇臂;7. 弹簧;8. 通道;9. 气缸;10. 塞;11. 道路

2. 空式加浓装置

真空式加浓装置有活塞式和膜片式两种。图 4.5(b)所示是用的较为广泛的活塞式真空加浓装置。推杆 4 与位于空气缸中的活塞 10 相连,在推杆上装有弹簧 7。空气缸的下方借空气通道与喉管前面的空间连通,空气缸的上方有空气通道 11 通到节气门后面。

在中等负荷时,如果发动机转速不是很低,喉管前面的压力几乎等于大气压力,而节气门后的压力则比大气压力小得多,因此在节气门后真空吸力的作用下,活塞压缩弹簧后，处于最上面的位置。此时加浓阀 3 被弹簧压紧在进油口上，即真空式加浓装置不起作用。当转变到大负荷时，节气门后面的真空吸力减小，到不能克服弹簧的作用力时，弹簧伸张而使推杆和活塞下落，推开加浓阀，额外的燃油便经加浓量孔 1 流入主喷管中，以补偿主量孔出油的不足，使混合气加浓。

真空加浓装置起作用的时刻完全取决于节气门后面的真空度。只要真空度低到一定程度，真空式加浓装置就起加浓作用。

节气门后面的真空度的大小不仅与负荷或节气门开度有关，还和发动机曲轴转速有关。当发动机转速不变时，节气门后面的真空度将随节气门的开度加大而减低。如果节气门开度保持不变，则节气门后面的真空度将随转速的升高而升高。

加浓装置起作用时刻，在冬季应适当提前，夏季则应适当延后。在机械式加浓装置上，可改变推杆的安装位置来改变其有效长度进行调整；在真空式加浓装置上，可以改变推杆弹簧的下座位置来调整弹簧的压缩量和压缩力。

4.4.4 加速装置（加速泵）

汽车在一定的使用条件下，需要加速前进或者超车时，就要急速的加大节气门开度，使发动机功率迅速增大，此时要求供给浓混合气。但是节气门突然开大时，瞬间气缸内混合气会变的过稀，非但不能加速，甚至有使发动机熄火的可能。加速装置的功用是在节气门突然开大时及时将一定量的额外燃油一次喷入喉管，使混合气临时加浓，以适应发动机加速的需要。

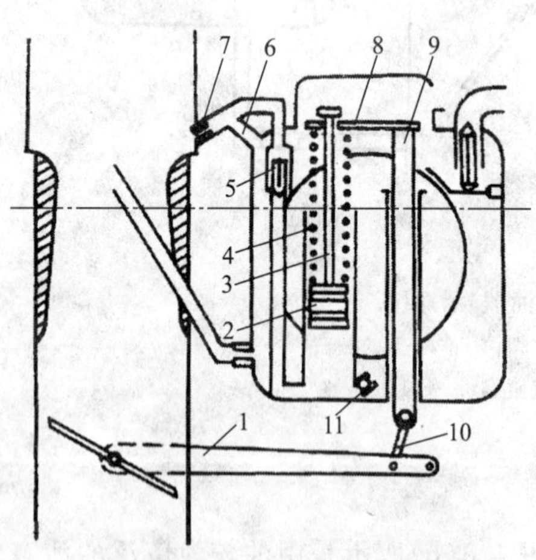

图 4.6　活塞式机械加速泵示意图

1. 装在节气门轴上的摇臂；2. 活塞；3. 活塞杆；4. 弹簧；5. 出油阀；6. 通气道；7. 加速量孔；8. 连接板；9. 拉杆；10. 联杆；11. 进油阀（单向阀）

加速泵也有活塞式和膜片式两种。活塞式机械加速泵如图 4.6 所示。在浮子室内有一泵缸，泵缸内有活塞 2，活塞 2 也通过活塞杆及弹簧 4、连接板 8 与拉杆 9 相连。拉杆 9 由固装在节气门轴上的摇臂 1 操纵。加速泵腔与浮子室之间装有进油阀 11，泵腔与加速量孔 7 之间油道中装有出油阀 5。进油阀在不加速时，在本身重力作用下，经常开启或关闭不严，而出油阀则靠重力经常保持关闭，只有在加速时方能开启。

当节气门开度减小时，摇臂 1 逆时针回转，带动拉杆 9、连接板 8、活塞杆 3 及活塞 2 向上移动，泵腔内产生真空度，汽油便自浮子室经进油阀 11 充入泵腔。

当一般的增加负荷时，即节气门缓慢的

开大时,活塞便缓慢的下降,泵腔内形成的油压不大,进油阀关闭不严,于是燃油又通过进油口流回浮子室,加速装置并不起作用。

但是当节气门迅速开大时,由于活塞下移很快,泵腔油压迅速增大,使进油阀紧闭,同时顶开出油阀 5,泵腔内所贮存的汽油便从加速量孔 7 喷入喉管内,加浓混合气。这种加浓作用只是一时的,当节气门停止运动后,即使保持的开度很大,加速泵也不再供油。

为改善发动机的加速性能,希望加速泵不仅在节气门急开的瞬间喷油,并在节气门已停止运动后喷油还能延续一些时间。为此在连接板 8 和活塞 2 之间装有弹簧 4。这样,在拉杆 9 和连接板 8 急速下降时,通过弹簧 4 将力传给活塞 2,由于有加速量孔 7 的阻力,活塞下降比连接板要慢,因而弹簧受压缩。而当节气门已停止转动时,拉杆和连接板随之不再转动,但这时弹簧却开始伸张,而将活塞继续往下压,因而使加速装置喷油时间有所延长。此外弹簧 4 还起到缓冲作用,以免节气门开大过急时损坏驱动机件。

4.4.5　起动装置

起动装置的作用是当发动机在冷态下起动时,在化油器内形成极浓的混合气,使进入气缸的混合气中有足够的汽油蒸气,以保证发动机能顺利起动。

用得最广泛的起动装置是在喉管之前装一个阻风门 1(图 4.7),用弹簧保持它经常处于全开位置。

发动机起动前,驾驶员通过拉钮将阻风门关闭。起动机带动曲轴旋转时,在阻风门后面产生很大的真空度,使得主供油装置和怠速装置都供油,而通过阻风门边缘的空隙流入的空气量很少,故混合气极浓。发动机起动过程的后期,转速和喉管真空度都较开始起动时为大,为避免混合气因此而过浓,有的化油器在阻风门上还装有自动阀 2。自动阀平时借弹簧 3 保持关闭,当喉管真空度增至一定值时,自动阀自动开启,放入空气。有的化油器不装自动阀,而只在阻风门上开出一个或几个进气孔,也可以防止起动后期混合气过浓。

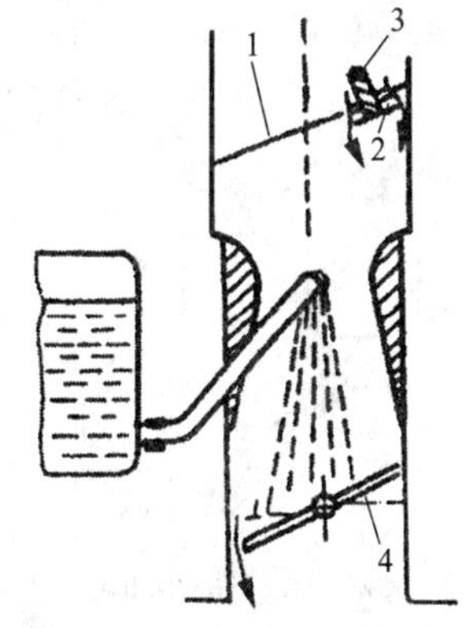

图 4.7　阻风门式起动系统

1. 阻风门;2. 自动阀;3. 弹簧;4. 节气门

4.5　化油器类型

由于各种汽车发动机要求不同,所用化油器的整体结构方案是多种多样的,但其中包括的各种供油系统及其基本原理与上述大体相同。

按喉管处空气流动方向不同,化油器可分为上吸式、下吸式和平吸式三种(图 4.8),其中下吸式应用最广泛。

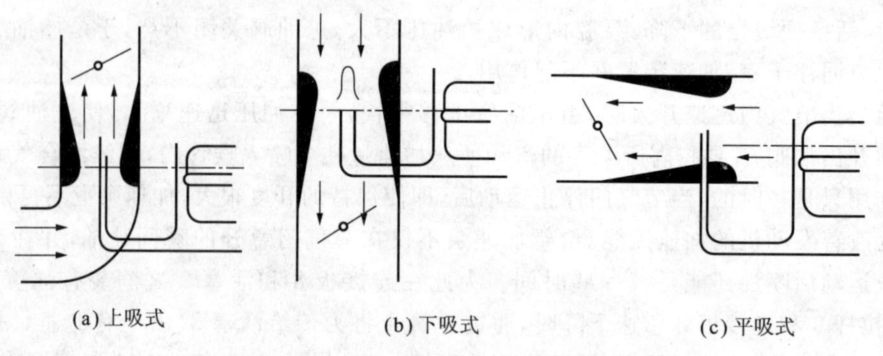

图 4.8　化油器的类型(按气流方向分)

按重叠的喉管数目,化油器可分为单喉管式和多重(双重和三重)喉管式(图 4.9)。

采用多重喉管的目的在于解决充气量与汽油雾化的矛盾,有利于提高燃料的经济性和满足动力性的要求。

按其空气管腔数目,化油器又可分成单腔式、双腔并动式和双腔(或四腔)分动式三种:

双腔分动式化油器有两个结构和作用不同的管腔。在发动机负荷变化的整个过程中,经常工作的一腔称为主腔;另一腔只有在负荷和转速高达一定程度时,才参加工作,称为副腔。

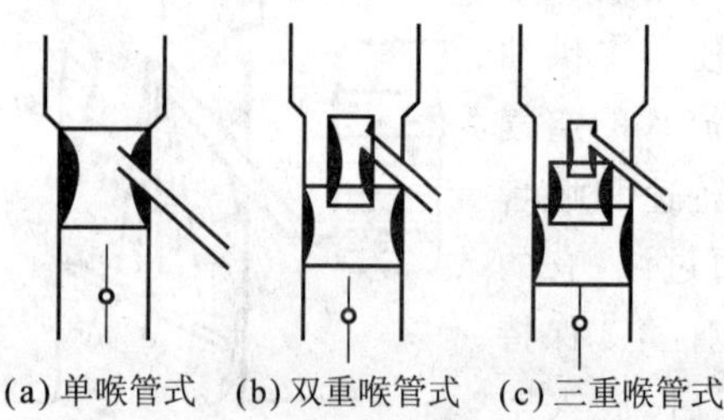

图 4.9　化油器的类型(按重叠喉管数分)

采用双腔分动式化油器的目的在于解决功率较大而转速较高的汽油机所遇到的动力性和经济性之间的矛盾。在中小负荷和较低转速下只有主腔单独工作(副腔因节气门未开而不起作用),此时不要求大功率,但要求有良好的经济性,故主腔的喉管直径可以做得较小,以利于汽油雾化。当发动机负荷和转速增加到一定程度时,副腔节气门才开始开启,与主腔一道工作。以保证大功率所要求的空气量和混合气浓度。主腔因常需单独工作,故应具有所有各种供油系统,而副腔一般只设有主供油装置和怠速装置,或者仅设有主供油装置。副腔节气门比主腔节气门开启的较晚,但最后到全负荷时又应与主腔节气门同时开足,两腔节气门的动作协调可用一套杠杆联动机构来保证。

一汽奥迪 100 型轿车发动机所用的化油器即为双腔分动式化油器。

四腔分动式化油器实际上是两个同样的双腔分动式化油器的组合,其中两个主腔两个副腔各自并动。这种化油器应与双式进气管配合使用。国产红旗牌轿车的 8V100 型发动机即用四腔分动式的 241 型化油器。

4.6　汽油供给装置

汽油机燃料供给装置主要由燃油箱、滤清器和汽油泵等组成，其作用是贮存、清净和为化油器输送燃料。

4.6.1　燃油箱和汽油滤清器

1. 燃油箱

燃油箱用于贮存燃料，一般根据车型使用要求设置一至两个，使连续行驶里程达到400～1000km 以上。

燃油箱上设有加油口并用油箱盖加以封闭。对于没有燃料蒸发抑制装置的车辆，燃油箱盖上必须设有空气补偿阀和安全压力阀。因为，发动机运转时将消耗大量的燃料，当油面降低时必须向燃油箱中补充部分空气；环境温度过高而造成的燃油压力，也需要及时排放掉。

燃油箱的维护重点在于定期排污。根据使用条件定期将油箱上放油螺栓拆下，排除油箱内的杂质和水分。

2. 汽油滤清器

汽油滤清器装在汽油箱与汽油泵之间。在汽油进入化油器之前，必须将混入汽油的杂质和水用汽油滤清器过滤掉。

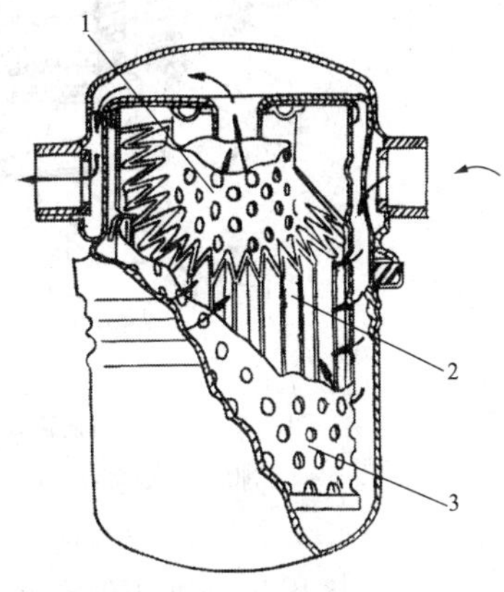

图 4.10　纸质汽油滤清器

1. 中央多孔筒；2. 特质折叠纸滤芯；3. 多孔滤纸外筒

常用的纸芯型汽油滤清器如图 4.10 所示，主要由密封的外壳、折叠式纸滤芯以及进油管和出油管组成。工作时滤清器内的滤芯使燃油流动速度很低，使比汽油重的水和杂物沉在底部，比汽油轻的杂物颗粒随燃料流向滤芯，但被粘附在滤芯上使输出的汽油得到过滤。

汽油滤清器应定期检查和更换。拆下汽油滤清器将进油口的燃料倒在干净纸上，如果发现有过多的杂质则应予以更换。一般可按规定的运行里程更换汽油滤清器。

4.6.2　汽油泵

汽油泵的工作是把汽油从汽油箱中吸出，经管路和滤清器后压送到化油器浮子室。

目前化油器式发动机上广泛采用机械驱动膜片式汽油泵。随着汽车工业的发展，电动汽油泵也得到了广泛的采用。

1. 机械式汽油泵

机械式汽油泵主要由泵体、进油阀、出油阀、膜片总成和驱动机构组成(图 4.11)。工作时，凸轮轴偏心轮凸尖推动外摇臂 18 摇动，同时带动内摇臂 2 向同一方向运动，通过膜片拉杆 16 拉动膜片总成向下，此时油泵膜片弹簧 6 被压缩。这一行程中，膜片上室内产生真空，使进油阀 23 打开，出油阀 22 关闭，汽油流进膜片上室。当偏心轮凸尖转过后，外摇臂回到原来位置，内摇臂也随之回位。在膜片弹簧作用下，膜片 8 被推向上方，贮油室内的燃油受压缩，并将出油阀打开使燃油进入化油器。

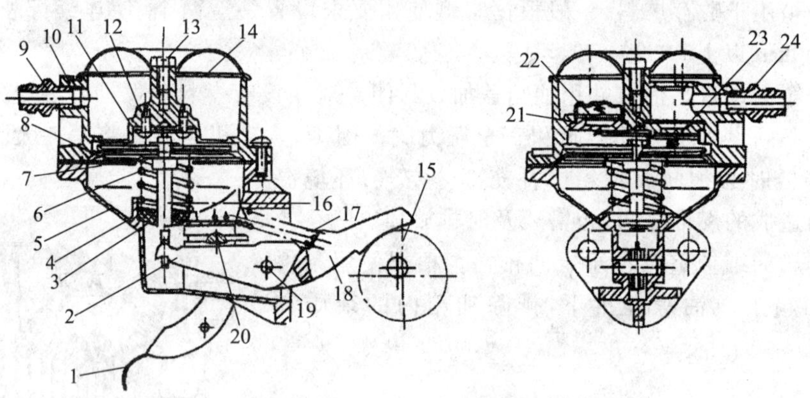

图 4.11　EQB501 型汽油泵

1. 手摇臂；2. 内摇臂；3. 膜片拉杆油封；4. 拉杆油封座；5. 下体；6. 膜片弹簧；7. 膜片弹簧座；8. 膜片；9. 出油管接头；10. 上体；11. 阀门支持片；12. 螺钉；13. 泵盖；14. 垫片；15. 配气凸轮轴上的偏心轮；16. 膜片拉杆；17. 摇臂回位弹簧；18. 外摇臂；19. 摇臂轴；20. 手摇臂轴；21. 片；22. 出油阀；23. 进油阀；24. 进油管接头

为了保证汽油泵能够根据发动机工况自动进行油量调节，一般设计出油量大于化油器需要量的 2.5～3.5 倍，以满足起动时尽快满足浮子室的使用要求。此外，将汽油泵的摇臂分段制作，即由外摇臂和内摇臂驱动膜片总成，可以在浮子油面达到规定要求时，膜片将不能由弹簧推动继续向上，因为弹簧的弹力与泵腔油压平衡，膜片和拉杆停在一定位置不动。此时，外摇臂与内摇臂之间出现间隙，虽然外摇臂仍在不断运动，但膜片动作不大，使泵油量自动减少。

为了保证发动机不工作时也能使油泵供油，一般在汽油泵上还设置了手油泵。汽车长期停驶需要重新起动前，如果化油器浮子油面过低或没油时，可以拉动手油泵摇臂，迫使内摇臂摆动，使膜片总成移动实现手动泵油。

2. 电动汽油泵

典型的电动汽油泵由电磁式驱动结构和供油机构两部分组成。

汽油泵不工作时，柱塞 15 被回位弹簧 25 推到上极限位置，永久磁铁 10 在柱塞的吸引下，带动触点支架 11 一同逆时针转动，使活动触点 30 与固定触点 29 闭合，电磁线圈的电路接通。

图 4.12 所示为 B501 型电动汽油泵，主要由电磁式驱动机构和供油机构两部分组成。

供油机构中的泵筒 17 固定在汽油泵中心，其底部装有进油阀 24。在泵筒 17 中，带出油阀 26 的柱塞 15 可以在电磁线圈 16 和回位弹簧 25 的作用下进行直线往复运动。

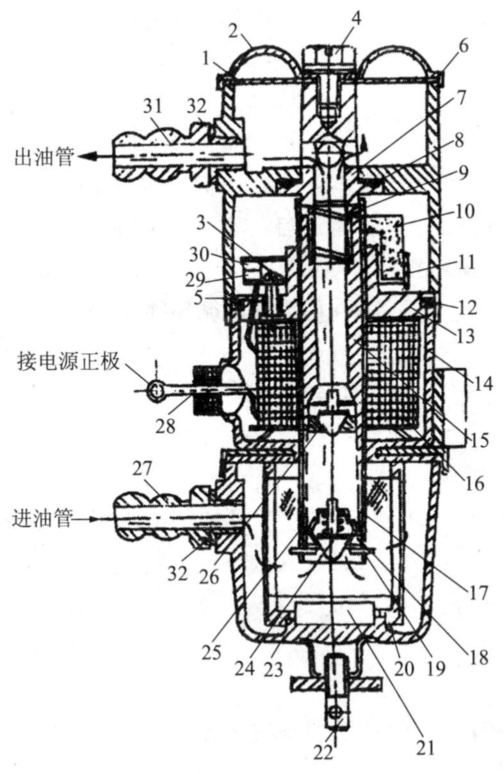

图 4.12　电动汽油泵

1. 垫片；2. 泵盖；3. 圆头螺钉；4. 螺栓；5. 绝缘套；6. 上体；7. 出油接头；8. 密封圈；9. 缓冲弹簧；10. 永久磁铁；11. 触点支架；12. 密封垫片；13. 下极板；14. 中体；15. 柱塞；16. 电磁线圈；17. 泵筒；18. 密封圈；19. 进油阀座；20. 滤芯；21. 磁钢块；22. 螺杆；23. 沉淀杯；24. 进油阀；25. 柱塞回位弹簧；26. 出油阀；27. 进油管接头；28. 接线柱；29. 固定触点；30. 活动触点；31. 出油管接头；32. 垫片

作为驱动部分的主要元件，电磁线圈 16 的一端引至壳体外部接电源，另一端接固定触点 29。活动触点 30 与永久磁铁 10 固定在触点支架 11 上。触点支架可以绕固定在下极板 13 上的小轴摆动，使二触点闭合或分开。

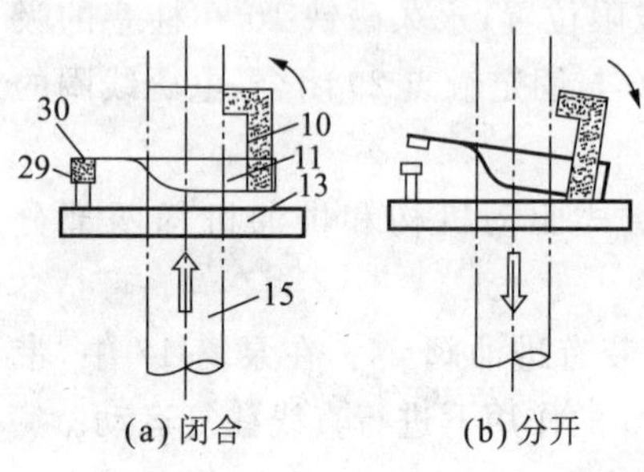

图 4.13　电动汽油泵触点工作情况（图注同图 4.12）

图 4.13 表示触点的工作情况。汽油泵不工作［图 4.13(a)］时，柱塞被回位弹簧 25 推到如图所式的上极限位置，永久磁铁 10 由于柱塞的吸引，带动触点支架 11 一起逆时针转动到使活动触点 30 与固定触点 29 闭合，电磁线圈的电路接通。此时若接通电源，电磁线圈便产生磁场，吸引柱塞克服回位弹簧 25 而下移，从而使泵筒内的油压增高。在油压作用下，进油阀关闭，出油阀开启，汽油经出油阀进入柱塞中心空腔。柱塞下移后，永久磁铁 10 上端不再受柱塞吸引，而下端却受到下极板 13 的吸引，于是带动触点支架作顺时针转动，使触点分开而切断电磁线圈电源。电磁场消失后，柱塞由于回位弹簧的作用而上移，使贮存于其空腔内的汽油经出油室从出油管接头 31［图 4.13(b)］泵出。此时出油阀关闭，进油阀开启。汽油从进油管接头 27 流入，经滤芯 20 滤清后，通过进油阀流到柱塞下方的泵筒空腔内。柱塞上移到顶部后，又对永久磁铁施加吸引力，又使触点闭合，重新接通电磁线圈电路，如此循环往复，泵油频率约为每秒 20～25 次。

4.7　空气滤清器及进、排气装置

发动机空气滤清器及进、排气装置的作用是供给其工作时所需要的新鲜、清洁的空气，再将工作后的废气排至大气。东风 EQ6100-1 型发动机的空气滤清器，进、排气管及排气消声器如图 4.14 所示。

4.7.1　空气滤清器

空气滤清器用来滤清流向化油器的空气中所含的尘土，以减少气缸、活塞、活塞环等有关零件的磨损，延长发动机的使用寿命。

空气滤清器的种类很多，在汽车上最常用如下：

1. 纸质干式空气滤清器（图 4.15）

其滤芯是用树脂处理的微孔滤纸经折叠、模压、粘结而成，滤清效率达 99.5%，且使用方便。

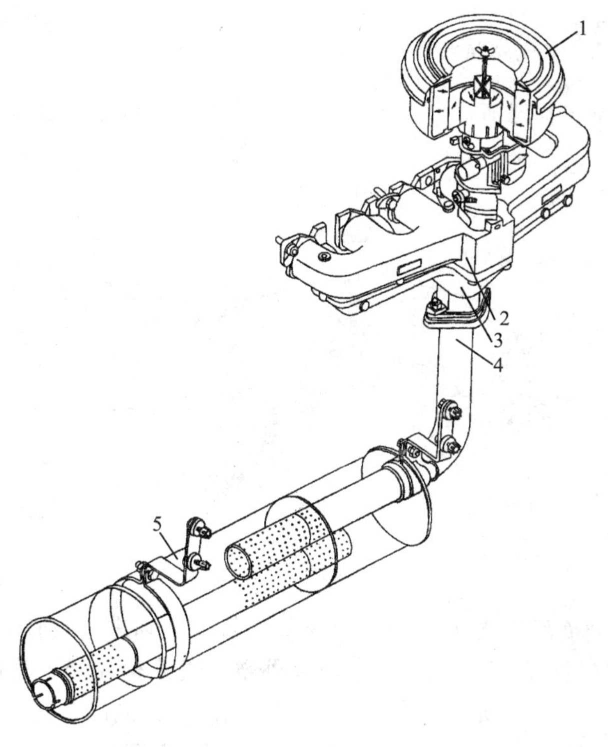

图 4.14　东风 EQ6100-1 型发动机进、排气装置

1. 空气滤清器总成；2. 进气歧管；3. 排气歧管；4. 消声器进气管；5. 消声器总成

纸质干式空气滤清器的滤芯制成波折状，以获得较大的过滤面积。滤芯的上下两端有塑料密封圈，用以保证滤芯两端的密封。发动机工作时，空气由盖与外壳之间的空隙进入，经纸质滤芯被滤清，进入接口管通往化油器。

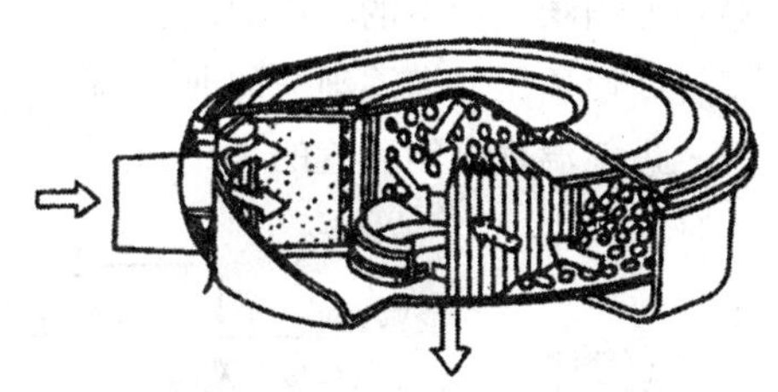

图 4.15　纸质干式空气滤清器示意图

纸质滤芯的最大缺点是一旦被油浸润，滤清阻力将急剧加大。为了延长纸质滤芯的使用寿命，使用时切忌接触油质。一般情况下汽车行驶 5000～10 000km 进行一次清洁与维护，即将滤芯取出用手拍打或用压缩空气由内向外将表面尘土吹掉。如果滤芯因使用超过一定的里程(根据使用条件一般为 30 000～50 000km)或滤芯破损时，应及时更换新滤芯以免影响发动机功率。

2. "动压-空气"空气滤清器(图 4.16)

它是一种新型结构滤清器。它在节气门全开或全负荷运转时,可以让空气额外的进入空气滤清器。

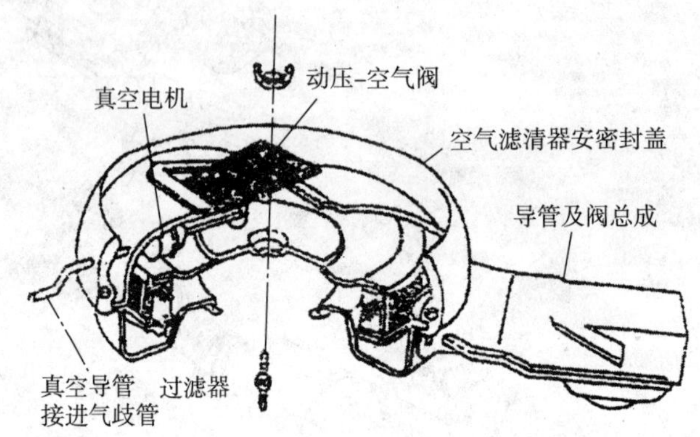

图 4.16 "动压-空气"空气滤清器

发动机进入全负荷工况时,一个由真空导气管连接到进气歧管上的真空电机便自动将"动压-空气"阀门打开,使由风斗流来的额外空气进入化油器。其他时间,由于进气歧管的负压(真空度)较低,"动压-空气"空气阀并不开启,只能以普通方式供应空气。

在一些采用排气净化措施的汽车上,在空气滤清器上还设置了进气温度控制装置。当发动机低温运转时,它能将热空气送入空气滤清器,以改善发动机怠速工况下的排放性能。

如图 4.17 所示,当双金属片式进气温度感应阀的环境温度低时,由化油器节气门下端通往控制阀膜片室的负压通路打开,这时经过加热(如排气余热)的空气进入滤清器;随着温度提高使负压通道逐渐关闭时,控制阀也随之将暖空气通道关闭并逐渐将普通空气通道打开。进气温度控制装置的采用,有利于可燃混合气的雾化,发动机暖机时间也大大缩短。

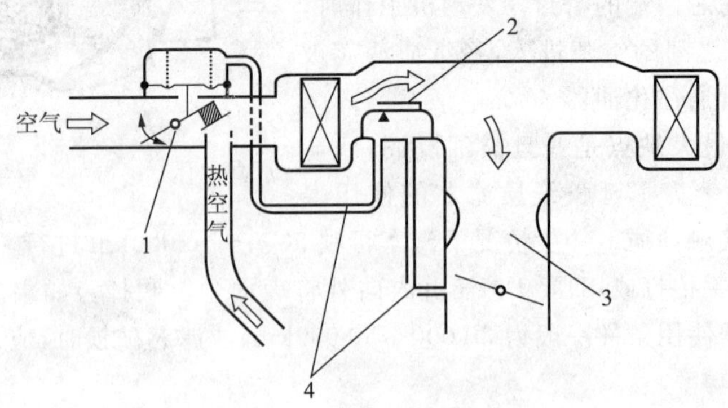

图 4.17 温度自动控制式空气滤清器

1. 空气调节阀;2. 双金属片式感温器;3. 化油器;4. 负压管

4.7.2　进、排气歧管

进气歧管的作用是将可燃混合气较均匀的分送到各个气缸，而排气歧管则是汇集各缸的废气，经排气消声器排出。

为了促进混合气中燃料颗粒的蒸发和防止油气在管道壁上凝结，常利用排气余热对进气管入口处预热。另外，进气歧管预热装置的采用，也有利于减少一氧化碳(CO)和碳氢化合物(HC)的排放。简单的方法是将排气管布置在进气管口的下方(图 4.18)。而大多数则采用预热室加热方法。

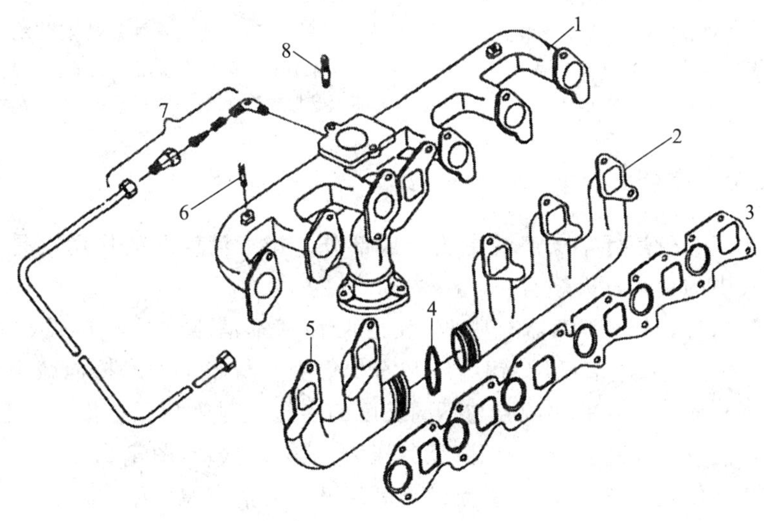

图 4.18　解放 CA1091 型汽车进排气管

1. 进气管；2. 前端排气管；3. 衬垫；4. 铸铁环；5. 后端排气管；
6. 空气滤清器支架紧固螺栓；7. 曲轴箱通风单向阀；8. 化油器紧固螺栓

图 4.19 所示为自动调节式进气管预热装置。预热隔板下方设有预热控制阀，盘形弹簧与阀门轴装配在一起。发动机低温起动时，自动调节阀处于图中所示位置，排气预热可以通过预热隔板辐射到进气管，使进气管中流动的空气得到预热；随着时间的推移，发动机温度提高，盘形弹簧开始因受热而伸展，盘形弹簧也随之移动一定的角度直至关闭预热室，于是废气直接由排气口流出，对预热隔板的加热因预热阀的阻断作用而停止。

桑塔纳轿车的进气(歧)管共有 3 套预热装置。即采用如上述恒温式空气滤清器，使混合气温度符合发动机的要求，同时还把发动机冷却水通入化油器下面的水套，利用冷却液的热量对进气管进行加热。此外，还设置了进气歧管电加热器，该装置安装在化油器下方(图 4.20)，加热器的加热表面制有许多散热柱，以增大散热面积。加热电路由装在进气歧管水套处的加热器热敏开关予以控制，当冷却液温度低于 70℃时，加热器电路被接通。

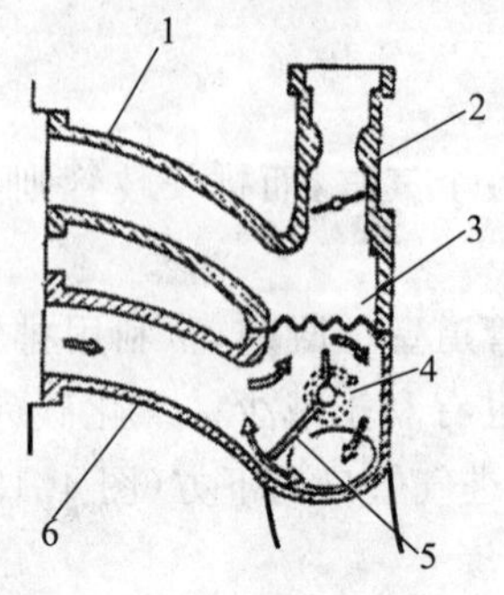

图 4.19 自动节气式进气预热装置

1. 进气歧管；2. 化油器；3. 预热隔板；4. 感温式盘形弹簧；5. 阀板；6. 排气歧管

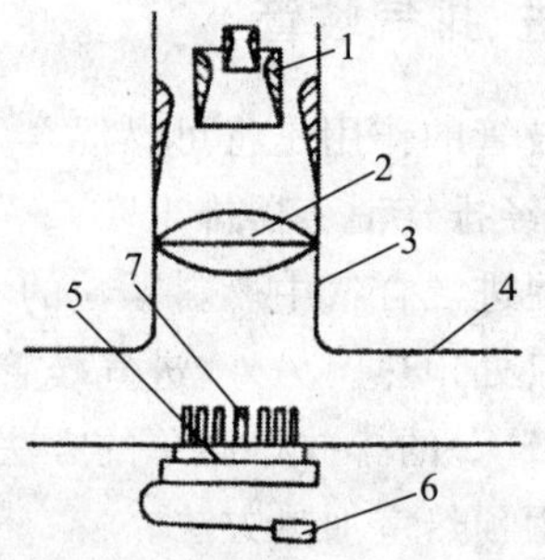

图 4.20 进气管加热器安装示意图

1. 喉管；2. 节气门；3. 进气总管；4. 进气歧管；5. 进气管加热管总成；6. 接线头；7. 进气管加热管散热柱

4.7.3 排气消声器

汽车的排气噪声是行车噪声的主要组成部分。排气消声器的作用就是降低排气噪声并消除废气中的火星及火焰。

根据干涉原理，排气消声器有吸收、反射两种基本消声方式。在吸收式消声器上(图 4.21)，通过废气在玻璃纤维、钢纤维和石棉等吸音材料上的摩擦而减小其能量。反射式消声器则有多个串联的协调腔与不同长度的多孔反射管相互连接在一起，废气在其中经过多次反射、碰撞、膨胀、冷却而降低其压力，减轻了振动(图 4.22)。

汽车上实际使用的消声器，多数是综合利用不同的消声原理组合而成的(图 4.23)。

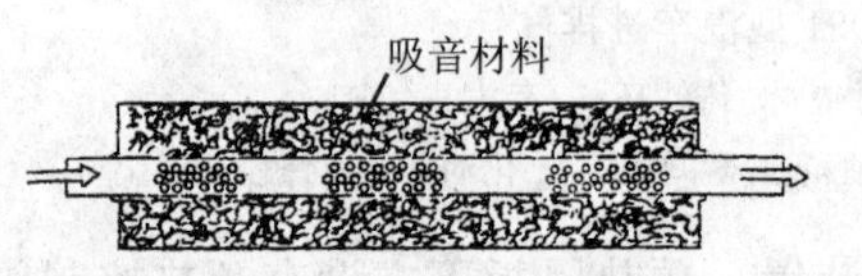

图 4.21 吸收式消声器示意图

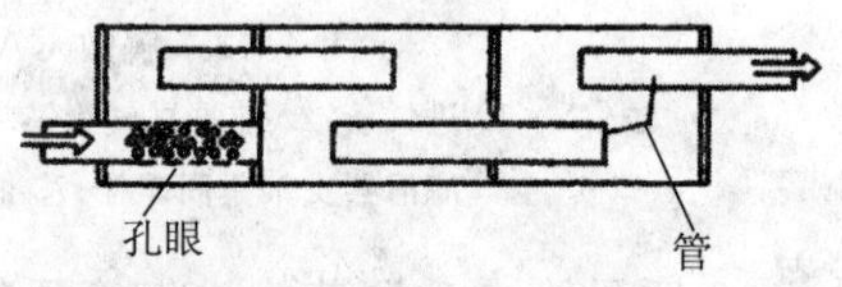

图 4.22 反射式消声器示意图

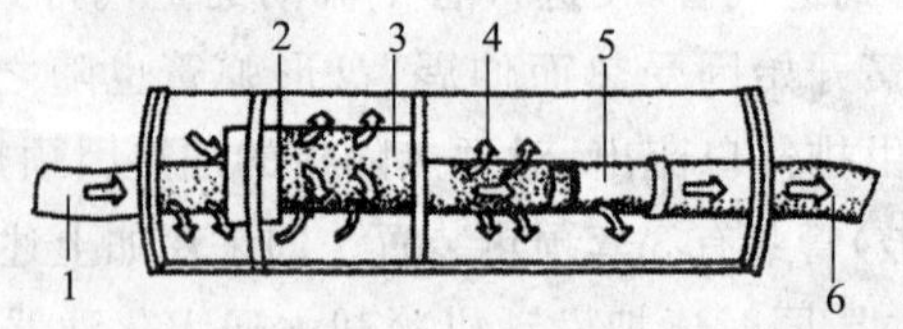

图 4.23 组合式消声器

1. 排气管；2. 节流；3. 反射管；4. 吸音材料；5. 干涉管；6. 尾管

实训部分

实训4.1　A6102型汽油机燃料供给系观察与拆装

实训4.1.1　供给系的观察

汽油机燃料供给系由汽油供给装置、空气供给装置、可燃混合气形成装置及可燃混合气供给和废气排除装置组成。

汽油流经路线：汽油箱—汽油泵—油管—化油器浮子室。

实训4.1.2　汽油泵的拆装

(1) EQB501型汽油泵的拆装

在泵上、下体上做出相应的位置标记，拧松上、下体的螺钉，使泵上、下体分开。

(2) 上体零件的拆卸

1) 拧松泵盖上的连接螺钉，取下泵盖和垫片，拆卸进、出油管接头(也可不拆卸)。

2) 注意观察进、出油阀的安装部位和方向。

3) 翻转上体，拧松固定阀门支持片的螺钉，取下阀门支持片，进出阀门和垫片。

(3) 下体零件的拆卸

1) 拧松压装固定泵膜拉杆的螺母。

2) 按顺序取下泵膜上护盘、泵膜、泵膜下护盘、泵膜弹簧座、泵膜弹簧、泵膜拉杆油封、泵膜拉杆。

3) 卸下钢丝挡圈、卸下手拉杆固定螺钉，扳动摇臂抽出手拉杆轴。

4) 取下摇臂回位弹簧，用铳头铳出摇臂轴，取下内、外摇臂。

(4) 装复

1) 按拆卸逆顺序进行。先装配好下体，即将泵膜拉杆的槽孔对正内摇臂的挂钩上，然后按顺序装上泵膜拉杆油封，泵膜弹簧、弹簧座、泵膜下护盘、泵膜、泵膜上护盘。再压下泵膜、套上垫、拧上螺母，在拧紧螺母时用螺丝刀顶住内摇臂，以便拧紧螺母。

2) 按逆顺序装配上体。

(5) 检查

装复后要进行检查，一是检查泵下体的漏油小孔应畅通，二是检查有无漏气。其方法是用一手指堵住进油油口，另一手推动摇臂，此时，进油口应有吸力，则初步确定性能良好，必要时检查泵油压力、泵油量。

实训 4.2　化油器的检查与调整

实训 4.2.1　CAH101 型化油器分解和清洗

1）拆下阻风门、加速泵与节气门连动机构之间的连接杆，用螺丝刀拆下化油器上体、中体之间的螺丝钉，轻轻将其分解并取下衬垫。

2）上体卸下阻风门总成，并分解阻风门轴、回位弹簧、半自动阻风门拉簧、阻风门拉杆、轴套及阻风门。卸下进油管接头，取出油滤网、进油针阀组件及衬垫。

3）浮子轴，取下浮子和浮子零件，卸下真空加浓装置总成。进一步分解真空柱塞总成、套筒、弹簧、真空套筒调整垫片，从中体卸下真空加浓阀及垫圈。然后将加速泵拉钩与节气门脱开，抽出加速泵活塞总成、活塞皮碗及弹簧、加速泵拉杆总成及活塞总成、加速喷嘴、进油阀分解。

4）抽出机械加浓装置总成，并将机械加浓装置推杆、夹子、加浓阀及垫圈进行分解。拧下中体固定螺钉，取下中、下体，卸下大喉管、主量孔、泡沫管总成、功率量孔、第一和第二怠速空气量孔、恒温阀总成及双金属片。

5）化油器完全解体后，用清洗液洗净量孔、喷管、油道中沉积的污垢、胶质等，再用压缩空气吹通各油道、量孔。严禁用金属丝或其他硬质物件捅洗，以防损伤量孔和破坏了化油器的供给特性。

化油器经解体、清洗、检查后，应将易损零件予以更换并对不合要求的零件进行维修后，再按与拆卸相反顺序进行装配。

实训 4.2.2　化油器油面的调整

1）化油器在使用过程中或经重新装配后应对浮子油面进行必要的检查与调整。将汽车停在平坦处，启动发动机使之达到正常工作温度，在较稳定的怠速工况下观察化油器油面检视窗，若油面与标记平齐或低于标记 1～1.5mm 位置为正常。若无油面检查窗口时，则应将油面观察螺钉拆下进行观察，以浮子室油面不溢出为合格。油面不符合要求时，应进行适当调整使之达到上述要求。

2）东风 EQH101 化油器油面的调整。旋松油面调节锁紧螺母，用螺丝刀旋动油面调整螺钉，顺时针方向旋转使油面上升，反之可使油面下降，调整完毕应旋紧油面调节锁紧螺母。

3）解放 CAH101 化油器油面的调整。首先旋松油面调节螺母，然后提起浮子支架上的油面调节螺钉，使之与上体靠紧；当油面调节螺钉向顺时针转动时，浮子支架便带动浮子一起向上移，此时浮子油面下降，反之则使油面上升。

实训 4.2.3　化油器怠速调整

发动机怠速的检查与调整应在点火正时及气门间隙调整正确、各部工作正常和化油器工作良好的前提下进行。此外，冷却系水温应达到 60℃以上，化油器阻风门处于全开位置，化油器和进气歧管各连接处应无漏气现象。

(1) 对怠速调整的基本要求

1）使发动机达到规定怠速转数，并保证发动机怠速运转稳定。

2）符合怠速工况下污染物排放标准。

3）连续加速和减速后，怠速仍能以调定的转速运转。

(2) 单腔化油器怠速调整的步骤

1）首先旋出节气门开度调整螺钉，使节气门开度减小，降低发动机转速，使怠速运转稳定、不熄火、不抖动。

2）旋动怠速调节螺钉，使发动机转速调整到最大。

3）再旋出节气门调整螺钉，使发动机转速降到尽可能低而又不熄火、不抖动。

4）重新调整怠速调整螺钉，使发动机转速接近规定的转速。

5）节气门调整螺钉和怠速调整螺钉交替进行调整，使发动机达到规定的最低稳定转速。生产厂家规定的怠速转速一般标在发动机室或车门等部位。

(3) 双腔化油器怠速调整步骤

H201A 型双腔分动式化油器的主腔和副腔工作均向气缸提供混合气，但仅主腔有怠速和加速装置，因此也只有一个节气门调整螺钉和一个怠速调整螺钉。

使用中或重新装复后的化油器，均应对初始怠速进行调整。方法是将节气门调整螺钉旋出至节气门完全关闭，再将怠速调整螺钉松回 1.5～2 圈，使发动机运转正常并且工作温度达到 75～85℃时，再正式进行怠速的调整，其步骤和方法与单腔化油器相同。

(4) 快怠速的调整

快怠速装置的检查与调整如图 4.24 所示。

对于自动阻风门式化油器其检查与调整方法为：

1）启动发动机，暖机运转预热后熄火，拆下空气滤清器，切断快怠速校正气室真空管，安装好发动机转速表。

2）使节气门稍微打开，用手推动阻风门使其关闭，放开节气门，但仍保持阻风门关闭，检查快怠速凸轮是否置

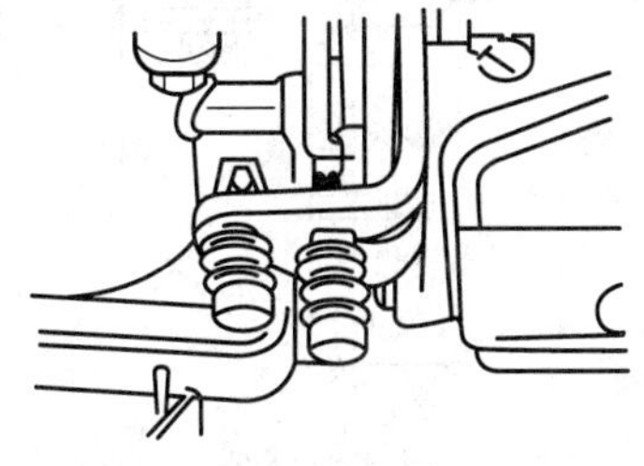

图 4.24　快怠速装置检查与调整

于第一档。

3）启动发动机，使加速踏板抬起，检查发动机转速是否为2600r/min，如果不符合要求，可调整快怠速调整螺钉使其达到正常。

4）重新装回空气滤清器及真空软管。手动阻风门式化油器与上述自动阻风门式化油器的区别是：启动发动机至正常温度，将阻风杆反时针扳到底，将其全开，检查快怠速转速是否在2600r/min，如果不符合要求，可通过调整快怠速调整螺钉加以解决。

(5) 怠速调整后的检查

1）将节气门突然打开时，供油无迟滞现象，发动机转速迅速提高，无“回火”和抖动现象。

2）节气门突然关闭，发动机转速迅速降低并且运转平稳、不熄火，排气管不“放炮”、发动机不抖动。

3）用CO、HC综合测量仪测量CO和HC的含量。在怠速运转下，CO≤5%，HC≤2000ppm，或按有关标准进行严格调整。

以上3项都符合要求时，说明怠速调整合格。

实训4.2.4　化油器加浓装置的检查与调整

1. 机械加浓装置

机械式加浓装置有标准的作用时刻，不同的车型均有各自的规定。解放CAH101化油器机械加浓装置则规定节气门在开度85%时加浓装置开始起作用。

调整方法：拆下机械加浓推杆第二环槽的卡子，将节气门推至全开位置后，使加速泵拉杆处在最下面的位置，此时加速泵连接片的下平面与机械加浓推杆的第二道环槽的上平面应对齐，然后把卡子装在机械加浓推杆的第二道环槽内。

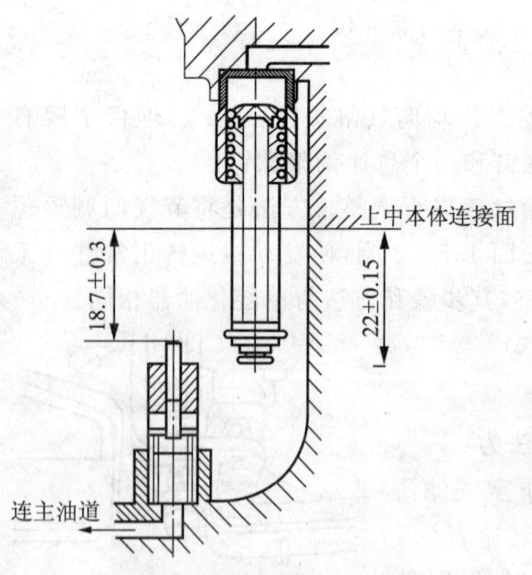

图4.25　真空加浓装置作用点间隙的检查与调整

2. 真空加浓装置

CAH101化油器，当真空加浓装置活塞总成处于自由状态下的测量标准为：活塞杆下端面距上体下平面的距离应为22±0.15mm；推杆在自由状态时，距中体上平面的距离为18.7±0.3mm，如图4.25所示。

调整时应将真空加浓活塞总成或加浓阀总成卸下，在垫圈处减少或增加一定厚度的垫片，然后装合检查，直至符合图中所示要求为止。

实训 4.2.5　加速装置的检查调整

加速泵活塞供油量取决于其行程的大小。冬季将加速泵拉杆的连接钩与节气门轴拉臂的外孔连接，使行程增加、供油量加大；夏季则应将连接钩与内孔相连，以减少行程和供油量（图 4.26）。

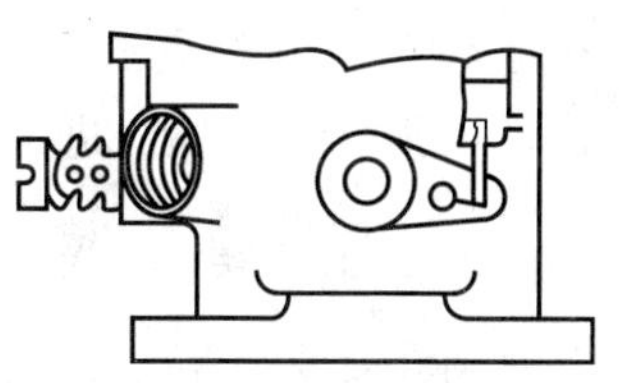

图 4.26　机械加浓装置作用点间隙的检查与调整

若化油器活塞杆上有两个环槽或多个销孔，则改变加速泵拉杆连接片与环槽或销孔相连位置，也可以改变活塞行程，使加速装置的喷油量发生改变。

实训 4.3　燃料供给系常见故障的诊断与排除

发动机燃料供给系发生故障时，将导致发动机动力性、经济性下降，有时还会造成发动机启动困难以及运转不稳和排放超标等。汽油机燃料供给系的常见故障及诊断与排除方法如下所述。

实训 4.3.1　不来油或供油不畅

1. 现象

1）发动机起动有力但没有点火迹象，即听不到点火及排气声响。

2）如果拉阻风门拉钮，踏下加速踏板勉强能起动，但加速时化油器“回火”使之很快熄灭。

3）检查化油器油面，发现油面过低或观察不到浮子室中的燃油。如果将少量汽油注入进气道，发动机能起动但燃烧瞬时后熄火。

2. 原因

1）拆下与化油器连接的管路，利用起动机带动发动机转动时，该出油口应有汽油喷出且喷射有力。注意用棉纱或容器收集喷出的汽油，以免发生火灾。

如果供油管路工作正常，则应重点检查化油器故障：进油口滤网堵塞、三角针阀座结胶、浮子卡死、主量孔堵塞或浮子室出油口堵塞。

2）如果供油不正常则应先检查油箱的油面是否过低或无油；有输油管开关时应检查

该开关是否未打开;一切正常时应检查输油管连接状况,必要时应拆下检查输油管是否断裂或堵塞、凹瘪、破裂、输油管接头松动以及漏油等。

3)注意夏季是否气阻或冬季汽油中有水造成管路结冰。

4)进一步检查汽油滤清器堵塞,如果正常应检查汽油泵是否存在以下故障:摇臂与凸轮磨损、滤网过脏、进出油阀卡死失效或膜片破裂。

3. 诊断方法

以汽油泵为重点分段进行检查:用汽油泵手柄泵油,观察化油器检视窗,若化油器有油,油面符合标准,则故障在化油器;检视窗无油,而感到汽油泵始终有泵油行程,说明汽油泵至油箱有故障。

实训 4.3.2 混合气过浓

1. 现象

1)发动机不易起动或者起动后加速困难,怠速或中速运转不均匀。

2)发动机运转时排气管冒黑烟,并有“突、突”的声音,严重时在排气管处还伴随“放炮”的声音,猛踏加速踏板瞬时好转,但收油后“放炮”严重。

3)发动机动力不足,油耗量明显增加和发动机排气过热。

4)化油器节气门轴处有渗油现象,卸下火花塞检查时可发现电极潮湿并且汽油味严重。

2. 原因

1)浮子室油面调节不当(过高)或主量孔磨损使供油量过大。

2)阻风门处于关闭状态或回位操纵装置不灵活。

3)空气滤清器过脏造成进气阻力过大。

4)浮子破裂、三角针阀与阀座不密封使油面控制失调。

5)主喷管的空气量孔堵塞;真空加浓或机械加浓装置失效。

3. 诊断方法

1)检查浮子室油面,观察浮子室油面是否太高,进油针阀关闭不严,或浮子破裂。

2)减小主量孔,观察发动机运转是否好转。

3)堵死主量孔,观察发动机是否熄火,如不熄火,故障应在加浓或加速装置。

4)拆下空气虑清器,观察发动机是否好转,如好转,故障在空气虑清器堵塞。

5)观察阻风门是否完全打开。

6）观察主供油空气量孔、怠速空气量孔是否堵塞。

实训 4.3.3 混合气过稀

1. 现象

1）发动机不易起动或起动动力不足、怠速不稳。

2）加速时发动机转速不易提高、相应能力差，有时还伴有化油器“回火”现象甚至在节气门开大时熄火。

3）发动机冷却系水温过热。

2. 原因

1）浮子室油面过低或化油器主量孔堵塞。

2）油管破裂、凹瘪、管接头松动或油管堵塞使供油不畅。

3）进气歧管垫、化油器衬垫损坏漏气或节气门轴损坏严重以及螺栓松动引起进气系统漏气。

4）汽油泵供油不足，汽油泵膜片损坏或弹簧过软、折断；进、出油阀不密封；内外摇臂磨损间隙过大；汽油泵和缸体间衬垫过厚以及进油滤网过脏等。

5）汽油滤清器堵塞。

6）汽油中有水或供油系统发生气阻。

3. 诊断方法

在汽车行驶中发现动力不足、加油不畅甚至化油器回火时，应及时拉动阻风门使混合气加浓。如没有好转则为混合气过稀，可首先检查浮子室油面是否过低；如果状况不佳甚至熄火，则应检查供油系统零件是否工作不良或有阻塞。

第5章

汽油喷射式燃料供给系构造与维修

☆ 知识点

1. 电控燃油喷射系统的分类、组成和工作原理
2. 电控燃油喷射系统部件的结构和检测方法

❖ 要求

掌握：

1. 掌握电控燃油喷射系统的分类、组成和工作原理
2. 掌握各组成部件的结构和检测方法，重点掌握电控系统各传感器、执行器的结构和检测方法

了解：

1. 了解电控燃油喷射系统的发展及应用状况
2. 了解电控燃油喷射系统的一般结构和检修方法

理论部分

5.1 汽油喷射系统概述

5.1.1 汽油喷射系统的概念

汽油喷射系统的实质就是一种新型的汽油供油系统。化油器利用空气流动时在节气门上方的喉管处产生负压,将浮子室的汽油连续吸出,经过雾化后输送给发动机。汽油喷射系统则是通过采用大量的传感器感受各种工况,根据直接或间接检测的进气信号,经过计算机判断和分析,计算出燃烧时所需的汽油量,然后将加有一定压力的汽油经喷油器喷出,以供发动机使用。

5.1.2 汽油喷射系统的发展及应用

自从 1967 年博世公司研制开发成功了 K 型机械式汽油喷射系统以来,汽油喷射系统经历了 K 型系统,K-E 型系统(机械与电子混合控制),EFI(电控燃油喷射系统)的发展过程。

除少数汽车仍在采用 K 或 K-E 系统外,大多数都采用了 EFI 电控燃油喷射系统。SPI 单点燃油喷射系统因其结构较简单,只用一个喷油器,发动机结构在化油器式的基础上变动较少,成本较低,故国内外现在已经迅速推广应用在低排量的普通轿车甚至载货汽车上。大排量的轿车大多采用 MPI 多点喷射。

目前代表国际中级轿车顶尖水平的第 5 代车型,如奥迪 A6 和帕萨特 B5 等都是采用了多点电控喷射,而且它们还采用了德国大众集团独有的领先于世界的三大技术,即 5 气门技术、可变配气相位技术和可变进气管技术。以前汽车都是采用每气缸 1 进 1 出的 2 气门发动机,现代轿车上多数采用了 2 进 2 出的 4 气门发动机,而 5 气门发动机技术是采用 3 进 2 出的方法,在每个燃气室有 5 个气门,使燃气混合更快更均匀,排气也更迅速更彻底,燃烧室的空间可以得到更充分的利用。因此,发动机的动力性将得到提高,废气排放将大大减少。可变凸轮轴通过改变进排气门的开启和关闭时间(可变配气相位),使发动机在高转速工况下获得尽可能高的功率,在低转速的情况下极大的降低了燃烧不平稳性,提高转矩。采用可变通的通道进气管,即随发动机的转速和负荷改变进气路径长短，高转速时，通道变短，减少流动损失，提高高速功率。低转速时，进气通道变长，提高进气流速，增加转矩。

近年来，高档豪华轿车有采用直喷系统的趋势。它是将喷油器安装在每个气缸的燃油室上方，燃油直接喷入气缸内进行混合燃烧，一般喷射系统的喷射压力为 250kPa，而 DI 系统的喷射压力将达到 5MPa 以上。由于压力增大，因而燃烧更充分，效率更高，可以节约燃料 20%以上，并能满足 2005 年开始实施的欧洲 4 号排放规定。但是由于它必须使用低硫汽油，其目前的应用还受到一定限制，汽油直喷式发动机的开发成功为制造出更节能、更干净的汽车提供了良好的开端。缸内直喷特别是四冲程汽油机缸内直喷是当前轿车汽油喷射中的前沿技术，电控燃油直喷式发动机将成为 21 世纪汽车的主流。

5.1.3 汽油喷射系统的优缺点

电控发动机系统取消了化油器供油系中的喉管，喷油位置在节气门下方或缸内，有计算机控制喷油器精确供油。与化油器式发动机相比，汽油喷射系统具有以下优点：

1）提高了发动机的充气系数，从而增加了发动机的输出功率和扭矩。这是因为汽油喷射系统没有化油器的喉管，减少了进气压力的损失；汽油喷射是在进气歧管附近，只有空气通过歧管，这样可以增加进气歧管的直径，增加进气歧管的惯性作用，提高充气效率。

2）能根据发动机负荷的变化，精确控制混合气的空燃比，适应发动机的各种工况，使汽油燃烧充分，降低油耗，减少排气污染，而且响应速度快。

3）可均匀分配各缸燃油，减少了爆震现象，提高了发动机工作的稳定性，同时也降低了废气排放和噪声污染。

4）提高了汽车驾驶性能。在寒冷的季节里，化油器主喷油管的附近容易结冰，会造成发动机输出功率不足，而汽油喷射供油不经过节气门和进气歧管，所以没有结冰现象，从而提高了冷起动性能；另外，汽油喷射是高压供油，喷出的汽油雾滴比较小，汽油不经过进气歧管，所以，当突然加速时，雾滴较小的汽油能与空气同时进入燃烧室混合，因而比化油器供油的响应速度快，加速性能好。

与传统的机化油器相比，电控汽油系统可以使汽车燃油消耗率降低 5%～15%，废气排放量减少 20%左右，发动机功率提高 5%～10%。电控汽油喷射系统无论从燃油经济性、发动机动力性，还是从排气和噪声污染等方面，都具有化油器式发动机无法比拟的优越性。

电控汽油喷射系统的缺点在于价格偏高、维修要求高。

5.2 电控汽油喷射系统的组成和工作原理

5.2.1 电控汽油喷射系统的分类

1. 按喷射方式分类

按汽油的喷射方式来分，电控汽油喷射系统可以分为缸内喷射、进气管喷射两大类。

(1) 缸内喷射

该喷射方式是将喷油器安装在缸盖上直接向缸内喷油，因此要求喷油器阀体能承受燃气产生的高温高压。缸内喷射是近几年来燃油喷射技术的发展趋势之一。

(2) 进气管喷射

该喷射方式是目前普遍采用的喷射方式。根据喷油器和安装位置的不同又可分为两种：

1) 单点喷射方式。单点喷射系统(SPI)是把喷油器安装在化油器所在的节气门处，它的外形也有一点像化油器，通常用一个喷油器将燃油喷入进气流，形成混合气进入进气歧管，再分配到各缸中。因此，单点喷射又可以理解为把化油器换成节流阀体喷射装置(TBI)，也称为中央燃油喷射(CFI)。单点喷射系统由于在气流的前段(节气门段)就将燃油喷入气流，因此属于前段喷射。

2) 多点喷射方式。多点喷射系统是在每缸进气口处装有一个喷油器，由电控单元(ECU)控制进行分缸单独喷射或分组喷射，汽油直接喷射到各缸的进气门前方，再与空气一起进入气缸形成混合气。多点喷射又称为多气门喷射(MPI)或顺序燃油喷射(SFI)，或单独燃油喷射(IFI)。由于多点喷射系统是直接向进气门前方喷射，因此，多点喷射属于在气流的后段将燃油喷入气流，属于后段喷射。多点喷射是目前最普遍的喷射系统。

2. 按空气量的检测方式分类

按空气量的检测方式可分为直接式和间接式两大类。

(1) 直接式检测方式

由空气流量计(MAF)直接测量进入进气歧管的空气量，这种方式称为质量流量控制型，K 型和 L 型汽油喷射系统均属于这种类型。

(2) 间接式检测方式

该方式不是直接检测空气量，而是根据发动机转速和其他参数，推算出吸入的空气量，现在采用的有两种方式：一种是根据测量进气管压力和发动机转速，推算出吸入的空气量，并计算出燃油流量的速度密度，这种方式也称为速度密度控制型，例如 D 型控制系统。这种控制方式由于受到进气管空气压力波动的影响，进气量的测量精度并不高，但是其进气阻力小,充气效率高;另一种是根据测量节气门开度和发动机转速,推算吸入的空气量,并计算出燃料量的节流速度,这种方式也称为节流速度控制型,由于这种控制方式换算比较复杂,只在赛车中才有使用的例子。

3. 按有无反馈分类

按有无反馈来分,电控汽油喷射系统可以分为开环控制、闭环控制两大类。

(1) 开环控制

开环控制系统只给主系统发出指令,不能检查或控制主系统的实际输出情况。它是把根据实验决定的发动机各种工况的最佳供油参数输入微机,发动机运转时微机根据各传感器的输入信号,确定喷油量,从而决定空燃比,使发动机良好运行。这种控制系统是单向的。这样,一个磨损的喷油器的实际喷油量就有可能比微机所控制喷出的喷油量要多,而微机却以为喷油量是理想的,这就使得该系统的各部件的精度要求较高,只有这样才能与输入微机的基准数据保持一致。

(2) 闭环控制

闭环控制是通过对输入信号的检测并利用反馈信号,对输入进行调整,使输出满足要求。例如,在排气管上加装氧传感器,根据排气中的含氧量来测定发动机燃烧室的工况,并把信号反馈到微机与原来给定的信号进行比较,将燃油量与空燃比进行修正。因此,闭环控制可达到较高的控制精度,可消除产品差异和磨损等形成的性能变化。

5.2.2 电控汽油喷射系统的组成和工作原理

组成:按其部件功用来看,主要有空气供给系统(气路)、燃油供给系统(油路)和电子控制系统(电路)三部分,如图 5.1 所示。

1. 空气供给系统

作用:为发动机提供清洁的空气并控制发动机正常工作时的进气量。

组成:如图 5.2 所示,一般由空气滤清器、空气流量计或进气歧管压力传感器、节气门体、节气门、空气阀、进气总管、进气歧管等部分组成。

工作原理:发动机工作时,空气经空气滤清器过滤后,通过空气流量计(L 型)、节气门体进入进气总管,再通过进气歧管分配给各缸。节气门体中设有节气门,从而控制进入发动机的空气量,进而控制发动机的输出功率。在节气门的外部或内部设有与主进气道并联的旁通怠速进气通道,并由怠速控制阀控制怠速时的进气量。

L 型——流经怠速控制阀的空气首先经过空气流量计测量,如图 5.2(a)所示。

D 型——进气歧管压力传感器测量的是进气管内的绝对压力,流经怠速控制阀的空气也在检测范围内。怠速控制阀由 ECU 直接控制,如图 5.2(b)所示。

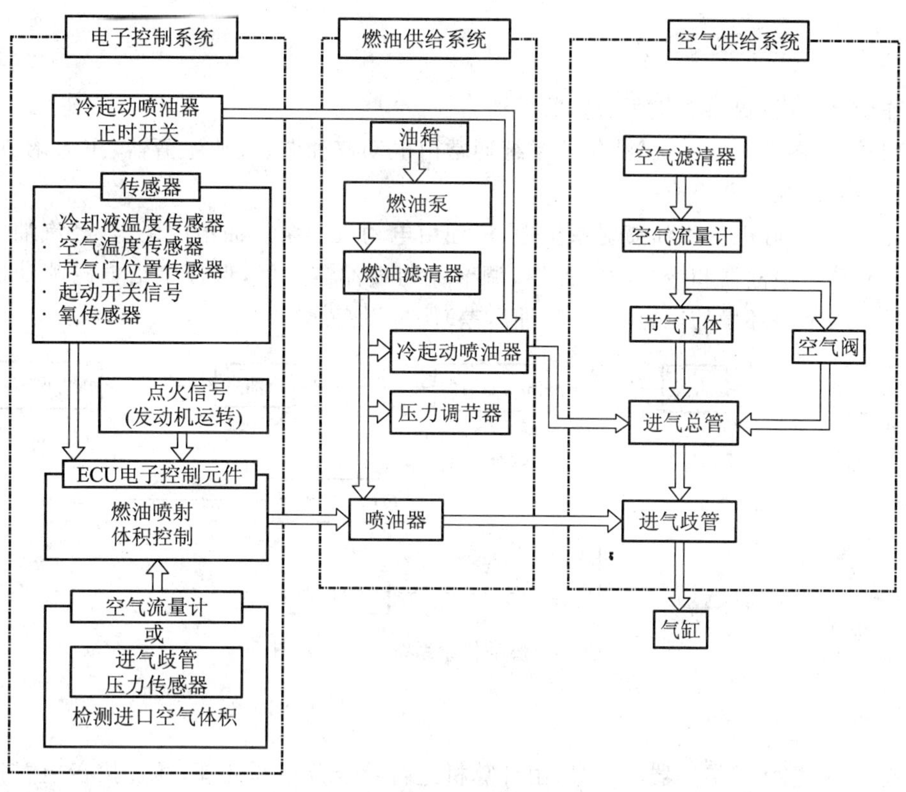

图 5.1　汽油机电控燃油喷射系统组成框图

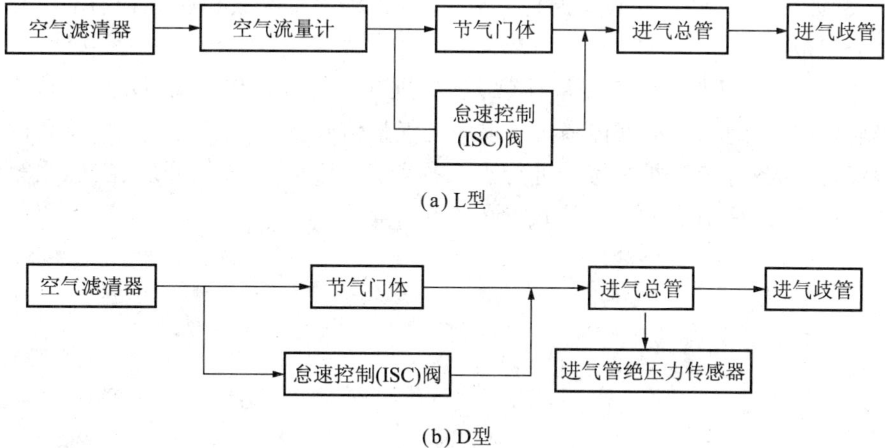

图 5.2　空气供给系统的工作流程图

2. 燃油供给系统

作用:向气缸提供燃烧所需要的燃油。

组成:如图 5.3 所示,燃油供给系统通常由电动汽油泵、汽油滤清器、压力调节器、喷油器和冷起动喷油器组成。

工作原理:在电控汽油喷射系统中,汽油由电动汽油泵从油箱中泵出,经汽油滤清器等输送到电磁喷油器和冷起动喷油器,调节器与喷油器并联,保证供给电磁喷油器内的汽油压力与喷射环境的压力之差(喷油压差)保持不变。

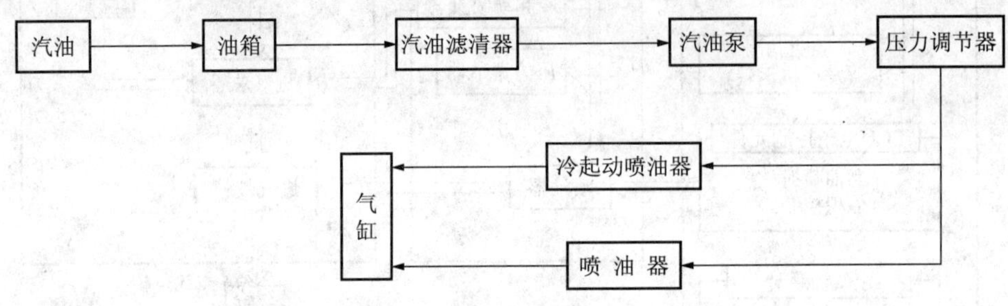

图 5.3 燃油供给系统工作流程图

3. 电子控制系统

功用:根据各种传感器的信号,由计算机进行综合分析和处理,通过执行装置控制喷油量等,使发动机具有最佳性能。

组成:如图 5.4 所示,从控制原理来看,电控汽油喷射系统由传感器、ECU 和执行器三大部分组成。

工作原理:ECU 根据空气流量计(L)型或进气歧管压力传感器(D)型和转速传感器的信号确定空气流量,再根据传感比要求即进气量信号就可以确定每一个循环的基本供油量,然后根据各种传感器的信号进行点火提前角、温度、节气门开度、空燃比等各种工作参数的修正,最后确定某一工况下的最佳喷油量。

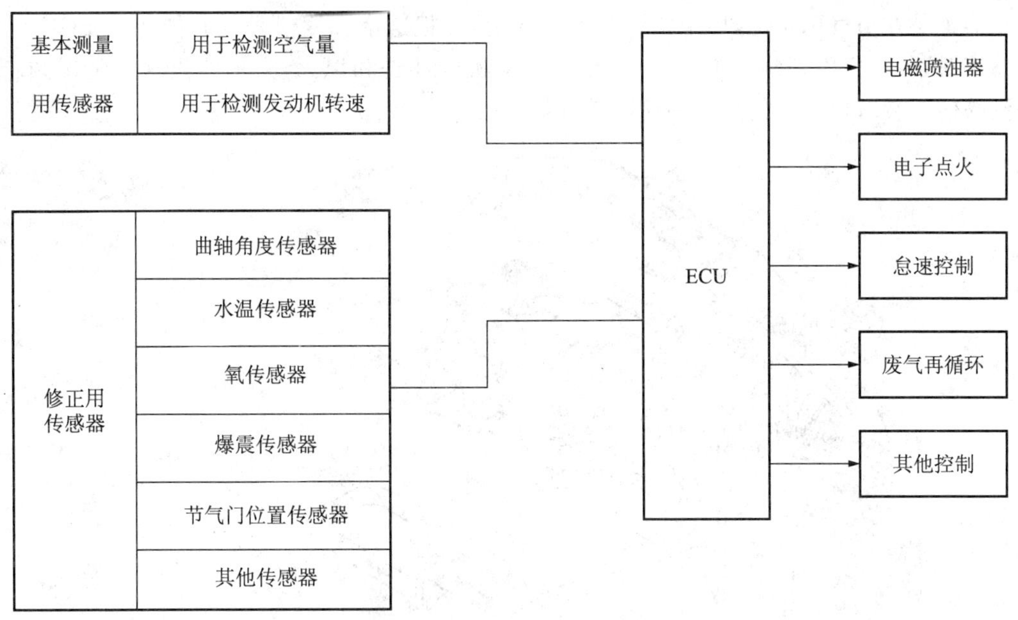

图 5.4　电子控制系统图

5.3　空气供给系统主要装置的结构与工作原理

空气供给系统主要由空气滤清器、空气流量计或进气歧管压力传感器、节气门体、节气门、空气阀、进气总管、进气歧管等部分组成(图 5.5)。

1. 空气滤清器

空气滤清器的作用是净化空气。汽油喷射发动机的空气滤清器与一般的空气滤清器相同,一般都是干式纸质滤芯式,本节不再详述。

2. 空气流量计

空气流量计的作用是把测得的空气流量转换为电压信号,并把此电压信号送至ECU,ECU 根据此信号和转速等信号来决定基本喷油量。空气流量计具体构造与工作原理将在后面详细介绍。

3. 节流阀体(节气门体)

节气门体包括控制进气量的节气门通道和怠速运行的空气旁通道。节气门位置传感器也装在节气门轴上，用来检测节气门开度，并把这个开度信号及时传递给 ECU。当减速时，节气门由开到全闭，有时会导致发动机的冲击和熄火，为了防止这种情况，在节流阀体上装有使节气门缓慢回位的缓冲器。

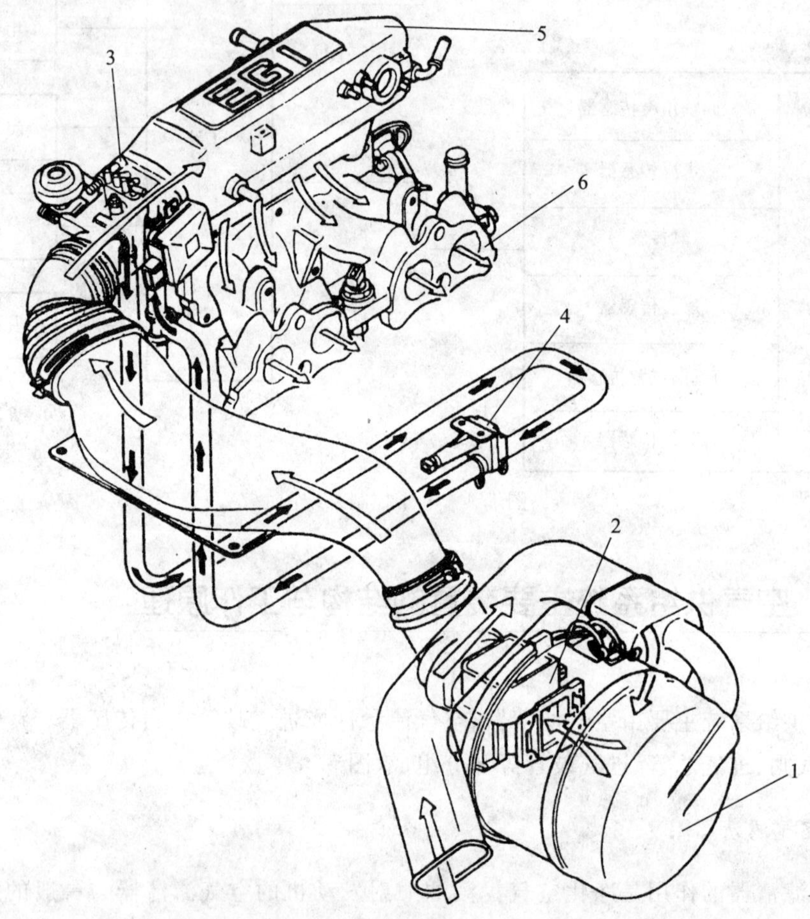

图 5.5　空气供给系统

1. 空气滤清器；2. 空气流量计；3. 节气门体；4. 空气阀；5. 动力腔；6. 进气歧管

节气门体位于空气流量计和发动机之间的进气管上，与驾驶员的加速踏板联动，即踩下加速踏板时，节气门体开度增大，松开加速踏板（即油门踏板）时，则节气门自动回位，从而控制进气量的大小，控制汽车运动工况变化。

为了改善节流阀的低温使用性能，特别是在寒冷地区为了防止节流阀轴和阀的转动部位结冰，在一些发动机中的节流阀体的外围设置了发动机冷却水通道，以便加热节流阀体。图 5.6 所示为节气门体外观和工作原理图。

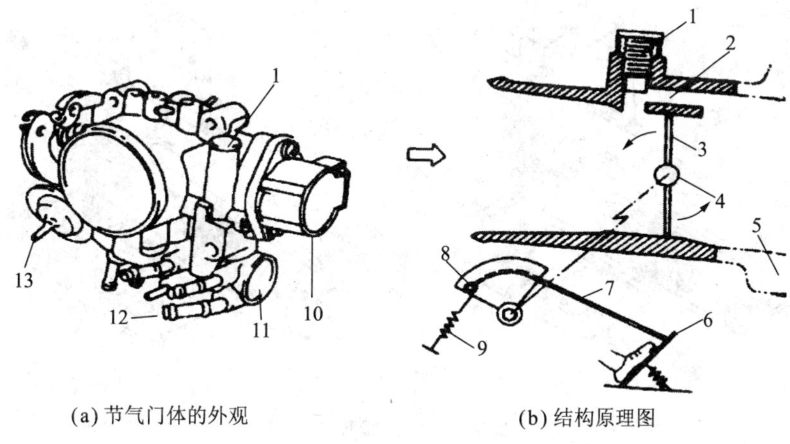

(a) 节气门体的外观　　(b) 结构原理图

图 5.6　节气门体的外观和结构图

1. 怠速调速螺钉；2. 旁通通路；3. 节气门；4. 节气门轴；5. 稳压箱(缓冲室)；
6. 加速踏板；7. 加速踏板金属丝；8. 操纵臂；9. 回位弹簧；10. 节气门位置传感器；
11. 辅助空气阀；12. 通冷却水管路；13. 缓冲器

发动机怠速时，节气门处于全关闭位置。怠速运转所需的空气量流经旁通通路，在旁通通路中，安装了能改变通路面积的怠速调整螺钉，以调整怠速时的空气流量从而调整怠速工况运行状况，调整怠速转速。

4. 空气阀

空气阀的作用是增加发动机冷态时的进气量，以提高怠速转速，加快预热过程，并提高发动机冷启动性。由于在冷启动时，发动机温度低，摩擦阻力大，暖车预热时间长，为了减短这段时间，使发动机迅速进入热车状态，通过空气阀向发动机提供额外的空气，使发动机转速增加，当暖车以后流经空气阀的空气即被切断，发动机吸入的空气改由节流阀体的旁通通道供给，使发动机在通常的怠速工况下稳定运转。一般来说，常用的空气阀有双金属型和石蜡型两种。

(1) 双金属片式空气阀(图 5.7)

发动机开始运行时，温度低，空气阀处于开启状态，空气经空气阀进入进气总管。此时节气门虽然是关闭的，但进气量较大，怠速转速高。与发动机启动的同时，加热线圈上就有电流通过，双金属片被加热后产生变形并慢慢向箭头方向移动，空气阀通路逐渐关闭。此时，在启动后经过一定的时间发动机转速慢慢降低，直到正常怠速转速。

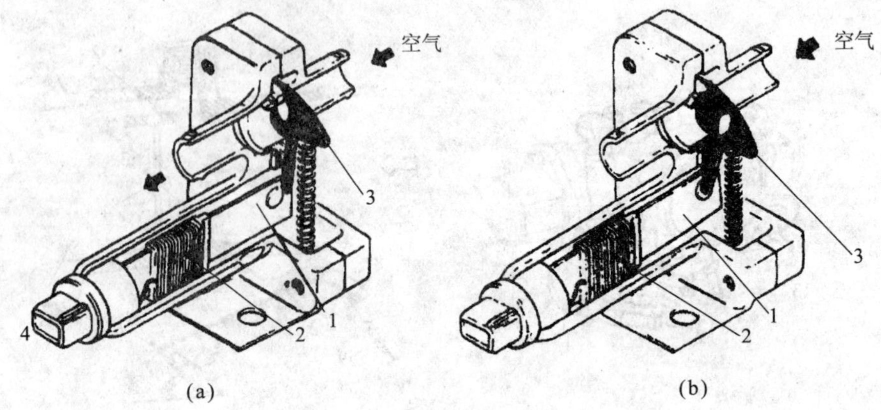

图 5.7　双金属片式空气阀

1. 双金属；2. 电热丝；3. 阀片；4. 电源插头

(2) 石蜡式空气阀(图 5.8)

发动机冷却水的温度较低时，石蜡收缩，阀在弹簧 6 的作用下打开，使空气经空气阀进入进气总管。随着冷却水温度的升高，石蜡膨胀，推动弹簧 7，使阀门关闭，由于弹簧 7 比弹簧 6 刚度大，所以阀是逐渐关闭的，使发动机的转速缓慢地降低到正常怠速运转。冷却水的温度达到 80℃后阀门总是关闭状态，发动机在正常怠速下运行。

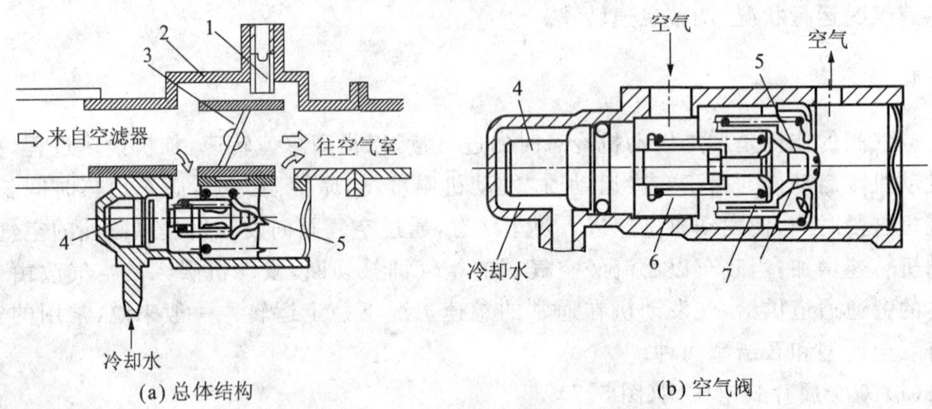

图 5.8　石蜡式空气阀

1. 怠速调整螺钉；2. 节气门体；3. 节气门；4. 石蜡；5. 阀；6. 内弹簧；7. 外弹簧

5. 怠速控制阀(ISCV)

怠速控制阀又叫怠速电控阀，是由 ECU 控制的，它不仅集中了节气门和由怠速调整螺钉控制的旁通气道的功能，而且在 ECU 控制下，能够根据发动机实际工况变化来改变怠速时流入发动机的空气量，使发动机在不同工况下都能以最佳怠速转速运转。常见的怠速电控阀有步进电机式和脉冲电磁阀式两种。

(1) 步进电机式怠速电控阀

如图 5.9 所示，步进电机式怠速电控阀螺杆端部装有阀芯，当转子旋转时，螺杆即带动阀芯移动。电控单元通过步进电机控制转子的方向和转角，以控制阀芯的移动方向和移动距离，从而调节旁通气道的进气量。电控单元根据不同工况下设定的怠速转速进行控制，因此不再设置怠速空气阀，而是由怠速电控阀来实现对冷车快怠速和热车后正常怠速的自动控制。

(2) 脉冲电磁阀式怠速电控阀

其安装位置如图 5.10 所示，结构与普通电磁阀基本相同(图 5.11)。它的作用是控制旁通气道的气量。

当电磁线圈通电时，阀芯打开阀门，使旁通气道开启；当断电时，阀芯在回位弹簧的作用下关闭旁通气道。在电控单元输出固定频率的脉冲电流作用下，每个脉冲周期内通电时间所占的比例(占空比)越大，阀门开启时间的占空比也越大，进气量越多。电控单元即通过改变这种脉冲电流的占空比，来改变进气量，以实现对发动机怠速转速的控制。

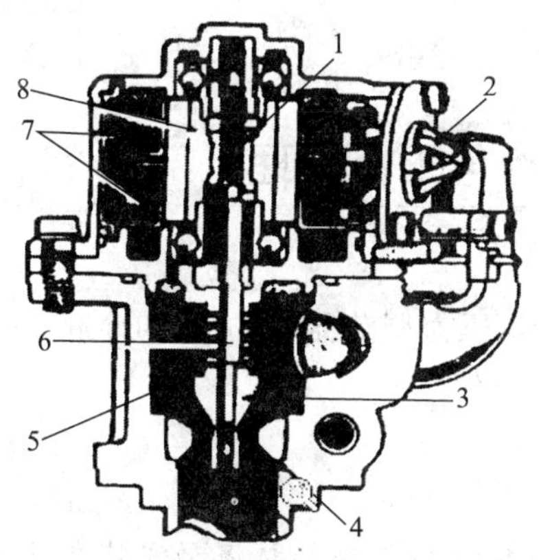

图 5.9　步进电机式怠速电控阀

1. 螺杆；2. 电控单元导线；3. 阀芯；4. 通进气歧管；5. 通旁通气道；6. 阀芯轴；7. 定子绕组；8. 转子

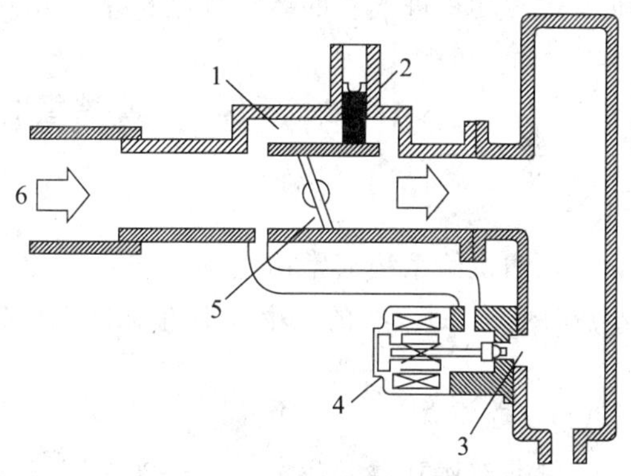

图 5.10　怠速电控阀安装位置

1. 旁通气道；2. 怠速调整螺钉；3. 旁通气孔；4. 怠速电控阀；5. 节气门；6. 进气气流

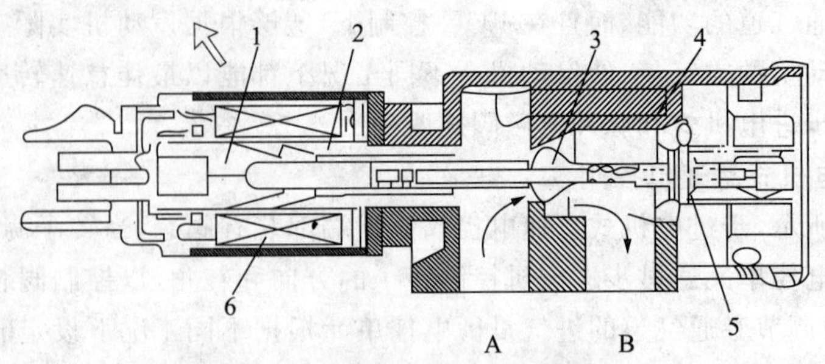

图 5.11　脉冲电磁阀式怠速电控阀

1. 活动衔铁；2. 固定衔铁；3. 阀芯；4. 阀座；5. 回位弹簧；6. 脉冲磁线圈；
A. 进气；B. 出气

6. 进气管

在多点电控燃油喷射式发动机上，为了消除进气波动和保证各缸进气均匀，对进气总管和进气歧管的形状、容积都有严格的要求，每个气缸必须一个单独的进气歧管。有些发动的进气总管与进气歧管制成一体，有些则是分开制造再用螺栓连接。

在采用单点燃油喷射系统的发动机上，由于喷油器安装在节气门体上，进气管与化油器式发动机进气管的要求和结构基本相同。

5.4　燃油供给系统主要装置的结构与工作原理

燃油供给系统通常由电动汽油泵、汽油滤清器、压力调节器、喷油器和冷起动喷油器组成(图 5.12)。有的车上还装有脉动阻压器。

1. 电动汽油泵

燃油泵按其安装位置可以分为外装泵和内装泵两种。外装泵将泵安装在油箱之外的输油管路中，内装泵则是将泵安装在燃油箱内。与外装泵相比，内装泵不易产生气阻和燃油泄露，而且噪声小。目前多数 EFI 采用内装泵。脉动阻尼器可以消除喷油时油压产生的微小波动，进一步稳定油压。电磁喷油器按照发动机控制的喷油脉冲信号把汽油喷入进气道。当冷却水温度低时，冷起动喷油器将汽油喷入进气总管，以改善发动机低温时的起动性能。电动汽油泵多采用涡轮式、滚柱式等。

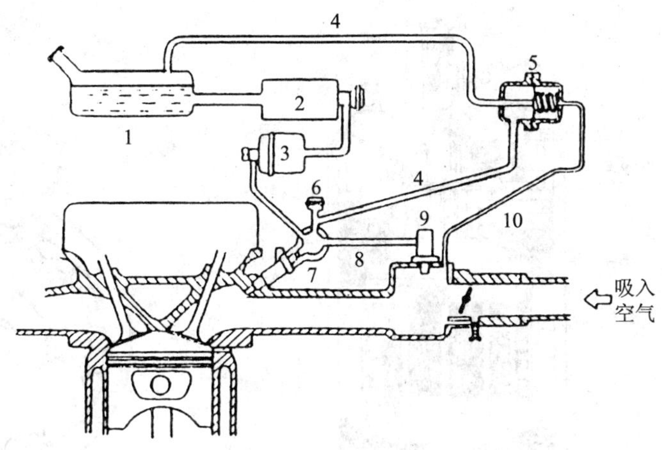

图 5.12　燃油供给系统

1. 燃油箱;2. 电动汽油泵;3. 汽油滤清器;4. 回油道;5. 汽油压力调节器;
6. 汽油压力缓冲器;7. 喷油器;8. 输油管;9. 冷启动喷油器;10. 真空管

(1) 电动汽油泵的结构和工作原理

涡轮式电动汽油泵是由直流电机、涡轮泵、单向阀、卸荷阀、滤网等组成。其结构如图 5.13 所示。燃油先经过滤网过滤,由涡轮泵经过电动机,打开单向阀输入油管。

涡轮泵是由叶轮、叶片、外壳和泵盖组成。叶轮由电动机驱动,在离心力的作用下,叶片紧贴泵壳,将油经窄小缝隙由进油室驱至出油室从而加压。燃油通过电动机的内部起到了冷却电动机的作用。

在泵的出口处设有单向阀,防止停机后燃油倒流,保持油管中的油压和防止气阻的产生,便于下一次启动。

在泵的出口端和入口端设有卸荷阀,在汽油滤清器堵塞或油压调节器失效时,起卸压保护作用。一般限制的压力为 400kPa。

滚柱式电动汽油泵如图 5.14 所示。转子与泵隔板偏心,转子在电动机的驱动下运转,滚子在离心力作用下向外甩开而紧贴泵隔板内壁运动,形成五个工作腔。转动时油入口处的工作腔逐渐增大,产生一定的吸力,将油吸入,再驱动至出油口。此过程中,工作腔容积逐渐变小,从而使油加压。泵上也有单向阀和卸压阀,其原理同上。

电动汽油泵都是利用容积的变化,使进油端降压,出油端升压。其泵油量的多少,决定于油泵的尺寸和转速的高低及外部油路负载的大小。电动汽油泵转速的高低,决定于驱动电压的高低,与发动机的转速无关。

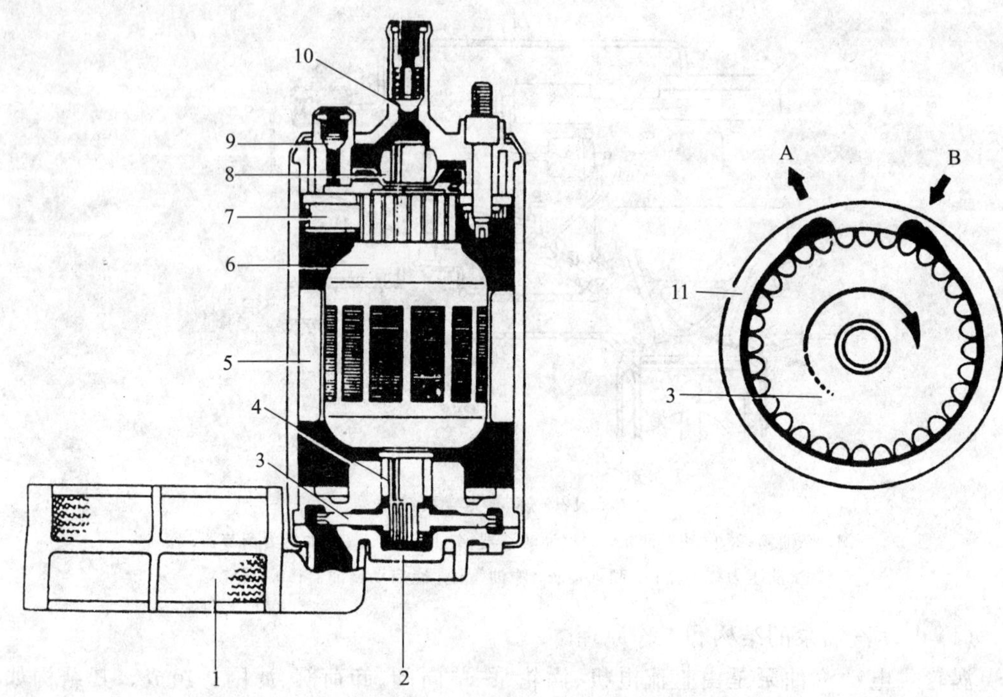

图 5.13　涡轮式电动汽油泵的结构

1. 滤网;2. 橡胶缓冲垫;3. 叶轮;4. 轴承;5. 磁铁;6. 电枢;7. 炭刷;
8. 轴承;9. 卸荷阀 10. 单向阀;11. 泵体;A. 出油;B. 进油

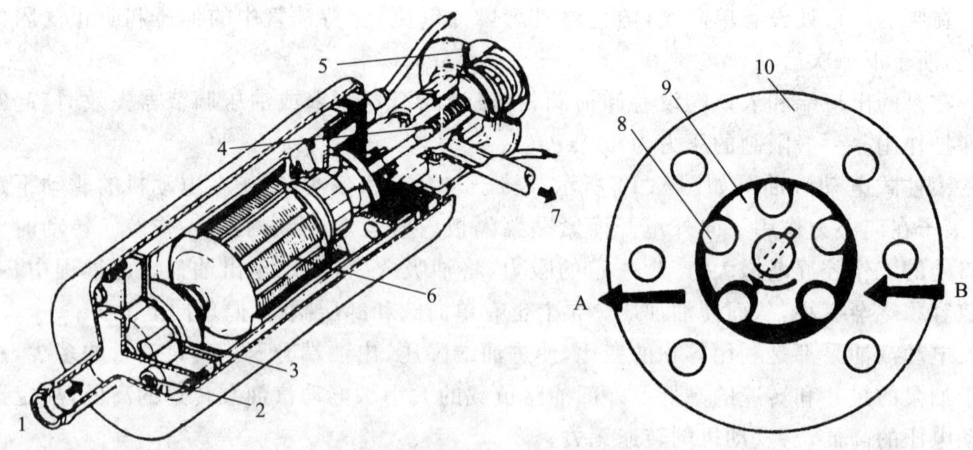

图 5.14　滚柱式电动汽油泵的结构

1. 进油口;2. 卸荷阀;3. 油泵;4. 单向阀;5. 缓冲器;6. 电动机;
7. 出油口;8. 滚柱 9. 转子;10. 泵体;A. 出油;B. 进油

2. 燃油滤清器

燃油滤清器安装在燃油泵之后的高压油路中。其功用是滤除燃油中的杂质和水分，防止燃油系统堵塞，减小机械磨损，以保证发动机正常工作。

在电控燃油喷射式发动机的燃油供给系统中，一般采用的都是纸质滤芯、一次性的燃油滤清器。燃油滤清器的结构如图 5.15 所示，燃油从入口进入滤清器，经过壳体内的滤芯过滤后，清洁的燃油从出口流出。

一般汽车每行驶 20 000～40 000km 或 1～2 年，应更换燃油滤清器。更换燃油滤清器时，应首先释放燃油系统压力，并注意燃油滤清器壳体上的箭头标记为燃油流动方向。

3. 脉动阻尼器

部分电控燃油喷射式发动机的燃油供给系统中，在输油管的一端装有脉动阻尼器，其功用是衰减喷油器喷油时引起的燃油压力脉动，使燃油系统压力保持稳定。脉动阻尼器的结构如图 5.16 所示，主要由膜片和膜片弹簧等组成。发动机工作时，燃油经过脉动阻尼器膜片下方进入输油管，当燃油压力产生脉动时，膜片弹簧被压缩或伸张，膜片下方的容积略有增大或减小，从而可起到稳定燃油系统压力的作用。同时膜片弹簧的变形可吸收脉动能量，迅速衰减燃油压力的脉动。

脉动阻尼器一般不会发生故障。需进行拆卸时，应注意首先释放燃油系统压力。

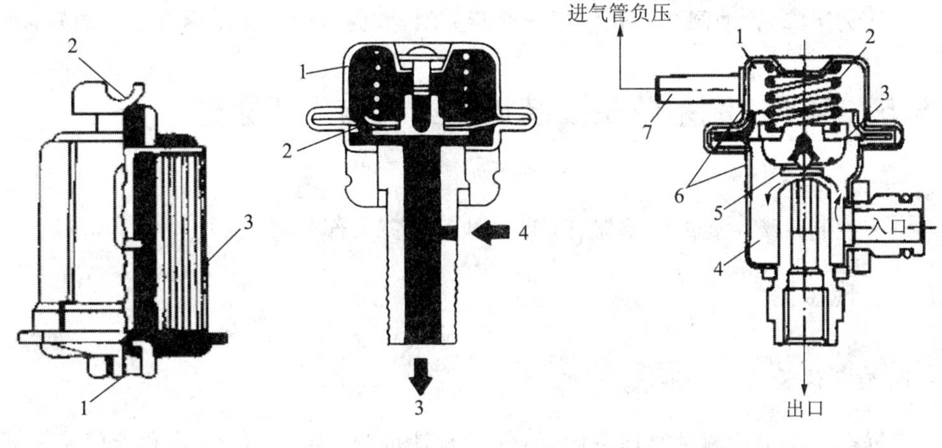

图 5.15　燃油滤清器
1. 入口；2. 出口；3. 滤芯

图 5.16　脉动阻尼器
1. 膜片弹簧；2. 膜片；3. 出油口；4. 进油口

图 5.17　燃油压力调节器
1. 弹簧室；2. 弹簧；3. 膜片；4. 燃油室；5. 回油阀；6. 壳体；7. 真空管接头

4. 压力调节器

喷油器的喷油量取决于喷油器的喷孔截面、喷油时间和喷油压差。在 EFI 系统中，

ECU 通过控制喷油器的喷油时间来实现对喷油量的控制。因此,要保证燃油喷射量的精确控制,在喷油器的结构尺寸一定时,必须保持恒定的喷油压差。喷油器将燃油喷入进气管内,喷油压差就是指输油管内燃油压力与进气管内气体压力的差值,而进气管内的气体压力是随发动机转速和负荷的变化而变化的,要保持恒定的喷油压差,必须根据进气管内压力的变化来调节燃油压力。

燃油压力调节器的功用就是调节燃油压力,使喷油压差保持恒定。

燃油压力调节器通常安装在输油管的一端,其结构如图 5.17 所示,主要由膜片、弹簧和回油阀等组成。膜片将调节器壳体内部分成两个室,即弹簧室和燃油室。膜片上方的弹簧室通过软管与进气管相通,膜片与回油阀相连,回油阀控制回油量。

发动机工作时,燃油压力调节器膜片上方承受的压力为弹簧的弹力和进气管内气体的压力之和,膜片下方承受的压力为燃油压力,当膜片上、下承受的压力相等时,膜片处于平衡位置不动。当进气管内气体压力下降(真空度增大)时,膜片向上移动,回油阀开度增大,回油量增多,使输油管内燃油压力也下降;反之,当进气管内的气体压力升高时,则膜片带动回油阀向下移动,回油阀开度减小,回油量减少,使输油管内燃油压力也升高。由此可见,在发动机工作时,燃油压力调节器通过控制回油量来调节输油管内燃油压力,从而保持喷油压差恒定不变。

发动机工作时,由于燃油泵的供油量远大于发动机消耗的油量,所以回油阀始终保持开启,使多余燃油经过回油管流回油箱。发动机停止工作(燃油泵停转)时,随输油管内燃油压力下降,回油阀在弹簧作用下逐渐关闭,以保持燃油系统内有一定的残余压力。

5.5 电子控制系统主要装置的结构与工作原理

电子控制系统主要由传感器、ECU 和执行器三大部分组成。

5.5.1 传感器

1. 空气流量计

根据空气流量计测量原理不同,空气流量计可分为叶片式、热式和卡门旋涡式三种类型。空气流量计是 EFI 系统最重要的传感器,在维修和检查时,应特别注意,切忌碰撞,不要让污物进入流量计内,也不能随意将手或工具伸入流量计内,以免造成流量计损坏,影响其测量精度。

1) 叶片式空气流量计。它是一种传统的、目前仍广泛应用的空气流量计,德国各公司早期生产的汽车多数都采用此种空气流量计,20 世纪 80 年代生产的日本丰田轿车也多数采用此种空气流量计，20 世纪 90 年代我国进口的日本丰田凌志 ES300、子弹头(PREVIA)等轿车仍采用叶片式空气流量计，其结构如图 5.18 所示。测量叶片 7 和缓冲叶片 4 制成一体，安装在空气流量计壳体内的转轴上，转轴的一端装有回位弹簧 9，电位计 1 安装在空气流量计壳体的上方，电位计的滑动触点与测量叶片为同轴结构。

叶片式空气流量计基于力学原理对发动机进气量进行测量，其工作原理如图 5.19 所示。发动机工作时，ECU 给电位计电阻提供一个标准电源电压 U_B，使其电流保持恒定，进气流推动测量叶片转动，同时带动电位计滑动触点转动，使电位计滑动触点(信号端子 V_S)与电源端子 V_C 之间的电阻值发生变化，电压 U_S 也发生变化。当进气压力与测量叶片回位弹簧的弹力平衡时，测量叶片和电位计滑动触点即停止在某一位置，电压 U_S 也有一个相应的固定值，电位计将此位置产生的电压信号 U_S(或 $U_e \sim U_S$)输送给 ECU，以确定发动机进气量的大小。

空气流量计内的主空气道与旁通空气道之间用一活动板隔开，调整螺钉可调节主空气道与旁通空气道的大小，以调节发动机工作时的混合气浓度。当调整螺钉向外旋出时，旁通空气道截面积增大，而测量叶片与活动板间隙减小，所以流经旁通空气道的空气量增加，流经主空气道的空气量减少。这样进入发动机的总空气量保持不变时，由于经空气流量计测量的空气量减少，使喷油量减少，所以混合气变稀。反之，将调整螺钉旋入时，则混合气变浓。

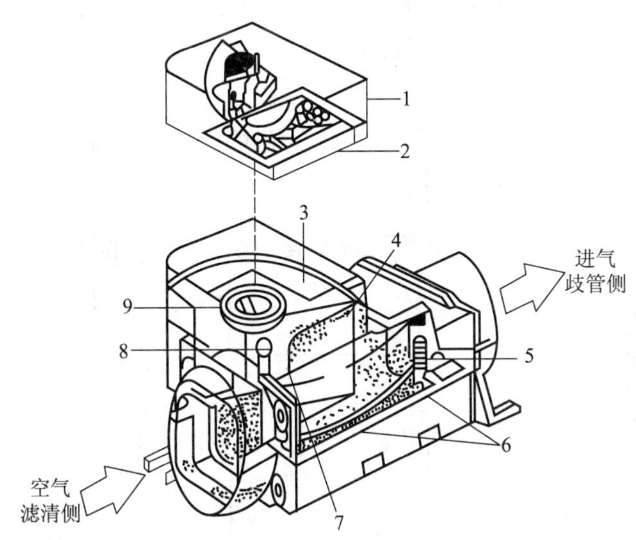

图 5.18　叶片式空气流量计

1. 电位计；2. 线束连接器；3. 缓冲室；4. 缓冲叶片；5. 调整螺钉；6. 旁通空气道；7. 测量叶片；8. 进气温度传感器；9. 回位弹簧

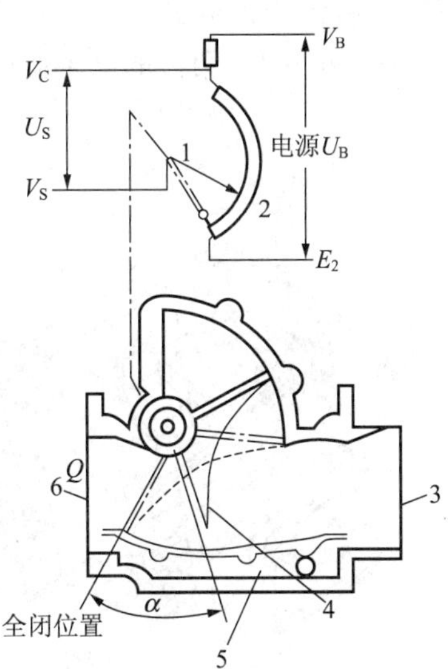

图 5.19　叶片式空气流量计工作原理

1. 电位计滑臂；2. 可变电阻；3. 接进气管；4. 测量叶片；5. 旁通空气道；6. 接空滤器

在流量计内还设有缓冲室和缓冲叶片，利用缓冲室内的空气对缓冲叶片的阻尼作用，可减小发动机进气量急剧变化时引起的测量叶片脉动，以提高空气流量计的测量精度。

2）热式空气流量计。20 世纪 80 年代后生产的日本日产公爵轿车和美国福特车系轿车多数采用热式空气流量计，热式空气流量计的主要元件是热线电阻，可分为热线式和热膜式两种类型。其结构和工作原理基本相同。

按其测量元件的安装位置不同，热线式空气流量计可分为两种：第一种是将热线电阻安装在主进气道中，称为主流测量方式的热线式空气流量计；第二种是将热线安装在旁通气道中，称为旁通测量方式的热线式空气流量计。图 5.20 所示为主流测量方式的热线式空气流量计，空气流量计主要由防护网、采样管、热线电阻、温度补偿电阻和控制电路等组成。热线电阻和温度补偿电阻安装在主进气道中，控制电路板安装在流量计下方。进气管连接侧的防护网用于防止回火和脏物进入空气流量计。

热线式空气流量计的工作原理如图 5.21 所示。安装在控制电路板上的精密电阻 R_A 和 R_B 与热线电阻 R_H 和温度补偿电阻 R_K 组成惠斯登电桥电路。当空气流经热线电阻 R_H 时，使热线温度降低，电阻减小，使电桥失去平衡，若要保持电桥平衡，就必需增加流经热线电阻的电流，以恢复其温度和阻值，精密电阻 R_A 两端的电压也相应增加。流经热线的空气量（质量流量）不同，热线的温度变化量不同，其电阻变化量也就不同，为保持电桥平衡，需增加流经热线电阻的电流，从而使精密电阻 R_A 两端的电压也相应变化，控制电路将电阻 R_A 两端的电压输送给 ECU，即可确定进气量。

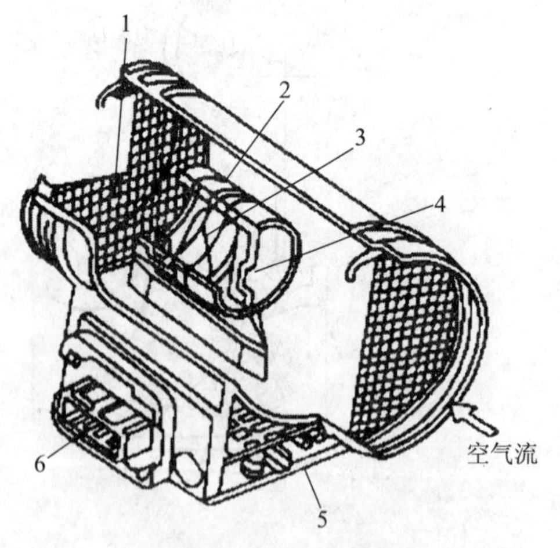

图 5.20 热线式空气流量计

1. 防护网；2. 采样管；3. 热线电阻；4. 温度补偿电阻；5. 控制电路板；6. 线束连接器

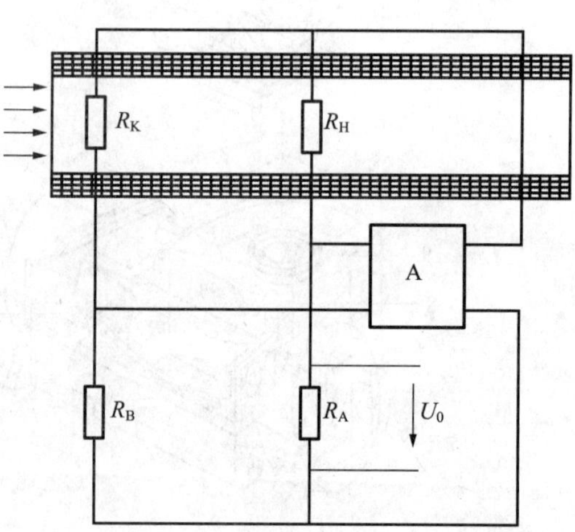

图 5.21 热线式空气流量计工作原理

控制电路的作用是保持电桥平衡，即保持热线电阻与感应进气温度的温度补偿电阻之间的温度差不变。热线式空气流量计直接测量进入发动机的空气质量流量，不需进气温度传感器对测量值进行修正。

热线式空气流量计都有自洁功能，即发动机转速超过 1500r/min，关闭点火开关使发动机熄火后，控制系统自动将热线加热到 1000℃以上并保持约 1s，使附在热线上的粉尘烧掉。

热膜式空气流量计如图 5.22 所示，其结构和工作原理与热线式空气流量计基本相同，不同之处在于热线式空气流量计采用铂丝制成的热线电阻。热膜式空气流量计不采用价格昂贵的铂丝热线，而是用热膜代替热线，并将热膜镀在陶瓷片上，制造成本较低，而且测量元件不直接承受空气流的作用力，空气流量计的使用寿命较长。

3）卡门旋涡式空气流量计。此流量计具有体积小、重量轻、结构简单、进气阻力小等优点，日本丰田凌志 LS400、日本三菱车系和韩国现代车系的多数轿车均采用卡门旋涡式空气流量计。卡门旋涡式空气流量计按其检测方式，可分为光学检测方式和超声波检测方式两种类型。

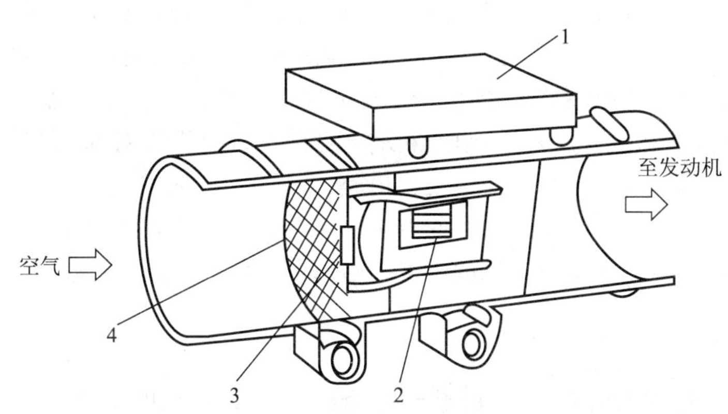

图 5.22　热膜式空气流量计

1. 控制电路；2. 热膜；3. 温度补偿电阻；4. 防护网

光学式卡门旋涡空气流量计的结构如图 5.23 所示。

在进气道内设一锥形涡流发生器，当空气流经进气道时，会在涡流发生器的后部产生有规律的卡门旋涡，从而导致涡流发生器周围的空气压力发生变化。变化的压力经导压孔引向金属膜制成的反光镜使反光镜产生振动，其振动频率与涡流发生的频率相等，而涡流发生频率与空气流速成正比；反光镜再将发光二极管投射的光反射给光电管（光敏晶体管），通过光电管检测涡流发生的频率，并向 ECU 输送信号，ECU 则根据此信号确定发动机的进气量（体积流量等于流速与流通截面积之积）。

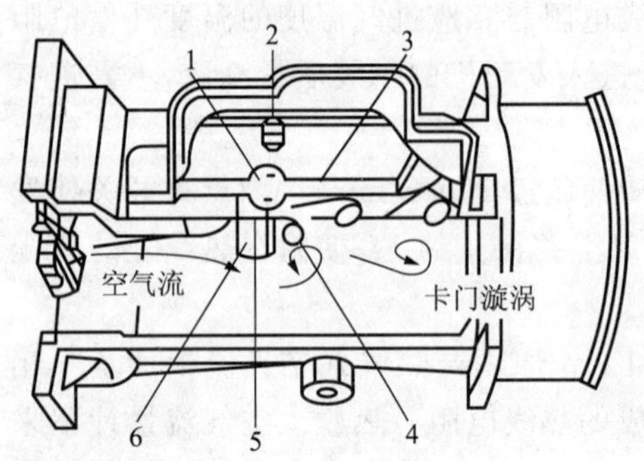

图 5.23　光学式卡门旋涡空气流量计

1. 反光镜；2. 发光二极管；3. 钢板弹簧；
4. 光电管；5. 导压孔；6. 涡流发生器

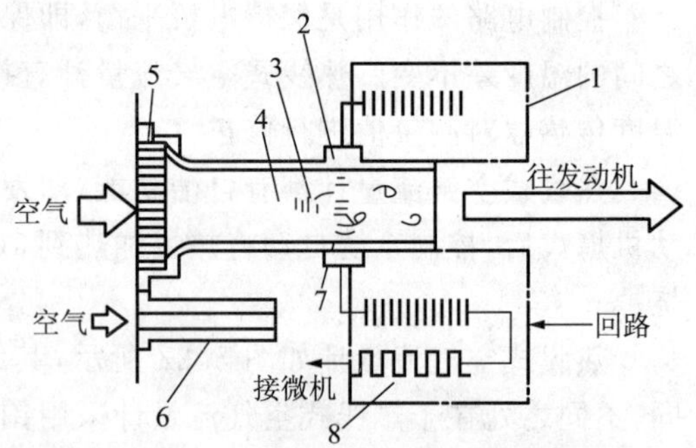

图 5.24　超声波式卡门旋涡空气流量计

1. 超声波信号发生器；2. 超声波发射探头；
3. 涡流稳定板；4. 涡流发生器；5. 整流器；
6. 旁通空气道；7. 超声波接收探头；
8. 转换电路

超声波式卡门旋涡空气流量计主要由超声波信号发生器、超声波发射探头、涡流稳定板、涡流发生器、整流器、超声波接收探头和转换电路等组成，如图 5.24 所示。发动机工作当空气流经涡流发生器时，在其后部的超声波发射探头与超声波接收探头之间产生有规律的卡门旋涡。超声波发射探头不断地接收超声波信号发生器输送来的超声波信号，并将其转换成机械波。超声波接收探头安装在发射探头正对面，它利用压电效应将接收到的机械波转换成电信号输送给转换电路。因卡门旋涡对空气密度的影响，就会使机械波从发射探头传到接收探头的时间产生相位差。转换电路对此相位信号进行处理，就可得到与涡流发生的频率成正比的脉冲信号，即代表空气体积流量的电信号。

2. 进气管绝对压力传感器

在 D 型电控燃油喷射系统中，由进气管绝对压力传感器测量进气管压力，并将信号输入 ECU，作为燃油喷射和点火控制的主控制信号。

进气管绝对压力传感器的种类较多，按其检测原理可分为压敏电阻式、电容式、膜盒式等，在 D 型电控燃油喷射系统中应用最多的是压敏电阻式和电容式两种。

(1) 压敏电阻式进气管绝对压力传感器

传感器的结构如图 5.25 所示，主要由绝对真空室、硅片和 IC 放大电路组成。硅片的一侧是真空室（绝对压力为 0），而另一侧承受进气管内的压力，在此压力作用下使硅片产生变形。由于真空室的压力是固定的，进气管绝对压力变化时，硅片的变形量不同。硅片是一个压力转换元件（压敏电阻），其电阻值随其变形量而变化，导致硅片所处的电桥电路输出电压发生变化，电桥电路输出的电压（很小）经 IC 放大电路放大后输送给 ECU。

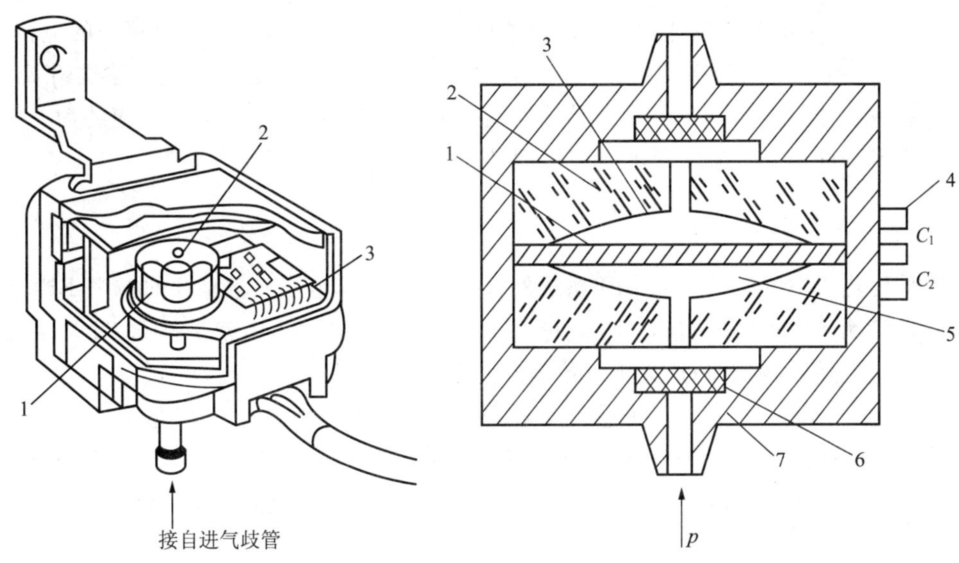

图 5.25　压敏电阻式进气管绝对压力传感器

1. 绝对真空室;2. 硅片;3. IC 放大电路

图 5.26　电容式进气管绝对压力传感器

1. 弹性膜片;2. 凹玻璃;3. 金属涂层;4. 输出端子;5. 空腔;6. 滤网;7. 壳体

(2) 电容式进气管绝对压力传感器

电容式进气管绝对压力传感器结构示意图如图 5.26 所示,位于传感器壳体内腔的弹性膜片用金属制成,弹性膜片上、下两个凹玻璃的表面也均有金属涂层,这样在弹性膜片与两个金属涂层之间形成两个串联的电容。

电容式进气管绝对压力传感器利用电容效应检测进气管绝对压力。发动机工作时,进气管内的空气压力作用于弹性膜片上,使弹性膜片产生位移,弹性膜片与两个金属涂层之间的距离发生变化,一个距离减小,而另一个距离增大,在弹性膜片与两个金属涂层之间形成的两个电容的电容量也就一个增加,另一个则减小。电容量的变化量与弹性膜片的位移成正比,而弹性膜片的位移取决上、下两个空腔的气体压力,只要弹性膜片上部的空腔为绝对真空,下部空腔通进气管,则可通过检测电容量的变化来检测进气管的绝对压力。电容量的变化量再经过测量电路转换成电压信号输送给 ECU,测量电路可以是电容电桥电路或谐振电路等。

3. 节气门位置传感器

节气门位置传感器检测节气门的开度及开度变化,此信号输入 ECU,用于控制燃油喷射及其他辅助控制(EGR、开闭环控制等)。节气门位置传感器安装在节气门体上,由节气门轴驱动,可分为电位计式、触点式和综合式三种。

如图5.27所示为电位计式节气门位置传感器，它是一个由节气门轴驱动的电位计，ECU通过A端子给传感器提供5V标准电压，节气门位置信号通过B端子输送给ECU，端子C搭铁。电位计式节气门位置传感器输出的电压信号：节气门全关时应约为0.5V，随节气门半开度增大输出信号电压增加，节气门全开时应约为5V。

4. 进气温度传感器

除采用热式空气流量计的EFI系统外，D型和采用其他空气流量计的L型EFI系统都不能直接测量发动机的实际进气质量，进气温度传感器的功用就是给ECU提供进气温度信号，作为燃油喷射和点火正时控制的修正信号。

在D型EFI中，进气温度传感器一般安装在空气滤清器内或进气总管内。在L型EFI中，进气温度传感器一般安装在空气流量计内。进气温度传感器如图5.28所示，传感器壳体内装有一个热敏电阻，进气温度变化时，热敏电阻的阻值发生变化。

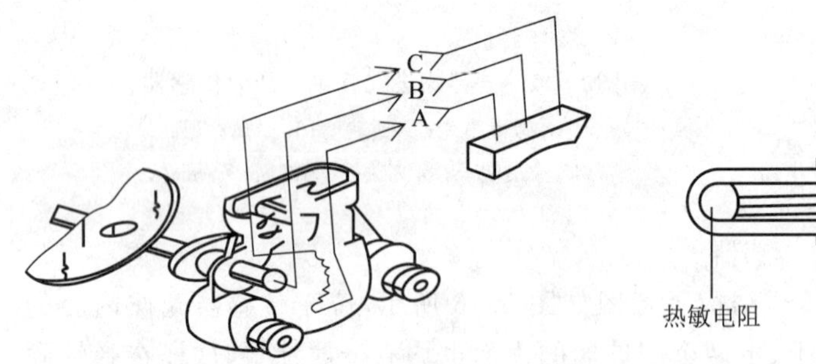

图5.27　电位计式节气门位置传感器

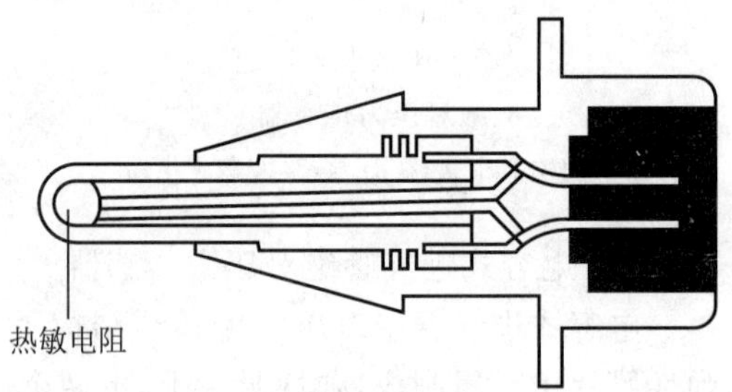

图5.28　进气温度传感器

5. 冷却液温度传感器

冷却液温度传感器给ECU提供发动机冷却液温度信号，作为燃油喷射和点火正时控制的修正信号。冷却液温度传感器信号也是其他控制系统（如EGR等）的控制信号。

冷却液温度传感器一般安装在气缸体水道上或冷却水出口处。冷却液温度传感器的结构如图5.29所示，其工作原理与进气温度传感器相同。同一车型装用的冷却液温度传感器与进气温度传感器特性一般完全相同。

6. 凸轮轴/曲轴位置传感器

凸轮轴位置传感器给ECU提供曲轴转角基准位置（第一缸压缩上止点）信号，作为燃油喷射控制和点火控制的主控制信号。曲轴位置位置传感器有时称为转速传感器，用来检测曲轴转角位移，给ECU提供发动机转速信号和曲轴转角信号，作为燃油喷射控制和点火控制的主控制信号。

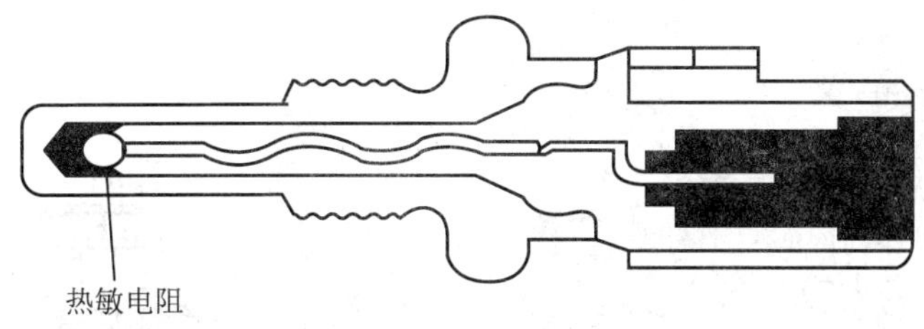

图 5.29　冷却液温度传感器

空气流量计只能检测单位时间内的进气量，ECU 必须根据发动机转速确定每循环进气量，以便实现对循环喷油量的精确控制。同时，ECU 根据曲轴转角基准位置和曲轴转角才能确定各缸工作位置，以控制最佳的喷油时刻和最佳的点火提前角。

凸轮轴位置传感器和曲轴位置传感器的结构和工作原理基本相同，而且通常安装在一起，只是各车型安装位置不同，但必须安装在与曲轴有精确传动关系的位置处，如曲轴、凸轮轴、飞轮或分电器处。韩国大宇、美国通用等轿车的曲轴位置传感器通常安装在曲轴处，美国克莱斯勒等轿车曲轴位置传感器一般安装在飞轮处，日本丰田皇冠 3.0、凌志 ES300 等轿车将曲轴位置传感器通常安装在分电器内。也有些车型将凸轮轴位置传感器与曲轴位置传感器分开并安装在不同位置上，如日本丰田凌志 LS400 轿车的曲轴位置传感器安装在曲轴处，凸轮轴位置传感器有两个分别安装在左右两列（V 形发动机）凸轮轴处。

凸轮轴/曲轴位置传感器可分为电磁式、霍尔式和光电式三种类型。本书仅介绍电磁式凸轮轴/曲轴位置传感器，如图 5.30 所示为日本丰田皇冠 3.0 轿车电磁式凸轮轴/曲轴位置传感器，可分为上、下两部分：上部分为凸轮轴位置传感器，由带一个凸齿的 G 转子和两个感应线圈 G_1 和 G_2。组成，用以产生第一缸上止点基准信号（G 信号）；下部分为曲轴位置传感器，由一个带 24 个凸齿的 Ne 转子和一个 Ne 感应线圈组成，用以产生曲轴转角信号（Ne 信号）。

电磁式凸轮轴位置传感器和曲轴位置传感器都是利用电磁感应原理产生脉冲信号的。发动机工作时，转子随分电器轴一起转动，当转子上的凸齿与感应线圈靠近时，引起通过线圈的磁通变化，便会在线圈两端产生感应电压，ECU 即根据感应线圈产生的脉冲信号确定发动机转速和各缸工作位置。

发动机工作时，曲轴每转两圈（分电器轴转一圈），G_1 和 G_2。感应线圈各产生一个脉冲信号，在设计和安装时，只要 G 转子的凸齿在第一缸位于上止点时与 G_1，或 G_2：感应线圈靠近，*ECU* 即可根据 G_1 和 G_2。确定第一缸上止点位置，并以此为基准，根据曲轴转角（Ne 信号）和各缸工作顺序确定其他各缸的工作位置。曲轴每转两圈，在 Ne 感应线圈中产生与 Ne 转子凸齿数量相等的脉冲信号（Ne 信号），ECU 根据单位时间内收到的 Ne 信号确定发动机转速。

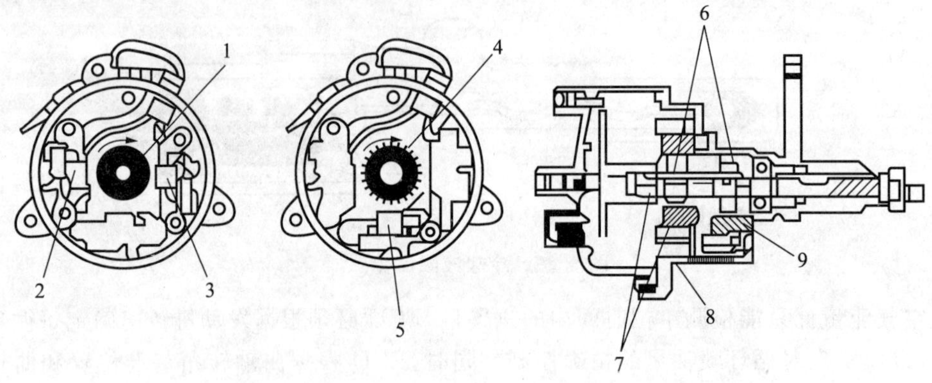

图 5.30　电磁式凸轮轴/曲轴位置传感器

1. G 转子;2. $G1$ 感应线圈;3. $G2$ 感应线圈;4. Ne 转子;
5、9. Ne 感应线圈;6. G 和 Ne 转子;7. $G1$ 和 $G2$ 感应线圈;8. 分电器壳体

7. 车速传感器

车速传感器检测汽车的行驶速度,给 ECU 提供车速信号(SPD 信号),用于巡航控制和限速断油控制。在汽车集中控制系统中,SPD 信号也是自动变速器的主控制信号。

车速传感器通常安装在组合仪表内或变速器输出轴上。车速传感器有舌簧开关式和光电式两种类型,光电式车速传感器的结构和工作原理与光电式凸轮轴/曲轴位置传感器类似,在此不再重述。

舌簧开关式车速传感器的结构如图 5.31 所示。车速表软轴由安装在变速器输出轴上的齿轮驱动,车速表软轴驱动磁铁旋转,每转一圈磁铁的极性变换 4 次,从而使舌簧开关触点闭合或断开,ECU 根据触点开闭的频率即可确定车速。

舌簧开关式车速传感器电路如图 5.32 所示,ECU 给车速传感器提供 12V 标准电压并进行监控,舌簧开关控制搭铁,当舌簧开关闭合使电路接通时,传感器便产生一个脉冲信号输送给 ECU。在维修时,检查车速传感器电源电压应正常,然后转动驱动车轮,测量车速传感器输出的信号电压(信号输出端子与搭铁间),车速表软轴每转一圈应产生四个脉冲信号,信号电压约为 12V 蓄电池电压。

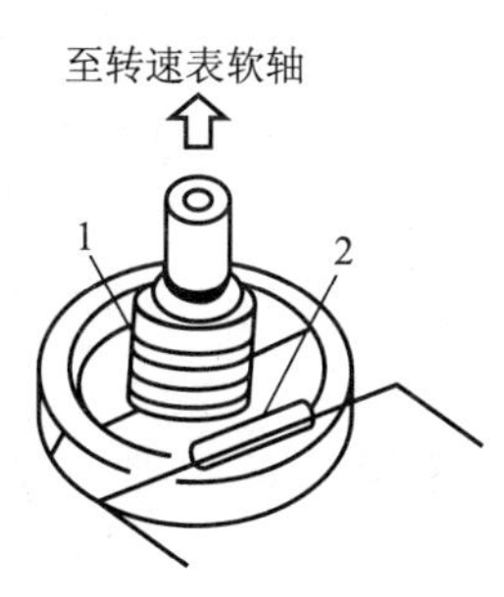

图 5.31　舌簧开关式车速传感器

1. 磁铁；2. 舌簧开关

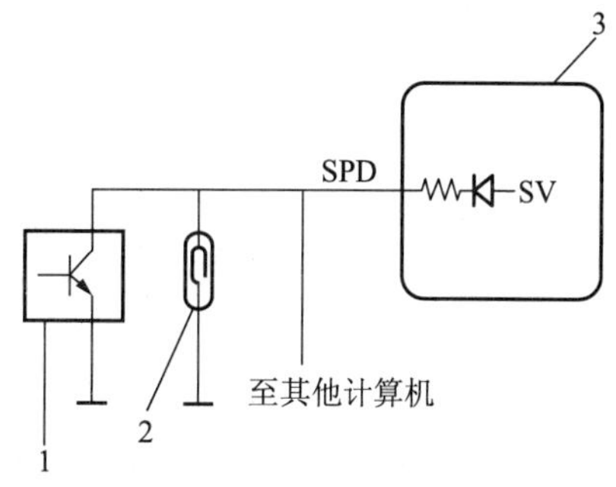

图 5.32　舌簧开关式车速传感器电路

1. 组合仪表计算机；2. 舌簧开关；3. ECU

8. 信号开关

在发动机控制系统中，ECU 还必须根据一些开关的信号确定发动机或其他系统的工作状态，常用的信号开关有起动开关（STA）、空调开关（A/C）、档位开关、制动灯开转向开关、巡航（定速）控制开关等。

随着控制系统功能的扩展，输入信号也将不断增加。控制系统所用传感器及信号数量必将有所增加。

5.5.2　电子控制单元（ECU）

发动机集中系统中使用的 ECU 主要由输入回路、模/数转换器（A/D 转换器）、微型计算机（简称微机）和输出回路组成。

1. 输入回路

发动机工作时，各种传感器的信号输入 ECU 后，首先进入输入回路进行处理。传感器输入的信号不同，处理的方法也不同，一般是先将输入信号滤除杂波和将正弦波转变后，再转换成输入电平。

2. A/D 转换器

传感器输送给 ECU 的信号有数字信号（如卡门旋涡式空气流量计信号、转速信号等）和模拟信号（如叶片式空气流量计信号、进气温度传感器信号、节气门位置传感器信号等）两种。数字信号可直接输入微机，但微机不能直接接受模拟信号，必须由 A/D 转换器转换成数字信号后再输入微机。

3. 微型计算机

微机是控制系统的神经中枢，其功用是根据工作需要，利用其内存程序和数据对各传感器输送来的信号进行运算处理，并将处理结果送往输出回路。

微机主要由中央处理器(CPU)、存储器(RAM/ROM)和输入/输出(I/O)装置组成。

(1) 中央处理器

中央处理器主要由进行算术运算和逻辑运算的运算器、暂时存储数据的寄存器、按照程序在各装置之间完成信号传送及控制任务的控制器等组成。其功用是读出命令并执行数据处理任务。

(2) 存储器

存储器的功用是存储信息资料，包括随机存储器 RAM 和只读存储器 ROM。

随机存储器 RAM 是用来暂时存储信息的，如存储微机输入、输出和计算过程中产生的中间数据等。存储的信息可随时调出或被新的数据取代，当切断电源时，存储在 RAM 中的信息将丢失。为使故障码等信息在 RAM 中能保存较长时间，一般用不受点火开关控制的专用电路给 RAM 提供电源；当然，专用电路断开时(如拆开蓄电池电缆)，存储在 RAM 中的信息仍会丢失。

只读存储器 ROM 是用来存储固定信息(如控制程序、发动机特征参数等)的，存储的内容一般由制造商一次性存人，使用中不能更改，但可以随时调出使用。即使切断电源，ROM 中存储的信息也不会丢失。

(3) 输入/输出装置

输入/输出装置是微机与外界进行信息交流的纽带，在控制系统工作时，输入/输出装置根据 CPU 的命令，在 CPU 与输入回路和输出回路之间负责数据传送。

输入/输出装置一般称为 I/O 接口，具有数据缓冲、电平匹配、时序匹配等多种功能。

4. 输出回路

微机输出的数字信号电压很弱，不能直接驱动执行元件工作。作为微机与执行元件之间连接桥梁的输出回路，其主要功用就是将微机的处理结果放大，生成能控制执行元件工作的指令信号。

5.5.3 执行元件(喷油器)

电控燃油喷射系统的执行元件是喷油器。喷油器的功用是根据 ECU 的指令，控制燃油喷射量。电控燃油喷射系统全部采用电磁式喷油器，单点喷射系统的喷油器安装在节气门体空气入口处，多点喷射系统的喷油器安装在各缸进气歧管或气缸盖上的各缸进气道处。

图 5.33 为喷油器内部构造原理图，其体内有 1 个电磁线圈，喷油器头部的针阀与衔铁结合成一体。当 ECU 送来电流信号，电磁线圈通电励磁，便产生电磁作用力，将铁心与针阀吸起，使燃油通过精确设计的轴针头部环形间隙喷出，在喷油器头部前端将燃油粉碎雾化。喷油器针阀的升程约为 0.1rain，喷油器打开的时间(即喷油脉冲)每次约为 2～10ms，时间长，喷油量就多，喷射时间由 ECU 根据发动机运行工况需要确定。

为了减少燃油的冷凝损失与获取较好的燃油分配均匀性，应该尽量避免燃油在进气管道壁面上的冷凝与湿润。对于一定的发动机，应按照专门的规定，注意喷油器的安装，保持喷油器与进气门之间的一定距离，使喷油器能以确定的喷射角度将燃油喷人进气道内。

喷油器阀体上设有 O 型密封圈起支承与密封作用，同时还可以起一定的绝热作用，防止喷油器内温度过高而产生燃油蒸气泡，以保持良好的热启动性能。此外安装密封圈也能保持喷油器免受高的振动力。

另外，还有一种冷启动喷油器，是为了改善冷启动性，额外加大喷油量，使空燃比瞬时变浓，持续喷油时间为 10s，以免加大启动时的排放污染。

它单独的安装在进气主管上，其结构与正常喷油器相同，如图 5.34 所示。不同点是喷口端面较大，绕组电阻较小(2～4Ω)，射程大，油柱呈螺旋雾状，以便各缸均匀分配。

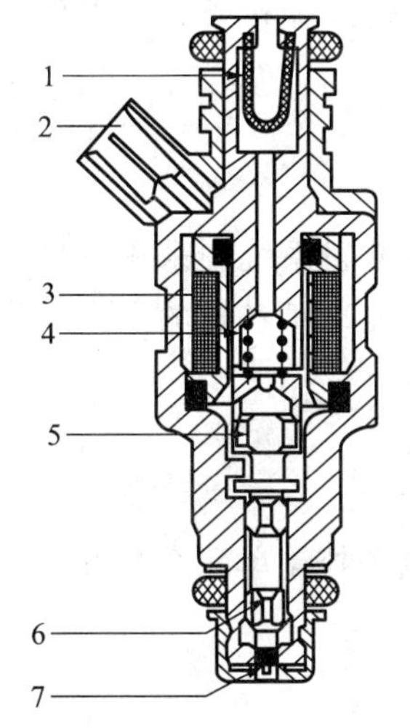

图 5.33　喷油器结构

1. 燃油滤网；2. 电接线；3. 电磁线圈；4. 弹簧；5. 衔铁；6. 针阀；7. 轴针

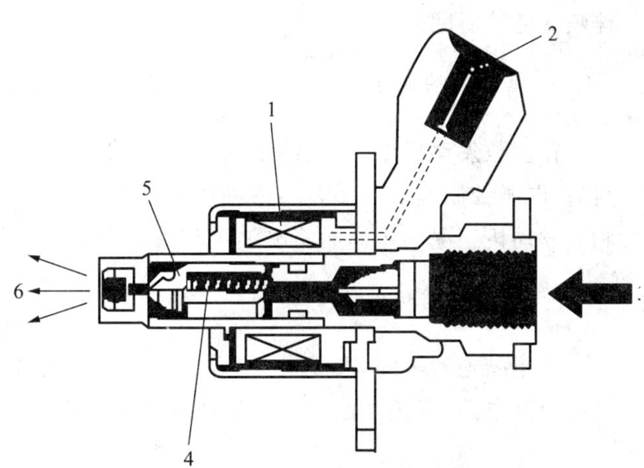

图 5.34　冷启动喷油器

1. 电磁线圈；2. 插头；3. 进油口；4. 弹簧；5. 针阀；6. 喷嘴

冷启动喷油器多利用时间开关形成串联电路，维持 10s 的加浓时间，不仅提高了冷启动性能，还简化了 ECU 的控制单元。冷态时，因时间开关装于水套之中，水温低使双金属片的触点闭合而导通喷油。同时,双金属片被加热,触点在10s后切断电路停止喷油。热态启动时,当水温达到50℃以上,触点在双金属片的作用下分开,保持停喷的状态。

应该说明,不是所有电控汽油喷射系统都有冷启动喷油器,不少车种是采用加大正常喷油器冷启动喷油量或加大冷启动时喷油压力来实现的。

5.6 电控汽油喷射系统的控制

20世纪80年代后,大部分发动机用的电子控制单元除了控制汽油喷射之外,同时还可以进行点火控制、怠速控制、转速控制及其他控制,其所用的传感器各项功能共用,从而使整个系统结构简化。电控燃油喷射系统有如下控制功能。

1. 喷油量的控制

电子控制单元根据空气流量传感器或进气压力传感器、发动机转速传感器、进气温度传感器、冷却水温度传感器等提供的信号而计算出喷油持续时间,因喷油器针阀的行程是一定的,故喷油量的大小决定于喷油器喷油持续时间的长短,发动机各种工况的最佳喷油持续时间。

2. 喷油正时控制

在多数发动机中,其喷油正时是不变的,但在电子控制间歇喷射系统中采用顺序喷射时,电子控制单元还要有燃油喷射系统的汽缸辨别信号,根据发动机各缸的点火顺序和随发动机工况的不同而将喷油正时控制在最佳时刻。

3. 减速断油控制

汽车减速行驶时,驾驶员松开加速踏板,节气门关闭,此时电子控制单元会断开燃油喷射控制电路,停止喷油以降低排放和燃油消耗。

4. 限速断油控制

当发动机转速超过安全转速或汽车车速超过设定的最高车速时,电子控制单元将会在发动机临界转速或减速时断开燃油喷射控制电路,以停止喷油,防止超速。

5. 溢油消除控制

启动时,若将加速踏板踩到底,系统将进行断油控制。

6. 冷起动喷油器喷油时间控制

为了提高低温时发动机的起动性能，有的汽车在进气总管上安装了一个冷起动喷油器，其喷油时间由热限时开关控制，或由电子控制单元和热限时开关同时控制，也可由电子控制单元单独控制。不过，大部分汽车现已取消了冷起动喷油器。

7. 燃油泵的控制

在装有电控燃油喷射系统的汽车上，电子控制单元对油泵的控制有两种形式：一种是当点火开关打开后电子控制单元指示汽油泵运转 2～3s，以产生必需的油压，若发动机没起动，电子控制单元将油泵控制电路断开，使油泵停止工作，在发动机起动和运转过程中，电子控制单元控制汽油泵正常工作；另一种形式是只有发动机运转时，油泵才工作。

8. 汽油泵泵油量的控制

多数发动机油泵的泵油量是随发动机负荷的变化而变化的，即发动机在起动、高转速、大负荷工况时，油泵提高转速以增加泵油量；当发动机在低转速、中小负荷工作时，油泵低速运转，以减少电能消耗和油泵的磨损。

5.7　电控汽油喷射系统的故障诊断

电控汽油喷射系统的故障现象是多种多样的，产生的原因也是比较复杂的，本节主要介绍燃油系统的故障诊断。

5.7.1　燃油系统各部件工作不正常时对发动机的影响

电喷汽油机燃油系统的各组成部件工作不正常时会造成以下故障：

电动汽油泵故障：发动机不能起动，运转不稳，运转中熄火。

汽油滤清器故障：发动机不能起动，运转不稳，发动机喘抖，动力性差。

压力调节器故障：发动机不能起动，运转不稳，发动机喘抖，油耗增加。

喷油器故障：发动机不能起动，运转不稳，排气管放炮，油耗增加。

5.7.2　燃油系统各部件工作失效的原因分析

燃油系统的故障可导致发动机不能起动、运转不稳或工作恶化，其故障的部位、现象及原因如表 5.1 所示。

表 5.1 燃油系的故障部位、现象及原因

故障部位及现象	故 障 原 因
喷油器不工作	喷油器驱动电源线路不良 喷油器串联电阻断路或漏电 喷油器电磁线圈断路 电子控制器故障
冷起动喷油器不喷油	热限时开关触点不良 冷起动喷油器故障 冷起动喷油器控制线路不良
电动汽油泵不工作	汽油泵电源线路或保险器有故障 EFI 继电器故障 汽油泵继电器不良 空气流量计汽油泵开关不良 汽油泵电动机故障
喷油压力过低	油压调节器不良 汽油泵不良 输油管路或汽油虑清器堵塞
喷油控制信号不良	水温传感器不良 空气流量传感器不良 传感器至控制器线路不良 控制器不良
喷油器堵塞或漏油	喷油器针阀密封不严或被污物堵住

5.7.3 燃油系统故障的检查与诊断

对于电喷汽油机的故障检查和诊断宜采用仪表法和人工直观试探法相结合的检查和诊断方法。其检查和诊断程序通常如下：

1）利用汽车电脑的故障自诊断系统，调出并解读故障码，了解电脑的自诊断结果。

2）运用人工直观试探法并配以必要的仪表，进一步诊断出故障的确切部位和原因。

1. 故障码的调取与清除

汽车上的电脑都备有自诊断系统，可通过诊断座（又称诊断接头、接口）调出故障码，了解电脑自诊断的故障部位。调出故障码的方法有两种：一是用专用的解码器，它能显示出故障码及故障的文字、符号和数据流，这是一种简便快捷的先进方法；二是利用汽车

仪表盘上故障灯的闪光信号来读取。

(1) 用解码器读取故障码

解码器带有两个插头：一个是电源插头，可以插在车内点烟器的插座内，也可以直接用线夹夹在蓄电池的正、负极上，从而将蓄电池的电压送入解码器内；另一个插头是解码器的诊断插头，它与汽车上的诊断座对接。通过解码器显示屏上的提示，输入本车的有关特性参数后，即调出解码器内与该车有关的程序资料，然后再根据其显示屏的提示，操作相应的键，就可调出汽车电脑中贮存的故障码，并可解释出该码的具体内容及故障部位。新型的解码器还有第三插头，它可以与其他微机联用，从而显示及打印出检测的结果。

(2) 用故障灯读取故障码

1) 故障灯：在汽车的仪表盘上设有一个故障灯，当只接通点火开关，而未启动发动机时，该灯点亮，显示出“CHECK ENGINE”字样，这表明故障灯电路良好。否则，接通点火开关后，故障灯始终不亮，则表明故障灯或其线路损坏，即使行车中电脑的自诊断系统检测到了故障，故障灯也不会点亮，此时应修复故障灯电路。

在故障灯电路良好的情况下，若发动机无故障，则发动机起动运转后，故障灯即熄灭；若发动机出现了故障码所代表的故障后，则在发动机运转中，故障灯始终是点亮的，以警告驾驶员出现了故障。在故障灯通电点亮时，发动机按电脑的“备用系统工况程序”工作。

2) 故障码诊断座：大多数汽车的仪表盘下(驾驶员的膝盖前)有一个故障码诊断座(有的在发动机附近)，车型不同，诊断座的结构型式也不同，应阅读各车的说明书或维修手册。

3) 故障码的读取：车型不同，调出故障码的操作方法也略有不同，应阅读本车说明书或维修手册。在诊断前，应首先切断点火开关及其他用电设备，将自动变速器置于 P 位(停车挡)，并使节气门完全关闭，然后按规定的程序操作。现以丰田车系(TOYOYA/LExus 车系)为例，说明操作程序如下：

① 找出诊断座位置。

② 先接通点火开关，再用跨线法接诊断座中的 TEl 脚与 E1 搭铁脚(即用一根导线把 TEl 连接起来)，于是，仪表盘上的故障灯开始闪烁。

③ 由故障灯闪烁的频率及时间间隔确定故障码。若故障灯以均匀的亮、灭时间间隔闪烁，则表示无故障码；若故障灯先闪亮 2 次，暂停后又闪亮 3 次，即表示故障码为 23；若先闪亮 3 次，暂停后又闪亮 1 次，则故障码为 31，如图 5.35 所示。若电脑中存有多个故障码，将按由小到大的顺序显示，直至拔下跨接的导线。

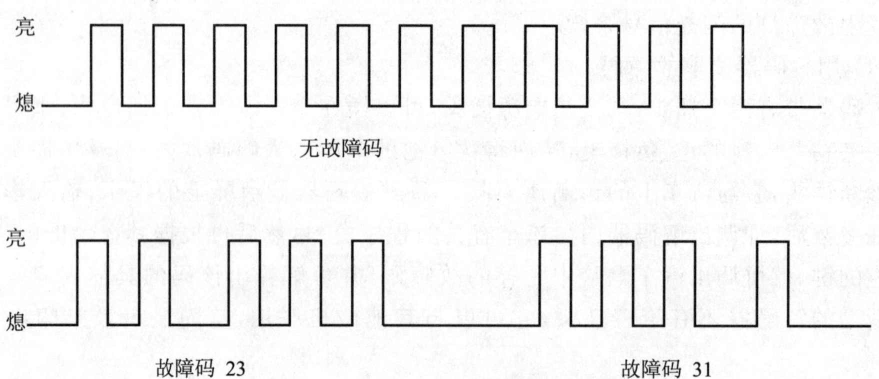

图 5.35　故障灯的亮、灭闪烁示意图

(3) 故障码的清除

经过检修、排除故障后，应把原存的故障码清除掉，否则该故障码继续存在电脑的存贮器中，下次调取故障码时，它又重新出现，从而给维修人员带来干扰。

清除故障码的方法有以下两种：

1) 先切断点火开关，再将熔断丝盒内带有标记 EFI 或 STOP 或 ECU＋B(因车型而不同)熔断丝拆下 10s 以上，即可清除电脑内的故障码。

2) 切断点火开关后，取下蓄电池任一极桩上的导线 10s 以上，即可清除故障码，但这样做会使别的记忆系统(如时钟、收录机)等存贮的信息也被清除，防盗电器的密码锁会锁死，故此种通常方法不宜使用。

2. 燃油系各部件的检查

(1) 汽油泵

电喷汽油机的汽油泵多数安装在汽油箱中，发动机运转时，汽油流过电动汽油泵内部起冷却作用，因此在使用中应保持汽油泵能够潜入汽油，不要在油箱内汽油用完之后再补充汽油。另外，要加强汽油滤清，使其保持清洁，以免使用中损伤汽油泵。

检查时，将点火开关转到 ON 的位置，用导线连接检查器的＋B 和 FP 端子，用手捏住油压调节器的回油管，如感觉到橡胶软管坚硬，说明汽油泵的工作正常。如果感觉不到有回油压力，应检查汽油泵电源线与搭铁端电压，其值应为蓄电池的电压(12V)；再检查汽油泵线路是否断路或搭铁是否可靠，汽油泵线圈的电阻应在 0.5～3Ω 之间。如果电压为 0V，应检查开路继电器和汽油泵控制回路是否断路。

(2) 油路系统压力的检查

检查时，拔下冷起动喷油插头，拆下蓄电池搭铁线，在输油管路接压力表并重新连接蓄电池搭铁线。

用导线连接诊断座的+B和FP端子，点火开关转至ON后，测量燃油压力，其标准值应为265～304kPa。然后取下导线，启动发动机，怠速运转，从压力调节器上取下真空管，并堵住软管，此时燃油压力应为265～304kPa。将真空软管与压力调节器重新连接，发动机仍然怠速运转，燃油压力应为226～265kPa。发动机熄火5min之内，燃油压力应保持在147kPa以上。

(3) 喷油器的检查

喷油器工作时，可以听到阀门开启喷油时的“嘶嘶”声，其声音大小与发动机的转速成正比，如无这种声音应检查是否有来自电脑的喷射脉冲信号和喷油器是否出现故障。喷油器的电阻应为13.8Ω。

将喷油器从安装位置拆下，并保持与油管的连接，取下各喷油器插头，用导线短接诊断座的+B(B)和FP端子，用导线直接与喷油器端子连接，然后将喷油器放在量筒内，打开点火开关至ON，喷油15s，油量应在39～49mL之间，各喷油器喷油不均匀度在6mL内。如喷油量不符合要求，应更换喷油器。

有条件时，应在专用的喷油器试验台上检测和清洗喷油器。

喷油器安装时，应更换新的密封圈，安装前应涂少量润滑脂，以免损坏密封圈。

(4) 冷起动喷油器的检查

冷起动喷油器的电磁线圈的电阻值应为2～4Ω，否则应换新件。

检查时，拆下冷起动喷油器，接好油路和电路，打开点火开关，短接诊断座的+B和FP端子，用导线使冷起动喷油器与蓄电池跨接，冷起动喷油器应喷油；取下导线，冷起动喷油器不应滴油。

实训部分

实训 5.1　常用检测诊断设备的认识与使用

实训 5.1.1　常用检测设备工具

1. 跨接线

跨接线就是一段专用导线，不同形式的跨接线主要是其长短和两端接头不同，如图 5.36所示。跨接线两端的接头一般是不同形式的插头或鳄鱼夹，以适应对不同位置的跨接。

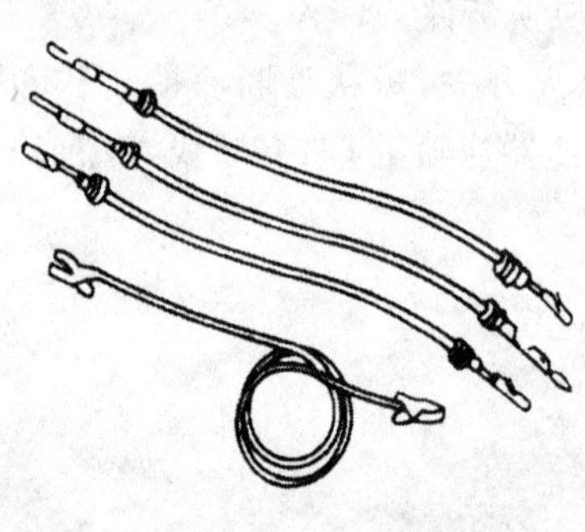

图 5.36　跨接线

跨接线主要用于电路故障诊断。当某电控元件不工作时，可用跨接线将被检元件的"搭铁"端子直接搭铁，若此时电控元件工作恢复正常，则说明该元件搭铁电路有故障；同理，若用跨接线将蓄电池"正"极跨接到被检元件的"电源"端子上时，电控元件工作恢复正常，则说明该元件电源电路有故障。

此外，在调取日本丰田等车系故障码时，也需要使用专用跨接线跨接在诊断座相应端子间。使用跨接线应注意：

1）用跨接线将蓄电池"正"极跨接到被检元件的"电源"端子上时，必须弄清被检元件的规定电源电压值。否则，若将 12V 电源直接加在电控元件上，可能导致电控元件损坏。

2）不要用跨接线将被检元件"电源"端子直接搭铁，以免导致电源短路。

2. 测试灯

测试灯实际就是带导线的"电笔"，主要是用来检查电控元件电路的通、断。测试灯带有显示电路通、断的指示灯，对电路进行检测时，根据指示灯的亮度还可判断被测电路的电压高低。测试灯分为无电源测试灯和自带电源测试灯两种类型。

(1) 无电源测试灯

如图5.37所示。若怀疑某电控元件电路有断路故障,可先将测试灯的搭铁夹搭铁,再用探针触接其“电源”端子,若灯不亮,则说明被测电路有断路故障,可继续沿电流的流向依次选择测点检查,直到灯亮为止,此时即可确定电路的断开点在最后两个测点之间。

如果怀疑某电路有短路故障,可将测试灯直接跨接在熔丝处,然后依次断开待测线路中的线束连接器,直到测试灯熄灭为止,短路故障即发生在最后两个断开的线束连接器之间。

(2) 自带电源测试灯

如图5.38所示,在手柄内加装两节1.5V干电池,主要用于检测电路断路故障。检查时,将自带电源测试灯跨接在被测线路的两端,如果灯不亮,则说明被测线路有断路故障,然后依次选择适当测点移动探针(或探头)缩小测试范围,直到灯亮为止,则可确定电路的断开点在最后两个测点之间。

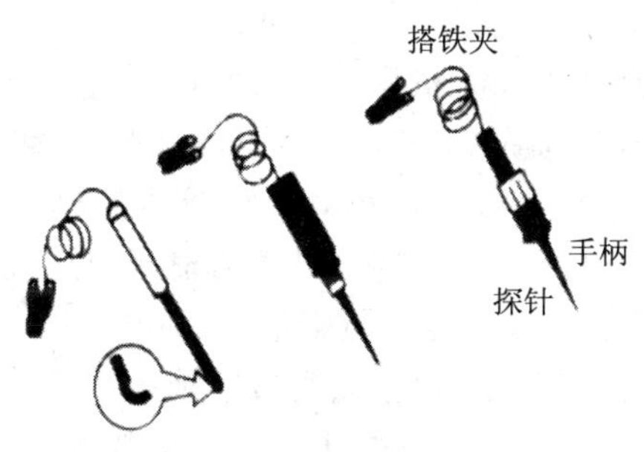

图5.37 无电源测试灯

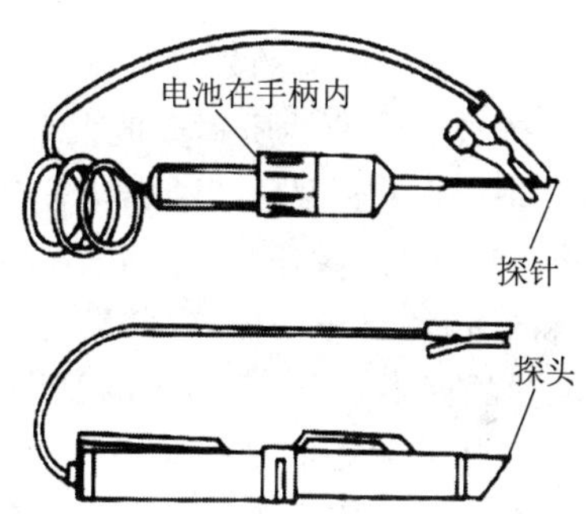

图5.38 自带电源测试灯

3. 数字式万用表

万用表主要用来测量电阻、电压、电流等参数,以此判断电路的通断和电控元件的技术状况。万用表可分为模拟式(指针式)万用表和数字式万用表两种。由于发动机控制系统中的大多数电路都具有高电阻、低电压、低电流特征,因此在实际的故障诊断与检修过程中,除维修手册有特别规定外,必须使用高阻抗数字式万用表进行测试。

(1) 常用的数字式万用表

数字式万用表采用数字化测量技术和液晶显示器显示,具有测量精度高、测量范围广、输入阻抗高、抗干扰能力强、容易读数等优点,在汽车故障诊断与检修中应用广泛。

常用的数字式万用表功能比较简单,一般只能用来测量电阻、电压和电流。常用的数字式万用表有盒式和袖珍式两种,两者的结构原理和用途基本相同,只是袖珍数字式万用表的体积小、结构紧凑,比较适合在空间窄小的地方使用。

以袖珍式数字式万用表为例，其测量电路原理如图 5.39 所示。万用表测量电路分为模拟和数字两部分，被测量通过转换开关和测量电路转换成直流电压信号，模拟部分再将模拟信号转换成数字信号，最后由数字部分完成整机逻辑控制、计数和显示功能。

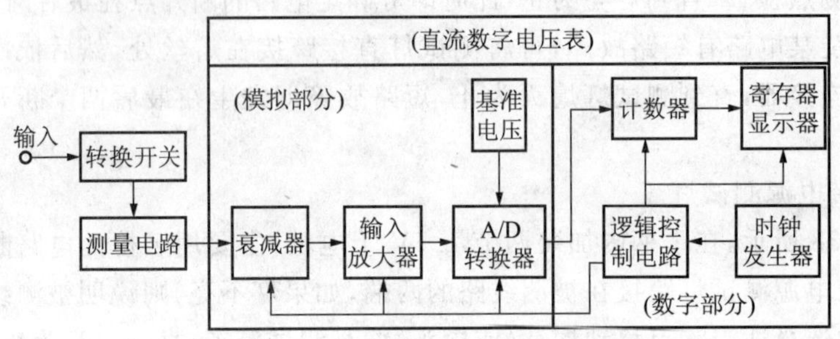

图 5.39　数字式万用表测量电路

袖珍数字万用表的外形如图 5.40 所示，使用数字万用表时应注意：

1）按被测量的性质和数值大小选择合适的“档位”和“量程”，并将测量导线插接到相应的“插孔”中。如测量喷油器电阻时，因即使高阻喷油器的电阻值也不会超过 20Ω，所以应将万用表“选择开关”拧到电阻“Ω”档的“2k”量程，并将黑色测量导线插接到“COM”插孔，将红色测量导线插接到“VΩ”(电压电阻)插孔，再将红色和黑色两根测量导线连接到喷油器的两端子上，万用表的显示屏上即可显示出喷油器的电阻值。

2）选择万用表的量程时最好从低到高逐级进行选择，以便获得较准确的测量数据。

3）在使用数字式万用表时，严禁电控元件或电路处于通电状态时测量其电阻，以免外部电流流入数字万用表而将其损坏。

(2) 汽车万用表

汽车万用表是一种多功能的数字万用表，它除具有数字万用表的功能外，还具有一些汽车专用测试功能。汽车万用表除可用来测量电控元件和电路的电阻、电压、电流外，一般还能测量转速、频率、温度、电容、闭合角、占空比等项目，并具有自动断电、自动变换量程、数据锁定、波形显示等功能。常用的汽车万用表有笛威 9406A 型、EDA 系列、OTC 系列、KM300 型等。汽车万用表一般都装有标准的数据接口，且自身带有若干连接导线和连接接头，以适应其不同功能和各种车型的检查需要。

如图 5.41 所示为笛威 9406A 型汽车万用表，其主要功能如下：

1）测量点火线圈的闭合角。

2）测量节气门位置传感器、氧传感器、空气流量计、进气温度传感器、水温传感器和 ECU 端子的动态电压信号。

3）测量各种电磁阀、继电器线圈、喷油器、点火线圈、水温传感器、进气温度传感器等

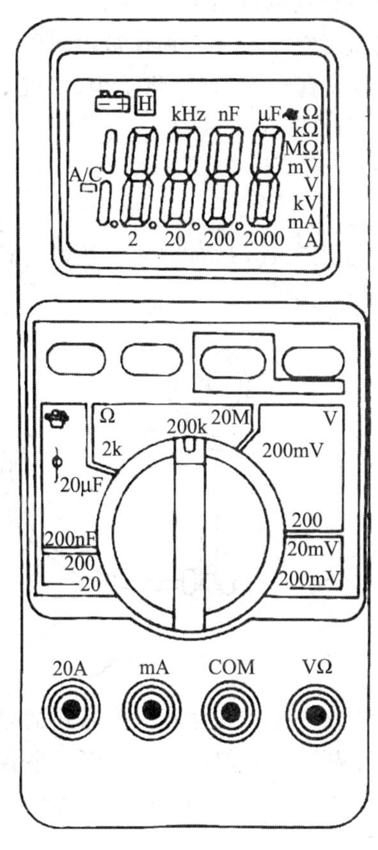

图 5.40　袖珍数字万用表

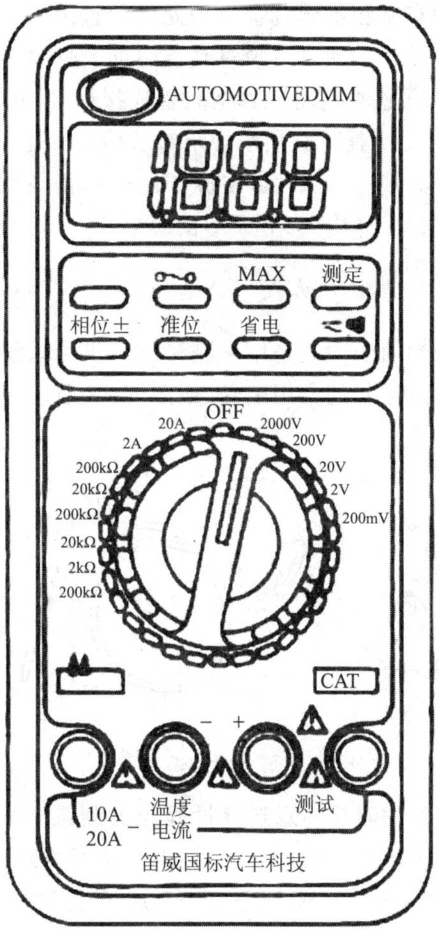

图 5.41　笛威 9406A 型汽车万用表

的电阻。

4）测量怠速控制阀的电流。

5）检测喷油器的喷油脉宽、频率及发动机的转速。

4. 手动真空泵

手动真空泵又称手持式真空测量仪。发动机电控系统中的很多元件都采用真空驱动，如 EGR 阀、进气腔制阀、燃油压力调节器等，检查这些真空驱动元件的好坏一般都需要对其施加一定的真空度，手动真空泵是一种常用的抽真空工具，如图 5.42 所示，手动真空泵上带有显示真空度的真空表。一般还带有各种连接软管和接头等附件，以适应对不同车型和不同真空驱动元件的检测。

使用手动真空泵对真空驱动元件进行检查时应注意：

1）检查前将各真空软管连接好，防止因真空泄漏而导致测量结果失准。

2）检查时必须按规定对被检元件施加真空度，施加真空度过大会损坏被检元件。

3）检查完毕后，在拆开连接的真空软管前，应先施放真空度，否则将灰尘、湿气等吸入被检元件内，会造成不良后果。

5. 燃油压力表

燃油压力表是用来测量燃油供给系统燃油压力的专用工具，是对燃油系统进行检查和故障诊断的常用工具，如图 5.43 所示。

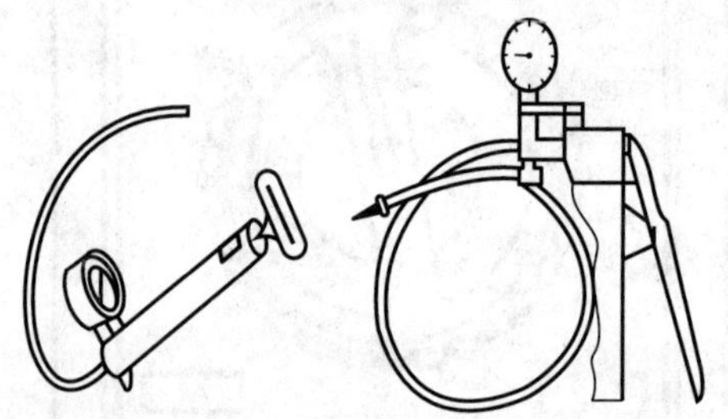

图 5.42　手动真空泵图

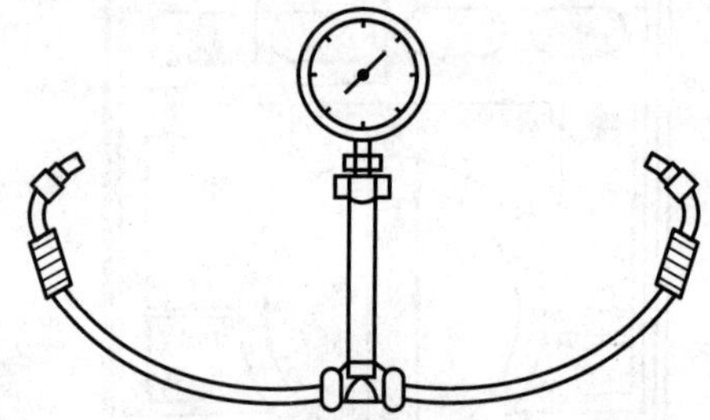

图 5.43　燃油压力表

使用时应注意选择量程与被测系统压力范围相适应的燃油压力表。普通式的燃油压力表量程一般为 7～103kPa，专用的高压式燃油压力表量程一般 7～690kPa。电控燃油喷射发动机燃油系统压力：单点喷射系统一般为 62～69kPa，多点喷射系统一般为207～275kPa。

实训 5.1.2　常用检测设备

1. 故障诊断仪

故障诊断仪俗称解码器，它是一种多功能的诊断检测仪器，一般都具有如下功能：

1）快速、方便地读取或清除故障码。

2）在发动机运转或车辆行驶过程中，对发动机控制系统进行动态测试，显示 ECU 多种输入、输出信号的瞬时信息，使电控系统的工作状况一目了然，为诊断故障提供依据。

3）能在静态或动态下，向电控系统各执行元件发出检修作业需要的动作指令，以便检查执行元件的工作状况。

4）在车辆运行或路试时监测并记录数据流。

5）具有示波器功能、万用表功能和打印功能。

6）有些诊断仪能显示系统控制电路图和维修指导，以供故障诊断和检修时参考。

7）有些功能强大的专用诊断仪能对发动机控制 ECU 进行某些数据的重新输入和更改。

2. 示波器

示波器主要用来显示控制系统中输入、输出信号的电压波形，以供维修人员根据波形分析判断电控系统故障。示波器比一般电子设备的显示速度快，是唯一能显示瞬时波形的检测仪器，是电控系统故障诊断中的重要设备。

示波器可分为模拟式示波器和数字式示波器。模拟式示波器显示速度快，但显示波形不稳定（抖动），且没有记忆功能，给对故障波形的分析判断带来困难。数字式示波器由微处理器控制，由于将模拟信号转换成数字信号需要一定时间，所以显示速度较模拟式示波器慢，但数字式示波器显示波形稳定，且具有记忆功能，可在测试结束后使故障波形重现，便于对故障波形进行进一步的分析判断。

模拟式示波器一般采用开关、按键和旋钮等实现对波形垂直幅度、水平幅度、垂直位置、水平位置和亮度等的调整。数字式示波器多采用菜单式操作，只需在各级菜单上选择测试项目，无需任何设定和调整，可以直接观测波形，使用起来非常方便。示波器的主要功能如下：

1）测试各种传感器、执行元件、电路和点火系等电压波形。

2）数字式示波器具有汽车万用表功能，可测试电压、电阻、闭合角、喷油脉冲、喷油时间、点火电压等。有的示波器内部还存有汽车数据库和标准波形，使判断故障更为方便。

3）数字式示波器可对测试内容进行记录、回放。

4）能提供在线帮助，包括提供系统工作原理、测试连接方法、接线颜色等。

3. 信号模拟检验仪

信号模拟检验仪可以模拟发动机控制系统各传感器信号，尤其对电控系统传感器及其线路故障的诊断，利用此类检验仪可简化分析过程、缩短诊断时间。

例如，在故障诊断时，按调取的故障码提示是某传感器信号不良，但究竟是传感器自身有故障，还是传感器控制电路有故障或是 ECU 有故障，需做进一步诊断。此时，只要利用信号模拟检验仪模拟该传感器信号通过控制电路输送给 ECU，如果发动机工作有变化，故障症状消失，即可判断是传感器有故障；若故障症状无变化，则可直接由 ECU 相应端子将信号输入，此时若故障症状消失，即可判定是传感器控制电路的故障；若故障症状仍不消失，即可判定是 ECU 故障。

4. 发动机综检仪

发动机综检仪是发动机综合性能检验仪的简称，它能对发动机进行不解体综合测试，并配备有标准的数据及专家分析系统，可通过对测试结果与标准数据比较，判断发动机整机或部分系统工作好坏。不同型号的发动机分析仪在结构、使用方法等方面都存在一定的差异，使用时注意认真阅读使用说明书。

发动机综检仪一般都具有如下功能：

1) 汽油机检测功能：点火系参数(如点火提前角、点火波形等)检测、无负荷测功、单缸动力性检测、转速稳定性分析、温度检测、进气管真空度检测、起动系统检测、充电系统检测、数字万用表功能和废气分析(需配备废气分析仪)等功能。

2) 柴油机检测功能：喷油压力及压力波形检测、喷油提前角检测、无负荷测功、转速稳定性分析、起动系统检测、充电系统检测、数字万用表功能和排气烟度检测(需配备烟度计)等功能。

3) 电控燃油喷射发动机检测功能：进气量检测、转速检测、温度检测、进气管真空度检测、节气门位置检测、爆燃信号检测、氧传感器信号检测、喷油信号检测、点火系统检测等。

4) 故障诊断分析功能：故障查询、检测信号再现与分析、参数设定和显示数据或波形等。

实训 5.2 燃油喷射系统主要部件的拆装与检测

本节主要通过介绍燃油喷射系统主要部件的检修情况来分析其拆装与检测的有关知识。

实训 5.2.1 电动燃油泵的检修

当发动机无法起动，发动机起动后又熄火，或者发动机加速不良等现象出现时，应对燃油泵进行检查。

1. 燃油泵的检查

在燃油泵控制电路中的检查插座上，使燃油泵起动的两个端子用导线跨接，当点火开关在 ON 时，燃油泵应能正常起动，并能听到燃油泵运转的声音。如果在油泵起动时，听到的噪声很大，说明燃油泵发生了故障。当已经判明燃油泵损坏时，应及时更换新件，因为电脑控制燃油泵是不可修复件。

2. 测量燃油泵电枢绕组的电阻

不同型号的油泵电阻值不同，一般在十几欧左右。如果经过测量发现电阻过大或过小，说明燃油泵电枢绕组存在短路、电刷接触不良或绕组有断路故障。

3. 燃油泵耗电量检查

拆下燃油泵电源线，串上电流表，启动发动机，观察耗电量应不大于 7A，如果耗电量过大，说明油泵电机存在短路、阻塞、卡滞等现象，这时会使供油压力不足。

4. 测量正常情况下的供油压力

接上油压表，测量发动机怠速时的供油压力，单点喷射系统油压在 69～117MPa 之间，多点喷射系统油压在 242～380MPa 之间，机械式喷射系统油压在 483～621MPa 之间，详细数值应查阅原厂维修手册。

5. 最大油压检查

发动机在怠速运转时，要观察油压值，并做记录，然后夹紧回油管，这时油压会迅速上升，油压最大值应为怠速油压的 2 倍以上为正常。

6. 燃油泵工作检查

1) 用连接导线使检查连接器上的+B 和 FP 端子跨接。

2) 使点火开关在 ON，但不启动发动机。

3) 检查进油软管处是否有油压的感觉，是否能听到燃油流动的声音。

4) 关闭点火开关，取下连接导线。

如果没有油压，应检查 EFI 主继电器熔断器、主熔断器、EFI 主继电器、燃油泵 ECU、燃油泵、各线束连接器等。

7. 燃油压力检查

1) 拆下蓄电池的搭铁线。

2) 拆下输油管与主输油管的连接螺栓，取下密封胶圈。

3) 用新密封垫圈和螺栓，把油压表接在输油管和主输油管之间。

4) 用连接导线使检查连接器上的+B 和 FP 端子连接起来。

5) 装上蓄电池搭铁线，使点火开关在 ON 位置。

6) 测量油压，标准值为 265～304kPa。如果压力过高，应更换油压调节器。如果油压过低，则应检查燃油管和连接接头有无漏油处；检查燃油泵、燃油滤清器、燃油压力调节器的工作状况。

7）关闭点火开关，拆下连接器上的跨接导线。

8）启动发动机，测量油压，怠速时应为196～235kPa。此时，拆下油压调节器上的真空管，并用塞子堵住管口，怠速时油压为265～304kPa。如果压力不符合要求，则应检查真空管和油压调节器。

9）发动机熄火后，油压表的读数在5min内不应降低。如果符合规定，则应检查燃油泵、油压调节器和喷油器。

10）检查完油压后，关闭点火开关，拆下蓄电池搭铁线，再拆下油压表，安装好输油管。

8. 燃油泵ECU的检查

拔下燃油泵ECU的导线连接器，测量导线接头上的E、D1端子的接地电阻应导通，如果不导通则应检查连接线路。

插好燃油泵ECU的导线连接器，按表5.2内容用万用表检查ECU上的＋B、FP、FPC端子上的接地电压，其电压值应符合表中规定值。如不符合规定，则应检查连接线路或更换燃油泵ECU。

表5.2　燃油泵ECU上各端子电压值

端　子	条　件	标　准　值
FP-接地	突然加速	12～14V
	怠　速	8～10V
＋B-接地	点火开关在ON	9～14V
FPC-接地	急加速到6 000r/min或更高	4～6V
	怠　速	2.5V

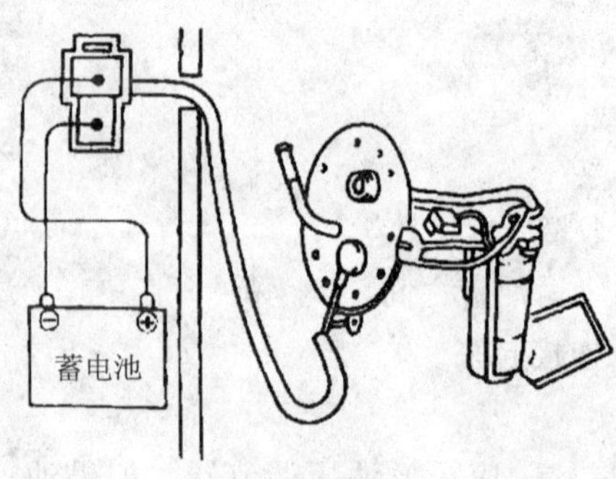

图5.44　电动燃油泵工作检查

9. 燃油泵的检查

拔下燃油泵的导线连接器，从车上拆下燃油泵进行检查。

1）燃油泵的电阻检查。用电阻表测量燃油泵上的两个接线端子间的电阻，即燃油泵电机线圈的电阻，其电阻值应为0.2～3.0Ω(20℃时)。如果电阻值不符合规定，则应更换燃油泵。

2）燃油泵工作检查。按图5.44所示内容，将燃油泵与蓄电池连接，每次接通时间不超过10s，检查燃油泵运转情况。如果燃油泵不运转，则应更换燃油泵。

10. 燃油泵系统漏油检查

1）用导线将检查连接器的 FP 和＋B 端子连接起来。

2）将点火开关转到 ON，不启动发动机。

3）用钳子夹紧回油管，高压管内的油压会上升到大约 392kPa 范围。在这种状态下，检查燃油系统各个部位，应不漏油。

实训 5.2.2 燃油压力调节器的检修

发动机的燃油供给系统提供的燃油压力并不是一个固定值，发动机在不同工况下的燃油压力稍有不同，目的是保证供给足够数量的燃油，以适应发动机不同工况的要求。表 5.3 为桑塔纳 2000GLi、GSi、捷达 GT、GTX 型轿车供油系统燃油压力标准值。它们使用同一型号燃油压力调节器，现在介绍检修内容。

表 5.3 桑塔纳 2000GLi、2000GSi、捷达 GT、GTx 型轿车供油系统标准

项 目	检 测 条 件	2000GSi	2000GLi	捷达 GT、GTX
怠速转速/(r/min)	不能调整	800±30	800±50	850±50
最高断油转速/(r/min)		6400	6400	6400
怠速时燃油压力/kPa	不拔下油压调节器真空管	250±20	250±20	250±20
	拔下油压调节器真空管	300±20	300±20	300±20
保持燃油压力不低于/kPa	接固真空管、点火开关断开 10min	200	200	200
喷油器技术参数	室温条件下电阻/Ω	13～18	15.9±0.35	13～18
	发动机工作时电阻增量/Ω	4～6	4～6	4～6
	30s 喷油量/ml	78～85	78～85	70～100
	喷雾形状	小于 35 度圆锥雾状		
	正常油压下漏油量	不多于 2 滴		

1. 供油系统油压检查

当蓄电池电压正常时，把燃油压力表连接到燃油分配管进油口处，启动发动机并使其怠速运行，油压额定值应为(300±20)kPa；当急加速时，油压表压力值应迅速增大到 320kPa 左右；当拔下油压调节器上通往进气歧管的真空软管时，油压必须上升到 320kPa。如果供油系统油压变化不符合上述情况，说明供油系统存在故障，应进行检修。

如果油压过高,可能的原因是调节器损坏;如果油压过低,可能的原因是油管或接头处漏油,燃油滤清器堵塞,蓄电池电压过低,油压调节器已经损坏。

2. 供油系统密封性能检查

启动发动机并怠速运行,使燃油系统压力上升到额定值后,关闭点火开关,10min 后,检查油压表压力必须高于 200kPa。

如果压力低于 200kPa,应再次启动发动机使之怠速运行,当压力达到额定值后,关闭点火开关,用钳子夹紧回油管,同时观察油压表压力,在 10min 后,如果压力高于 200kPa,说明油压调节器已经失效,应进行更换。如果压力低于 200kPa,说明供油系统存在漏油部位,应进行检修。对喷油器的漏油检查,应在油压正常情况下进行,要求喷油器每分钟滴油不超过 2 滴。

实训 5.2.3　喷油器的检修

电磁喷油器的检修应按下面几点内容进行。

1) 当电磁喷油器喷嘴积炭堵塞喷油孔时会造成喷油不畅,发动机运转不平稳,排气有喘振现象。这时应拆下喷油器用超声波清洗器进行清洗。如果进行不解体清洗,可到专业修理厂使用喷油器清洗设备进行就车清洗。

2) 用万用表电阻挡测量喷油器电磁线圈电阻,电流驱动式喷油器电磁线圈电阻值为 2～4Ω,电压驱动式喷油器电磁线圈电阻值为 13～16Ω,如果测量电阻值不在规定范围,则应更换。

3) 检查每个电磁喷油器连接线路是否有故障,用一个 12V 试灯连接在喷油器连接器的两个端子之间,启动发动机,观察试灯,应当闪烁。如果试灯不闪烁,说明线路有故障,应进一步检查喷油器电源和接地线路。

4) 检查电磁喷油器是否正常开闭,把 3～4V 电压加到喷油器接线座的一个端子上,另一个端子和接地间不断地接通、断开,如果每次接地时,喷油器都能发出"咔嗒"声,说明喷油器工作良好,开、闭正常,否则说明喷油器存在故障需要更换。在对喷油器进行开闭试验时,不能用 12V 电压,以免烧喷油器电磁线圈。

实训 5.3　轿车电喷发动机故障诊断与检修

本节通过一些轿车发动机的维修实例来介绍故障诊断与检修的一般方法。

实训 5.3.1　怠速不稳——车型:北京现代索纳塔

故障现象:一辆北京现代索纳塔 2.0L 轿车,发动机起动后怠速不稳,急加速时转速提高缓慢，同时进气道有回火“放炮”声。

故障排除：根据故障现象，初步分析可能由下列原因造成：

① 混合气过稀。

② 点火正时有问题。

③ 控制模块或传感器故障。

首先用万用表直流电压“50V”档调取故障码。在驾驶室内熔丝盒处找到诊断端子，用红表笔接 1 号脚，黑表笔接 12 号脚；接通点火开关，观察电压表指针摆动规律，得故障码为 11，控制模块正常，无故障码输出。

接着又检查了点火正时和高压火，均为正常。用经验法检查燃油压力，即脱开燃油压力调节器的回油管，再用一根胶管插到燃油压力调节器回油口上，目的是将回油引出来观察（回油管用容器接好，注意安全）。然后启动发动机，此时发现该车回油极弱（正常车怠速时回油很冲），可以断定，该车燃油压力低于正常值。换装一只新的燃油泵和一只燃油滤清器后，再打起动机，发动机顺利着车，此时怠速平稳，加速也十分有力。当时认为故障已经排除，但是发动机运转一段时间后，急加速时又发生了转速提高缓慢的故障。经过仔细检查发现燃油滤清器上反了，过滤功能正常，安装反了，纸袋被燃油压抑，过滤功能减弱，所以又产生了混合气过稀的故障。

北京索纳塔轿车的燃油滤清器外形像一只帽子扣在上面，其进油口有标记在帽顶部，安装时一定要看标记，而不要看外形。该车在换新燃油滤清器时，只注意了新和旧的滤清器外形一致，而忽略了标记，所以把燃油滤清器装反了，随着发动机运转时间加长，燃油滤清器过滤功能减弱，又发生了混合气过稀的故障。

将燃油滤清器拆下来，按标记正确安装后，再打起动机，发动机顺利着车，此时怠速正常，加速有力。故障完全排除。

实训 5.3.2　起动困难——车型：神龙富康

故障现象：一辆 98 款富康 988 型轿车，起动机能带动发动机，但发动机起动困难，甚至不能起动。

故障排除：首先判断是电路故障，还是燃油系统故障。该车故障是起动困难，而起动后车辆能够运行，这表明是油路故障。

油路故障又是集中在起动工况中，影响起动工况又有两种可能：一是燃油供给太多，过浓混合气超过着火界限；二是燃油供给太少，过稀混合气低于着火界限。该车的具体故障是，车辆着火后，没有浓烟或窜出升油味，过浓混合气的可能性排除。

车辆起动工况中供油不足除喷油器阻塞、油管破损外，另一重要原因是输油压力过低。经检查，前一种供油不足的原因排除，该车喷油器无堵塞，油管无破损。

现在，故障诊断自然集中在燃油压力上，其方法如下：在输油管和燃油滤清器间接上0.5MPa量程的油压表，用起动机带转发动机，观察油压表读数，该数为160～165kPa（正常值为225～303kPa）。

输油压力低的可能性有喷油器泄漏、燃油泵低转速时性能不良、燃油压力调节器损坏，需逐一检查。

踩下加速踏板，节气门全开，结果仍难起动，从而排除冷起动阀和喷油器泄漏的可能。进一步拆下火花塞，无汽油浸湿现象，验证了冷起动阀、喷油器无泄漏。

进一步检查燃油压力调节器。其方法如下：用夹子夹紧燃油压力调节器的橡胶回油软管，起动机带转发动机，观察油压表压力，结果压力值升高至280～300kPa，诊断为燃油压力调节器损坏。更换燃油压力调节器，即顺利起动。

如果燃油压力调节器损坏，阀门关闭不严，燃油漏入回油管，使输油压力降低，造成低转速时难以起动，发动机着火后，转速提高，燃油虽从压力调节器处泄漏进回油管，但量不大，对正常行驶的影响不大且难以察觉。

第6章

柴油机供给系构造与维修

☆ **知识点**

1. 柴油机供给系的功用、组成和基本概念、混合气形成与燃烧、燃烧室类型与特点
2. 喷油器、喷油泵、调速器、柴油滤清器、输油泵、联轴器、废气涡轮增压器等的结构与工作原理、PT供油系统、电控柴油喷射系统等的基本组成与基本工作原理
3. P型泵调速器和A型泵调速器(两极调速器、全程调速器)的结构与工作原理

★ **要求**

掌握:

1. 柴油机供给系的功用、组成和基本概念、混合气形成与燃烧、燃烧室类型与特点
2. 喷油器、喷油泵、调速器、柴油滤清器、输油泵、联轴器、废气涡轮增压器等的结构与工作原理、P型泵调速器和A型泵调速器(两极调速器、全程调速器)的结构与工作原理
3. 正确拆装喷油器和进行喷油器试验、在试验台上正确进行A型泵总成试验的操作、能正确检查调整典型柴油机的供油提前角

了解:

1. PT供油系统、电控柴油喷射系统等的基本组成与基本工作原理
2. 柴油机供给系常见故障诊断

理论部分

6.1 柴油机供给系的作用与组成

柴油机使用的燃料是柴油，柴油黏度大，蒸发性差，不可能通过化油器在气缸外部与空气形成均匀的混合气，故采用高压喷射，在压缩行程接近终了时把柴油喷入气缸，并与缸内的高温、高压的空气形成混合气自行发火燃烧。

6.1.1 柴油机供给系的组成

柴油机供给系由燃油供给、空气供给、混合气形成及废气排出装置组成。图 6.1 是一种常见的汽车柴油机供给系组成图。

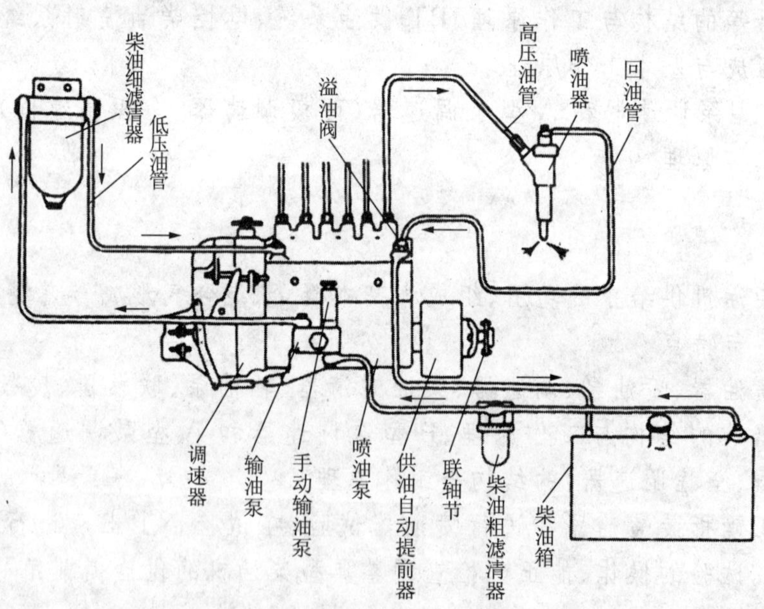

图 6.1 柴油机供给系的组成图

燃油供给装置由柴油箱、输油泵、低压油管、柴油滤清器、喷油泵、高压油管、喷油器和回油管组成。

空气供给装置由空气滤清器、进气管和气缸盖内的进气道组成。

混合气形成装置由燃烧室组成。

废气排出装置由气缸盖内的排气道、排气管及排气消声器组成。

6.1.2　柴油机供给系的作用

柴油机供给系的作用是储存、滤清柴油，并按柴油机不同的工况要求，以规定的工作顺序，定时、定量、定压并以一定的喷油质量将柴油喷入燃烧室，使其与空气迅速混合并燃烧，最后将燃烧后的废气排入大气。

6.1.3　柴油机供给系工作原理

柴油机在工作过程中，依靠输油泵的作用不断地将油箱中的柴油吸出，并经柴油滤清器滤去杂质后，输入喷油泵的低压油腔，喷油泵将燃油压力提高，按柴油机不同工况的要求，定时、定量、定压输出柴油，经高压油管至喷油器，当燃油压力达到规定值时，喷油孔开启，燃油呈雾状喷入燃烧室，形成混合气。由于输油泵的供油量比喷油泵供油量大得多，过量的柴油便经回油管回到输油泵。

从柴油箱到喷油泵入口处这段油路中的油压是由输油泵建立的，一般为 0.15～0.3MPa，故这段油路称为低压油路。从喷油泵到喷油器这段油路中的油压是由喷油泵建立的，一般在 10MPa 以上，故称此段油路为高压油路。

为了在柴油机起动时排除整个油路中的空气，使柴油充满喷油泵，在输油泵上装有手油泵。喷油泵的前端与供油正时器连接，后端与调速器组成一体，它们分别起喷油正时和喷油量的自动调节作用。

6.2　柴油机混合气的形成和燃烧室

6.2.1　可燃混合气的形成与燃烧

柴油机可燃混合气的形成与燃烧条件比汽油机差得多。柴油机在进气行程中进入气缸的是纯空气，在压缩行程接近终了时，将柴油喷入气缸，混合气随即在燃烧室内形成，在高温、高压条件下，柴油自行着火燃烧，故混合气形成时间极短，而且存在喷油、蒸发、混合和燃烧重叠进行的过程。在柴油机压缩和做功过程中，气缸内气体压力 P 随曲轴转角变化的关系如图 6.2 所示。当曲轴转到上止点前 O 点的位置时，喷油泵开始供油。当曲轴转到稍后一些的 A 点位置时，开始喷油。O 点到上止点之间所对应的曲轴转角称为供油提前角(图中虚线为不供油时气缸压力的变化曲线)。

根据气缸中压力和温度的变化特点,可将混合气的形成与燃烧过程按曲轴转角划分为四个阶段。

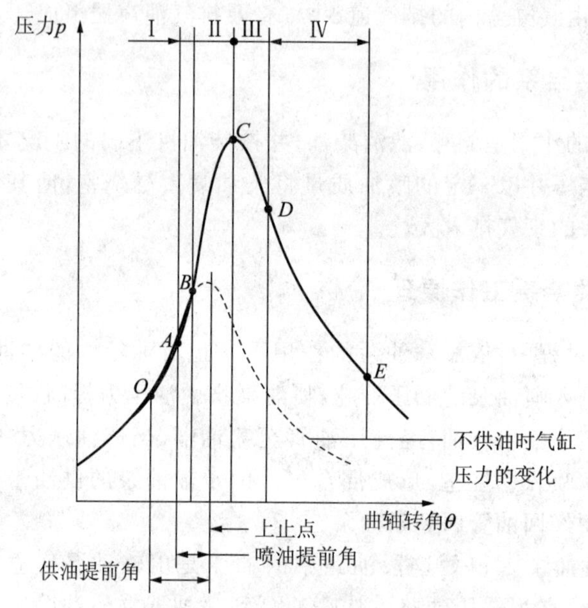

图 6.2 气缸压力与曲轴转角的关系

Ⅰ. 备燃期;Ⅱ. 速燃期;Ⅲ. 缓燃期;Ⅳ. 后燃期

1. 备燃期

备燃期是指从喷油始点 A 到燃烧始点 B 之间所对应的曲轴转角。

在此期间,喷入气缸的雾状柴油从气缸内的高温空气中吸收热量,逐渐蒸发、扩散,与空气混合,并进行燃烧前的化学准备。若备燃期时间过长,缸内积存的油量增多,一旦燃烧,会造成内压力急剧升高,致使发动机噪声增大,工作粗暴,机件磨损加剧。因此,备燃期的长短是影响柴油发动机工作粗暴程度的重要因素。

2. 速燃期

速燃期是指燃烧始点 B 与气缸内产生最大压力点 C 之间所对应的曲轴转角。

从 B 点起,火焰自火源处向四周迅速传播,燃烧速度迅速增加,急剧放热,缸内温度和压力迅速上升,至 C 点时压力达到最高值。在此期间,早已喷入但尚未来得及蒸发的柴油,以及在燃烧开始后陆续喷入的柴油便能在已燃气体的高温作用下,迅速蒸发、混合和燃烧。

3. 缓燃期

缓燃期是指从最高压力点 C 起到最高温度点 D 为止的曲轴转角。

在此阶段，燃气温度继续升高，但由于氧气减少，废气增加，燃烧条件变差，故燃烧越来越慢。喷油过程一般在缓燃期内结束。

4. 后燃期

从 D 点起，燃烧在逐渐恶化的条件下于膨胀行程中缓慢进行直到停止(E 点)。在此期间，压力和温度均降低。

由于柴油的蒸发性和流动性较汽油差，且柴油机混合气形成时间极短，使得柴油难以在燃烧前彻底雾化蒸发并同空气均匀混合，即柴油机可燃混合气的品质较汽油机的差。因此，柴油机采用较大的过量空气系数，使喷入气缸的柴油能够燃烧得比较完全。

6.2.2 燃烧室

由于柴油机混合气的形成和燃烧均在燃烧室中进行，所以燃烧室的结构将直接影响混合气的形成与燃烧。对燃烧室的要求，一是配合喷油形成良好均匀的混合气，改善燃烧；二是结构要紧凑，以减小散热损失，提高热效率。

柴油机燃烧室的种类较多，通常分为整体式燃烧室和分开式燃烧室两大类。

1. 整体式燃烧室

整体式燃烧室也叫直接喷射式燃烧室是由凹形活塞顶与气缸盖底面所包围的单一内腔构成，几乎全部容积都在活塞顶面上。这种燃烧室一般使用多孔喷油器将柴油直接喷射到燃烧室中，借喷射油柱的形状和燃烧室形状的配合以及燃烧室内的空气涡流运动，迅速形成可燃混合气，故此种燃烧室又称为直接喷射式燃烧室。直接喷射式燃烧室是利用在气缸盖上铸出的螺旋气道，使进入气缸的空气呈涡流状来促进油气混合是直接喷射式燃烧室的一大特点。空气经由螺旋进气道进入气缸时，会产生绕气缸轴线旋转的进气涡流，来帮助燃油与空气的混合。

常见的整体式燃烧室结构型式有 ω 形燃烧室、球形燃烧室和 U 形燃烧室，如图 6.3 所示。

目前车用柴油机大都采用 ω 形燃烧室及其各种改进型。以 ω 形为例，其燃烧室主要靠喷注形状与燃烧室形状相配合，利用进气涡流和挤流(在压缩行程上止点附近，活塞顶部的空气被挤入燃烧室时形成的气流)等空气运动，形成可燃混合气。这类燃烧室要求喷油系统喷油压力高，并采用小孔径多孔喷油器，使喷出的大部分燃油均匀地以雾状分布在燃烧室空间，吸收空气的热量而蒸发，并借助气流运动与空气混合，另有少量燃油被喷到燃烧室壁面,形成油膜,在燃烧开始后才迅速蒸发而参加燃烧。

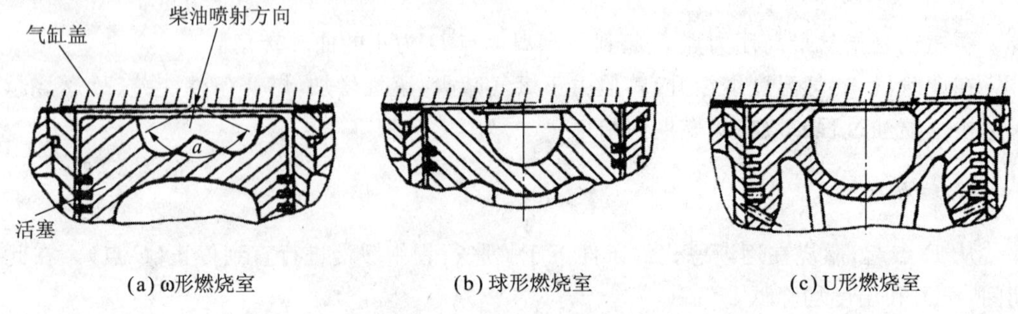

(a) ω形燃烧室　　(b) 球形燃烧室　　(c) U形燃烧室

图 6.3　整体式燃烧室结构型式

ω形燃烧室形状较简单,易于加工,结构紧凑,散热面积小,热效率高,有利于冷机起动,但与之配套的燃料供给系要求较高。

为了更好地组织直喷式燃烧室的燃烧过程,在传统的圆形 ω 形燃烧室基础上,发展了多种新型燃烧室,它们有着各自的特点。

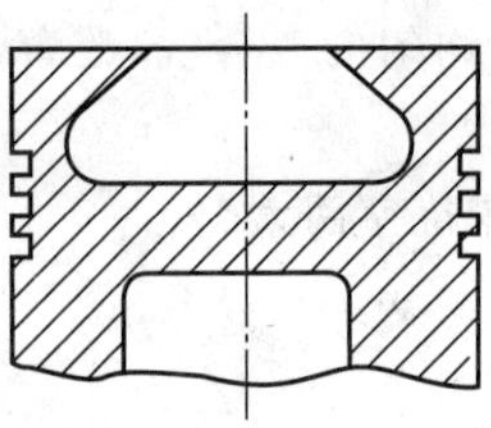

(1) 泼金斯挤流口燃烧室

如图 6.4 所示,它是为降低柴油机噪声、改善排放而设计的,主要是缩小了燃烧室凹坑唇口处尺寸来产生强烈的压缩挤流,从而产生空气的紊流运动。其主要优点是:

图 6.4　泼金斯燃烧室

1) 能防止燃气从活塞顶上碗形室过早地向燃烧室容积传播。

2) 可保持燃烧室壁温较高,以防止火焰熄灭并能促进油滴蒸发。

(2) 日本五十铃四角 ω 形燃烧室

如图 6.5 所示,它利用四角 ω 形凹坑组织二次扰动(除了进气涡流外,拐角处又形成小旋涡)来实现燃油和空气的良好混合,以提高燃烧速度。

(3) 小松微涡流燃烧室

如图 6.6 所示,这种燃烧室由两部分组成:上部为四角形,下部分为圆形,两部分经切削加工圆滑过渡。设计思想是集中 ω 形和四角 ω 形二者的优点,同时又有缩口,增加了挤流的影响。

(4) 花瓣形燃烧室

如图 6.7 所示,YC6110Q 和 YC6105QC 型柴油机采用这种燃烧室,基本结构与 ω 形燃烧室近似,仅横截面形状呈花瓣状。它利用花瓣形所具有的几何特点,恰当地选择进气涡流、喷油系统与燃烧室形状,将三者良好地匹配,可保证柴油机具有较低的燃油消耗率，经济运行区宽广，起动性能变好，并且在降低最大爆发压力、减小噪声、降低排污方面获得较佳的综合指标。

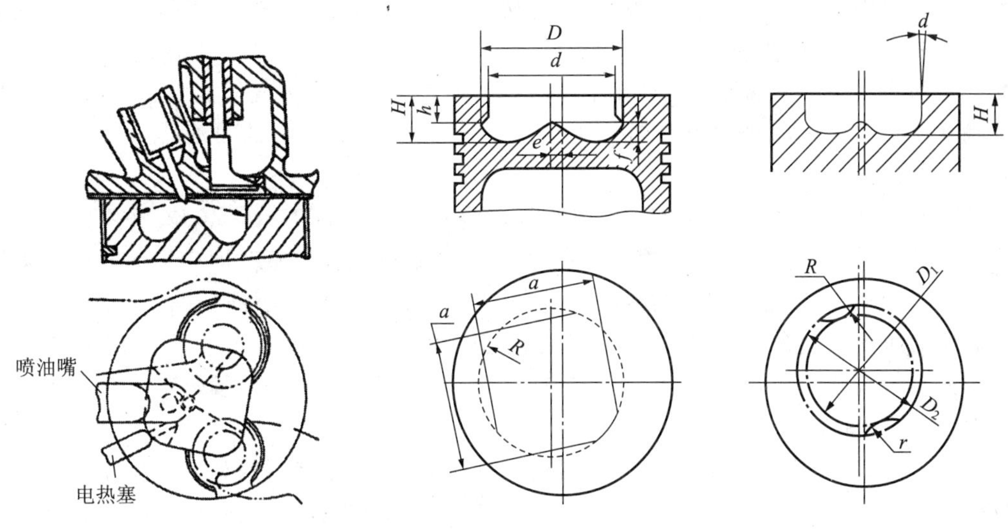

图6.5　ω形燃烧室　　图6.6　微涡流燃烧室　　图6.7　花瓣形燃烧室

2. 分开式燃烧室

燃烧室由两部分组成，一部分位于活塞顶与缸盖底面围成，称主燃烧室；另一部分在气缸盖中，称副燃烧室。主、副燃烧室之间由一个或多个通道相通。分开式燃烧室常见的型式有涡流室式和预燃室式两种，如图6.8所示。

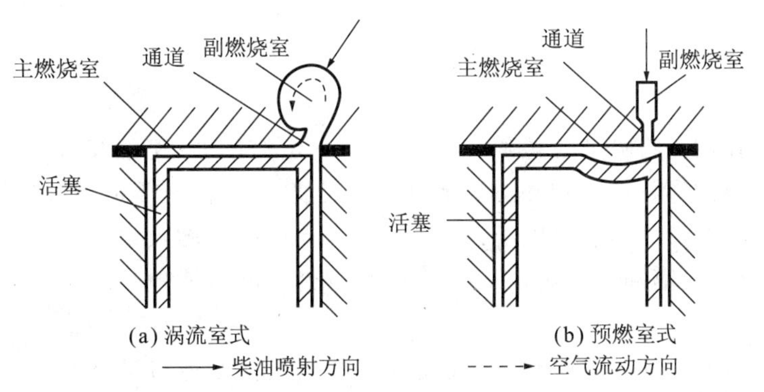

图6.8　分开式燃烧室

(1) 涡流室燃烧室

它的副燃烧室是球形或圆柱形的涡流室，借与其内壁相切的孔道与主燃烧室连通，因此在压缩行程中，空气从气缸被挤入涡流室时形成强烈的有规则的涡流。在这种燃烧室中，柴油直接喷入涡流室空间，靠强烈的空气涡流作用，与空气迅速混合。大部分燃油在涡流室内燃烧，未燃部分在做功行程初期与高压燃气一起通过切向孔道喷入主燃烧室，进一步与那里的空气混合、燃烧。

涡流室中产生的气流运动比上述直接喷射燃烧室中的进气涡流更强，因此可降低对喷雾质量的要求，即可采用喷油压力较低(12～14MPa)的轴针式喷油器。

(2) 预燃室式燃烧室

它的预燃室(辅助燃烧室)容积约为燃烧室总容积的25%～40%，并用一个或几个小孔与主燃烧室相通。在压缩行程中，空气从气缸进入预燃室时即产生无规则的紊流运动。燃油喷入后，依靠空气的紊流运动与空气初步混合并有小部分燃油发火燃烧，使预燃室的压力急剧升高，大部分未燃柴油连同燃气经小孔高速喷入主燃烧室，在主燃烧室内产生不规则的涡流运动，进一步与空气混合以实现完全燃烧。预燃室一般用耐热钢制造，嵌入气缸盖内。

分开式燃烧室主要靠强烈的空气运动形成混合气，对空气的利用比整体式燃烧室充分，因此过量空气系数 α 可以小一些。随着转速的增加，有利于混合气的形成，可改善高速性能。分开式燃烧室允许采用较大喷孔的轴针式喷油器及较低的喷射压力。由于先辅助燃烧室后主燃烧室两级燃烧，发动机工作柔和，曲柄连杆机构载荷也较小，而且排气污染小。但分开式燃烧室散热损失(因燃烧室散热面积大)和节流损失都较大，起动性和经济性都较差，必须用更高的压缩比而且要在辅助燃烧室中装起动电热塞。涡流室和预燃室多用于小型高速柴油机上，缸径一般在100mm以下。

6.3 喷油器

喷油器的作用是将喷油泵供给的高压油以一定的压力、速度和方向喷入燃烧室，使喷入燃烧室的燃油雾化成细粒并适当地分布在燃烧室中，以利于混合气的形成和燃烧。

根据混合气的形成与燃烧的要求，喷油器应具有一定的喷射压力和射程，以及合理的喷注锥角。此外，喷油器在规定的停止喷油时刻应能迅速地切断燃油的供给，不发生滴漏现象。

喷油器分为开式和闭式两种，开式喷油器的高压油腔通过喷孔直接与燃烧室相通，而闭式喷油器则在其之间装针阀隔断。目前，中小功率高速柴油机绝大多数采用闭式喷油器，其常见的型式有两种：孔式喷油器和轴针式喷油器。孔式喷油器多用于直接喷射式燃烧室上，轴针式喷油器则主要用于分开式燃烧室上。

6.3.1　喷油器的拆卸

喷油器的固定方式有压板固定、空心螺套固定和利用自身的凸缘固定 3 种。喷油器的拆卸方式如下：

1）首先拆下高压油管和固定螺母，然后用木锤震松喷油器，取出总成，如果喷油器取不出，可用专用拉器拉出。

2）清洗外部，然后逐一在喷油器手泵试验台上进行检验，检查喷射初始压力、喷油质量和漏油情况，如质量不好必须解体。

3）先分解喷油器上部，旋松调压螺钉紧回螺母，取出调压螺钉、调压弹簧和顶杆。

4）将喷油器倒夹在台钳上，旋下针阀体紧固螺母，取下针阀体和针阀。

5）针阀偶件应成对浸泡在清洁的柴油里。如果针阀和针阀体难以分开，可用钳子垫上橡胶片夹住针阀尾端拉出。分解过程中应注意保护针阀的精加工表面。

6）喷油器垫片，在分解后应与原配喷油器体放置在一起保存好，喷油器与座孔间的锥形垫圈也应与原喷油器体放置在一起。

6.3.2　喷油器的结构与工作原理

1. 孔式喷油器

（1）孔式喷油器的结构

孔式喷油器的结构如图 6.9 所示。

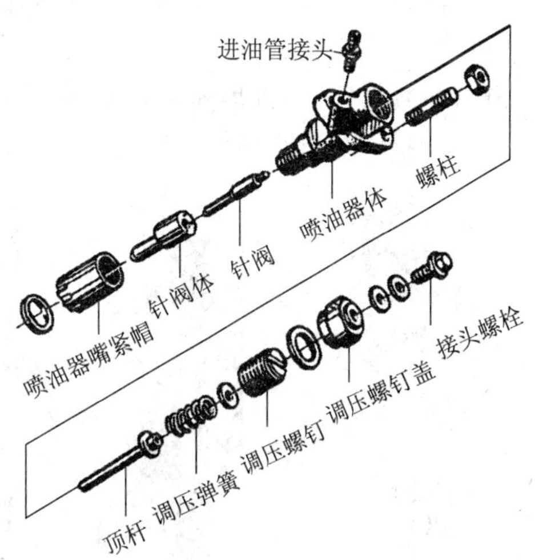

图 6.9　YC6105QC 型柴油机喷油器

喷油器由针阀、针阀体、顶杆、调压弹簧、调压螺钉及喷油器体等零件组成。其中最主要的是用优质合金钢制成的针阀和针阀体一对精密偶件。针阀下端的一圆锥面与针阀体下端的环形锥面共同起密封作用（图 6.10），用于打开或切断高压柴油与燃烧室的通路。针阀底部还有一环形锥面位于针阀体的环形油槽中，该锥面承受燃油压力推动针阀向上运动。针阀顶部通过顶杆承受调压弹簧的预紧力，使针阀处于关闭状态。该预紧力决定针阀的开启压力或称喷油压力，调整调压螺钉可改变喷油压力的大小（拧入时压力增大，拧出时压力减小），用调整螺钉盖将它锁紧固定。喷油器工作时从针阀偶件间隙中泄漏的柴油经回油管接头螺栓流回回油管。为防止细小杂物堵塞喷，在某些喷油器进油接头中装有缝隙式滤芯，如图 6.11 所示。柴油从滤芯的两个平面 A 进入，穿过棱边 B 进入滤芯的另两个平面 C 才能进入喷油器，棱边 B 即起过滤作用，而且滤芯具有磁性，可吸住金属磨屑。

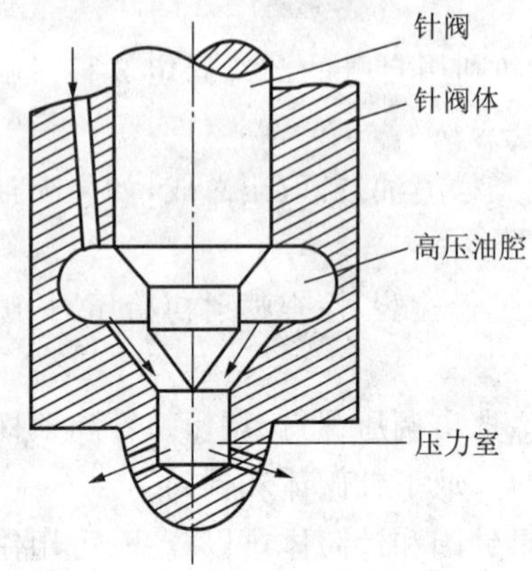

图 6.10 针阀下端的圆锥面与针阀体下端的环形锥面共同起密封作用

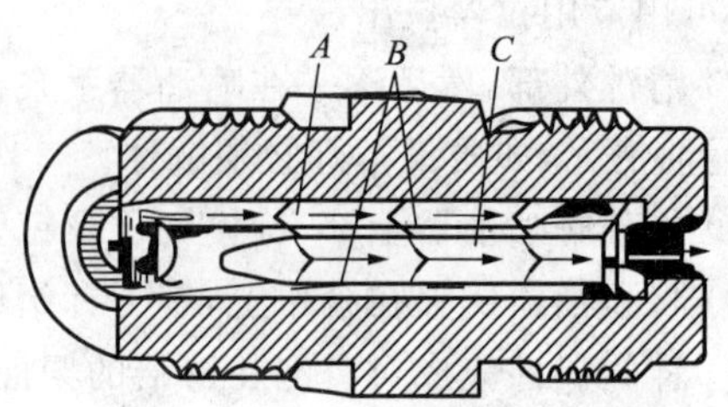

图 6.11 装有缝隙式滤芯的喷油器进油接头

(2) 孔式喷油器的工作原理

柴油机工作时，来自喷油泵的高压柴油经喷油器体与针阀体中的油孔道进入针阀中部周围的环状空间(高压油腔)。油压作用在针阀的锥形承压环带上形成一个向上的轴向推力，此推力克服调压弹簧的预压力及针阀偶件之间的摩擦力使针阀向上移动，针阀下端锥面离开针阀锥形环带，打开喷孔，高压柴油喷入燃烧室中。喷油泵停止供油时，高压油路内压力迅速下降，针阀在调压弹簧作用下及时回位，将喷孔关闭，如图 6.12 所示。

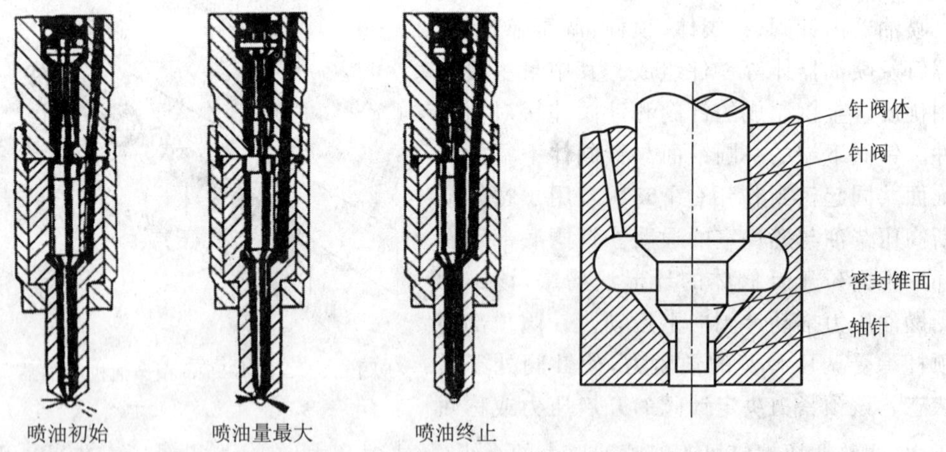

图 6.12 孔式喷油器工作原理

孔式喷油器的特点是喷孔数目较多，范围 1～8 个；喷孔直径较小，一般为 0.2～

0.8mm。喷孔数目和分布的位置，根据燃烧室的形状和要求而定。

多缸柴油机，为使各缸喷油器工作一致，各缸采用长度相同的高压油管。YC6105QC型和 YC6110Q 型柴油机采用多孔式喷油器，喷油嘴为四孔等直径（0.32mm），针阀开启压力（喷油压力）为 18.62±0.49MPa。

2. 轴针式喷油器

轴针式喷油器的工作原理与孔式喷油器相同。其构造特点是针阀下端的密封锥面以下还延伸出一个轴针，其形状可以是倒锥形和圆柱形，如图 6.13 所示。轴针伸出喷孔外，使喷孔成为圆柱状的狭缝（轴针与孔的径向间隙一般为 0.005～0.25mm）。这样，喷油时喷注将呈空心的锥状或柱形。

轴针式喷油器喷孔直径一般在 1～3mm 范围内，喷油压力为 10～14MPa。喷孔直径大，加工方便。工作时由于轴针在喷孔内往复运动，能清除喷孔中的积炭和杂物，工作可靠。它适用于对喷雾要求不高的涡流室式燃烧室和预燃室式燃烧室。

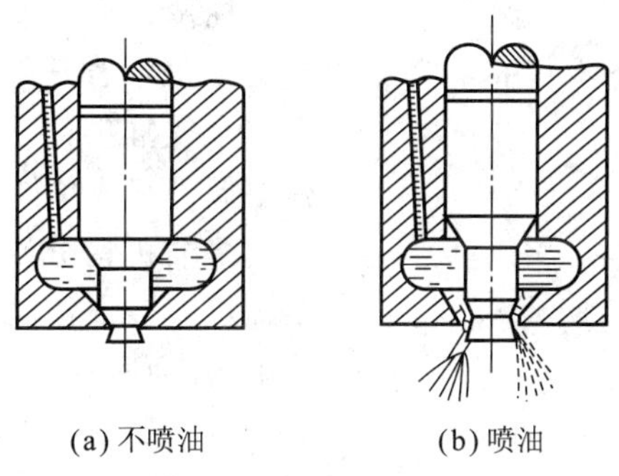

(a) 不喷油　　(b) 喷油

图 6.13　轴针式喷油器的喷油情况

6.4　喷油泵

喷油泵即高压油泵（简称油泵），一般和调速器安装成一体，其作用是使燃油通过喷油泵的工作变成高压，并按照柴油机各种不同工况的要求，定时、定量地将高压燃油送至喷油器，然后喷入燃烧室中。

对多缸柴油机喷油泵的要求：

1）正时。严格按照规定的供油时刻开始供油，并保证一定的供油持续时间，不可过长。

2）调量。根据柴油机负荷的大小供给相应的油量。

3）保压。向喷油器供给的柴油应具有足够的压力，以获得良好的喷雾质量。

4）一致：对于多缸柴油机，为保证各缸工作的均匀性，要求各缸的相对供油时刻、供油量和供油压力等参数都相同。

5）迅速：供油开始和结束要求迅速干脆，避免喷油器产生滴漏现象或不正常喷射现象。

喷油泵的结构型式：车用柴油机的喷油泵按作用原理不同大体可分为 3 类：

1）柱塞式喷油泵：柱塞式喷油泵性能良好，使用可靠，为目前大多数汽车柴油机所采用。

2）喷油泵、喷油器：其特点是将喷油泵和喷油器合成一体，直接安装在缸盖上，以消除高压油管带来的不利影响。应用于 PT 燃油供给系统的喷油器即属此类。

3）转子分配式喷油泵：转子分配式喷油泵是 20 世纪 50 年代后期出现的一种新型喷油泵，依靠转子的转动实现燃油的增压（泵油）及分配，它具有体积小、质量轻、成本低、使用方便的优点，尤其体积小，对发动机和汽车的整体布置是十分有利的。

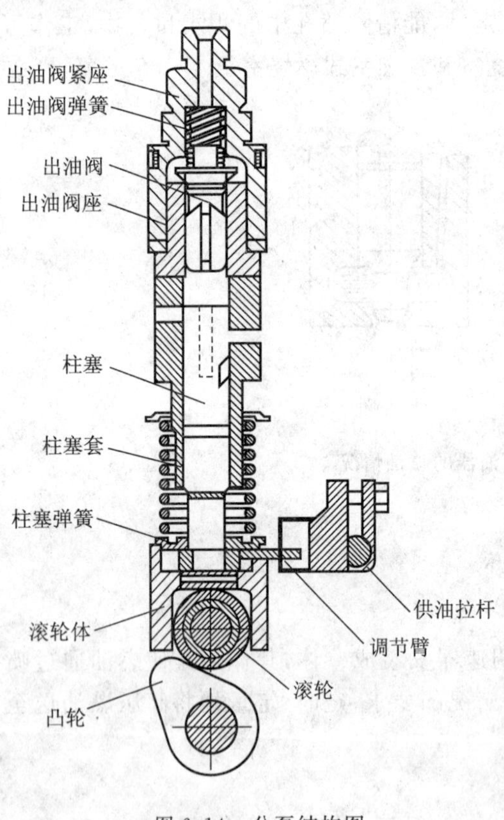

图 6.14 分泵结构图

6.4.1 柱塞式喷油泵泵油原理

柱塞式喷油泵利用柱塞在柱塞套内的往复运动吸油和压油，每一副柱塞与柱塞套只向一个气缸供油。对于单缸柴油机，由一套柱塞偶件组成单体泵；对于多缸柴油机，则由多套泵油机构分别向各缸供油。中、小功率柴油机大多将各缸的泵油机构组装在同一壳体中，称为多缸泵，而其中每组泵油机构则称为分泵。如图 6.14 所示，是一种分泵的结构图，其关键部分是泵油机构。泵油机构主要由柱塞偶件（柱塞和柱塞套）、出油阀偶件（出油阀和出油阀座）等组成。柱塞的下部固定有调节臂，可通过它调节和转动柱塞的位置。

柱塞上部的出油阀由出油阀弹簧压紧在油阀座上，柱塞下端与装在滚轮体中的垫块接触，柱塞弹簧通过弹簧座将柱塞推向下方，并使滚轮保持与凸轮轴上的凸轮相接触。

喷油泵凸轮轴由柴油机曲轴通过传动机构来驱动。对于四冲程柴油机，曲轴转两圈，喷油泵凸轮轴转一圈。

柱塞式喷油泵的泵油原理如图 6.15 所示。柱塞的圆柱表面上铣有直线型（或螺旋型）斜槽，斜槽和柱塞上面的泵腔用孔道（或直槽）连通。柱塞套上有两个圆孔都与喷油泵体上的低压油腔相通。柱塞由凸轮驱动，在柱塞套内作往复直线运动，此外它还可以绕本身轴线在一定角度范围内转动。

1. 吸油过程

当柱塞下移到图 6.15(a)所示位置，燃油自低压油腔经进油孔被吸入并充满泵腔。

2. 压油过程

在柱塞自下止点上移的过程中，起初有一部分燃油被从泵腔挤回低压油腔，直到柱塞上部的圆柱面将两个油孔完全封闭时为止。此后柱塞继续上升[图 6.15(b)]，柱塞上部的燃油压力迅速增高到足以克服出油阀弹簧的作用力，出油阀即开始上升。当出油阀的圆柱环形带离开出油阀座时，高压燃油便自泵腔通过高压油管流向喷油器。当燃油压力高出喷油器的喷油压力时，喷油器则开始喷油。

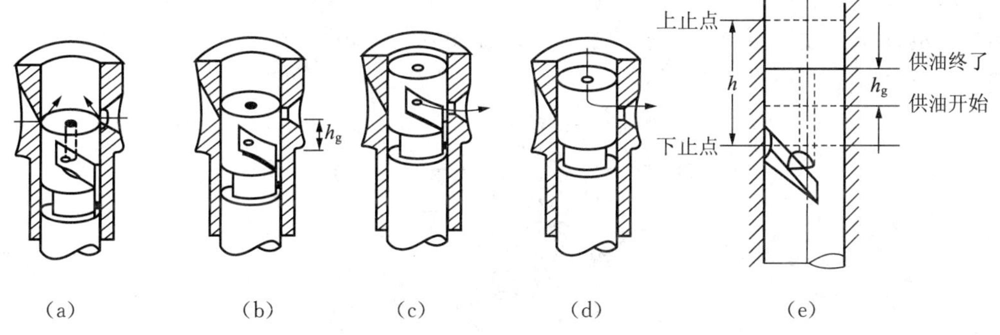

图 6.15　柱塞式喷油泵泵油原理示意图

3. 回油过程

当柱塞继续上移到图 6.15(c)中所示位置时，斜槽与油孔开始接通，于是泵腔内油压迅速下降，出油阀在弹簧压力作用下立即回位，喷油泵停止供油。此后柱塞仍继续上行，直到凸轮达到最高升程为止，但不再泵油。

由上述泵油过程可知，由驱动凸轮轮廓曲线的最大矢径决定的柱塞行程 h(即柱塞的上、下止点间的距离)是一定的[图 6.15(e)]，但并非在整个柱塞上移行程 h 内都供油，喷油泵只在柱塞完全封闭油孔之后到柱塞斜槽和油孔开始接通之前的这一部分柱塞行程 h_g 内才泵油。h_g 称为柱塞有效行程。显然，喷油泵每次泵出的油量取决于有效行程的长短，因此欲使喷油泵能随柴油机工况不同而改变供油量，只须改变有效行程。一般借改变柱塞斜槽与柱塞套油孔的相对位置来实现，将柱塞转向图 6.15(e)中箭头所示的方向，有效行程的供油量即增加；反之则减少。

4. 停止供油状态

当柱塞转到图 6.15(d)中所示位置时，柱塞根本不可能完全封闭油孔，因此有效行程为零，即喷油泵处于不泵油状态。

6.4.2 国产系列柱塞式喷油泵

国产系列柱塞式喷油泵有我国自行设计的Ⅰ、Ⅱ、Ⅲ号系列泵和仿制国外的 A、B、P、Z 型泵。

柱塞式喷油泵一般由泵体、分泵、油量调节机构和传动机构组成。

泵体有整体式和上下分体式两种结构。整体式泵体刚性好，A、B、P、Z 型都采用这种结构；上下分体式泵体拆装比较方便，Ⅰ、Ⅱ、Ⅲ号系列泵采用这种结构的泵体。

1. A 型喷油泵(A 型泵)

A 型喷油泵总成是国际上通用的一种系列产品，也是国内中、小功率柴油机使用最为广泛的柱塞式喷油泵。A 型喷油泵示意图如图 6.16 所示。

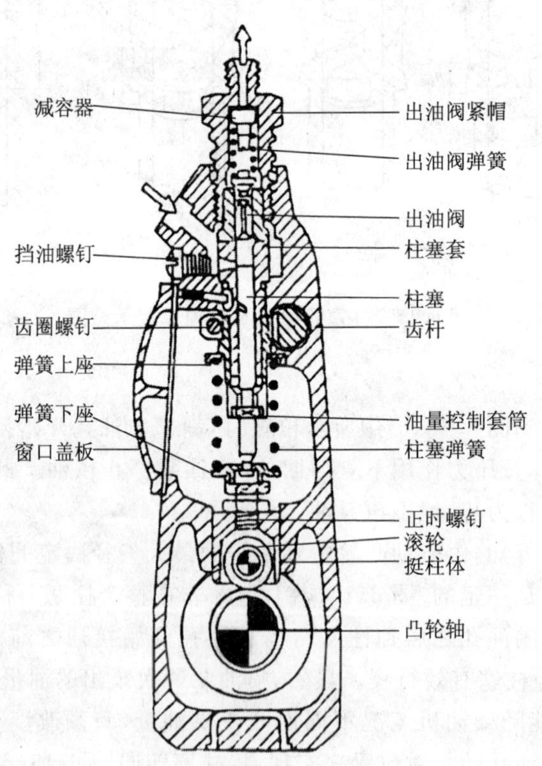

图 6.16　A 型喷油泵示意图

A 型喷油泵结构及特点：

分泵：分泵是带有一副柱塞偶件的泵油机构，喷油泵分泵数目与发动机缸数相等，各分泵的结构和尺寸完全相同。

分泵的主要零件有柱塞偶件、柱塞弹簧、弹簧上、下座、出油阀偶件、出油阀弹簧、减容器、出油阀紧帽等。

柱塞上部的圆柱表面铣有与轴线成 45 度夹角的直线斜槽，斜槽底部与柱塞顶面有孔道相通。

分泵的工作原理如前所述。

柱塞和柱塞套是喷油泵中的精密偶件，用优质合金钢制造，并通过精密加工和选配，严格控制其配合间隙（约为 0.0015～0.0025mm），以保证燃油的增压和柱塞偶件的润滑。间隙过大时，易漏油，使油压下降；如间隙过小，则柱塞偶件的润滑困难。为保证供油压力不低于规定值，出油阀弹簧在装合后应有一定的预紧力。

出油阀常制成如图 6.17 所示的结构。出油阀的圆锥面是密封表面，阀的尾部同阀座内孔间为滑动配合，起运动导向作用。为了留出油流通路，阀尾带有切槽，形成十字形断面。出油阀中部的圆柱面称为减压环带，其作用是在喷油泵供油停止后迅速降低高压油管中的燃油压力，使喷油器立即停止喷油。

在出油阀压紧帽中还装有一个减容器，减少了高压油腔的容积，有利于喷油过程的改善，同时起限制出油阀最大升程的作用。

出油阀的封油装置有两个：出油阀座和出油阀压紧帽之间有铜垫圈，以防止高压油漏出；出油阀压紧帽与泵体之间有密封圈，利用它来防止低压油腔漏油。

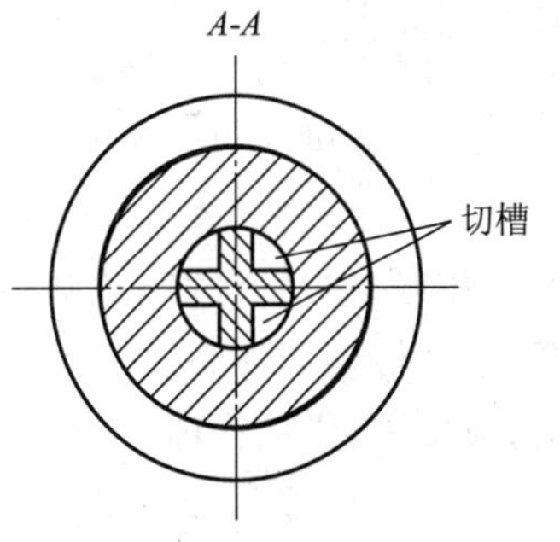

图 6.17　出油阀

油量调节机构：油量调节机构的作用是根据柴油机负荷和转速的变化相应改变喷油泵的供油量并保证各缸的供油量一致。

由泵油原理的分析可知，可用转动柱塞以改变柱塞的有效行程的办法来改变喷油泵供油量。A 型喷油泵采用齿杆式油量调节机构，如图 6.18 所示。

柱塞下端的条状凸块伸入套筒的缺口内，套筒则松套在柱塞套的外面。套筒的上部用紧固螺钉锁紧一个可调齿圈，可调齿圈与齿杆相啮合，移动齿杆即可改变供油量。当需要调整某个缸的供油量时，先松开可调齿圈的紧固螺钉，然后转动套筒，并带动柱塞相对于齿圈转动一个角度，再将齿圈固定。

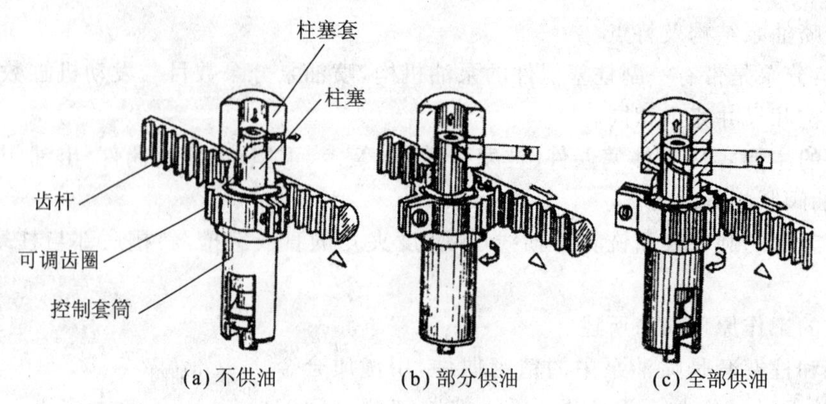

(a) 不供油　(b) 部分供油　(c) 全部供油

图 6.18　齿杆式油量调节机构

传动机构:它是由凸轮轴和滚轮传动部件组成。滚轮传动部件如图 6.19 所示。带有衬套的滚轮松套在滚轮轴上,轴又支承在滚轮架的座孔中,滚轮左侧圆柱面上镶有导向块,泵体上开有轴向长槽,导向块插入该槽中,使滚轮架只能上下移动而不能转动。

喷油泵的凸轮轴是由柴油机的曲轴通过齿轮驱动的。当凸轮轴上的凸轮凸起的部分与滚轮接触时,便克服柱塞弹簧的弹力推动柱塞向上运动。当凸轮的凸起部分转过后,柱塞便在弹簧的作用下回位。为保证在相当于一个工作循环的曲轴转角后,各缸都能喷油一次,四冲程柴油机的喷油泵凸轮轴的转速应等于曲轴转速的1/2。当然,凸轮轴上与各缸相应的各个凸轮的相对位置还必须符合所要求的发动机发火顺序。

喷油泵供油提前角的调整方法有两种,一是改变喷油泵凸轮轴与柴油机曲轴的相对角位置,它是通过调整联轴节或供油提前角自动调节器来实现的;二是改变滚轮传动部件的高度,它是通过转动调整螺钉(图 6.19)而实现的。当松开锁紧螺母拧出调整螺钉时,滚轮传动部件高度 H 增大,于是柱塞封闭柱塞套上进油孔的时刻提前,即供油提前角增大;反之,供油提前角减小。

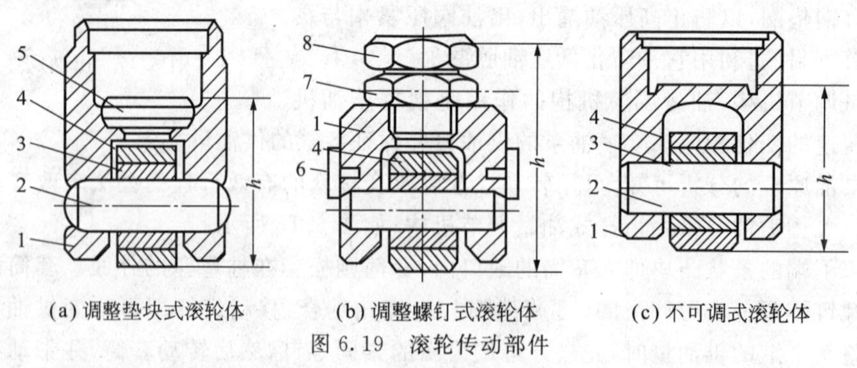

(a) 调整垫块式滚轮体　(b) 调整螺钉式滚轮体　(c) 不可调式滚轮体

图 6.19　滚轮传动部件

1. 滚轮体;2. 滚轮轴;3. 滚轮衬套;4. 滚轮;5. 垫块;6. 导向块;7. 锁紧螺母;8. 调整螺钉

泵体:A 型泵泵体采用整体式结构,并有侧窗,铝合金铸成。分泵、油量调节机构及传动机构都装在泵体上。

泵体上有低压油腔。输油泵输出的燃油经滤清后,进入低压油道,再从柱塞套上的油孔进入各分泵的泵腔。输油泵供给的燃油量通常远大于喷油泵的需要量,当低压油腔的油压大于 0.05MPa 时,油道另一端的限压阀开启,多余的燃油经回油管流回输油泵进油口。

在泵体下部的内腔中加有润滑油,依靠润滑油的飞溅保证传动机构的润滑。泵体下腔内的润滑油与连接在喷油泵后端的调速器壳体内的润滑油是相通的。喷油泵凸轮轴的前端轴承外面装有油封。

B 型泵与 A 型泵在工作原理和结构上相同,只是结构参数有所不同,以适应不同缸径的柴油机。

2. P 型喷油泵(P 型泵)

P 型喷油泵是 20 世纪 60 年代初期国外研制成的一种柱塞泵。与一般柱塞泵相比,P 型泵在安装尺寸不变的条件下,可获得较高的峰值压力,因而对柴油机的不断强化和向高速发展有良好的适应性。由于它可用较大直径的柱塞,因此对柴油机缸径的适应范围扩大,应用十分广泛。

P 型泵结构,其工作原理与前述喷油泵基本相同,但有如下的一些结构特点。

(1) 全封闭箱式泵体

P 型泵采用全封闭箱式泵体,以提高刚度,防止泵体在较高的峰值压力作用下产生变形而使柱塞偶件加剧磨损,提高使用寿命。此外还起到防尘作用。

(2) 吊挂式柱塞套

柱塞套和出油阀偶件都装在凸缘套筒内,并利用出油阀压紧座拧紧,使之成为一个独立的组件。然后用两个螺塞将凸缘套筒固定在泵体的顶部端面上,形成一种吊挂式结构,以改善柱塞套的受力情况。在出油阀压紧座拧紧后,柱塞套仅仅是上部台肩承受压力,而进、回油孔部位都不受力,从而避免了柱塞套在进、回油孔处受压变形。

(3) 油量调节机构

每个柱塞的控制套筒上都装有一个与调节拉杆上的凹槽相啮合的小钢球,移动调节拉杆,钢球便带动各柱塞控制套筒使柱塞转动,从而改变供油量。P 型泵的供油时刻调整可通过增减凸缘套筒下面的垫片来实现。

(4) 压力润滑系统

前述喷油泵的润滑都是在泵体内加注润滑油,靠飞溅润滑,P 型泵则是采用压力润滑。来自柴油机润滑系主油道的压力机油,通过节流孔的油管经泵体上的进油孔进入滚轮传动部件与泵体孔间的间隙,而后流入泵底盖和调速器壳体中。油面高度由泵体上回油孔的位置限制,多余的机油由该孔经回油管流回油底壳。

采用这种压力润滑方式,既保证了可靠润滑,又勿需经常检查添加和更换润滑油。一般情况下,不会出现机油脏污对零件的影响,但在柴油机每更换 2～3 次机油时,需将喷油泵和调速器的壳体冲洗一次。

P 型泵的缺点是拆装很不方便,它的柱塞不能和柱塞套一起从泵体上方取出,而必须先抽出凸轮轴,拆下底盖,然后才能从泵体下方取出。

6.4.3 柱塞式喷油泵的供油量调整

供油量的调整包括标定工况、怠速、起动、校正供油及停止供油等项目,而各种供油量是由柴油机制造时,经过反复试验规定的。按照规定调整喷油泵,可使柴油机功率大耗油少、运转平稳、寿命长。在使用中,由于磨损等因素,喷油泵的各项供油量指标会发生改变而影响柴油机的正常工作,因此需要维修和调整,使喷油泵恢复到原设计要求的技术状况。

标定工况供油量,是保证柴油机在标定工况工作时需要的油量;怠速供油量,是为了维持柴油机空车运转时克服内部阻力所需的油量;起动供油量,是在柴油机起动时加浓,以便于柴油机顺利起动,其数量一般应为标定工况供油量的 150% 以上;校正供油量,是柴油机短时间超负荷运转所需的加浓油量;停止供油,是柴油机在需要停车时能及时停车的措施。

多缸柴油机配用的多缸喷油泵各分泵供油量不均匀度应在要求的范围内,才能保证柴油机运转平稳、省油、功率足。一般规定标定工况供油不均匀度应不大于 3%。怠速供油不均匀,会使柴油机怠速运转不稳,产生振动,一般不大于 30% 。

6.5 调速器

调速器的作用是根据柴油机负荷及转速变化对喷油泵的供油量进行自动调节,以使柴油机能稳定运行。

柴油机工作时,外界负荷经常变化,使用上希望柴油机在外界负荷变化时能自动地维持较稳定的转速,但实际上由于喷油泵的速度特性(在油量调节拉杆位置不变时,供油量随转速变化的关系称为喷油泵的速度特性)无法满足这一要求。

调速器通常可按其功能进行分类,可分为四类。

1. 按功能分类

(1) 两速调速器

用于转速变化较频繁的柴油机,只稳定和限制柴油机的最低和最高转速。柴油机的工作转速由驾驶员通过加速踏板直接操纵喷油泵油量调节机构来实现的。

(2) 全速调速器

用于负荷变化较大的柴油机，能控制从怠速到最高限制转速范围内任何转速下的喷油量，以维持柴油机在任一给定转速下稳定运转，如用在拖拉机、大型载重车、工程机械、矿用车、船舶和机车等。

(3) 单速调速器

多用于工业用柴油机，如驱动发电机的柴油机，要求其工作转速几乎是固定不变的，装用定速调速器后，能随负荷变化自动控制喷油量以维持柴油机在所设定转速下稳定运转。

(4) 综合调速器

此类调速器构造与全速调速器相似，调速器只控制最低与最高转速，但亦兼备全速调速器的功能。

6.5.1　两速调速器

两极调速器适用于一般条件下使用的汽车柴油机。它只能自动稳定和限制柴油机最低和最高转速，而在所有中间转速范围内由驾驶员控制。

1. 玉柴 YC6110Q 型和 YC6105QC 型柴油机用 RAD 型两极调速器结构

RAD 型两极调速器结构如图 6.20 所示。

2. 两速式调速器基本工作原理

两速式调速器的工作原理如图 6.21 所示。支承盘由喷油泵的凸轮轴带动旋转，其轴向位置是固定的。飞球铰接在支承盘上并随支承盘一起旋转，飞球在旋转时受离心力作用而张开，飞球臂给滑动盘一个向右的轴向力。滑动盘可沿轴向力滑动，其轴与杠杆相连，轴的右端与一球面顶块接触。调速弹簧由两根组成，外弹簧又称高速弹簧，刚性较大；内弹簧又称低速弹簧，刚性小。未工作时，球面顶块与弹簧滑块之间有一定的间隙。供油齿杆不仅由操纵杆通过拉杆来操纵，也受滑动盘的轴向位置控制，因此实际工作时齿杆的位置是由操纵杆和滑动盘共同决定的。

调速器的飞球即为感应元件，滑动盘即为执行机构。当柴油机负荷发生改变时，转速发生变化，飞球的离心力即刻改变。飞球的离心力通过飞球臂作用到滑动盘上，产生一轴向分力 F_a，该力迫使滑动盘向右移动。滑动盘右端又受到调速弹簧的作用 F_p，因此滑动盘的位置取决于上述两力是否平衡。

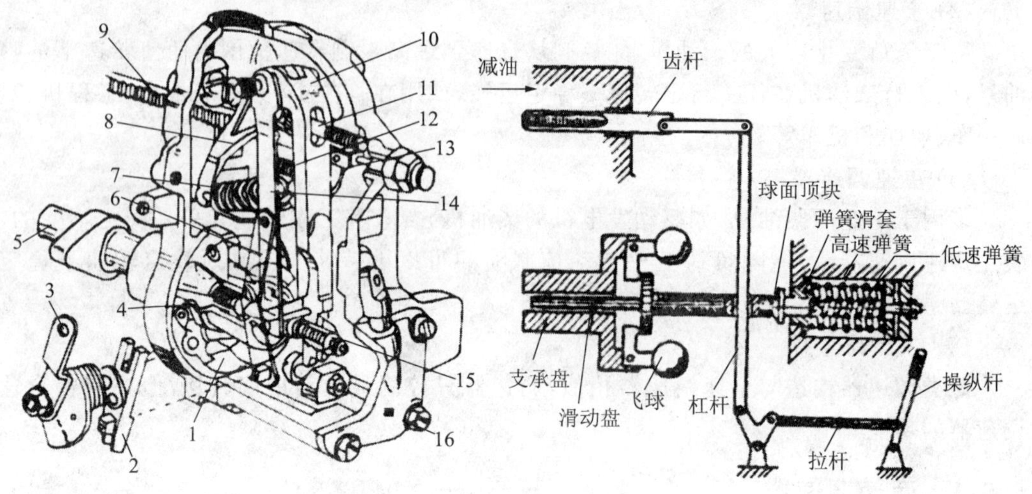

图 6.20　RAD 型两速调速器

1. 正块；2. 支持杠杆；3. 控制杠杆；4. 滚轮；5. 凸轮轴；
6. 浮动杠杆；7. 调速弹簧；8. 速度调定杠杆；
9. 供油调节齿杆；10. 拉力杠杆；11. 调速调整螺栓；
12. 起动弹簧；13. 稳速弹簧；14. 导动杠杆；15. 怠速弹簧；
16. 齿杆行程调整螺栓

图 6.21　两速式调速器工作原理

其工作过程如下：当柴油机不工作时，滑动盘受低弹簧的作用靠向最左端，若操纵杆处于自由状态，齿杆就处在供油量较大位置。柴油机起动后，转速上升，飞球离心力的轴向分力 F_a 克服低速弹簧的弹力 F_p 使滑动盘右移，带动齿杆右移减油。当转速升到某一定转速 n_d 时，滑动盘推动球面顶块与弹簧滑套（实际上高速弹簧座）接触，由于高速弹簧刚性大、预压力也大，因此即使转速继续上升，飞球的离心力也不足以推动高速弹簧座右移。因此在转速大于 n_d 后的一段范围内，滑动盘的位置将保持不变，这时油门齿杆就完全由人工操纵操纵杆来控制。

如果此时外界负荷变化使转速下降（操纵杆仍呈自由状态），飞球离心力下降，低速弹簧的弹力 F_p 就会推动滑动盘左移，带动齿杆向左移加油，以保持转速回升至 n_d 稳定运转。n_d 就是最低空转转速，又称怠速。

当柴油机转速上升到标定转速 n_b 时，飞球离心力足够大，其轴向力分力 F_a 与高、低速弹 簧的弹力相平衡。此时如转速稍有上升，滑动盘即被推动右移，克服两弹簧的弹力带动齿杆减油。如负荷继续减小，转速继续上升，则滑动盘继续右移减油，直到外界负荷为零时，滑动盘使齿杆处于某一操纵杆位置的最小供油量位置，若操纵杆置于最大供油位置，此时柴油机就在最高空载转速下运行。

归纳上述过程：当柴油机转速在最低空载转速 n_d 下运行时，调速器起作用保证转速不再下降；当柴油机转速介于 n_d 和 n_b 之间时，调速器不起作用(滑动盘位置不变)，供油量只由操纵杆控制；当转速升至 n_b 时，调速器又起作用，保证在柴油机负荷降低时适当减油，使柴油机不致飞车，限制了最高空载转速。

3. 两速调速器的典型结构和工作过程

RAD 型两速调速器结构示意图如图 6.22 所示。

调速器用螺钉与喷油泵连接构成一体。两个飞块装在喷油泵凸轮轴上，当飞块向外张开时，飞块臂上的滚轮推动滑套沿轴向移动。导动杠杆的上端铰接于调速器壳上，下端紧靠在滑套上，其中部与浮动杠杆铰接。浮动杠杆的下部有一销轴，插在支持杠杆下端的凹槽内。控制杠杆的一臂与支持杠杆相连，另一臂则由驾驶员通过加速踏板和杆系操纵。速度调定杠杆、拉力杠杆和导动杠杆的上端均支承在调速器壳体上的轴销上。用速度调整螺栓顶住速度调定杠杆，使装在拉力杠杆和速度调定杠杆之间的调速弹簧保持拉伸状态。因此在所有中间转速范围内，拉力杠杆始终紧靠在齿杆行程调整螺栓的头部。在拉力杠杆的中下部有一轴销，它插在支持杠杆上端的凹槽内。怠速弹簧装在拉力杠杆的下部，用于控制怠速。调速器的工作过程如下：

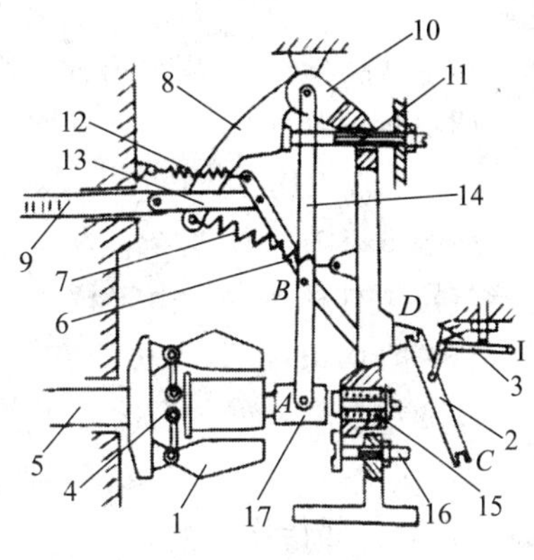

图 6.22　RAD 两速调速器结构示意图

1—16 同图 6.20；17. 滑套

(1) 起动加浓

如图 6.22 所示，发动机静止时，两飞块在起动弹簧的作用下处于向心极限位置，起动前，应将控制杠杆推至全负荷供油位置 I。此时，支持杠杆绕 D 点逆时针方向转动，浮动杠杆也绕 B 点逆时针方向转动，因此供油调节齿杆向增加供油的方向(图中为向左)移动。起动弹簧的作用就在于对浮动杠杆作用一个向左的拉力，使其绕 C 点作逆时针方向的偏转，同时带动 B 点(销轴)和 A 点(套筒)进一步向左移动直到飞块到达向心极限位置为止，从而保证供油调节齿杆越过全负荷进入起动最大供油位置(即起动加浓装置)。

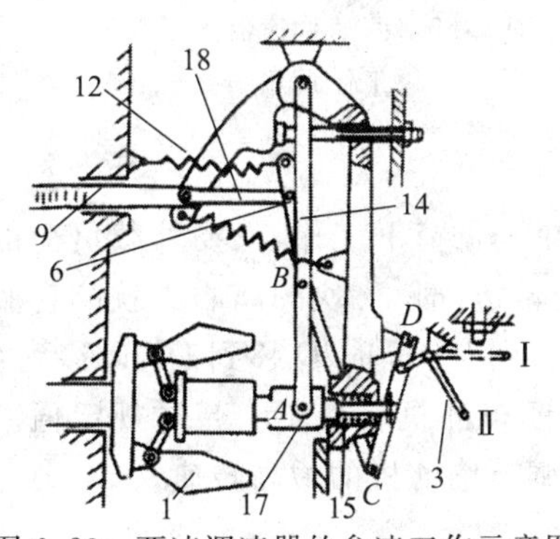

图 6.23　两速调速器的怠速工作示意图

1—16 同图 6.20；17. 滑套；18. 连杆；

19. 怠速弹簧座

(2) 怠速稳定

如图 6.23 所示，发动机起动后将控制杠杆拉到怠速位置Ⅱ，发动机便进入怠速工作。此时，飞块的离心力与怠速弹簧和起动弹簧的合力平衡时，供油调节齿杆便保持在某一位置，柴油机就在相应的某一转速下稳定地工作。若此时阻力增大使柴油机转速降低，则飞块离心力随之减小，滑套便在怠速弹簧和起动弹簧的共同作用下左移，从而使导动杠杆向左偏转，带动 B 点左移，同时浮动杠杆绕 C 点逆时针转动，推动供油调节齿杆左移，增加供油量，使柴油机转速回升。相反，若发动机阻力下降使转速升高，则飞块的离心力增加，滑套右移，通过导动杠杆、浮动杠杆驱动供油调节齿杆右移，使供油量减小，柴油机转速下降。

调整怠速弹簧的预紧力就可以改变怠速稳定转速。

(3) 正常工作

如图 6.24 所示，当柴油机超过怠速转速时，怠速弹簧被完全压入拉力杠杆内，滑套直接与拉力杠杆接触。由于拉力杠杆被很强的调速弹簧拉住，在转速低于最大工作转速(标定转速)的条件下，飞块的离心力不足以推动拉力杠杆，因而支点 B 就不会移动。只有在改变控制杠杆的位置时才可使供油调节齿杆左右移动，从而增加或减少供油量。由此可见，在全部中间转速范围，即正常工作转速范围内，供油量的调节是由驾驶员控制的，调速器不起作用。

例如将控制杠杆从怠速位置Ⅱ推到部分负荷位置Ⅲ，则支持杠杆绕 D 点转动，同时浮动杠杆绕 B 点逆时针转动，使齿杆左移，从而增加了供油量。

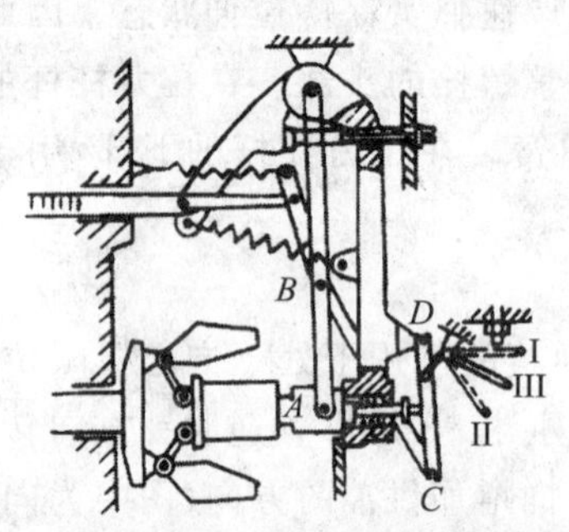

图 6.24　两速调速器在正常工作转速范围内的工作示意图

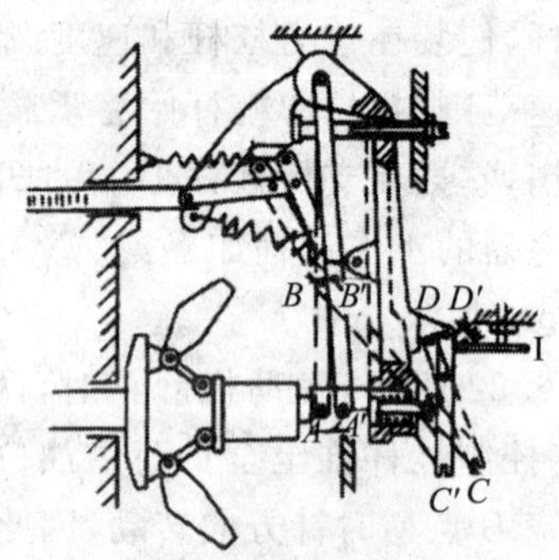

图 6.25　两速调速器限制超速的工作示意图

(4) 限制最高转速

如图 6.25 所示，不管柴油机是在部分负荷还是在全负荷下工作，只要外载负荷的变化引起柴油机转速超过规定的最大转速(一般为标定转速)时，飞块的离心力就能克服调速弹簧的拉力，推动滑套和拉力杠杆右移，使支点 B 移到 B'，同时 D 移到 D'，C 移到 C'，结果使供油调节齿杆向右移动，供油量减少，从而保证柴油机转速不会超过规定值。利用调整螺栓(见图 6.24)改变调速弹簧的预拉力便可调节柴油机的最高转速。

6.5.2　全速调速器

全速调速器不仅能稳定怠速和限制超速，而且能控制柴油机在允许转速范围内的任何转速下稳定地工作。

RSV 调速器是德国 BOSCH 公司 S 系列中的一种全速调速器,可用于 M 型、A 型、AD 型、P 型等喷油泵,能与汽车、拖拉机、发电、船用、工程机械等主机配套,用途十分广泛。

1. RSV 调速器结构

如图 6.26 所示它与前面的 RAD 两速调速器的结构大体相同。不同之处有:

1) 浮动杠杆的下端与调速器壳直接铰接。

2) 在原两速调速器的怠速弹簧处改设油量校正装置,并在支撑杆的中部右侧的调速器壳体上加设怠速弹簧。

3) 有可变调速率机构。在两速调速器中,调速弹簧的预紧力是固定值,而全速调速器中可以将它改成可调的,这样不同的调速弹簧预紧力就对应不同的调速器起作用的转速,从而实现了全程调速。

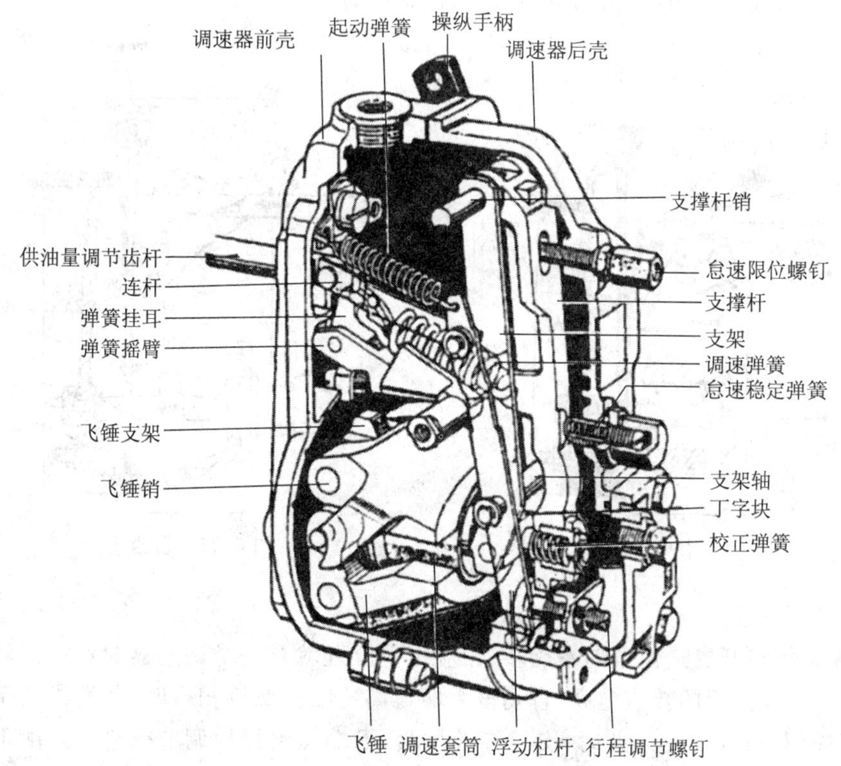

图 6.26　RSV 调速器结构

2. RSV 调速器工作原理

(1) 起动工况

起动前将操纵手柄扳到左端，如图 6.27 所示，支撑杆下与行程调节螺钉相碰，飞锤处于收拢位置。起动弹簧将浮动杠杆拉向左摆，带动供油调节拉杆移向起动油量位置，保证顺利起动。此时丁字块(图 6.26)与支撑杆间有一定间隙，即起动油量大于标定油量。

(2) 怠速工况

如图 6.28 所示，起动后操纵手柄向右扳回到怠速位置，放松调速弹簧的拉力。飞锤的离心力首先克服起动弹簧的弹力，使丁字块右移与调速杠杆相接触，继续推动调速杠杆 压缩到怠速弹簧上。此时，飞锤的离心力的轴向分力与上述诸弹簧的弹力实现平衡，柴油机平稳运转在怠速。此时主要由怠速弹簧来起调速作用，但当转速降低过大时，起动弹簧也将起较大作用，使供油量增加，保持怠速的稳定。

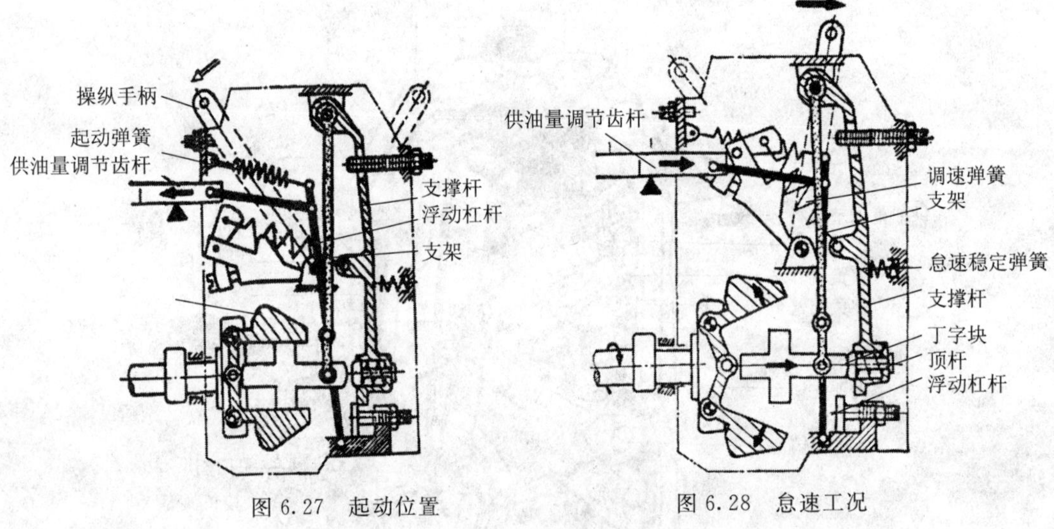

图 6.27 起动位置　　图 6.28 怠速工况

(3) 高速工况

操纵手柄离开怠速位置向左旋转，相应每个位置就有一个调速器起作用的转速。转动角度愈大，起作用的转速愈高，直到该手柄与高速限位螺钉相碰时，柴油机处于最高工作转速，如图 6.29 所示。此时，支撑杆被拉紧，下端压到行程调节螺钉上。由于飞锤离心力较大，推动丁字块将顶杆向右移动，压紧校正弹簧。

(4) 超负荷工况

当柴油机在标定工况运行时，如出现负荷突增使转速下降，飞锤离心力减小。校正弹簧开始张开，使顶杆和丁字块左移，带动供油量调节齿杆左移，使供油量增加，即起到油量校正的作用。

(5) 最高空转转速

当柴油机在标定工况下工作时，如负荷全部卸去，转速突升，飞锤离心力增大，丁字块推压顶杆右移。这时校正弹簧已压紧，因此将推动支撑杆向右做顺时针摆动，供油量迅速减至最小。柴油机处于最高空转转速下工作，如图6.31所示。

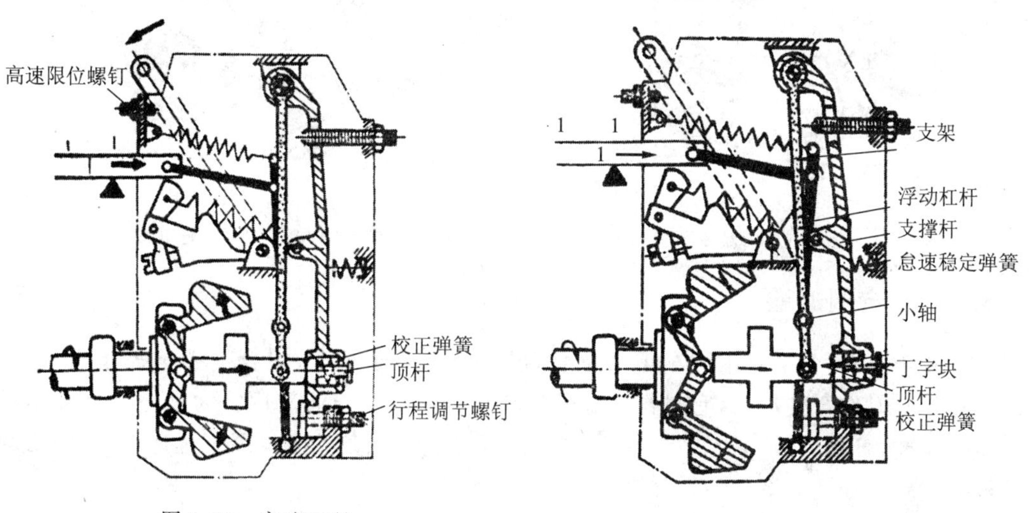

图6.29　高速工况

图6.30　高速工况空负荷

(6) 停车

全程调速器不带停车机构时(图6.31)，只需扳动操纵手柄至最右端，使弹簧摇臂上的弹簧挂耳与停车挡块相碰。弹簧摇臂将推压支架向右摆动，浮动杠杆则随之作顺时针转动，将供油调节齿杆拉到停油位置。如设有停车机构，则停车时只需转动停车手柄，浮动杠杆以轴为支点作顺时针、转动，将供油量调节齿杆拉到停油位置。停车手柄处设有回位弹簧，将停车手柄放松后，回位弹簧即可使停车手柄返回原位，如图6.32所示。

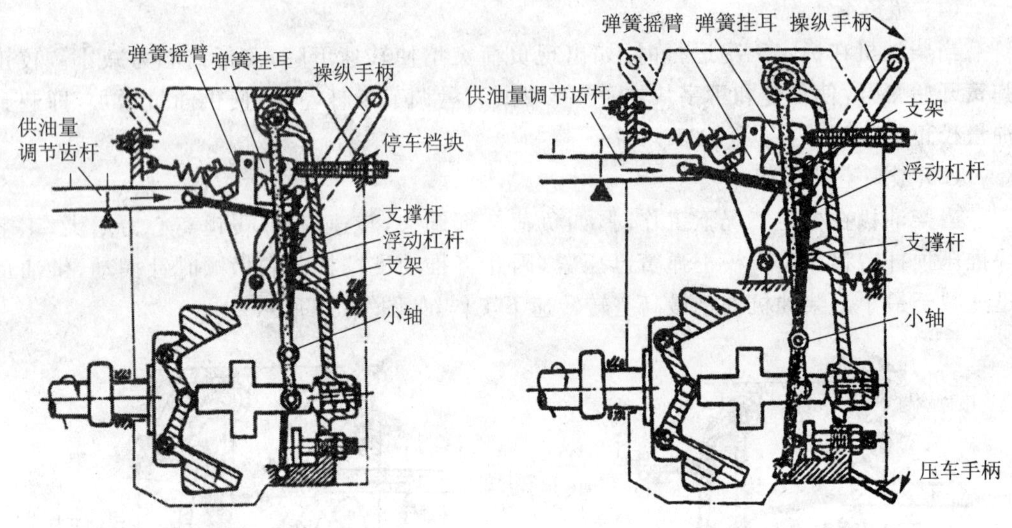

图 6.31　停车位置(无停车机构)　　图 6.32　停车位置(有停车机构)

6.5.3　综合调速器

近几年以来,各种专用汽车需求量日益增大,如起重吊车,混合搅拌车等车辆,它们的特点是有时作行驶使用,有时作装卸吊货和混合搅拌等作业使用。为了适应这种车辆的特殊需要,日本 D. K. K 公司在 RAD 和 RSV 调速器的基础上发展了全速、两速两用调速器 RFD 型,如图 6.33 所示。

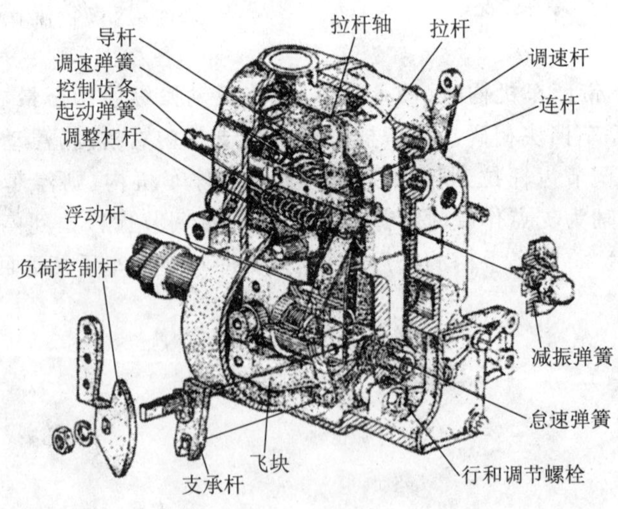

图 6.33　RFD 型调速器

6.6　联轴器及供油提前角调节装置

6.6.1　联轴器

1. 联轴器的作用

联轴器的作用不仅起传递动力作用，而且还可以补偿安装时两轴间同轴度的偏差以及利用两轴间少量的相对角位移来调节喷油泵的供油正时。

喷油泵的驱动如图 6.34 所示，它由曲轴前端的正时齿轮经中间传动齿轮驱动喷油泵正时齿轮。这一组齿轮上都刻有正时啮合标记，因此必须按标记装配才能保证喷油泵的供油正时。

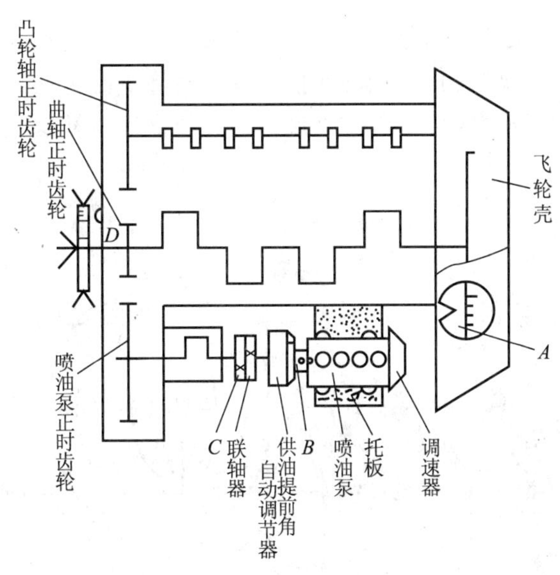

图 6.34　喷油泵的驱动和供油正时

喷油泵正时齿轮输出轴与喷油泵凸轮轴之间用联轴器连接。有的喷油泵直接利用其壳体上弧形槽，使泵体相对于喷油泵凸轮轴转动来调节供油正时，省略了联轴器。

2. 联轴器的结构和原理

常见的联轴器有刚性十字胶木盘式和挠性钢片式两种。

玉柴 YC6105QC 柴油机喷油泵联轴器结构如图 6.35 所示。十字胶木盘传动时可以对主、从动轴的同轴度误差起补偿作用。

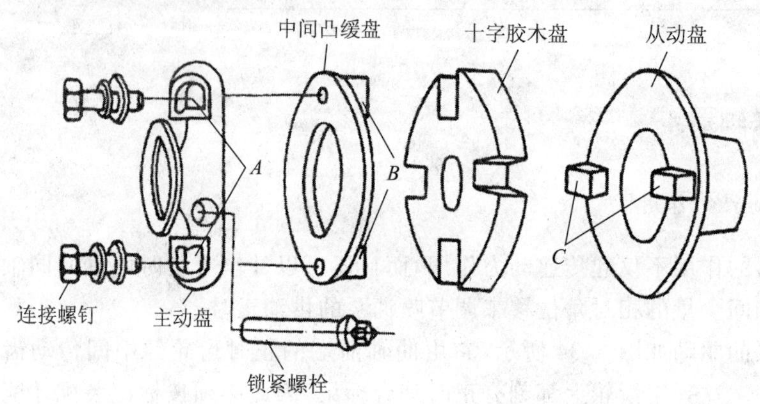

图 6.35　YC6105QC 型柴油机喷油泵联轴器

CA6110.2 型柴油机的联轴器采用挠性刚片式结构，如图 6.36 所示，其原理和玉柴 YC6105QC 柴油机喷油泵联轴器基本相同，只是将凸缘盘改为两组传动钢片，即主动传动钢片组和从动传动钢片组，利用其圆形弹性钢片的挠性来补偿主、从动轴间少量的同轴度偏差。

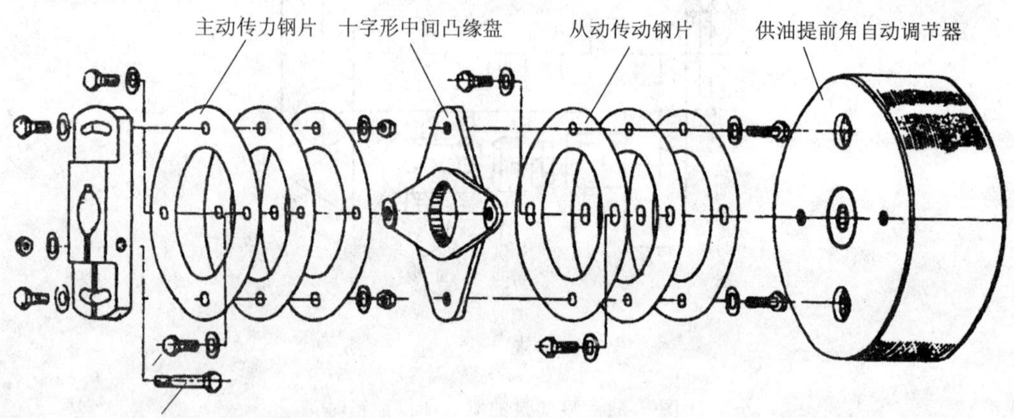

图 6.36　CA6110-2 型柴油机喷油泵的联轴器

3. 喷油提前角调节装置的作用

喷油提前角是为了获得良好燃烧和正常工作，并取得较经济的燃油耗及较好排放指标的一个重要调整参数，它对整机性能有较大影响。

喷油提前角过大时，由于喷油时气缸内空气温度较低，混合气形成条件差，备燃期较长，柴油机工作粗暴(可以听到有节奏的清脆“嘎嘎”声)，油耗增高，功率下降，怠速不稳和起动困难；如果喷油提前角过小，则燃油不能在上止点附近迅速燃烧，后燃期增加，燃烧温度升高及压力下降，发动机过热，热效率显著下降，排气管冒白烟，动力性、经济性变坏。因此为保证发动机性能良好，必须选定最佳喷油提前角。

最佳喷油提前角是指转速和供油量一定的条件有能获得最大功率和最低油耗率的喷油提前角。最佳喷油提前角是在调试过程中由试验定的，而且一般来说它随柴油机转速上升而相应增大。

6.6.2　供油提前角调节装置

供油提前角调节分为两种情况：

静态调节：即在静态时把供油提前角调到合适值。

动态自动调节：即在柴油机运转时随转速变化自动改变提前角。

1. 静态供油提前角的调整

柴油机出厂前及工作一段时间或拆装后，都需要进行供油提前角的检查与调整。柴油机曲轴上供油提前角位置刻线准确对准机体上的标记，注意此时应保证是在第一缸压缩上止点附近。标记对正后，观察喷油泵的提前器壳体上的刻线与喷油泵泵体上刻线是否对齐。如果对齐，则说明供油提前角正确，如不齐，则需调整。

调整通过联轴器来进行，如图 6.37 所示，由于主动盘上开有周向槽孔，可转动一定角度，因此使上述刻线对齐，紧固联结螺钉即可完成供油提前角的调整。

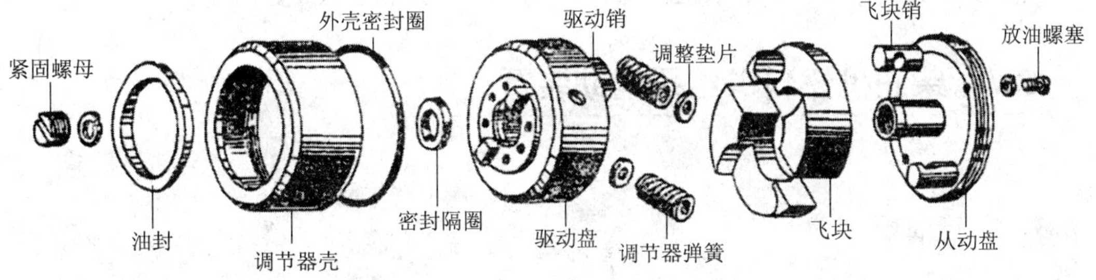

图 6.37　供油提前角自动调节器

2. 供油提前角自动调节器

(1) 供油提前角自动调节器的作用

在柴油机工作过程中，供油提前角自动调节器根据发动机转速的变化自动调节供油提前角，从而获得较合适的供油提前角，以改善发动机的动力性和经济性。

国内外喷油泵上配用的供油提前角自动调节器绝大部分为机械离心式，其工作原理基本相同。YC6105QC 型和 YC6110Q 型柴油机采用机械离心式供油提前角调节器，位于联轴器与喷油泵凸轮轴之间，结构如图 6.37 所示。

(2) 供油提前角自动调节器的拆装

1) 解体前旋下放油螺塞，放净调节器内机油。

2) 将供油调节器固定在夹具上，用带状扳手夹住壳体，拧下调节器壳，分解时必须注意辨清旋向。

3) 撬起驱动盘，用螺丝刀拔出弹簧，取下弹簧及调整垫片，取下飞块等内部零件。

4) 对零、部件进行检验。

5) 按拆卸相反顺序装配，装配完毕后，向放油孔内加注 35～40mL 的柴油机机油。

(3) 供油提前角自动调节器的结构与工作过程

供油提前角自动调节器由三大部分组成。主动部分有两个矩形凸块的驱动盘，驱动盘腹板上压装着两个驱动销，凸块插入联轴器十字胶木盘的矩形孔中，随联轴器一起转动。从动部分为从动盘和两个对称飞块，从动盘中心有轴孔，用键和紧固螺母与喷油泵凸轮轴连成一体，从动盘上固定二个对称飞块销，飞块套在飞块销上。主、从动部分之间装有调节器弹簧，弹簧的一端在飞块销上，另一端压在驱动销一侧的凹孔内。

柴油机工作时，驱动盘连同飞块受曲轴的驱动而旋转。两个飞块的活动端向外甩出，迫使从动盘也沿旋转方向转动一个角度，直到调速器的弹力与飞块离心力平衡为止，此时驱动盘与从动盘同步旋转，当转速升高时，飞块活动端便进一步向外甩出，从动盘被迫再相对于驱动盘前进一个角度，到弹簧弹力足以平衡新的离心力为止，供油提前角便相应地增大。反之，当柴油机转速降低时，供油提前角则相应减小。

6.7 柴油机燃料供给系辅助装置

6.7.1 输油泵

输油泵的作用是保证柴油在低压油路内循环，并供应足够数量及一定压力的柴油给喷油泵。输油泵有活塞式、膜片式、齿轮式和叶片式等几种。活塞式输油泵由于工作可靠，目前应用广，YC6110Q 型和 YC6105 型柴油机都采用这种形式。

玉柴 YC6105QC 柴油机输油泵分解图如图 6.38 所示。

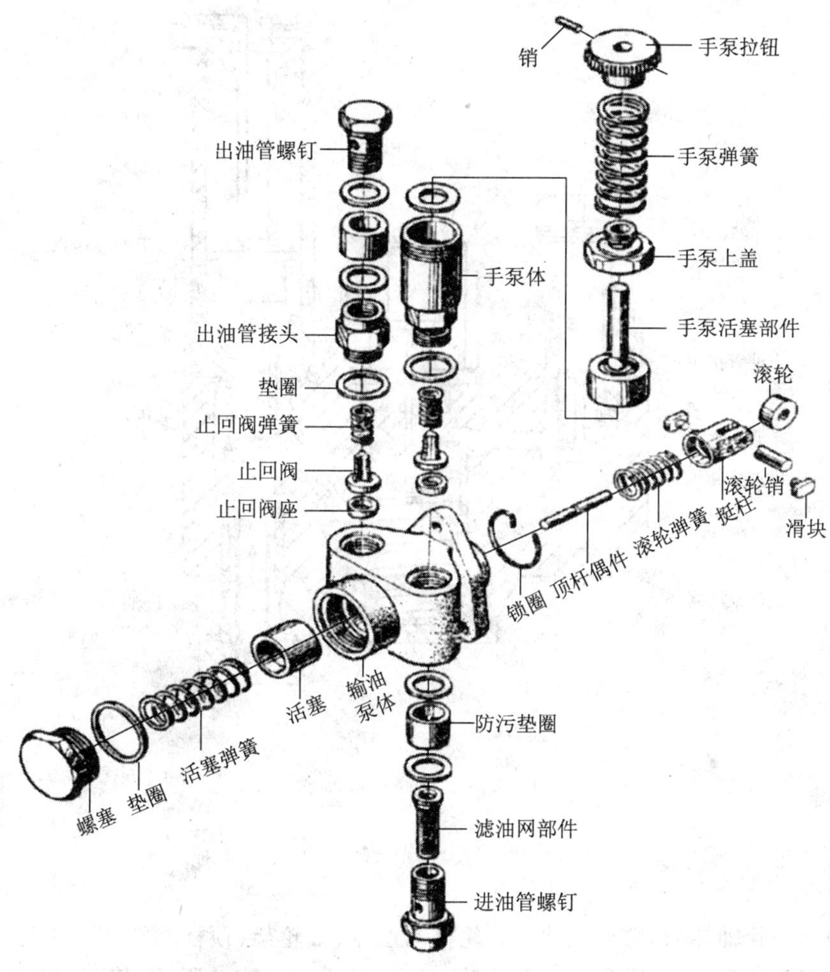

图 6.38　YC6105QC 输油泵分解图

1. 输油泵的结构

输油泵的结构如图 6.39 所示，主要由泵体、机械油泵总成、手油泵总成、止回阀类和油道等组成。

机械油泵总成由滚轮部件(包括滚轮、滚轮轴和滚轮架)、顶杆、活塞和弹簧等部分组成。

手油泵总成由手油泵体、活塞、手柄和弹簧等部分组成。

止回阀类由进油止回阀、出油止回阀和止回阀弹簧等组成。

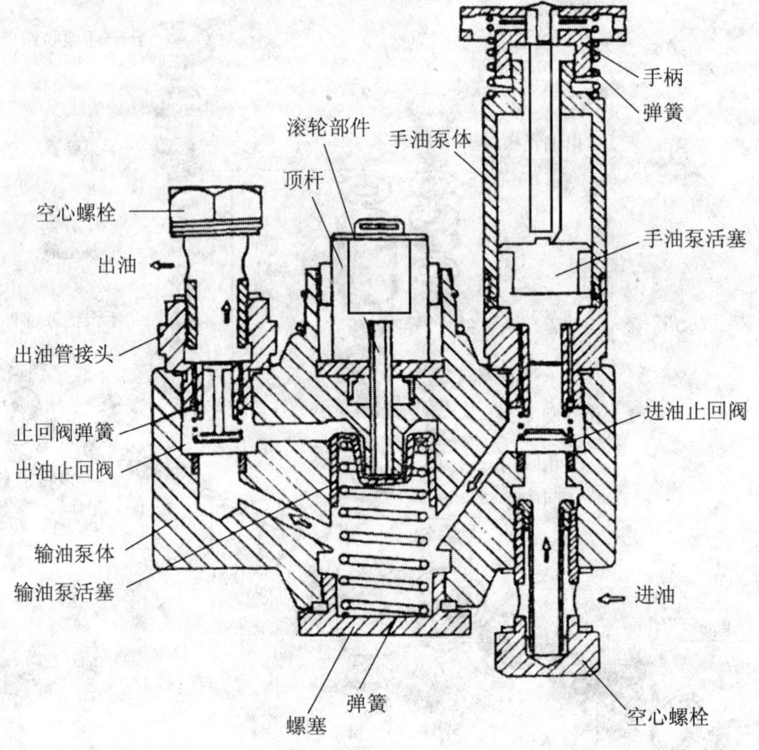

图 6.40　活塞式输油泵

2. 输油泵的工作原理

喷油泵凸轮轴转动时,轴上的偏心轮推动滚轮、滚轮架、顶杆和活塞向下运动。当偏心轮的凸起部转到上方,活塞被弹簧推动上移时,如图 6.40(a)所示,其下方容积增大,产生真空度,使进油止回阀开启,柴油经油道被吸入活塞的下(前)泵腔。与此同时,活塞上方的(后)泵腔容积减小,油压增高,出油止回阀关闭,上泵腔中的柴油从出油管接头上的孔道经空心螺栓被挤出,流往柴油滤清器。

当活塞被偏心轮和顶杆推动下移时,如图 6.40(b)所示,下泵腔中的油压升高,进油止回阀关闭,出油止回阀开启。同时上(后)泵腔中容积增大,产生真空度,于是柴油自下泵腔经出油止回阀流入上泵腔。如此重复,柴油便不断被送入柴油滤清器,最后被送入喷油泵内。

当输油泵的供油量大于喷油泵的需要量,或柴油滤清器阻力过大时,油路主泵腔油压升高。若此油压与弹簧弹力相平衡,则活塞便停在某一位置,如图 6.40(c)所示,不能回到上止点,即活塞的行程减小,从而减小了输油量,并限制油压的进一步升高。这样,就实现了输油量的供油压力的自动调节。

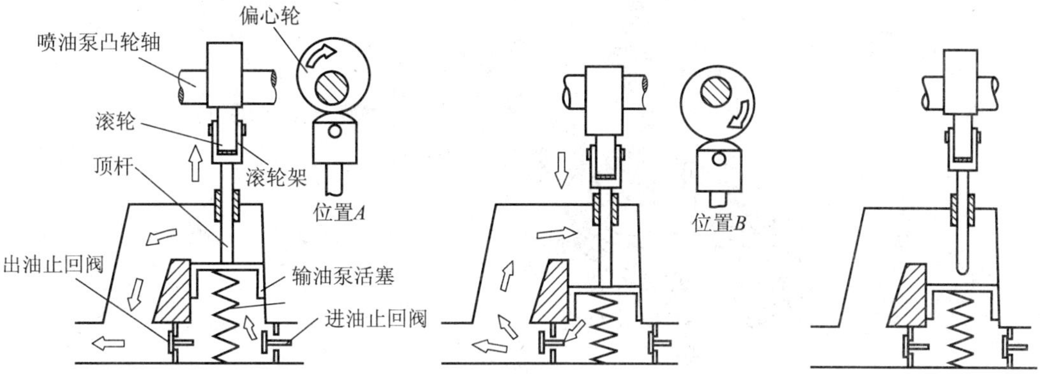

(a) 进油状态　(b) 输油状态　(c) 调节状态

图 6.40　输油泵工作原理

当柴油机长时间停机后欲再起动时，应先将柴油滤清器和喷油泵的放气螺钉拧开，再将手油泵的手柄旋开，往复抽按手油泵的活塞。上行时将柴油经进油止回阀吸入手油泵泵腔；活塞下行时，进油止回阀关闭，柴油从手油泵泵腔经机械油泵下腔和出油止回阀流入并充满柴油滤清器和喷油泵低压腔，并将其中的空气驱除干净之后拧紧放气螺钉，旋紧手油泵手柄，再行启动发动机。

机械油泵的活塞、泵体与手油泵的活塞与泵体以及顶杆与配合孔等偶件，都是经过选配和研磨而达到高精度配合的，故无互换性。

6.7.2　柴油滤清器

柴油在运输和储存过程中，不可避免地会混入尘土和水分，若储存较久后，胶质还会增多，每吨柴油中的机械杂质含量可能多达 100～250g，所有这些对供油系精密偶件危害最大，将会导致运动阻滞、磨损加剧，造成各缸供油不均，功率下降和油耗率增加。柴油中的水分将引起零件锈蚀，胶质可能导致精密偶件卡死。为保证喷油泵和喷油器可靠地工作，延长使用寿命，除使用前将柴油严格沉淀过滤外，在柴油机供油系统中还采用滤清器，以便滤掉柴油中的机械杂质和水分。通常设有粗细两级滤清器，也有的柴油机只用单级滤清器。

目前车用柴油机多数采用的是两级柴油滤清器。图 6.41 是 YC6105QC 型柴油滤清器总成，第一级为纸质滤芯，第二级也为纸质滤芯。由输油泵来的柴油先进入第一级滤清器的外腔，穿过滤芯后进入内腔，再经盖内油道流向第二级滤清器，从而保证更好的滤清效果。该双联式纸质滤清器额定流量为 0.76L/min，总成原始阻力小于 4.24MPa。

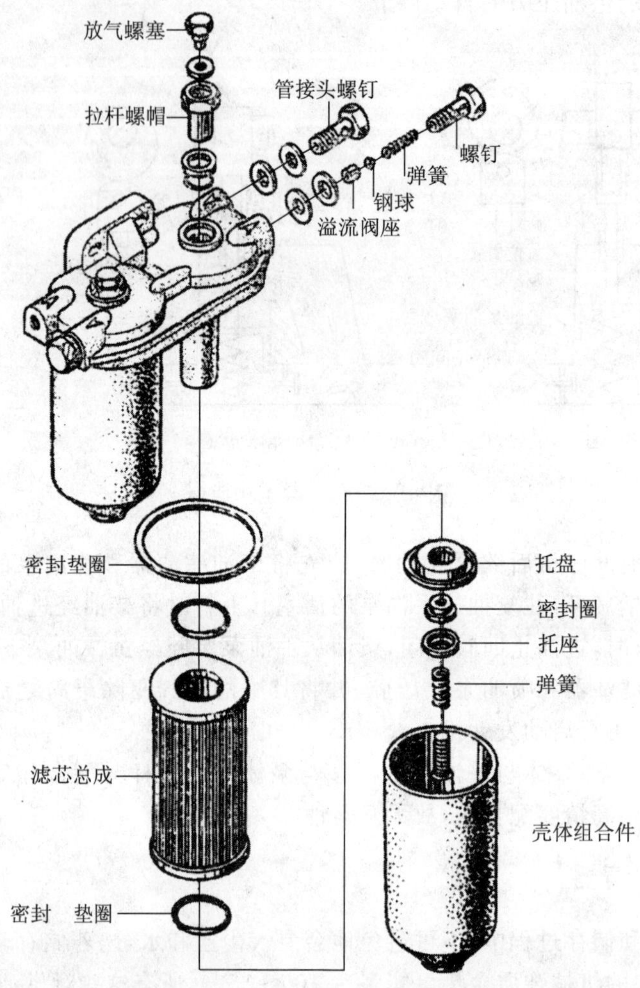

图 6.41　YC6105QC 柴油滤清器总成

柴油滤清器的滤芯材料有棉布、绸布、毛毡、金属网及纸质等。纸质滤芯具有流量大、阻力小、滤清效果好、成本低等优点，目前被广泛采用。

柴油中的机械杂质和尘土被滤去，水分沉淀在壳体内。每工作 100h(约相当于汽车运行 3000km)后，应清除沉积在壳体内的杂质和水分，必要时还应更换滤芯。

当滤清器内油压超过溢流阀的开启压力(0.1～0.15MPa)时，使多余的柴油流回油箱，从而保证滤清器内油压在一定限度内。

6.8　转子分配式喷油泵

转子分配式喷油泵按其结构不同，分为径向压缩式分配泵和轴向压缩式分配泵。

6.8.1　径向压缩式分配泵

径向压缩式分配泵的柴油供给系如图 6.42 所示。喷油器回油流回油箱；分配泵的回油流回精滤器，当油量过多时，又从细滤器流回油箱去。

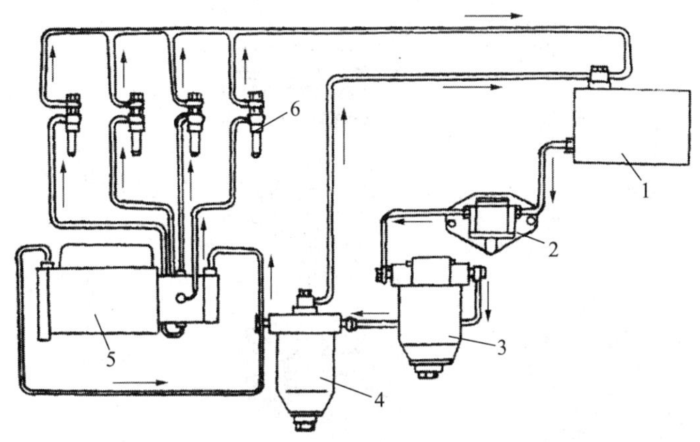

图 6.42　径向压缩式分配泵的柴油供给系

1. 油箱；2. 膜片式输油泵；3. 粗滤器；4. 细滤器；5. 分配泵；6. 喷油器

1. 结构与工作原理

图 6.43 所示为四缸柴油机径向压缩式分配泵的示意图。其基本部分为高压泵头，它由旋转部分（包括分配转子 8、柱塞 3、滚柱 5、滚柱座 4）和固定部分（分配套筒 9、内凸轮 6）组成。

从滤清器来的清洁柴油被输油泵 10 泵入分配泵的高压泵头，柴油经分配套筒 9 的轴向油道流到分配转子 8 的环槽。在此油流分为两支：其一流往供油提前角自动调节机构 7；其二进入油量控制阀 17。从油料控制阀出来的燃油经壳体 16、分配套筒和分配转子的径向油道，进入分配转子的轴向中心油道，再流到两个柱塞 3 之间的空腔内。以上这段油路为低压油路。燃油受到柱塞的压缩后产生高压，高压燃油沿分配转子中心油道和分配孔直到喷油器。这段油路为高压油路。

图 6.44(a)表示进油过程。在分配转子的一个断面上均匀分布四个进油孔 3，只有当任一进油孔与分配套筒上的进油道 2 对上时，柴油方能流入转子的中心油道。可见转子

每转一周进油四次。

图 6.44(b)表示配油过程。转子的另一断面上有一分配孔 4，而分配套筒在该端面上均布四个出油孔 5。只有当分配孔与套筒上某一出油孔对上时，高压油才能输入喷油器。同样，转子每转一周可出油四次。应该指出，当进油道与进油孔对上时，分配孔与出油孔却是错开的；反之，后二者对上时，前二者则错开。从轴向看，进油孔与出油孔的交角为 45 度。

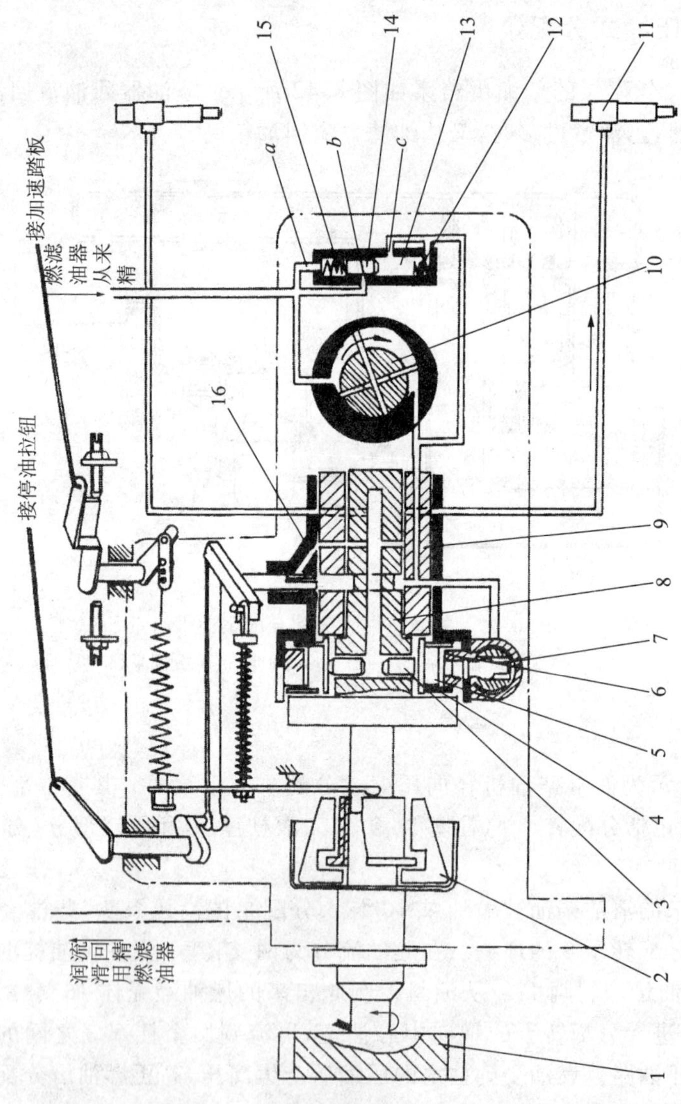

图 6.43　径向压缩式分配泵的工作原理图

1. 传动连接器；2. 离心飞块；3. 柱塞；4. 滚柱座；5. 滚柱；6. 内凸轮；7. 供油提前角自动调节机构；8. 分配转子；9. 分配套筒；10. 输油泵；11. 喷油器；12. 调压器；13. 滑柱；14. 调压弹簧；15. 外壳；16. 油量控制阀

2. 泵油过程

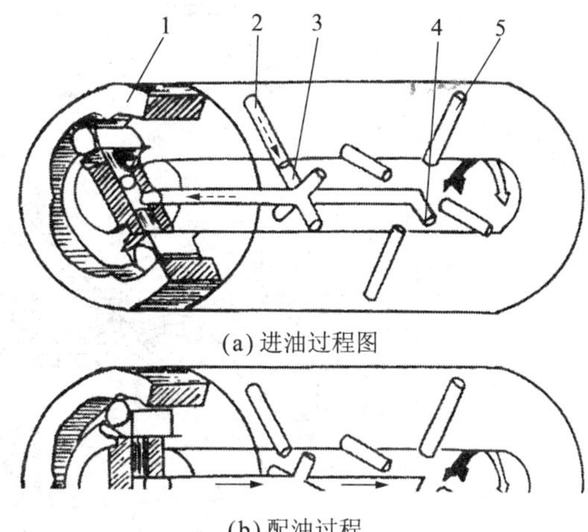

(a) 进油过程图

(b) 配油过程

图 6.44　径向压缩式分配泵的进油和配油

1. 内轮；2. 进油道；3. 进油孔；4. 分配孔；5. 出油孔

分配转子 8 转动时(图 6.43)，推动滚柱座 4、滚柱 5 和柱塞 3 绕其轴线转动。由于固定的内凸轮凸起的作用，使对置的柱塞被推向转子中心，柴油产生高压，此时分配孔 4(图 6.44)正好与分配套筒上相应的出油孔对上，高压柴油被送到喷油器。当滚柱越过内凸轮的凸起后，在离心力作用下两柱塞迅速被甩向两端，使两柱塞间的空腔内产生真空度。当分配转子上相应的进油孔与分配套筒的进油道对上时，柴油就在二级输油泵压力作用下进入柱塞间的空腔。

以上介绍了四缸发动机用分配泵的进油、泵油和配油过程。对于二缸、三缸、六缸发动机用的分配泵，进油孔数、出油孔数几内凸轮的凸起数分别为二、三、六，而工作原理则完全相同。

径向压缩式分配泵除具有零件数量少、结构紧凑、通用性高等优点外，还具有防污性好、用柴油自行润滑和冷却各零件的特点。但该型泵由于存在对分配转子和分配套筒、柱塞和柱塞孔的配合精度要求较高，滚柱座结构复杂及内凸轮加工不方便等缺点，近年来已较少应用。该型泵曾用于柴油发动机前置，前轮驱动的轿车上。

6.8.2　轴向压缩式分配泵

轴向压缩式分配泵是德国波许公司于 20 世纪 80 年代初期研制的一种新型分配泵(即 VE 泵)。我国南京汽车制造厂引进的意大利依维柯(IVECO)汽车柴油发动机装用了此种泵。该型泵与前述径向压缩式分配泵的主要区别在于分配转子的运动状态和调速机构不同。

此种泵主要由驱动机构、第二级滑片式输油泵、高压泵头、供油提前角自动调节机构和调速器等组成。

1. 驱动机构(图 6.45)

其动力的输入是经分配泵驱动轴 28、调速器驱动齿轮 4 及安装在驱动轴右端的联轴器 29(主动叉)而完成的。滑片式输油泵 3 的转子用键与驱动轴连接。

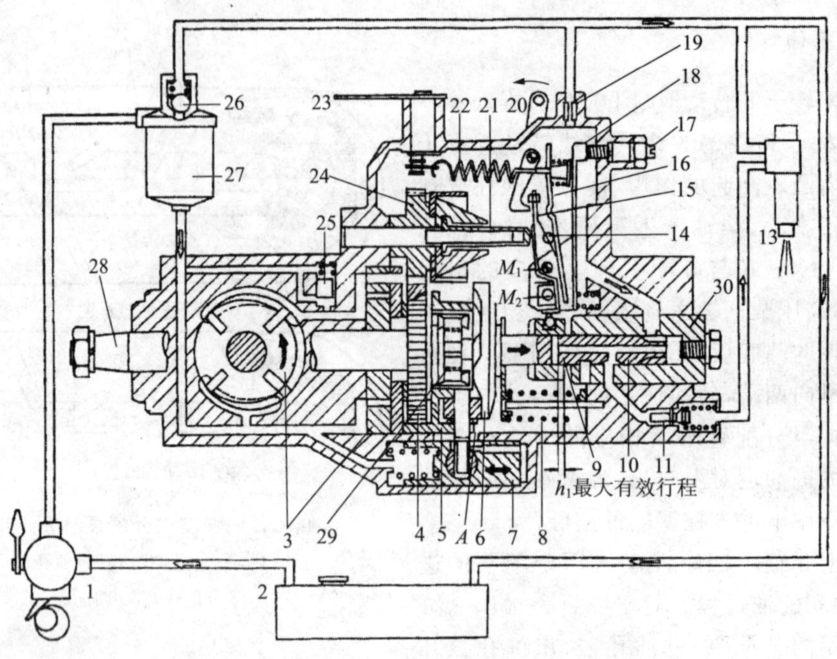

图 6.45 轴向压缩式分配泵的柴油供给系

2. 高压泵头

由凸轮盘6(端面齿轮)、滚动机构5、凸轮盘回位机构8、联轴器29(从动叉)、分配转子10、分配套筒30(图6.46)和泵头壳体等零部件组合而成,起进油、泵油和配油作用。凸轮盘6左端面上的凸峰的数目,与发动机缸数相对应。

3. 供油提前角自动调节机构

安装在泵体下部(图6.46),由油缸7和滚轮机构5联合作用而完成调节功能的,图6.47为剖面示意图,在滚轮架4上装有滚轮7,其数目与汽缸数相同。滚轮架通过传力销3、连接销6与油缸活塞1连接。活塞移动时,拨动滚轮架绕其轴线转动(滚轮架不受驱动轴转动影响)。油缸7右腔经孔道A与泵腔相通(图6.46),油缸左腔经孔道与精滤器27相通。

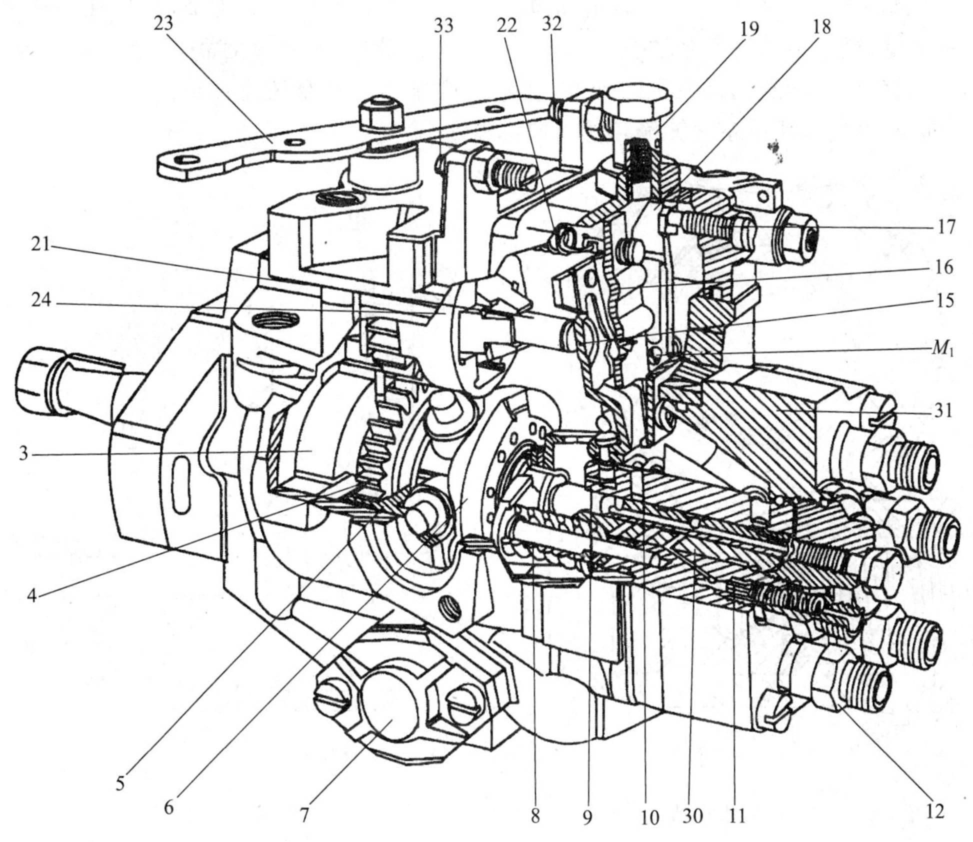

图 6.46　轴向压缩式分配泵

4. 供油过程

如图 6.48 所示,分配转子 1 的右端均布四个转子轴向槽 10,在与出油阀通道 5 相对应的分配转子断面上,均布四个转子分配孔 4,当泵体进油道 15 与转子轴向槽相通时,转子分配孔与出油阀通道相隔绝,即从分配转子轴向看,轴向槽 10 与分配孔 4 相错 45°(四缸发动机)。油量控制套 2 在调速器启动杠杆 16 的作用下,可在分配转子 1 上滑动。

分配泵驱动轴 28 转动时(图 6.45),经联轴器 29 带动凸轮盘 6 和分配转子 10 同步转动。在转动过程中,当凸轮盘端面上的凸峰与滚轮相抵靠时,凸轮盘和分配转子因收推力而向右移至极限位置;当凸峰转过,在回位机构 8 的作用下使凸轮盘左移,直至端面凸轮凹部与滚轮相抵靠为止。如此,分配转子既连续转动,又不断左右移动,分配转子每转一周,其各向左右移动四次(四缸发动机)。

分配转子 1 左移(图 6.48)为供油过程,此时,转子分配孔 4(4 个)与出油阀通道(4 个)相隔绝,转子泄油孔 3 被油量调节控制滑套 2 封死,压缩室 9 容积增大,产生真空度。被叶片式输油泵输送到泵腔内的柴油,在真空度作用下经泵体进油道 15,出油阀 11,转子轴向槽 10 进入压缩室并充满转子纵向油道 8。

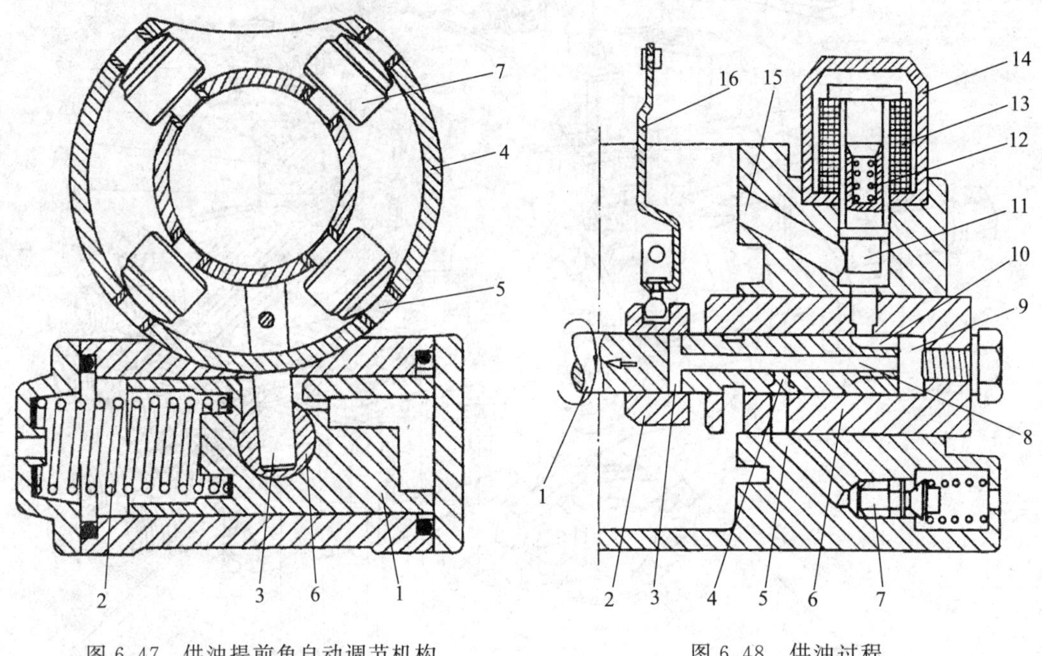

图 6.47　供油提前角自动调节机构

图 6.48　供油过程

5. 泵油过程

分配转子右移(图 6.49)为泵油过程。当分配转子开始右移时,转子轴向槽 10 与泵体进油道 15 隔绝,转子泄油孔 3 仍被封死;转子分配孔 4 与出油阀通道 5 相通。随着分配扎的右移,压缩室 9 的容积不断减小,柴油压力不断升高。当油压升高至足以克服出油阀弹簧力而使出油阀 7 右移开启时,则柴油经出油阀通道 5、出油阀 7 及油管被输送入喷油器。喷油器压力为 12.25±0.5MPa。

6. 停止泵油过程

轴向压缩式分配泵的每循环最大供油量取决于分配转子的直径和最大有效行程,(图 6.47 中 h_1)。对于规格已定的分配泵,其分配转子直径已定。故在使用中泵油量大小的调节,是靠驾驶员通过加速踏板控制调速器,使油量控制滑套 2(图 6.50)移动实现的,在泵油过程中,当分配转子 1 向右移至转子泄油孔 3 露出油量控制滑套 2 的右端面时,被压缩的柴油迅速流向低压泵腔,使压缩室 9、转子纵向油道 8 及出油阀通道 5 中的油压骤然下降。出油阀 7 在出油阀弹簧 17 的作用下迅速左移关闭，停止向喷油器供油，停止泵油过程持续到分配转子到其向右行程的终点。

7. 泵油提前角自动调节过程

发动机在常用转速下工作时，滑片式输油泵 3(图 6.45)输送到泵腔内的低压柴油，经孔道 A 进入油缸 7 右腔。油缸活塞受到低压柴油向左的推力与向右的油缸左腔弹簧力及精滤后的柴油压力之合力相平衡。当发动机转速生高时，滑片式输油泵转速随之增加，泵腔内柴油压力上升，油缸中活塞 1(图 6.47)两端受力平衡，活塞左移，经连接销 6、传力销 3 推动滚轮架 4 绕其轴线顺时针转动一个角度(与凸轮盘转向相反)，使凸轮盘端面凸峰提前某一角度与滚轮 7 相抵靠，从而使分配转子向右移动时刻提前，完成了泵油提前作用，反之，活塞右移，使滚轮架 4 逆时针转动一个角度，则泵油提前角减小。

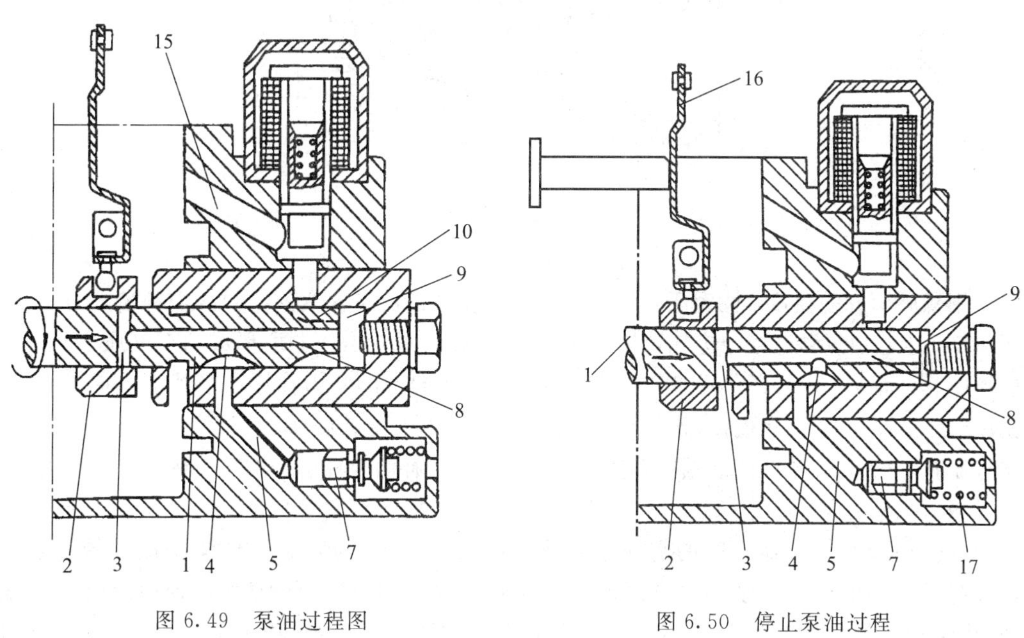

图 6.49　泵油过程图　　　图 6.50　停止泵油过程

8. 发动机停车(图 6.51)

当需要发动机停车时，可转动控制电磁阀 14 的旋钮，使电路触点断开，线圈 13 对进油阀 11 的吸力消失，在进油阀弹簧 12 的作用下，进油阀下移，使泵体进油道 15 关闭，停止供油，则发动机熄火。启动发动机时，先将电磁阀 14 的触点接通，进油阀 11 在线圈 13 的吸力作用下克服弹簧力上移，泵体进油道 15 畅通，开始供油。

在轴向压缩式喷油泵泵体的上部装有增压补偿器(图 6.52)，其作用是根据增压压力的大小，自动加大或减少各缸的供油量，以提高发动机的功率和燃料经济性，并减少有害气体的产生。

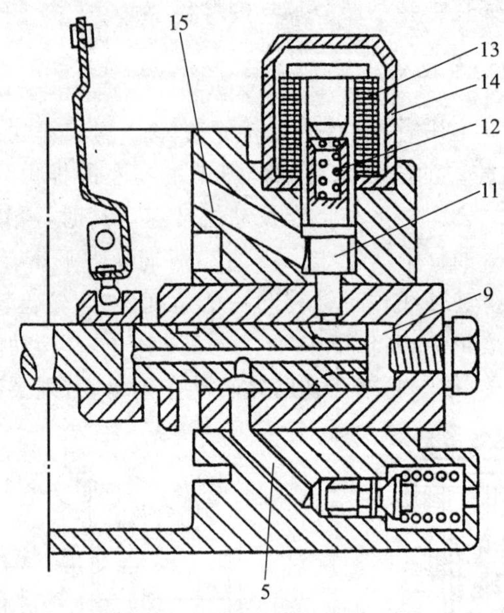

图 6.51　发动机停车

用橡胶制成的膜片 5 固定于补偿器的下体 6 和补偿器盖 4 之间。膜片把补偿器分成上、下两腔。上腔由管路连接与进气管相通，进气管中废气涡轮增压器所形成的空气压力作用在在膜片上表面。下腔经通气孔 8 与大气相通，弹簧 9 向上的弹力作用在膜片下支撑板 7 上。膜片与补偿器阀芯 10 相连接，阀芯 10 下部有一上小下大的锥形体。补偿杠杆 2 上端的悬臂体与锥形体相靠，补偿杠杆下端抵靠在张力杠杆 11 上，补偿杠杆可绕轴销 1 转动。

当进气管中增压压力升高时，补偿器上腔压力大于弹簧 9 的弹力，使膜片 5 连同阀芯 10 向下运动，补偿器下腔的空气经气孔 8 逸入大气中，与阀芯锥形体相连接的补偿杠杆 2 绕轴销 1 顺时针转动，张力杠杆 11 在调速弹簧 13 的作用下绕其转轴逆时针方向摆动，从而拨动油量控制滑套 12 右移，使油量适当的增加，发动机功率加大。反之，发动机功率相应减小。

上述供油量补偿过程是根据进气管中增压压力的大小而自动进行的。它避免了柴油发动机在低速运转时，因增压压力低，空气量不足而造成的燃烧不充分、燃料经济性下降及产生有害排放物的弊端。同时使发动机在高速运转时可获得较大功率并提高燃料的经济性。

轴向压缩式分配泵除具有径向压缩式分配泵的优点外，由于其分配转子兼有泵油和配油作用，故此种泵零件数量少、质量小、故障少。另外，端面凸轮加工、精度易得到保证，加之泵体上装有压力补偿器，其动力性和经济性远优于径向压缩式分配泵。此泵在使用中柴油要具有高清洁度，避免因杂质而使分配转子严重磨损或卡死的现象。

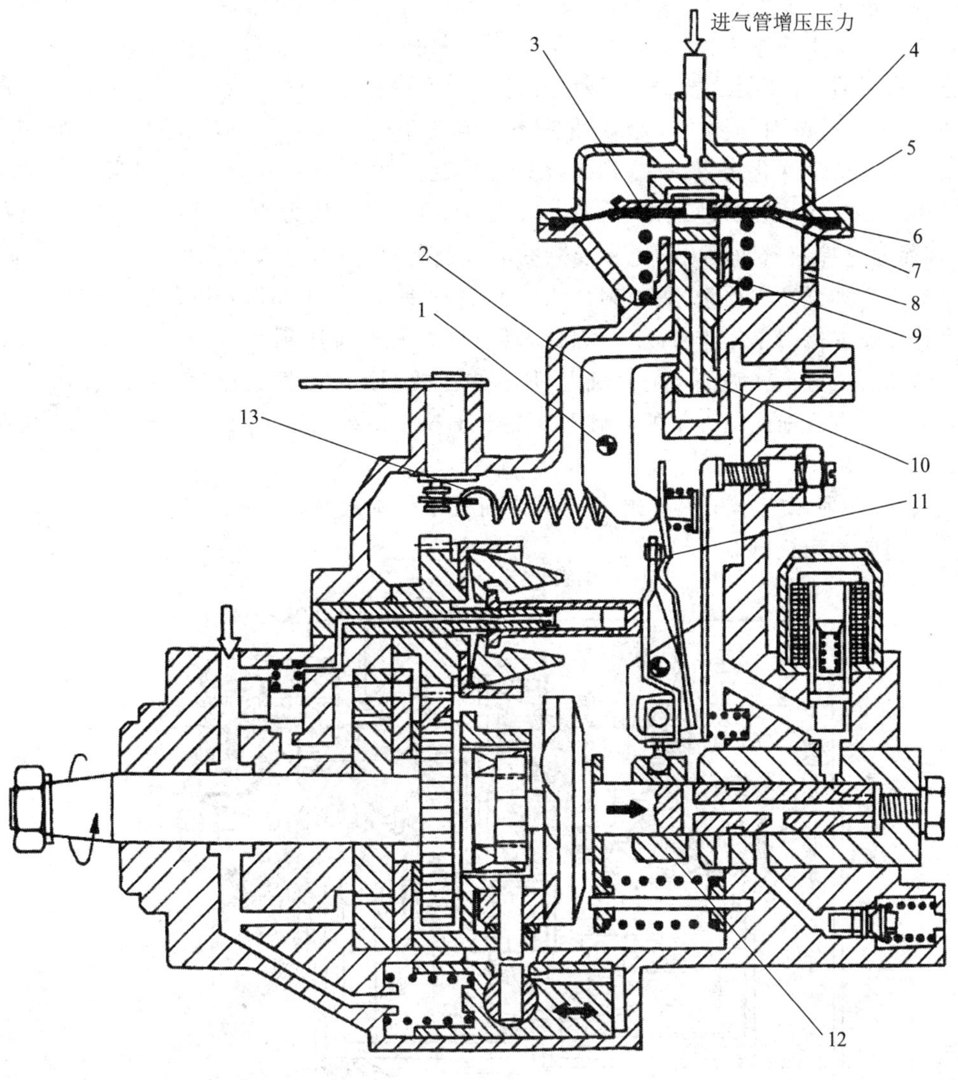

图 6.52　增压补偿器

6.9　电控柴油喷射系统

随着电子技术的发展,汽油机的电控燃料喷射技术已发展到相当完善的程度。而直到20世纪80年代中期,国外一些大型汽车工业公司才开始着手研究开发电子控制式柴油机,以提高其各项使用性能、降低燃料消耗、降低噪声，并满足日益严格的排气法规等要求。

在柴油机上应用电控技术，相对于汽油机来说，具有一定的难度。首先，从喷油量控制方面来说，汽油喷射是根据进气量，通过控制喷油脉冲时间，严格控制发动机各工况的空燃比；而柴油喷射却要用控制喷油量来调节发动机负荷的大小，这种调节将影响到柴油机放热规律的变化历程，影响到燃烧过程中的压力升高率，进而影响到柴油机的功率与噪声等。其次，从燃油喷射压力方面来说，汽油机喷射压力为 0.3MPa 左右，为低压喷射，因而通过控制喷油器内的电磁线圈的电流通断，即可方便地控制喷油器的喷油通断；而柴油机为加强喷雾质量，其喷射压力一般高达到 30～100MPa，这样的高压状态，靠电磁力打开喷油阀门是较难实现的，因此，现有的电控柴油喷射系统一般在原柴油机的柱塞式喷油泵或分配式喷油泵的基础上，加装电子控制系统来完成控制目标的实现。

下面以在分配式喷油泵的基础上加装电子控制系统的柴油喷射系统为例，来说明其组成和工作原理。

图 6.53 所示为丰田汽车电子控制柴油机系统构成图。其电子控制系统由传感器、电子控制单元和执行器等组成。

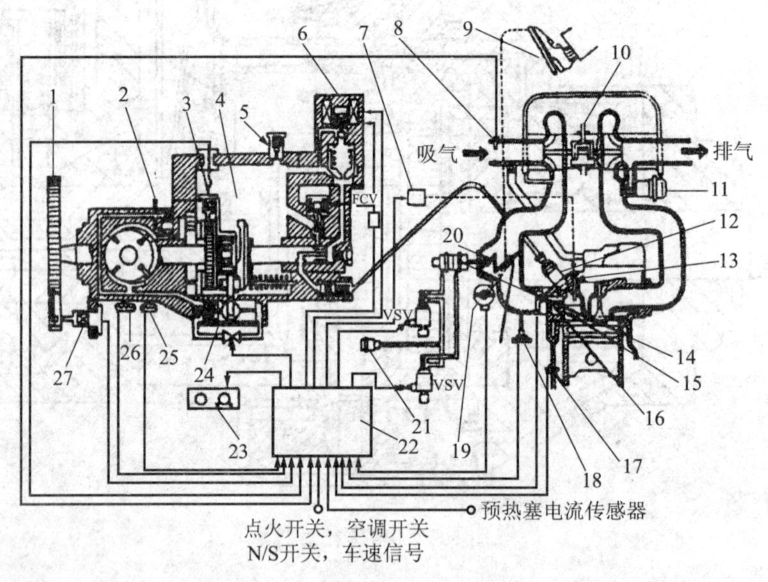

图 6.53 柴油机电子控制系统构成图

1. 传动皮带轮；2. 燃油进口；3. 泵角传感器；4. 分配泵；5. 回油阀；6. 电磁溢流阀；7. 预热塞继电器；8. 进气压力传感器；9. 加速器踏板；10. 涡轮增压器；11. 废气通道控制阀；12. 喷油嘴；13. 预热塞；14. 膜片阀；15. 副燃烧室；16. 着火时间传感器；17. 水温传感器；18. 进气温度传感器；19. 节气门开度传感器；20. 副节气门；21. 真空泵；22. ECU；23. 仪表；24. 定时控制阀；25，26. 调整电阻；27. 曲轴转角传感器

传感器的功用是适时检测柴油机和汽车的运行状态，并将其输给电子控制单元。在

柴油机上使用的传感器主要有发动机转速传感器、凸轮轴转角传感器(或曲轴转角传感器)、加速踏板传感器、进气温度和进气压力传感器、泵角传感器等。

电子控制单元是核心组成部件,它对传感器输入的信息进行处理、计算,并将运行结果和执行程序作为控制指令输出到执行器。

执行器的功用是根据电子控制单元送来的执行指令,调节喷油量和喷油正时,从而调节柴油机的运行状态。电控柴油喷射系统的常见执行器有电磁溢流阀和喷油定时控制阀等。

传感器、执行器和电子控制单元的工作关系可见图 6.54。

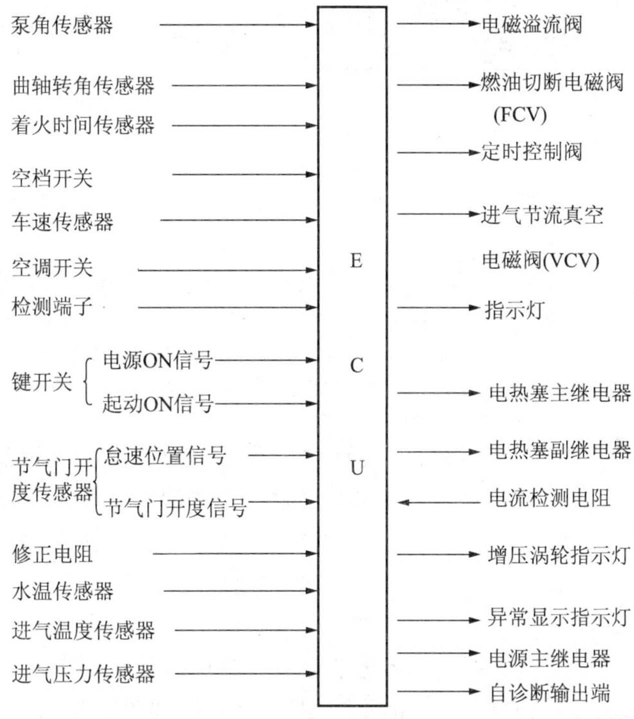

图 6.54　柴油机 ECU 的输入和输出信号

6.9.1　喷油量的控制

为了精确控制喷油量,燃油分配泵的构成和控制是技术关键。如图 6.55 所示为燃油分配泵工作示意图。

燃油分配泵的功用是提高燃油压力,向各气缸喷油嘴供给适时适量的燃油。

驱动轴(凸轮轴)由发动机曲轴的传动皮带轮进行驱动。驱动轴与输油泵、凸轮盘及柱塞等同步旋转。曲轴每转 2 圈,驱动轴转 1 圈。

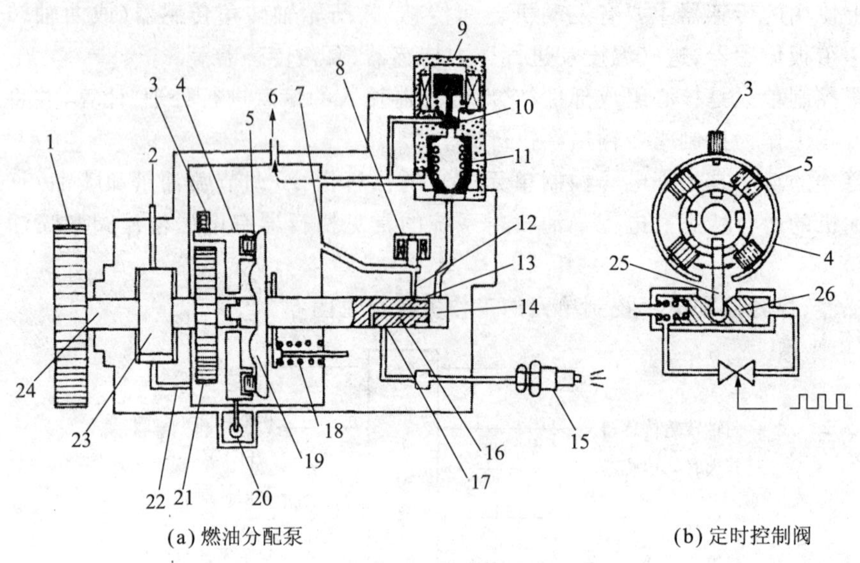

(a) 燃油分配泵　　　　(b) 定时控制阀

图 6.55　柴油分配泵

1. 传动皮带轮;2. 燃油进口;3. 泵角传感器;4. 滚轮架;5. 滚轮;6. 回油;7. 输油泵泵出燃油;8. 燃油切断电磁阀;9. 电磁溢流阀;10. 溢流控制阀;11. 主溢流阀;12. 进油通道;13. 柱塞进油槽;14. 高压室;15. 喷油嘴;16. 柱塞;17. 高压燃油出口通道;18. 柱塞弹簧;19. 凸轮盘;20. 定时控制阀;21. 泵角检测齿轮;22. 输油泵泵出燃油;23. 输油泵;24. 驱动轴;25. 定时器销;26. 定时器活塞

凸轮盘 19 工作面上的凸轮数目与气缸数相等且均匀分布。凸轮盘在转动时,被设置在滚轮架 4 上的滚轮 5 顶起,使柱塞在转动的同时向图中右方向运动。柱塞在移动前,进油通道口 12 与柱塞的进油槽 13 接通,因此,从燃油泵来的增压燃油进入高压室 14。当柱塞右移时,柱塞进油槽与进油通道口错位而处于阻断状态,使高压室内燃油不断增压,并适时通过高压出油口向喷油嘴压送高压燃油,喷油嘴开始喷油。电磁溢流阀 9 通过通道与高压室相通,当电磁溢流阀开启时,会使高压室内的燃油压力骤降,从而使喷油嘴停止喷油。因此,控制从喷油开始时刻到电磁溢流阀开启的时刻所经过的时间长短,即可控制喷油量的多少。

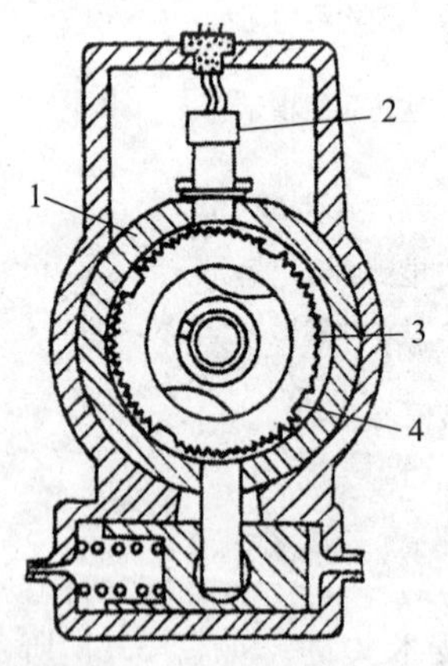

图 6.56　泵角传感器安装示意图

1. 滚轮架;2. 泵角传感器;3. 泵角脉冲发生器;4. 缺齿部(基准点)

泵角传感器 3 的功用是检测柱塞压送燃料的开始时刻,并将此信号输送给电子控制单元。泵角传感器由安装在滚轮架 4 上的电磁线圈和安装在凸轮轴上，并与凸轮轴　起旋转的泵角检测齿轮 21(泵角脉冲发生器)组成。泵角检测齿轮的齿数为 64 个，并在其圆周上均匀设置有相当于 2 个齿的缺齿，如图 6.56 所示。当泵角检测齿轮的缺齿部与电磁线圈对准时，即为滚轮架上的滚轮顶起凸轮盘的起始部位，也即为柱塞压送燃油的开始时刻。当电子控制单元接收到泵角传感器输入的缺齿信号时，就是喷油嘴的喷油时刻。

电磁溢流阀的结构如图 6.57 所示，主要由主溢流阀、溢流控制阀、螺线管电磁线圈等组成。其工作原理如图 6.57 所示。电子控制单元输出指令，控制电磁溢流线圈的供电电路。当电磁溢流阀的电磁线圈通电时，溢流控制阀关闭，此时，高压室的压力油通过主溢流阀上的节流孔同时作用于主溢流阀的正面和背面，主溢流阀在弹簧作用下处于关闭位置，燃油被封在高压室中不断增压，并经由喷油嘴喷入气缸，如图 6.57 所示。当电磁溢流阀电磁线圈中电流被切断时，溢流控制阀首先被打开，主溢流阀的背压下降，如图 6.57 所示。继而高压室内高压油克服弹簧弹力及主溢流阀背压将主溢流阀打开，高压室内的燃油向低压区流动而急剧泄压，喷油停止，如图 6.57 所示。

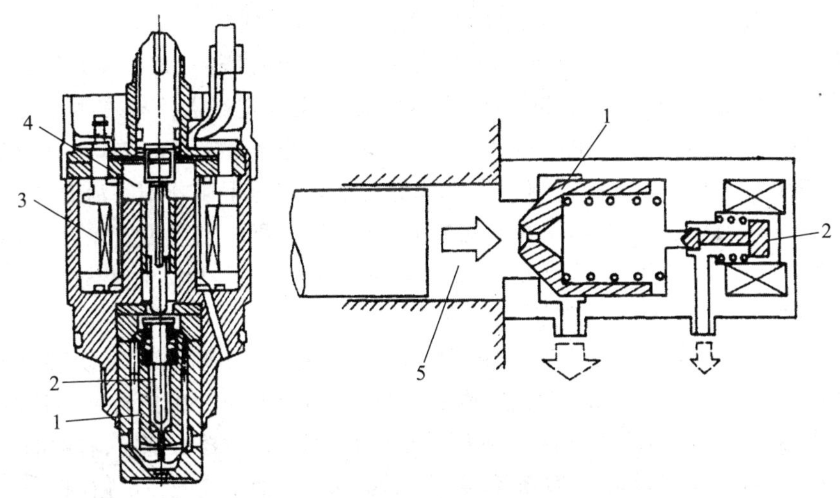

图 6.57　电磁溢流阀结构图示意图

1. 主溢流阀；2. 溢流控制阀；3. 螺线管电磁线圈；4. 电枢；5. 高压室

电子控制单元根据发动机转速和加速踏板开度决定基本喷油量，并依据冷却水温度、进气温度、进气压力以及发动机运转的过渡条件等参量，对基本喷油量进行修正，最后确定最佳喷油量。最佳喷油量的控制通过电子控制单元控制切断电磁溢流阀的电路，从而控制喷油嘴喷油时间的长短来实现。如图 6.58(a～c)所示。喷油量控制概念如图 6.59所示。

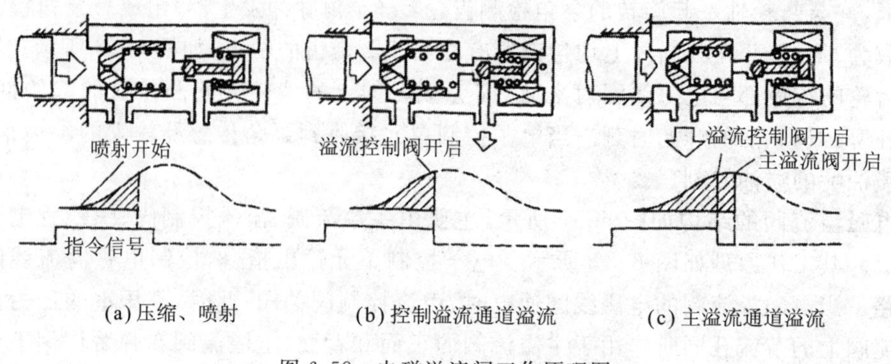

(a) 压缩、喷射　(b) 控制溢流通道溢流　(c) 主溢流通道溢流

图 6.58　电磁溢流阀工作原理图

6.9.2　喷油时刻的控制

柴油机的燃油喷射时刻随发动机的工况变化,使发动机的运行达到最佳状态。电控柴油喷射系统对喷油时刻的调整,是由定时控制阀来完成的。

如图 6.55(b)所示,定时控制阀由定时器活塞 26、定时器销 25 和弹簧等组成。定时器活塞可左右移动,并带动定时器销和滚轮架一起移动。定时器活塞右侧承受输油泵的泵出油压,左侧承受输油泵进油油压和弹簧力。左、右侧通过管道相连,而管道的通断则由电子控制单元控制的电磁阀控制。当发动机在常用转速下工作时,活塞左、右两侧受力平衡。当发动机转速变化时,活塞右侧的油压改变,活塞两侧产生力差,使活塞轴向移动,从而通过定时器活塞销带动滚轮架转动一定角度,使滚轮和凸轮盘的凸轮之间的相对位置发生变化,喷油时刻也发生变化。

电子控制单元根据发动机转速和加速踏板的开度决定基本喷油时刻,并由冷却水温度和进气压力等参量进行修正,决定最佳喷油时刻。电子控制单元确定最佳喷油时刻后,通过输出指令给控制定时器活塞左、右侧通断的电磁阀,调节定时器活塞左、右侧的压力差,来控制活塞的位置,从而控制滚轮架(滚轮)的位置,实现对喷油时刻的精确控制。

6.10　废气涡轮增压

废气涡轮增压技术是指采用由柴油机排气驱动的涡轮机拖动压气机,从而提高气压增加充气量。

提高柴油机功率最有效的措施是增加充气量和供油量。实践表明,柴油机采用废气涡轮增压不仅可提高功率 30%～100%甚至更多,油耗下降 3%～10%,还可减小单位功率质量,缩小外形尺寸,节约原材料,同时,由于涡轮增压发动机燃烧较完全,排烟浓度降低，废气中有害物质明显减少，有利于减少汽车排气污染。此外，由于燃烧压力升高率降低，发动机工作较柔和，噪声比较小。

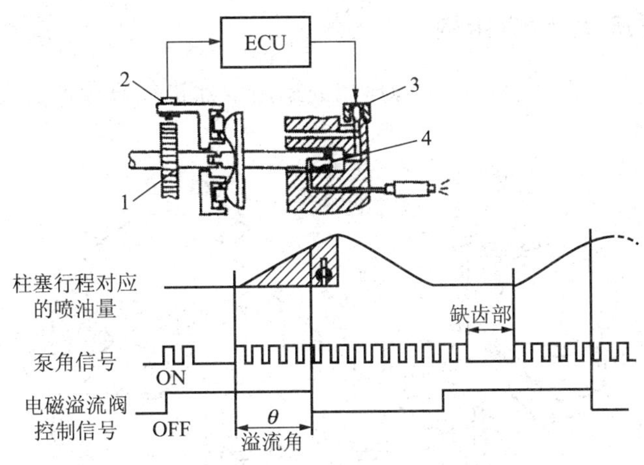

图 6.59　喷油量控制概念

1. 泵角检测齿轮；2. 泵角传感器电磁线圈；3. 电磁溢流阀；4. 高压室

废气涡轮增压技术目前已成为柴油机重要发展趋势之一并正在得到广泛的应用。

6.10.1　废气涡轮增压器的工作原理

废气涡轮增压器的工作原理见图 6.60。柴油机排出的具有一定压力的高温废气经排气管 1 进入涡轮壳 4 里的喷嘴环 2。由于喷嘴环的通道面积做成由大到小，因而废气通过后压力和温度下降，而速度却迅速提高。这个高温高速的废气气流，按一定方向冲击涡轮 3，使涡轮高速旋转，废气的压力、温度和速度越高，涡轮转速也越高。通过涡轮的废气最后排入大气，这时与涡轮 3 固装在同一根转子轴 5 上的压气机叶轮 8 也以相同速度旋转，将经滤清器滤清过的空气吸入压气机壳。高速旋转的压气机叶轮把空气甩向叶轮的外缘，使其速度和压力增加，并进入扩压器 7，因扩压器进口小，出口大，所以气流的速度下降压力升高，再通过断面由小到大的环形压气机壳 9 使空气压力继续升高。经上述增压过程后，空气压力

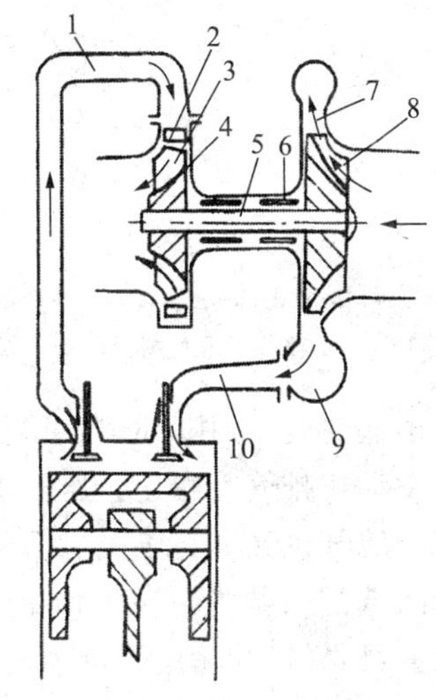

图 6.60　废气涡轮增压器工作原理示意图

1. 排气管；2. 喷嘴环；3. 涡轮；4. 涡轮壳；5. 转子轴；6. 轴承；7. 扩压器；8. 压气机叶轮；9. 压气机壳；10. 进气管

可达 0.14～0.3MPa,甚至可达 0.5MPa。这些高压空气流经柴油机进气管 10 进入气缸与更多的柴油混合燃烧,以保证发动机发出更大的功率。

6.10.2 废气涡轮增压器结构

图 6.61 为目前国内外使用的一种典型的车用柴油机径流脉冲式废气涡轮增压器的结构图。

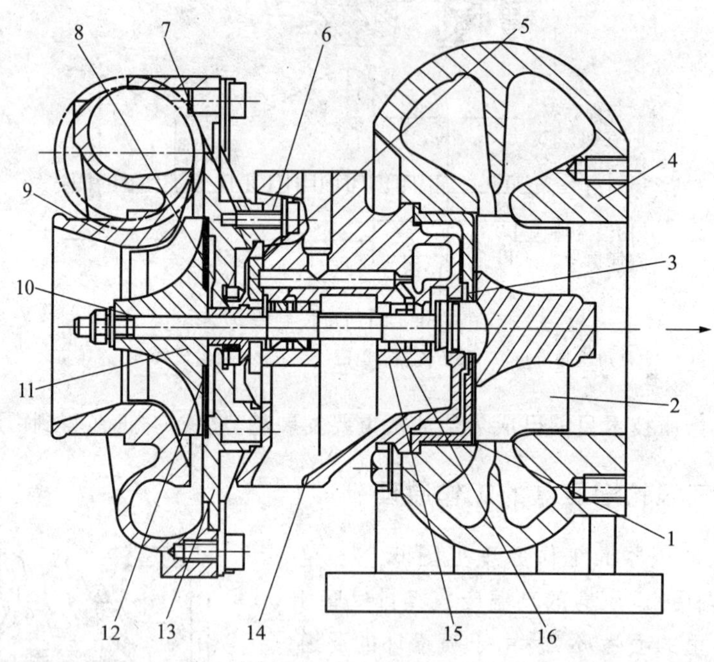

图 6.61 废气涡轮增压器

1. 隔热板;2. 涡轮;3. 密封环;4. 涡轮壳;5. 推力轴承;6.0 形密封圈;7. 膜片弹簧;8. 密封套;9. 压气机壳;10. 转子轴;11. 压气机叶轮;12. 密封环;13. 压气机后盖板;14. 中间壳;15. 卡环;16. 浮动轴承

它由涡轮壳 4、中间壳 14、压气机壳 9、转子体和浮动轴承 16 等主要零件组成。涡轮壳 4 与发动机排气管相连。压气机壳 9 的进口通过软管接空气滤清器,出口则通往发动机气缸。压气机壳 9 与压气机后盖板 13 之间的间隙构成压气机的扩压器,其尺寸可通过二者的选配来调整。转子体由转子轴 10、压气机叶轮 11 和涡轮 2 组成。涡轮焊接在转子轴上,压气机叶轮用螺母固定在转子轴上,转子轴则支承在两浮动轴承 10 上高速旋转。转子轴高速旋转时(110 000～130 000r/min),来自柴油机主油道并经精滤器再次滤清,压力为 0.25～0.4MPa 的润滑油充满浮动轴承 16 与转子轴 10 以及中间壳 14 之间的间隙,使浮动轴承在内外两层油膜中随转子轴同时旋转,但其转速比转子轴低得多,从而使轴承对轴承孔和转子轴的相对线速度大大降低。

中间壳中设有 3、6、8、12 等密封件，以防止压气机端的压缩空气和涡轮端的废气漏入中间壳，同时防止中间壳的润滑油外漏。

6.10.3 冒烟限制器

在发动机低速运转时，排气流量小，因而压气机转速低，增压作用不大，使得发动机充气量不足，产生冒烟现象。在发动机加速时，也有冒烟现象，这是因为在此情况下，柴油机的废气到达涡轮以及涡轮转速的增加都有一定时间的滞后，以至增压器对空气的增压也有一定的滞后。增压器的压比越高，冒烟倾向越严重。为此，增压柴油机通常装有冒烟限制器。

冒烟限制器(图 6.62)装在喷油泵 1 的一端，用气管 9 与发动机进气管相通。当无增压空气输入或输入增压空气压力很低时，冒烟限制器处于不工作位置，在膜片弹簧 7 作用下，膜片 8 和弯角摇臂 3 都保持在某一位置不动。此时限位螺钉 4 便限制了供油调节拉杆 2 在加油方向上的位移量，即起到限制供油量的作用。拉杆 2 在此情况下的极限位移可借转动限位螺钉 4 来调节。当输入冒烟限制器的增压空气压力达到某一定值，气压作用力克服了膜片弹簧的预紧力时，膜片即开始向下运动，带动弯角 5 摇臂顺时针转动。由于限位螺钉 4 的后退，拉杆 2 就有可能进一步左移而增加供油量，直到限位螺钉与高增压限位螺钉 5 接触为止。这一位置相应于增压空气压力达到最高值(全增压)的情况。限位螺钉 5 的位置可以调节，以便与全增压空气压力相适应。转动导向套筒 10，便可以调节膜片弹簧的预紧力，从而调节使冒烟限制器开始起作用所需的增压空气压力。

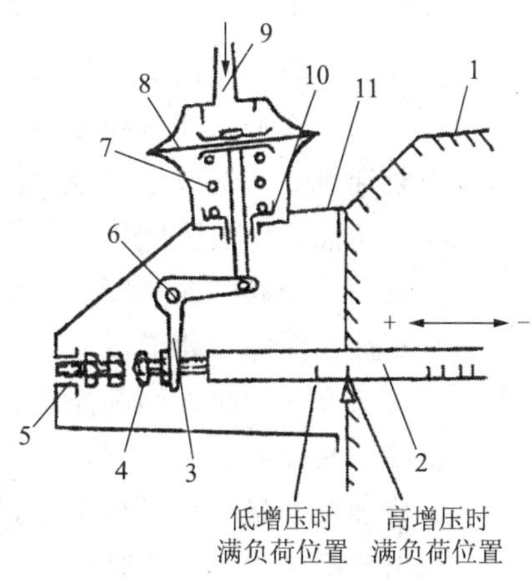

图 6.62　气压控制的防冒烟限制器

1. 喷油泵前端；2. 供油拉杆(齿条)；3. 弯角摇臂；4. 低增压时的限位螺钉；5. 高增压时的限位螺钉；6. 轴；7. 膜片弹簧；8. 气动膜片；9. 进气管；10. 导向套筒；11. 壳体

6.11 柴油机燃料供给系故障诊断

柴油机的故障，产生的原因较多，但大多集中在燃油供给系统，其中又以喷油泵与喷油器引起的故障为最多，下面介绍柴油机燃料供给系的故障诊断和排除方法。

6.11.1 发动机起动困难

1. 起动时排气管不冒烟

(1) 现象

发动机听不到爆发声音无起动迹象，排气管无烟排出。

(2) 原因

1) 属于低压油路的原因。

① 油箱内无油或存油不足。

② 油箱开关未打开或油箱盖空气孔堵塞。

③ 油箱至喷油泵间管路堵塞。

④ 油箱至输油泵间管路中有漏气部位，使油路中进入空气。

⑤ 柴油机滤清器或输油泵滤网堵塞。

⑥ 低压油路中溢流阀不密封，使低压油路中不能保持有一定值的油压。

⑦ 输油泵油阀粘滞、密封不严、弹簧折断。

⑧ 输油泵活塞咬死或活塞弹簧折断，使输油泵的机械泵油部分不起泵油作用。

2) 属于高压油路方面的原因。

① 喷油泵柱塞偶件磨损过大，造成内泄漏大，使供油量达不到起动时的需要。

② 喷油泵油量调节机构卡滞，使柱塞不能转动或转动量过小。

③ 出油阀密封不良或粘滞，造成不供油或供油不足。

④ 喷油器针阀积炭或烧结不能开启。

⑤ 喷油器针阀开启压力调整过高。

⑥ 喷油器喷孔堵塞。

⑦ 高压油管中有空气或其接头松动。

3) 其他方面的原因。

① 低温起动预热装置失效，发动机气缸内温度过低。

② 空气滤清器堵塞，排气管排气不畅。

③ 供油时间过早或过迟。

④ 喷油雾化不良。

⑤ 气缸压缩压力过低，压缩终了的温度和压力达不到使柴油自燃的温度。

(3) 故障诊断与排除方法

发动机起动时无着车迹象，排气管不排烟，说明柴油没有进入气缸，重点检查供给系的堵塞、漏气和某些零部件的损坏。首先应确定故障出自低压油路还是高压油路。

将喷油泵放气螺钉松开，扳动手油泵，观察放气螺钉处是否流油。若不流油或流出泡沫状柴油，而且长时间扳动手油泵也排不尽，表明低压油路有故障。如果流油正常，则说明故障出在高压油路。

1）低压油路的故障诊断。松开喷油泵放气螺钉，扳动手油泵放气螺钉处无油流出，说明油箱中无油或油路堵塞。首先检查油箱中存油是否足够，油箱开关是否打开，油箱盖空气孔是否堵塞。若良好，可扳动手油泵试验。若手拉手油泵拉钮时，明显感到有吸力，松手后又自行回位，说明油箱至输油泵的油路堵塞；若拉出手油泵拉钮时感觉正常，但压下去比较费力，说明输油泵至喷油泵的油路堵塞，可检查柴油滤清器是否堵塞。如果上下拉动手油泵拉钮时，均无正常的泵油阻力，说明手油泵失效，应检查手油泵进出油阀是否关闭不严等。在寒冷地区严寒季节，柴油牌号选用不当或油中有水，容易造成凝结或结冰而堵塞油管。松开喷油泵放气螺钉，扳动手油泵，若放气螺钉处流出泡沫状柴油，而且长时扳动手油泵也是如此，说明油箱至输油泵之间的管路漏气，供油系中渗进空气发生了气阻。首先检查油管有无破裂，如无破损，应检查输油泵至油箱一段油管接头是否松动或油箱内出油管从上部是否断裂等。若放气螺钉处流出的柴油中夹有水珠，则说明油中有水，应将滤清器与油箱的放污螺塞旋出，放净沉淀物和积盘的水。

2）高压油路故障诊断。松开喷油泵放气螺钉，扳动手油泵，放气螺钉处出油正常，但各缸喷油器无油喷出。可推断故障出自高压油路。

诊断高压油路故障时，应首先确定故障出自喷油泵还是喷油器。可在发动机转动时，用手触试各缸高压油管。若感到有喷油“脉动”，说明故障不在喷油泵而在喷油器；若无“脉动”或“脉动”甚弱，说明故障在喷油泵。

① 喷油泵的故障检查。接通起动机，查看喷油泵输入轴是否转动，联轴节是否连接可靠，否则应检查联轴节有无断裂，半圆键是否完好。同时检查供油正时是否准确。

拆开喷油泵侧盖，检查供油调节拉杆是否总处于不供油位置，若总处于不供油位置，应检查踏板拉杆、供油拉杆或调速器的卡滞故障。

检查供油调节机构是否工作不良。踏下加速踏板，观察柱塞是否转动，若不转动应检查调节叉或扇形小齿轮的固定螺钉是否松动，调节臂有无从中脱出或柱塞与柱塞套筒是否粘住。

检查喷油泵出油阀是否密封不严。拆下高压油管，用手油泵泵油，若出油阀溢油，说明出油阀密封不良。

检查溢油阀的密封情况。

② 喷油器的检查。喷油器可在专用喷油器试验器上试验。若就车检查，可将喷油器从缸盖上拆下接上高压油管，然后启动发动机，观察其喷油情况。如雾化良好又不滴油，说明无故障；若雾化不良，应解体检查喷油器针阀是否卡滞、弹簧弹力、喷孔是否堵塞等。

2. 起动时排气管排出大量白烟

(1) 现象

高压油路故障树诊断接通起动机后,发动机不易起动或起动后排气管排出像水蒸气般白色烟雾,且慢慢熄火。

(2) 原因

1) 油路中渗入了水。

2) 气缸垫冲坏或气缸盖螺栓松动使水进入燃烧室。

3) 气缸体或气缸盖冷却水套有破裂处。

(3) 故障诊断与排除

柴油发动机若在低温(特别是冬季)起动时排气管排出白烟,但在温度升高后排烟正常,这是正常现象。

如果排出白烟,用手接近排气管消声器出口处,发现手上留有水珠,说明有水进入燃烧室。首先拔出油尺,观察下曲轴箱机油油面是否升高,机油中是否有水(机油颜色发白说明机油被水乳化),并在启动发动机时观察水箱上部有无气泡冒出。若机油有水和水箱上部在启动发动机时有大量气泡冒出,应检查气缸垫有无烧穿漏水、气缸盖螺栓有无松动、气缸盖和气缸体有无破裂漏水等。否则,应检查柴油中是否有水,可将油箱及柴油滤清器放污塞打开,放出水和沉淀物。

3. 起动时排气管排出灰白烟

(1) 现象

接通起动机后,发动机不易起动,起动时排出灰白色烟雾。

(2) 原因

一般为气缸内温度低、压力低,燃油未能很好地形成混合气燃烧便被排出去所致。

1) 低温起动预热装置失效,发动机温度过低。

2) 喷油正时不准,一般为喷油过早。

3) 进气通道堵塞,供气不足。

4) 喷油泵供油量过多或过少。

5) 喷油器喷油雾化不良,混合气形成质量差。

6) 气缸压力过低,柴油自燃条件差。

(3) 故障诊断与排除

检查低温起动预热装置是否完好,如果完好仍不能起动,应检查和调整喷油正时,供油是否过多或过少。再检查喷油雾化情况,喷油器针阀有无滞住,气缸压力是否过低。

6.11.2 发动机动力不足

常见发动机动力不足表现为：发动机运转均匀，无高速，排气管排气量过少；发动机运转不均匀，排气管排烟不正常等。

1. 发动机运转均匀、无高速、排气管排气量少

(1) 现象

汽车行驶动力不足，加速不灵敏，踩下加速踏板后，转速不能提高到规定值，排气管排气量过少。

(2) 原因

1) 加速踏板拉杆行程不能保证供给最大供油量。

2) 调速器调整不当或调速弹簧过软、折断使喷油泵不能保证最大供油量。

3) 喷油泵油量调节拉杆(或齿条)达不到最大供油位置。

4) 喷油泵出油阀密封不良。

5) 喷油泵柱塞磨损过甚、粘滞或弹簧折断。

6) 输油泵工作不良使供油不足。

7) 低压油路堵塞使供油不足。

8) 油箱至输油泵管路漏气，使油路中进空气等。

9)喷油器喷油不正常，柴油牌号不对。

10) 空气滤清器、排气管消声器堵塞。

(3) 故障诊断与排除方法

此种故障现象可以断定，是因达不到额定供油量而使发动机动力不足的。

1) 首先检查加速踏板的行程。将加速踏板踩到底，然后用于扳动喷油泵油量调节臂，若还能向加油方向推动，说明加速踏板拉杆不能使喷油泵达到最大供油量，应予以调整。

2) 检查调整调速器高速限止螺钉和最大供油量限止螺钉。将两调整螺钉向增加方向旋进，直到急加速时排气管冒黑烟为宜。

3) 检查燃油系统是否吸入了空气，若吸入了空气，应检查各油管接头是否松动，将油路中空气排除。

4) 检查燃油滤清器是否堵塞、油箱通气孔是否堵塞、输油泵滤网有无堵塞等。

5) 检查喷油泵的出油阀是否密封不良。

6) 用断油比较法检查喷油器的喷油情况断油后，若发现柴油机转速不变化，就将此喷油器拆下并测试调整。

7) 若以上各点没有不良情况，则需用试验台来检查喷油泵和调速器的工作情况。

2. 发动机运转不均匀,排气管排黑烟

(1) 现象

发动机动力不足,运转不均匀,排气管排黑烟,加速时出现敲击声。

(2) 原因

1) 空气滤清器严重堵塞,造成进气量不足。

2) 喷油泵供油量过多或各缸供油不均匀度太大。

3) 喷油器喷雾质量不佳或喷油器滴油。

4) 供油时间过早。

5) 气缸压缩压力不足。

6) 柴油质量低劣。

(3) 故障诊断与排除方法

柴油机排气黑烟多,大多是由各气缸供油量不均匀或过多、吸入空气量不足、雾化不良、喷射时间过早等原因引起的不完全燃烧造成的。

1) 拆下空气滤清器,观察排气烟色。若排黑烟情况好转,故障系空气滤清器脏污严重造成的。

2) 检查供油时间是否过早,若过早应调整。

3) 在发动机运转时,可逐缸断油试验。当某缸断油时,发动机转速降低,黑烟明显减少,敲击声变弱或消失,说明该缸供油量过多。若发动机转速变化小而黑烟消失,说明该缸喷油器喷雾质量差。找出有故障的气缸后,拆检喷油器。必要时,可换装新喷油器进行对比,若用新喷油器时故障消失,说明原喷油器有故障。

用上述方法仍不能排除故障时,对于喷油泵柱塞挺杆具有调整螺钉的,应检查各缸喷油是否一致,必要时进行调整。

检查喷油泵供油量过大和供油不均匀度是否符合标准时,应在试验台上进行。

6.11.3 柴油机工作粗暴

1. 柴油机工作粗暴

(1) 现象

1) 发动机发出有节奏的(清脆的)金属敲击声,急加速时响声更大,排气管冒黑烟。

2) 气缸内发出低沉不清晰敲击声。

3) 敲击声没有节奏并排黑烟。

(2) 原因

1) 喷油时间过早或过迟。

2) 喷油雾化不良。

3) 进气通道堵塞或空气滤清器堵塞造成进气不足。

4) 各缸喷油不均,个别缸供油量过大。

5) 喷油器滴油,相对喷油量增加。

6) 选用的柴油牌号不当。

7) 发动机温度过低。

(3) 故障诊断与排除方法

1) 如果响声均匀,说明各缸工作情况差不多。其故障原因与喷油正时、进气情况、柴油性能等方面有关。

急加速试验,若响声尖锐,排气管冒黑烟,通常是喷油时间过早,应调迟。若加速困难、声调低沉,有发闷的感觉,排气管冒白烟,是喷油时间过迟,应调早。

若调整喷油正时的效果不明显,则应检查空气滤清器是否堵塞、进气通道是否畅通。若柴油机充气不足,将导致燃烧不完全,延长着火落后期,产生严重着火敲击声。

若进气通管畅通,仍有响声,便应考虑柴油牌号选择是否适当。

2) 如果响声不均匀,说明各缸工作情况不一致。可用单缸断油的方法找出工作不良的气缸。若怀疑某喷油器工作不良,可用一标准喷油器或与其他缸调用喷油器,倘若这时声响消失(或转移它缸) 则表明故障新在喷油器。若怀疑某缸供油量过大,可用减油法试验,减油之后响声和排烟应消失。若减油之后故障减弱并不消失,只有断油才完全消失,则说明故障原因在喷油时间过早。鉴别供油量的大小,还可在发动机工作时,用于触试各缸排气管的温度,温度高的气缸供油量大,反之,供油量小。

6.11.4 发动机运转不稳

1. 柴油机“游车”

(1) 现象

发动机在中、低速范围内运转,加速踏板保持在某一位置不变时,发动机转速产生忽高忽低的变化。

(2) 原因

1) 燃油供给系油路内有空气,使供油不稳定。

2) 喷油泵偶件磨损不均,使供油不均。

3) 调速器调整不当,各连接件不灵活或间隙过大。

4) 供油齿杆与齿圈(或供油拉杆与拨叉),柱塞与柱塞套紧滞,使供油齿杆(或供油拉杆)移动阻力增大,引起其不灵敏。

5) 凸轮轴的轴向间隙过大,造成径向间隙也大,这样喷油泵泵油时,凸轮轴受脉冲振动,其振动又直接传递到调速器飞球或飞块,引起飞球支架跳动,从而使供油齿杆来回抖动。

(3)故障诊断与排除

“游车”一般是喷油泵和调速器部分引起,对于喷油泵机械式调速器检查时,先打开喷油泵边盖,将发动机处于“游车”严重的转速下运转,然后用手抵住调节齿圈并带动齿杆移动,检查供油齿杆移动是否灵活。如果供油齿杆移动不灵活,说明柱塞的转动有阻滞或其他运动件有摩擦阻滞,使供油齿杆灵敏度降低,调速器不能随时调节供油齿杆而造成“游车”,发现供油齿杆移动阻力较大,则应逐一检查出油阀座压紧螺栓拧紧力矩是否过大,泵内是否有水垢或锈蚀的污物引起柱塞生锈后阻滞,齿杆与齿圈啮合处是否嵌有异物,查明后予以排除。

上述检查正常,那么则是调速器工作不正常,喷油泵供油量不均匀或凸轮轴轴向间隙过大,此时应拆下喷油泵总成进行检修。

2. 发动机超速

(1)现象

柴油机在汽车运行中或自身空转中,尤其是全负荷或超负荷运转突然卸荷后,转速自动升高超过额定转速而失去控制。

(2)原因

引起超速的主要原因有两个方面:一是喷油泵调速器本身的故障,使其丧失了正常的调速特性;另一方面是柴油机在运转过程中有额外的柴油或机油进入燃烧室掺入燃烧。

1)喷油泵、调速器的故障。

① 加速踏板拉杆或喷油泵供油调节齿杆卡滞,使其在额定供油位置上回不来。

② 油量调节齿杆和调速器拉杆脱节。

③ 柱塞的油量调节齿圈固定螺钉松动使柱塞失去控制。

④ 调速器的高速限制螺钉或最大供油量调整螺钉调整不当。

⑤ 调速器内润滑油过多或机油太脏、粘度过大,使飞球甩不开。

⑥ 调速器因飞球组件卡阻、锈污、松旷或解体等原因失去效能或效能不佳等。

2)额外燃料进入燃烧室掺入燃烧。

① 气缸窜油,使润滑油进入燃烧室燃烧。

② 惯性油浴式空气滤清器存油过多被吸入燃烧室。

③ 带增压器的柴油机由于增压器油封损坏,机油进入燃烧室燃烧等。

(3)故障诊断与排除方法

1)紧急措施。“飞车”的故障在新车使用的发动机上一般很少见,但喷油泵调速器调整不当或装机使用时出现这样和那样问题而盲目调整调速器的重要部位（加有铅封的调整螺钉），则“飞车”故障时有发生。无论是正在行驶的汽车还是停驶的汽车，一旦出现“飞车”，首先要采取紧急措施，设法立即熄火，避免事故发生。紧急熄火方法有以下几种：

① 若汽车在运行中，千万不要脱档或踩下离合器，应紧急制动直至发动机熄火。

② 若汽车静止发动机空转时，则立即采用断油或断气的方法使发动机熄火。

③ 迅速将加速踏板收回到停车位置，拉出灭火拉钮。

④ 有减压装置的，迅速将减速手柄拉到减压位置。

⑤ 进、排气管道带阀的可将阀门关闭，如果没有阀门的可拆下空气滤清器，堵住进气管道。

⑥ 供油拉杆或齿杆外露的喷油泵，可迅速将拉杆推向停油位置。

⑦ 松开各缸高压油管或低压油路的油管接头以停止供油。

⑧ 及时挂入高速挡，踩下制动踏板，缓抬离合器，使发动机熄火。

2）诊断。发动机熄火后，反复踩动加速踏板或扳动喷油泵操纵臂，从喷油泵外部或拆下侧盖从内部检视供油拉杆（或齿杆）的轴向活动情况。若供油拉杆（或齿杆）不能轴向活动，故障系供油拉杆（或齿杆）在其承孔内因缺油、锈蚀等原因卡阻而不能回位造成的。

打开调速器上盖，检查调速器飞球组件与供油拉杆（或齿杆）的连接是否脱开、调速器内机油是否加得太多或机油粘度太大、调速器飞球组件是否卡阻、锈滞、松旷或散架。

拆下喷油泵调速器总成，在试验台上进行检修与调试合格后再装机。

若供油系良好，应检查气缸有无额外进入燃油或机油。例如：空气滤清器或增压器的机油能否漏入气缸；气缸密封性如何，是否窜机油等。

发动机熄火后，必须找出造成超速事故的原因所在，并做彻底排除后，方允许再次启动发动机，否则发动机起动后，又将出现超速“飞车”现象。

6.12　供给系的主要故障

6.12.1　焦油嘴

焦油嘴有两种情况：一是焦死在开启位置；另一是焦死在闭死位置，而由此引发的故障现象截然不同。

1. 焦死在开启位置

故障现象：柴油机着火不稳、冒黑烟、回油管有气体排出、喷油器过热甚至柴油机自动熄火。

2. 焦死在闭死位置

故障现象：柴油机缺腿、油管胀裂以及功率明显下降，排气岐管温度低等。

原因：喷油器喷射压力低，产生后滴，油脏，出油阀副磨损严重等。

6.12.2 供油提前角失准

供油提前角失准也有两种情况：一是供油提前角过早；另一是过晚，两种情况产生的故障现象也有很大差别。

1. 供油提前角过早

故障现象：敲缸、有反转趋势甚至反转、功率下降等。

2. 供油提前过晚

故障现象：着火发闷、过热、冒黑烟、功率下降等。

原因：定时齿轮记号装错、齿轮磨损严重、柱塞副、出油阀磨损严重、供油提前角调整失误等。

6.12.3 供油量失准

供油量失准同样有两种情况：一是过大；二是过小，由此产生的故障现象也不相同。

1. 供油量过大

故障现象：冒黑烟功率有升无减。

2. 供油量过小

故障现象：柴油机无力。

原因：喷油泵调整失误、三大精密偶件磨损严重、出油阀垫住等。

6.12.4 自动熄火

故障现象：柴油机突然发出突突声，然后自动熄火。

原因：主要是低压系统各管接头封闭不严、油管裂纹、油路堵塞、输油泵进、出油阀垫住、供油量不足等。

6.12.5 "喘气"

故障现象：柴油机转速不稳，周期性的忽高忽低称为"喘气"。

原因：喷油泵凸轮轴轴向游动量过大，飞锤销子与孔配合间隙超限，齿条移动发滞，柱塞转动发滞等。

6.12.6　飞车

故障现象：不能控制柴油机转速而狂转。

原因：湿式空气滤清器油盆油面过高，Ⅱ号泵调速器飞球支架磨损后与调速器壳相碰，调速器油面过高，由于赃物或齿条变形卡死在最大供油位置，齿圈、拨块夹紧螺钉松动等。

柴油机飞车应立即采取应急措施加以制止，有效办法有：切断油路；堵塞进气道。行进间飞车应立即把油门板至停止供油位置，并用脚踩制动器使之熄火。千万不要停车，否则会产生捣缸等重大恶性事故。

实训部分

实训 6.1　柴油机供给系的维修

实训 6.1.1　柴油的净化

柴油机使用的柴油，除应按照各车使用说明书的规定与季节变化选用外，柴油中不应含有机械杂质和水分。使用中保持柴油清洁的措施是：

柴油在加入柴油箱之前，一般要经过 72 小时的沉淀过滤。加油时，加油口附近要清洁，不得晃动油桶或将油管插到底，最好采用密闭加油。

适时放出柴油和柴油滤清器内的沉淀物，并按时清洗柴油滤清器。

拆卸高压管或其他管路时，要用清洁的布包扎油管接头，防止土进入油管或机件内。

实训 6.1.2　保证管路密封

柴油管路应不漏油，不进气。管路漏油与进气，将会导致供油不足，甚至中断供油，从而使启动困难，工作不稳定，功率下降，甚至会自行熄火。

引起柴油管路不密封的主要原因是油管破裂，油管接头松动或密封垫圈损坏，应及时紧定或更换。

当柴油管路中进气而使油路中形成气阻后，应立即按下述程序放气。

给油箱加注足够的柴油。

先用柴油滤清器上的放气螺钉，再用喷油泵上部的放气螺钉分别放掉本部位的空气。放气时，用手油泵连续泵油，使放气螺钉中流出的柴油中再无气泡时，即旋紧放气螺钉。

启动发动机，旋松喷油器高压油管接头，排放该缸高压油管中的空气。但必须在油管溢流的状态下紧固油管接头。

在发动机运转时，检查柴油滤清器、喷油泵的放气螺钉和油管接头是否漏油。

实训 6.2　柴油机供给系的实践技能

实训 6.2.1　喷油器的拆卸、装配与调试

1. 喷油器的拆卸

喷油器的固定方式有压板固定、空心螺套固定和利用自身的凸缘固定 3 种。

首先拆下高压油管和固定螺母，然后用木锤振松喷油器，取出总成，如果喷油器取不出，可用专用拉器拉出。

清洗外部，然后逐一在喷油器手泵试验台上进行检验，检查喷射初始压力、喷油质量和漏油情况，如质量不好必须解体。

先分解喷油器上部，旋松调压螺钉紧回螺母，取出调压螺钉、调压弹簧和顶杆。

将喷油器倒夹在台钳上，旋下针阀体紧固螺母，取下针阀体和针阀。

针阀偶件应成对浸泡在清洁的柴油里。如果针阀和针阀体难以分开，可用钳子垫上橡胶片夹住针阀尾端拉出。分解过程中应注意保护针阀的精加工表面。

喷油器垫片，在分解后应与原配喷油器体放置在一起保存好，喷油器与座孔间的锥形垫圈也应与原喷油器体放置在一起。

2. 喷油器的装配与调试

(1) 喷油器的装配

喷油器装配前应对喷油器的零件进行清洗；对针阀偶件进行检验；对喷油器体进行检验。喷油器零件经清洗吹干检验合格后，必须在清洁场所装配。

1) 将针阀、针阀体、紧固螺母装到喷油器体上。

2) 从喷油器上部装入顶杆、调压弹簧、调压螺钉，拧上调压螺钉紧固螺母。

3) 装进油管接头，总成调试完毕后，装护帽。

(2) 在喷油器试验台上对喷油器进行调试

1) 喷油压力调整玉柴 YC6105QC 开启调压为 23±0.5MPa，同台发动机的喷油压力相差不超过 0.25～0.5MPa。

2) 喷雾质量与喷射响声检查以每分钟 60～70 次速度压动手柄。油雾应细微均匀，无油滴飞溅。喷油器停喷干脆、及时、并伴有清脆响声。

3) 针阀偶件密封锥面的密封性试验按规定值调好喷油器的喷油压力，将喷油器喷孔擦干，压动试验器手柄，使油压上升到喷油器开始喷油时的压力(0.15～1MPa)，保持这

一压力 10min，放松手柄，喷孔附近不得出现油液渗漏油滴，允许有轻微湿润现象。

实训 6.2.2 输油泵的拆卸装配与试验

1. 输油泵的拆卸

玉柴 YC6105QC 柴油机输油泵分解图如图 6.39 所示，拆卸步骤如下：

1) 拆卸前用手推压滚轮做往复运动，检查滚轮（及挺杆、顶杆偶件）和活塞的运动有无卡滞和行程过小现象，从活塞回弹能力强弱，判别活塞弹簧工作是否正常。

2) 拔出挺柱、顶杆。

3) 拆下手泵部件和出油管接头，取出进、出油口止回阀弹簧及止回阀。

4) 旋下输油泵螺塞，取出活塞弹簧及活塞。

5) 拆卸手油泵部件。

2. 输油泵的装配与试验

(1) 装配

按拆卸相反的顺序装配输油泵，在装配过程中注意保持清洁；活塞、顶杆、滚轮体。装配时，表面涂抹适量机油润滑；起密封作用的垫圈，安装时应保证端面均匀。

(2) 试验

1) 总成密封检查：堵住出油口，向进油口供入 0.4MPa 的压缩空气，然后把输油泵浸入柴油浸入柴油中，历时 2min，不得漏气。

2) 手油泵性能检查。

3) 供油性能检查：在喷油泵标定转速下，输油泵出油回路关闭时的最大压力不应小于 0.17MPa。

实训 6.2.3 两速调速器的拆卸、装配与调试

1. 两速调速器的拆卸

如图 6.20 所示玉柴 YC6110Q 型和 YC6105QC 型柴油机用 RAD 型两速调速器结构。

拆卸调速器之前，应先记录好调整数据，准备好必要的工具，拆卸场所应清洁，拆下零件应用汽油洗净依次排列整齐，各零件配合面严禁碰毛划伤。

拆卸程序如下：

1) 将外表油污擦拭干净，拧开前壳底下的开槽螺栓，放净润滑油。

2) 拆下油尺座盖螺栓，取下油尺座盖。

3）用怠速调整专用扳手取出怠速装置。

4）拧下壳螺母，退出速度调整螺栓，以放松调速弹簧预紧力。

5）拆下紧固后壳螺栓，轻轻分开前后壳（可用木锤轻敲后壳），注意前后壳之间有橡胶石棉垫片勿使损坏。

6）取下起动弹簧，然后取下后壳总成（切勿在起动弹簧脱开前过分拉开后壳，以免拉坏起动弹簧）。

7）取出速度调定杠杆、调速弹簧，从后壳里面拧出速度调整螺栓。

8）从支持杠杆里脱出滑块，把导动杠杆总成整体从后壳总成中抽出。

9）拆下控制杠杆，即能从后壳中抽出曲柄偏心轴，取下开口挡圈，即能卸下拨叉。

10）用飞块拆卸专用工具从凸轮轴上吊出飞块部件。

2. 装配与调试

（1）装配

调速器的装配顺序与拆卸正好相反，但应特别注意以下几点：

1）飞块部件在凸轮轴上的紧固力矩约 60N・m。

2）支持杠杆装配时，注意宽槽与窄槽安装的零件。

3）导动杠杆上、下面孔中各有一衬套，切勿漏装。

4）前后壳之间的橡胶石棉垫片厚度为 0.5mm，装配时两面均需涂上密封胶。

（2）调试规范

1）试验条件试验用油，经过沉淀过滤的 0＃轻柴油或校泵油；试验台油温 38～42℃试验台进油压力 0.1MPa 或根据具体要求试验台用标准喷油器开启压力。

2）将油泵总成装在试验台上，装上齿杆行程表（或行程尺）按要求定齿杆“零”位。

3）检查供油始点夹角。

4）调整齿杆行程调整螺栓。

5）调整速度调整螺栓。

6）调整校正器起始转速和校正行程。

7）调整起动油量。

8）停油机构的检查：油泵在各种转速下，转动停泊手柄，各缸应能停油，放松停油手柄后齿杆应能立即复位，并能保证停泊手柄在停泊后能继续转动一位置。

实训 6.2.4　A 型喷油泵的拆卸、装配与调整

1. A 型喷油泵的拆卸

拆装喷油泵时，可参照图 6.63 按下列步骤进行：

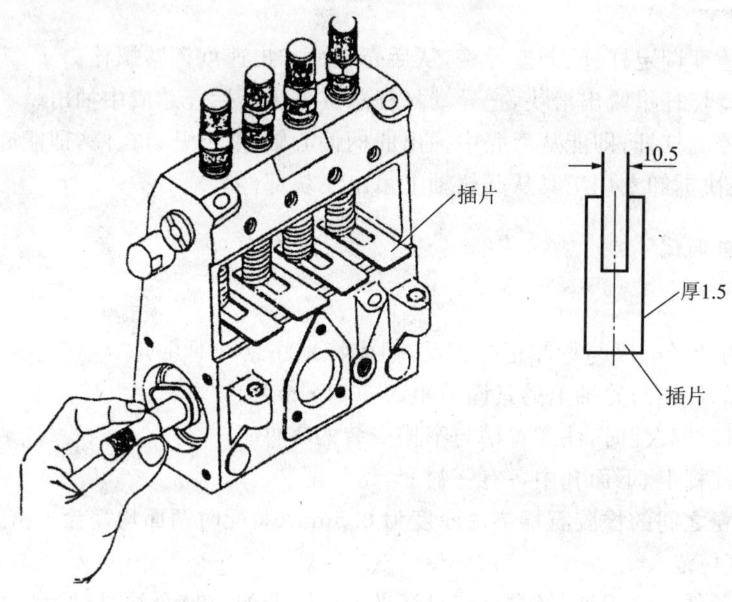

图 6.63　凸轮轴拆卸图

1）转动凸轮轴，当凸轮处于上止点时，用插片插入挺柱体部件的正时螺钉与正时螺母之间，垫片结构的油泵则用销钉锁住挺柱上的销孔，拆去轴承侧盖，取出凸轮轴（图 6.63）。

2）拆去油底塞及油底塞垫片，用挺柱顶持器顶起挺柱部件，拨出插片或销钉，取出挺柱部件（图 6.64）；

3）取出弹簧下座、柱塞弹簧、弹簧上座、油窗量控制套筒部件，旋出齿杆定位螺钉，取出调节齿杆；

4）旋出出油阀接头，用专用工具取出出油阀偶件，再取出柱塞偶件。

2. A 型喷油泵的装配与调整

1）装配前必须对零部件进行清洗、检验。装配顺序与分解顺序相反。

2）装配调节齿杆，A 型泵调节齿杆中心位置是 17.5mm（由泵体驱动端测量）。

3）安装柱塞套时，有定位槽的一面对准喷油泵体上的定位销。

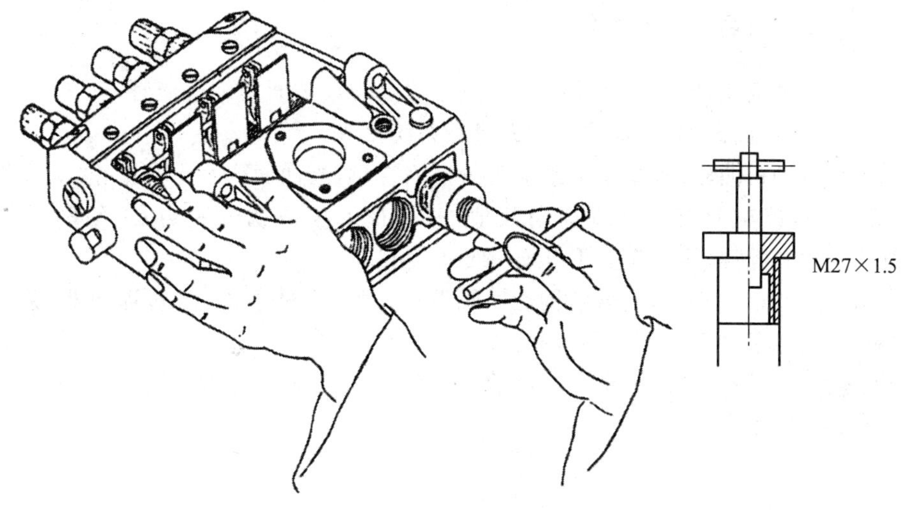

图 6.64 挺柱顶持器

4）安装出油阀及其压紧座。过紧会引起泵体开裂，柱塞咬死，密封垫破碎，齿杆卡滞等现象；过松会引起密封不良而泄漏柴油。

5）装配调节齿圈，调节齿圈套在控制套筒上，槽中心对准小孔，调节齿杆位置记号与泵体侧面齿杆外套对齐。

6）装配柱塞弹簧上座、柱塞弹簧，将柱塞及柱塞弹簧下座平稳装入柱塞套，注意装配记号朝盖板。

7）装滚轮体总成。

8）装凸轮轴，凸轮轴装入泵体前，应先弄清楚其旋转方向和喷油顺序，以免装错固定好中间轴肩脚两端均匀装垫圈和调整垫，每边 0.65～0.95mm，轴向间隙 0.02～0.1mm。

9）安装油底塞垫片和油底塞。

10）安装结束，齿杆在任何情况下都应滑动自如，并检查各缸供油次序是否正确。

实训 6.2.5 喷油泵总成的安装与供油提前角的检查与调整

1. 喷油泵总成的安装

1）将发动机转置于 1 缸压缩上止点前供油标记位置。

2）将喷油泵总成转到 1 缸供油标记位置。

3）将联轴器置于标记对“0”。

4）安装喷油泵总成。

2. 供油提前角的检查与调整

1）卸下1缸高压油管，并在出油阀紧座上安装观察油面用细玻璃管。

2）连接低压、高压油路，加注燃油并进行系统排气。

3）摇转发动机曲轴，观察1缸细玻璃管油面变化，当油面刚刚上升即止，观察发动机供油转角标记，读出此时供油提前角数值；并与技术参数比较决定是否进行调整（如CA6110柴油机供油提前角为上止点前14±1度）。

4）如进行调整，松开提前器端钢片联轴器螺栓按（顺减逆加）旋转提前器，并拧紧联轴器螺栓（对于长孔的可转动泵体）。

5）重新按3进行检查，读出此时供油提前角数值，到符合要求为止。

6）上好1缸高压油管。

第7章

发动机冷却系、润滑系的构造与维修

☆ 知识点

1. 发动机冷却系统的结构,工作原理以及维修注意事项
2. 发动机润滑系统的结构、组成、工作原理以及维修注意事项

★ 要求

掌握:

1. 发动机冷却系统的结构,工作原理以及维修注意事项
2. 发动机润滑系统的结构、组成、工作原理以及维修注意事项
3. 正确拆装冷却系、润滑系
4. 分析和排除故障

了解:

1. 了解冷却液的化学成分
2. 了解润滑油的化学成分

理论部分

7.1 发动机冷却系统的构造与维修

7.1.1 冷却系统的功用

冷却系统的功用就是使发动机在所有工况下都能保持在适当的温度范围内，发动机工作时，缸内气体温度高达1800～2000℃，如不及时散热，机体将会产生过热，引起强度、刚度下降，容易变形损坏；材料膨胀、发卡，配合间隙被破坏；机油黏性下降，润滑条件恶化；易产生炽热点，引起表面点火；充气系数下降，发动机动力性下降等。因此，为保证发动机正常工作，必须对高温条件下的机体加以冷却。

发动机的冷却必须适度，若过冷，将使热损失过大，压缩终了温度低，燃烧不充分，功率下降、油耗增加；机油黏性大，机件运动阻力大，润滑变差等。因此，冷却系统的功用就是保持发动机在最适宜的温度下工作，发动机正常工作温度一般为80～90℃。

7.1.2 冷却系统的冷却方式

冷却系统根据冷却介质的不同可分为水冷却系统和风冷系统两种。

1. 风冷却

风冷却是在汽缸体和汽缸盖上制有许多散热片，以增大散热面积，利用车辆前进中的空气流，或特设的风扇鼓动空气，吹过散热片，将热量带走。风冷却系统特点是结构简单，不易损坏，无须特殊保养，但在多缸发动机上，会使各缸的冷却不均匀，并且在冬季时启动困难，燃油和润滑油耗量也较大，因此在现代汽车发动机上采用较少。

2. 水冷却

水冷却是利用水在汽缸周围水套内吸收热量，再流到散热器内，将热量散到空气中去，然后流回水套，如此不断循环进行散热。水冷却系统特点是冷却均匀可靠、使发动机结构紧凑、制造成本低、工作噪声和热应力小等，因而得到广泛应用，大多数汽车都采用强制循环式水冷却系统，如图7.1所示。

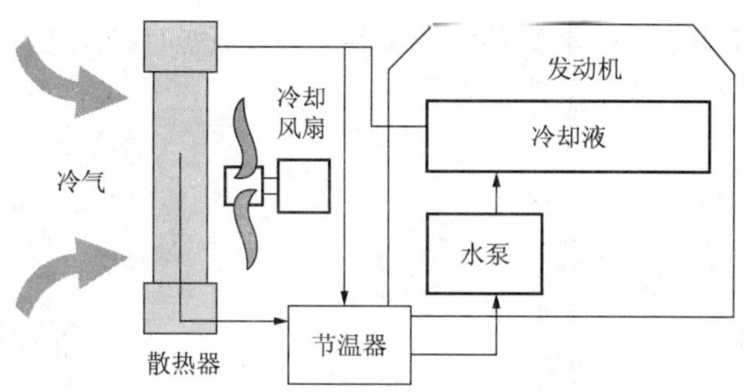

图 7.1 发动机强制循环式水冷却系统示意图

7.1.3 水冷却系统的组成

水冷却系统一般由散热器、风扇、水泵、节温器、膨胀水箱、水套及连接水管等组成，如图 7.2 所示。冷却系统对发动机机件进行冷却，使发动机在适宜的温度下正常运行。一些车辆上的暖风装置是利用冷却水带出的热量来达到取暖的目的。为提高燃油汽化程度，还可利用冷却水的热量对进入进气管道内的混合气进行预热。

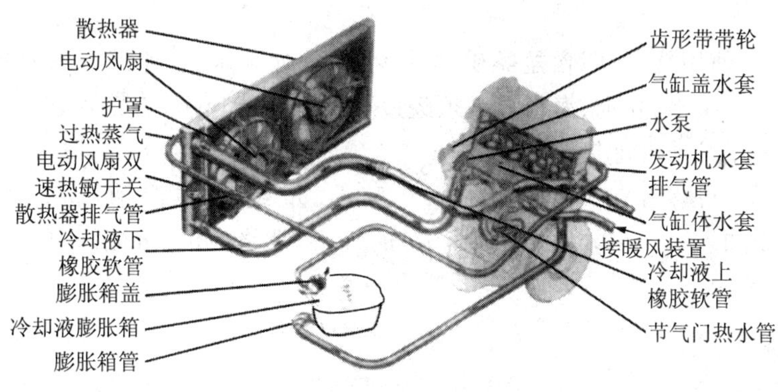

图 7.2 水冷却系统结构图

7.1.4 水冷却系统的工作情况

水冷却系统还分为大循环和小循环两种循环方式，如图 7.3 所示。发动机工作时，由曲轴通过皮带轮带动水泵转动，由水泵将冷却水压入机体水套。吸收机体热量后，再流经散热器，将热量传给散热片使之被流经散热器的空气带走，经过冷却后的冷却水再次被水泵吸入后压进机体水套，如此反复循环，保持发动机在最适宜的温度下工作。此时，冷却水经过散热器，循环路线较长，称为大循环。

为使发动机启动后迅速预热以及防止发动机过冷，冷却系统中安装有冷却强度调节装置：节温器、百叶窗（挡风帘）和风扇离合器等。当水温较低时，节温器关闭，冷却水不经散热器，直接从旁通管进入水泵，此时水的循环路线较短，称为小循环。

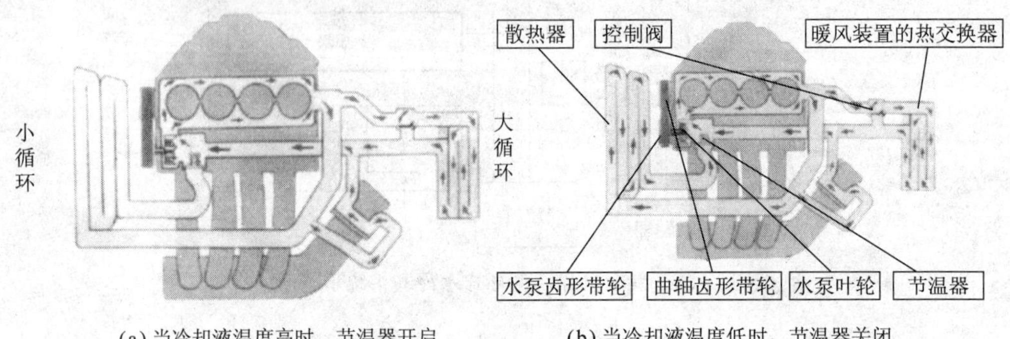

(a) 当冷却液温度高时，节温器开启　　(b) 当冷却液温度低时，节温器关闭

图 7.3　水冷却系统大、小循环示意图

7.1.5　水冷却系统的冷却液

1. 冷却水的选择

冷却水最好使用软水，即含盐类矿物质少的水，如雨水、雪水或自来水等，含有盐类矿物质的硬水，如泉水、井水、海水等必须经过软化后才能使用，否则水套易产生水垢，影响冷却效果，造成发动机过热。

硬水软化的方法是：在 1 升水中加入 0.5～1.5g 纯碱（碳酸钠）或 0.5～0.8g 烧碱（氢氧化钠），或加入 30～50mL 浓度为 10%的红矾（重铬酸钠）溶液即可，也可以将硬水煮沸冷却后再使用。

2. 防冻液

为了适应冬季行车要求，并防止在冬季冷却水结冰而冻裂机体，可在冷却水中加入适量的防冻液，使冷却介质不单纯是水，而是加了防冻液的冷却液。防冻液一般加有防腐添加剂，不仅具有防冻作用，还具有防腐、防氧化、防结垢和提高沸点的功能。

一般防冻液有酒精与水型、甘油与水型、乙二醇与水型三种。水和冷却液添加剂选配的比例不同，防冻能力也不同。市场上销售的防冻液有成品液和浓缩液，并加有着色剂予以识别，成品液可直接使用，浓缩液在加注前，应根据当地历年最低气温，加蒸馏水调配。

现代许多汽车采用了永久封闭式水冷却系统，即增加了一个膨胀水箱（补偿水箱）。发动机工作时，冷却液蒸发进入膨胀箱，冷却后流回散热器，这样可减少冷却液的损失，一般发动机 1～2 年内均不用补充冷却液。

7.1.6　水冷却系统的主要部件

1. 散热器

(1) 散热器的功用及组成

散热器主要由上贮水室、下贮水室和散热器芯管等部分组成，作用是将冷却水在水套内吸收的热量传给外界空气，使冷却水降温，它一般安装在发动机前的车架上。

(2) 散热器的构造

散热器的构造形式主要有管片式和管带式两种，捷达轿车发动机散热器采用管带式结构，波纹状的散热带与冷却芯管相间排列，如图 7.4 所示。

(3) 散热器的工作情况

工作原理：空气流在散热带表面将热量带走，由于散热带面积大，所以散热能力高。这种散热器芯管与管片式芯管相比，其散热能力较高，制造工艺简单，重量轻。上贮水室顶部设有一开口，平时用散热器盖盖住。在上、下贮水室上分别装有进水软管和出水软管，它们分别与发动机气缸盖上的出水管和水泵的进水管相连。由发动机气缸盖上出水管流出的温度较高的热水，经过进水软管进入上贮水室，再由上贮水室向下流动，通过散热器芯管时被与汽车行驶方向相反的空气流将水流中的热量带走，得到冷却后流入下贮水室，由出水软管流出后被吸入水泵。

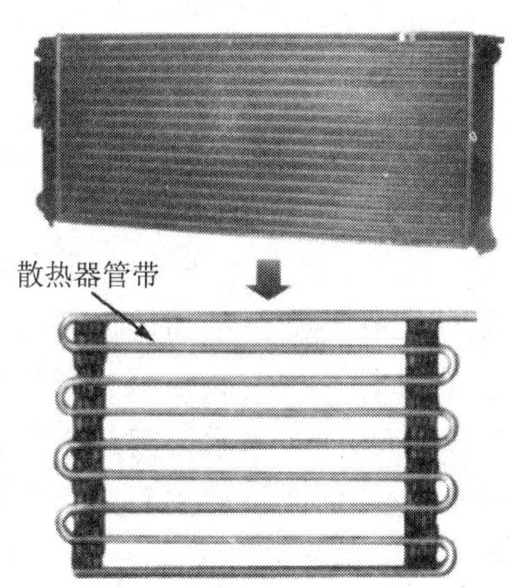

图 7.4　管片式散热器

为防止冷却液在汽车颠簸时从散热器顶部的孔口溅出和散失，散热器孔口应密封。但随着冷却液温度的上升，冷却系内水蒸气必然增多，使冷却系中压力过大，这样有导致散热器破裂的可能，因此，必须在散热器盖上设置排出水蒸气的通道(即加压阀)和溢流管。当冷却液温度过高时，散热器内从加压阀排出的水蒸气经溢流管引向膨胀罐；当发动机的温度下降，散热器内的压力减小时，出现的负压有将芯管吸扁的可能，这时经溢流管引至膨胀罐内的冷却液应能及时返回散热器。为此，散热器盖上还设有一负压阀，以使膨胀罐内的冷却液在散热器内压力降低时，及时返回到散热器内(膨胀罐与大气相通，负压阀在散热器内负压作用下打开，膨胀罐内冷却液便被吸入散热器)。

(4) 溢流阀的功用

蒸气溢流阀称为加压阀的原因：为提高散热器的散热能力及冷却液的沸点温度，散热器盖采用加压式结构，这便是蒸气溢流阀被称为加压阀的原因。当散热器内的压力高出大气压力 3～10kPa 时，加压阀才被打开，受热膨胀的冷却液及水蒸气从溢流管流向膨胀罐。

2. 水套

水套是汽缸体的汽缸周围和汽缸盖内用以充水的空腔，水套各处均保持水流畅通，冷却水一般由汽缸体前端面上部进入水套，然后再经汽缸体上端面分布在汽缸四周的水孔流入汽缸盖，再从气缸盖顶部前端流出。为了保证发动机各部位的温度均匀，冷却水应首先流经受热最大的地方，并对某些过热部位加强冷却，如一些发动机在汽缸体水套中纵向插入一分水管，其上开有若干个由前向后依次加大的出水孔，出水孔的位置分别对准温度较高的部位，冷却水从分水管出水孔依次流出，使前后汽缸的冷却强度趋于一致，同时还加强了对高温部件的冷却。一些发动机还在燃烧室、排气门座、喷油器座孔等高温部位的水套内壁上，加铸扩大散热面积的翼片或设置专门的喷水管、导水板等来加强冷却。

3. 水泵

(1) 水泵的功用及组成

水泵一般安装在发动机前端，由曲轴通过皮带轮驱动。风扇的功用是对冷却液加压，使之在冷却系中加速循环流动。水泵的结构形式有多种，离心式水泵一般是由泵体、泵盖、叶轮、水泵轴、轴承、水封等组成，同时由于机械离心式水泵具有结构简单，尺寸小，出水量大，同时当水泵因故障而停止工作时，不妨碍冷却液在冷却系内热对流而自然循环等优点，因此机械离心式水泵在汽车发动机上得到了广泛的应用，捷达轿车发动机亦采用了这种形式的水泵。

捷达轿车发动机的离心式水泵主要由叶轮转子和泵体两大部分组成，如图 7.5 所示，转子上有 6 枚塑料叶片，壳体与转子之间用橡胶密封圈进行密封，曲轴上的皮带轮通过 V 形皮带带动水泵叶轮旋转。

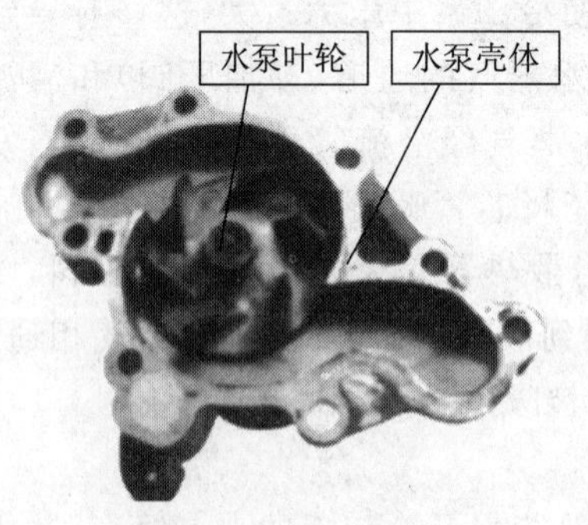

图 7.5　离心式水泵

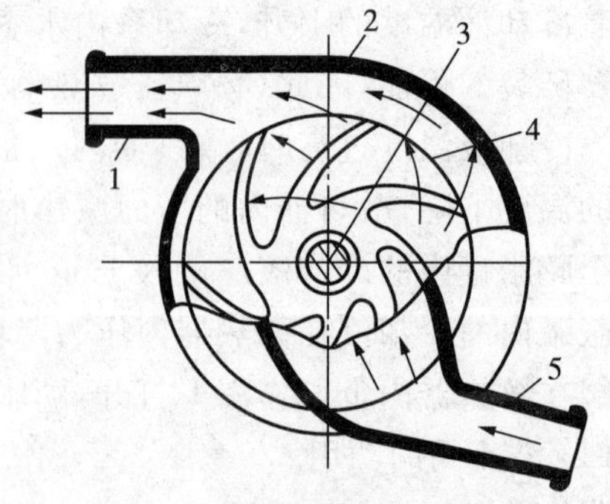

图 7.6　水泵工作原理

1. 出水管；2. 水泵壳体；3. 水泵轴；4. 叶轮；5. 进水管

(2) 离心式水泵的工作情况

离心式水泵的工作原理：当叶轮旋转时，水泵中的冷却液被叶片带动一起旋转，在本身离心力的作用下向叶轮边沿甩出，在蜗形壳体内将动能转变为压能，经与叶轮成切线方向的出水口压送入发动机的水套。与此同时，叶轮中心处形成一定的负压而将冷却液从进水口吸入，如此连续不断地工作，就强制冷却液在冷却系内循环流动，如图 7.6 所示。

4. 节温器

(1) 节温器的功用

为了控制通过散热器的冷却水流量，通常利用节温器来实现。节温器是冷却强度调节装置，可改变流经散热器的冷却液流量和冷却液的循环路线，具体功用是当冷却液温度过低时，不经过散热器，只在水套内循环，即小循环，使冷却液温度很快上升；当冷却液温度过高时，使冷却液经过散热器进行循环，冷却液温度下降，保持发动机在正常的温度下工作。

(2) 节温器的构造

节温器按结构可分为：蜡式、双金属式和折叠式，目前多数发动机采用蜡式节温器，某些轿车采用双节温器结构。蜡式节温器结构如图 7.7 所示，当冷却水温低时，石蜡为固体，体积小，在弹簧弹力作用下，通过旁通水道而关闭水套到散热器的通路，进行小循环冷却；当冷却水的温度上升到规定温度时，石蜡熔化成液体，体积膨胀，产生压力，关闭旁通水道，打开水套与散热器的通道，进行大循环冷却。蜡式节温器阀门的关闭，完全是通过蜡的体积变化来进行控制的。

图 7.7　蜡式节温器

(3) 蜡式节温器的工作情况

蜡式节温器工作原理(图 7.8)：当冷却水温度过低时，冷却水不经过散热器，只在水套与水泵间循环(即小循环)，从而防止发动机过冷，并使冷机迅速而均匀热起；当发动机正常热状态下(温度高于 80℃)，冷却水全部经过散热器进行循环(即大循环)，使冷却水温度下降，保持发动机在正常的温度下工作。蜡式节温器阀门的开闭完全由蜡的体积变化来控制，作用力大，不受冷却系统内压力变化影响，阀门的开闭能完全依温度而定，工作可靠，结构简单，坚固耐用，制造方便，故被广泛采用。

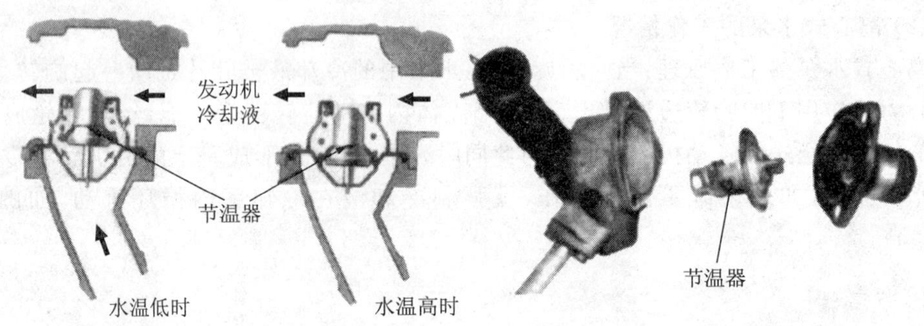

图 7.8 节温器工作原理示意图

5. 风扇

风扇有机械风扇和电动风扇，一般装在水泵皮带盘前端，散热器后端。风扇的功用是将空气吸进散热器并吹向发动机外壳，降低散热器中冷却液的温度，同时使发动机外壳及附件得到适当冷却。为了减小风扇旋转时因共振而引起的噪声，提高风扇转速，可以采取将风扇叶片制成不等间隔和不同曲率弧度等措施。

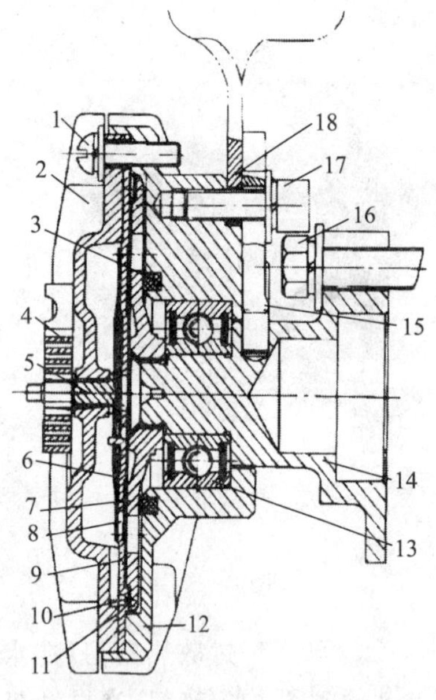

图 7.9 硅油式风扇离合器

1. 螺钉；2. 前盖；3. 密封毛毡圈；4. 双金属感温器；5. 阀片轴；6. 漏油孔；7. 阀片；8. 主动板；9. 进油孔；10. 从动板；11. 回油孔；12. 壳体；13. 轴承；14. 主动轴；15. 锁止板；16. 螺栓；17. 内六角螺钉；18. 风扇

传统风扇一般采用钢板冲压而制成，现代发动机风扇通常采用合成树脂材料制成，以减少噪声。许多进口汽车采用电动风扇，特点是发动机低温时风扇不转动，当发动机温度升高后风扇才转，电动风扇由电动机带动风扇转动，而机械风扇与水泵共轴，由皮带驱动。

6. 风扇控制装置

风扇控制装置可以根据发动机温度控制风扇的转速，以调节冷却系统的冷却强度，控制装置主要采用各种风扇离合器。

(1) 硅油式风扇离合器

1) 硅油式风扇离合器的结构。硅油式风扇离合器是一种以硅油为扭矩传递介质的，利用散热器后面的气流温度，自动控制硅油离合器，其结构如图 7.9 所示，前盖、壳体和从动板用螺钉组装为一体，通过轴承安装在主动轴上。为了加强对硅油的冷却，在前盖上铸有散热片，主动轴随水泵轴一起转动，风扇安装在壳体上,从动板与前盖之间的空腔为储油腔(油面低于轴中心线),从动板与壳体之间的空腔为工作腔。主动板固接在主动轴上,它处在工作腔内,它与壳体及从动板之间均有一定的间隙,从动板上有进油孔,若偏转阀片,则进油孔即可打开,阀片的偏转靠螺圈状的双金属感温器控制,并受从动板上定位凸台的限制。双金用感温器外端固定在离合器前端上,内端卡在阀片轴的槽内,从动板外缘有一回油孔,中心有漏油孔,其直径大于阀片轴孔的直径,以防静态时从阀片轴孔泄漏硅油。

2) 硅油式风扇离合器的工作情况。发动机在小负荷下工作时,流经散热器的冷却液温度不高,即流经散热器的气流温度也不高,因而双金属感温器接触的空气温度也较低,此时进油孔被阀片关闭,硅油不能从储油腔流入工作腔,工作腔内无油,离合器处于分离状态,主动轴与水泵轴一起转动,风扇随离合器壳体在主动轴上空转打滑,转速很低,风扇流量很小。

当发动机负荷增加,散热器中冷却液温度升高时,流经散热器的气流温度也随之升高,当气流温度达到 60～65℃时,感温器受热变形而带动阀片轴和阀片转动,进油孔打开。当吹向感温器的气流温度超过 65℃时,进油孔完全打开,硅油在离心力的作用下,从储油腔进入工作腔,主动板利用硅油的黏性即可带动壳体和风扇转动,此时风扇离合器处于接合状态,风扇转速迅速升高,风扇的扇风量增大,冷却强度增大。在风扇离合器接合期间,硅油在壳体内不断地循环,由于主动板的转速比从动板高,因此在离心力作用下从主动板甩向工作腔外缘的油液压力比储油腔外线的油压力高,硅油从工作腔经回油孔流回储油腔,而储油腔又经进油孔及时地向工作腔补充油液。工作腔内的缝隙始终充满硅油,这样就使得离合器处于结合状态。在从动板的回油孔旁,有一个刮油凸起伸入工作腔的缝隙内,其作用是使离合器转动时回油孔一侧的硅油压力增高,使硅油从工作腔流回储油腔的速度加快,从而可以缩短风扇离合器回到分离状态的时间。

发动机负荷下降,流经散热器的冷却水温度降低,吹向双金属感温器的气流温度低于 35℃时,双金属感温器恢复到原来的形状,阀片将进油孔关闭。工作腔内剩余的油液在离心力的作用下,继续从回油孔流向储油腔,直至甩空为止,这时风扇离合器又回到分离状态,风扇缓慢转动。

为了防止温度过低,双金属感温器使阀片反向转动而打开进油孔,在从动板上加工出一个凸台,对阀片进行反向定位,这个凸台即称为定位凸台。

3) 硅油式风扇离合器的特点。硅油式风扇离合器结构简单、工作效果好,并具有明显节省燃油的优点,在轿车、中小型及重型汽车发动机上都有所应用。

(2) 机械式风扇离合器

1) 结构。机械式风扇离合器是以形状记忆合金作为温控和驱动元件的,如图 7.10 所示,兼起温控和压紧作用的形状记忆合金螺旋弹簧,即是用形状记忆合金材料制成的,这种合金具有形状记忆效应和超弹性特性。它在临界温度时具有大幅度改变形状的特

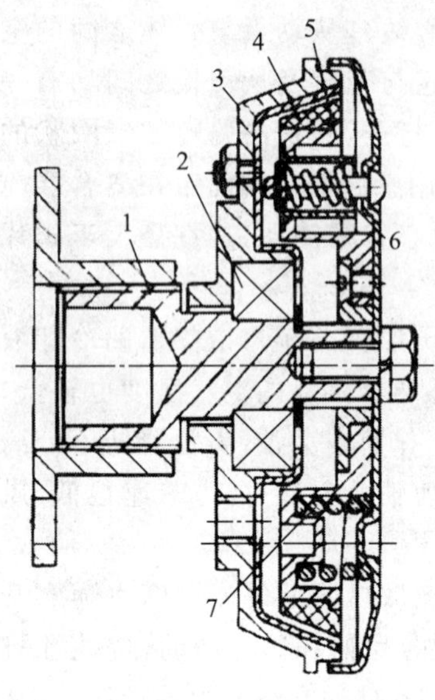

图 7.10　机械式风扇离合器

1. 主动轴；2. 滚动轴承；3. 从动件；4. 摩擦片；5. 主动件；6. 回位弹簧；7. 形状记忆回合螺旋弹簧

点，是温控元件的理想材料。机械式风扇离合器主动件与主动轴通过滑键相连接，从动件安装在滚动轴承外圈上，滚动轴承内圈安装在主动轴上，而风扇安装在从动件上，另外，主从动件间有摩擦片。

2）工作情况。当发动机负荷较小，离合器接触的环境气温低于 50±3℃时，形状记忆合金螺旋弹簧保持原来形状，离合器处于分离状态；当发动机负荷逐渐增加，使离合器周围的气温超过 50±3℃时，弹簧开始伸长，使离合器逐渐接合，风扇转速也随之增加，当气温上升到 60℃时，弹簧伸长完毕，离合器完全接合，使得风扇转速与主动轴转速相同。

当气温逐渐下降到 54℃左右时，离合器开始分离，风扇转速降低，气温下降到 40℃时，离合器完全分离，风扇此时只是由于摩擦力矩驱动而低速旋转。

3）特点。与硅油式风扇离合器相比，机械式离合器功率损失小，温控灵敏度高，且结构简单，工作可靠，维修也较方便。

（3）电动风扇

1）结构。很多轿车发动机的水冷系统采用电动风扇，风扇由电动机带动，电动机由蓄电池直接供电，与发动机转速无关。电动风扇（图 7.11）是由电动机、风扇、继电器和冷却液温度开关组成，继电器和冷却液温度开关组成控制回路，控制电动风扇的工作。

2）工作情况。电动机转速由冷却液温度开关自动控制，当冷却液温度为 92℃时，冷却液温度开关接通风扇电动机的 1 挡，风扇以低速 1 挡转动；当冷却液温度高到 98℃时，冷却液温度开关接通风扇电动机 2 挡，风扇以较高的 2 挡转速转动。若冷却液温度降到（92～98）℃时，风扇电动机恢复 1 挡转速；当冷却液温度降到 84℃时，冷却液温度开关切断电源，风扇停止转动。电动风扇的优点是结构简单，布置方便。

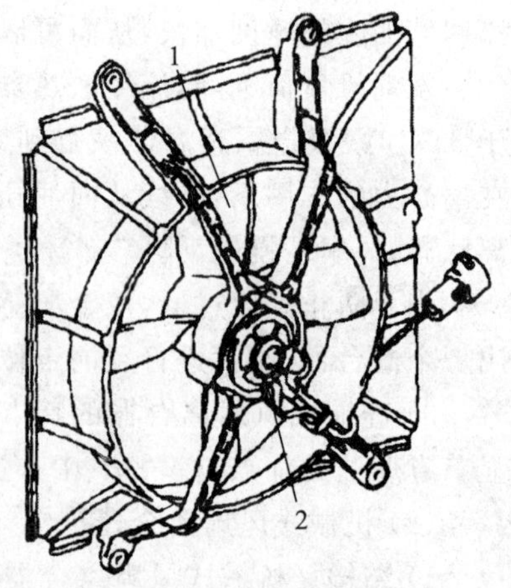

图 7.11　电动风扇

1. 冷却风扇；2. 风扇电动机

7. 百叶窗

百叶窗是通过调节空气流量来调节冷却强度的调节装置，它安装在散热器前方，由多片活动挡板组成，其开度由驾驶员根据仪表板上水温表所指示的温度，通过百叶窗手柄调节。在冬季冷车起动后暖机过程或低温行车时，冷却水只进行小循环或部分进行小循环，此时散热器内的水温不高，应将百叶窗关小，减小流经散热器冷空气的流量，可以起到快速暖机和保温的作用；经暖车后温度升至发动机正常工作温度时，应逐渐开大百叶窗开度，防止因散热器散热强度不足导致发动机过热。

7.1.7　变速器机油冷却器

装有自动变速器的汽车必须装备变速器机油冷却器，因为自动变速器中的机油可能过热，机油过热会降低变速器性能甚至造成变速器损坏。变速器机油冷却器通常是一冷却管，置于散热器的出水室内，由冷却液对流过冷却管的变速器机油进行冷却，在变速器和冷却器之间用金属管或橡胶软管连接。

当汽车牵引挂车时，需要对变速器机油进行附加冷却，在这种情况下，可在变速器机油冷却器的管路中串接一个外部变速器机油附加冷却器，并置于散热器前面。

7.2　发动机润滑系统的构造与维修

7.2.1　概述

发动机工作时，所有相对运动的零件金属表面之间直接摩擦，将增大发动机的功率消耗，降低发动机机械效率，使零件表面迅速磨损。摩擦产生大量热导致零件工作表面烧损，从而使发动机无法正常运转。为了保证发动机正常工作，必须对相对运动零件表面加以润滑，也就是在摩擦表面间覆盖一层薄而匀的润滑油（机油）膜，以减小摩擦阻力、降低功率消耗、减轻机件磨损、延长发动机使用寿命。将润滑油送到运动零件表面而实现润滑的系统，称为发动机的润滑系统。

7.2.2　润滑系统的组成

润滑系统主要由机油集滤器、机油泵、机油滤清器、油底壳以及机油冷却器组成，如图 7.12 所示。发动机工作时，许多零件相对运动的表面（如曲轴与主轴承，连杆轴承，活塞与气缸壁，凸轮轴与轴承等）之间必然有摩擦，如果各金属表面直接摩擦（即干摩擦），摩擦阻力将会很大，不但会增加发动机内部的功率消耗，使零件工作表面迅速磨损，而且由于摩擦产生的高温可能使某些摩擦表面的金属熔化，致使发动机无法正常运转。为保证发动机正常工作，必须对相对运动的表面给予良好的润滑。

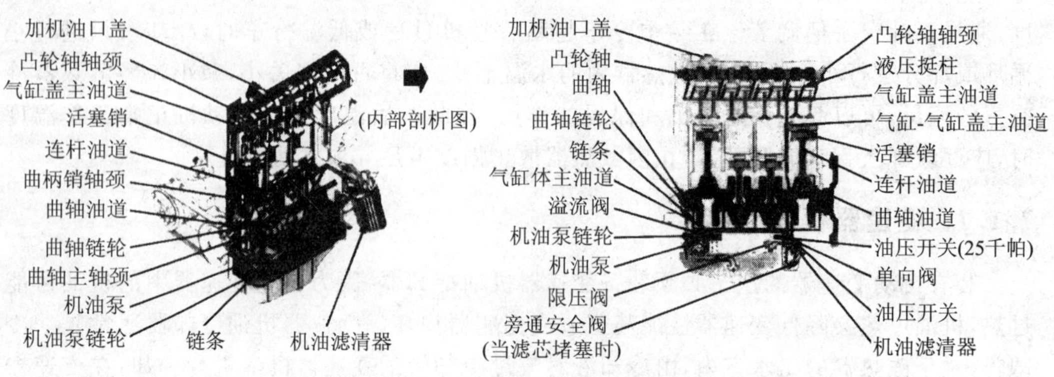

图 7.12　润滑系统结构图

7.2.3　润滑系统的功用及润滑方式

1. 润滑系统的主要作用

(1) 润滑

将机油送到各个零件的摩擦表面。由于机油有一定的黏性,能粘附在摩擦表面上,形成一层油膜,从而使两个摩擦表面并不直接接触。当相对运动时,每一零件与粘在它表面上的油层一同运动,这样各接触面间的干摩擦就变成了液体油层间的液体摩擦。由于液体摩擦系数比干摩擦系数小得多,所以摩擦阻力显著减小,从而降低了功率损耗,并减轻了零件的磨损。

(2) 冷却

在发动机工作时,由于零件的摩擦以及混合气的燃烧,使某些零件产生较高的温度。润滑系可以通过机油的循环流动,不断地从摩擦表面吸收和带走一定的热量,保持零件温度不致过高,以防摩擦表面过热而烧毁。

(3) 清洗

利用机油的循环流动冲洗零件的工作表面,带走由于零件磨损产生的金属屑和其他脏杂物,以防止在零件之间形成磨料而加剧磨损。

(4) 密封

利用机油的黏性,附着于运动零件表面,形成油封,提高了零件的密封效果。

(5) 防锈

机油能吸附在金属零件表面,防止水、空气和酸性气体与零件表面接触而发生氧化和腐蚀。

(6) 消除冲击负荷

当气缸压力急剧上升时,突然作用到活塞、活塞销、连杆、曲轴和它们的轴承上的力很大，这个负荷经过轴承的传递时，轴承间隙里的机油承受冲击负荷，从而起到缓冲的作用。

2. 发动机的润滑方式

发动机工作时，由于各运动零件的工作条件不同，所要求的润滑强度也不同，因而采取不同的润滑方式，现代汽车发动机多采用压力润滑与飞溅润滑相结合的综合润滑方式。

(1) 压力润滑

利用机油泵将一定压力的润滑油输送到摩擦面间隙中，形成油膜润滑的方式。压力润滑主要用于承受载荷较大和相对运动速度较高的摩擦面，如主轴承、连杆轴承、凸轮轴承、气门摇臂轴等处。

(2) 飞溅润滑

利用发动机工作时，运动零件飞溅起来的油滴或油雾润滑摩擦表面的方式。飞溅润滑主要用于外露表面、载荷较轻的摩擦表面，如汽缸壁、活塞销、凸轮、挺柱、偏心轮、连杆小头等。

(3) 注油润滑

在发动机辅助系统中，有些零件需要采用定期加注润滑脂的方式进行润滑，如发电机轴承、水泵轴承、起动机轴承等。

(4) 自润滑

近年来在有些发动机上采用了含耐磨材料的轴承，来替代加注润滑脂的轴承，这种轴承使用中，无需加注润滑脂，故称其为自润滑轴承。

7.2.4　润滑系统的油路

现代汽车发动机的润滑系统的油路大致相同，如图 7.13 所示为桑塔纳轿车 JV 型 1.8L 发动机润滑系统的示意图。在此系统中，曲轴的主轴颈、曲柄销、凸轮轴颈及中间轴(分电器和机油泵的传动轴)颈均采用压力润滑，其余部分则用飞溅润滑或润滑脂润滑。

当发动机工作时，机油从油底壳经过集滤器被机油泵送入机油滤清器，如果油压太高，则机油经过机油泵上的安全阀返回机油泵入口，全部机油经过机油滤清器之后进入发动机主油道。滤清器盖上设有旁通阀，当滤清器堵塞时，机油不经过机油滤清器而由旁通阀直接进入主油道，机油经过主油道进入五条分油道，分别润滑五个主轴承，然后，机油经过曲轴上的斜油道，从主轴承流向连杆轴承润滑连杆轴颈。主油道中的部分机油经过第六条分油道供入中间轴的后轴承，中间轴的前轴承则有机油滤清器出油口的另一条油道供油润滑，主油道的另一条分油道直通凸轮轴轴承润滑油道，此油道也有五个分

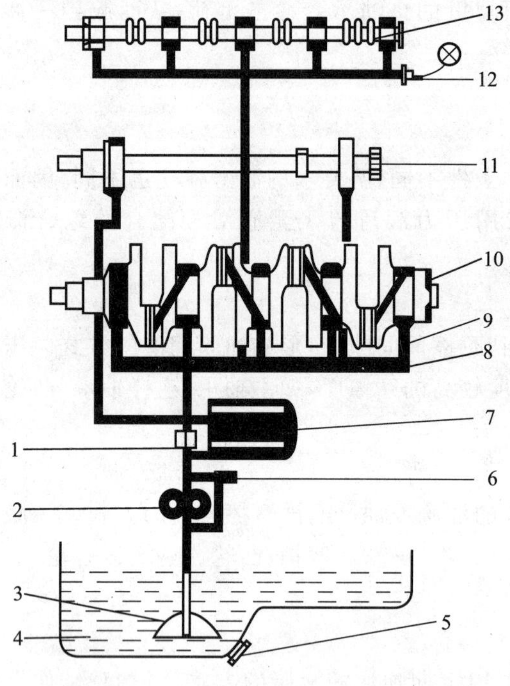

图 7.13　汽车发动机润滑系统示意图(上海桑塔纳轿车)

1. 旁通阀;2. 机油泵;3. 集滤器;4. 油底壳;5. 放油塞;
6. 安全阀;7. 机油滤清器;8. 主油道;9. 分油道;
10. 曲轴;11. 中间轴;12. 限压阀;13. 凸轮轴

油道,分别向五个凸轮轴轴承供油,在凸轮轴轴承润滑油道的后端,也就是整个压力润滑油道的终端,装有最低机油压力报警开关。当发动机起动之后,机油压力较低,最低油压报警开关触点闭合,油压指示灯亮。当机油压力超过 31kPa 时,最低油压报警开关触点断开,油压指示灯熄灭。另外,在机油滤清器上也装有机油压力开关,当发动机转速超过 2150r/min 时,机油压力若低于 180kPa,这时开关触点闭合,报警灯闪亮,同时蜂鸣器鸣响报警。

7.2.5　润滑系统的主要部件

1. 机油泵

机油泵一般由凸轮轴来驱动,用于将机油从油底壳吸出,产生一定压力后送到各润滑表面,机油泵的作用是把一定压力和数量的润滑油供到主油道。机油泵按形式分为齿轮式和转子式两种,如图 7.14 所示,两者在目前的发动机中都广为应用,机油泵一般在汽车行驶 30 万 km 以上才可能出现损坏而被更换。

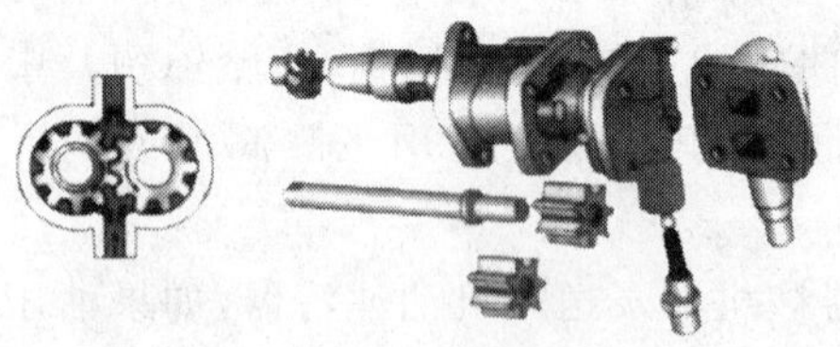

(a) 齿轮式机油泵结构简单、安装方便

(b) 转子机式机油泵结构紧凑、供油均匀

图 7.14　齿轮式与转子式机油泵

(1) 齿轮式机油泵

齿轮式机油泵又分外齿轮式机油泵和内齿轮式机油泵两种。

1) 外啮合齿轮式机油泵。如图 7.15 所示为外啮合齿轮式机油泵构造,它由壳体、泵盖、安全阀、主动齿轮、从动齿轮等组成。其工作原理为：主动齿轮由凸轮轴的螺旋齿轮经主动轴驱动，依图示方向转动，进油口处产生真空，将机油吸入，随齿轮的转动，沿齿轮与壳体间的空隙带到出油口压出，送到主油道。又因送油量及压力与齿轮转速成正比，在高速时送油量及油压都会超过规定，当出口油压超过安全阀弹簧弹力时，将安全阀推开，机油又回到入口处，以保持一定的送油量及压力。

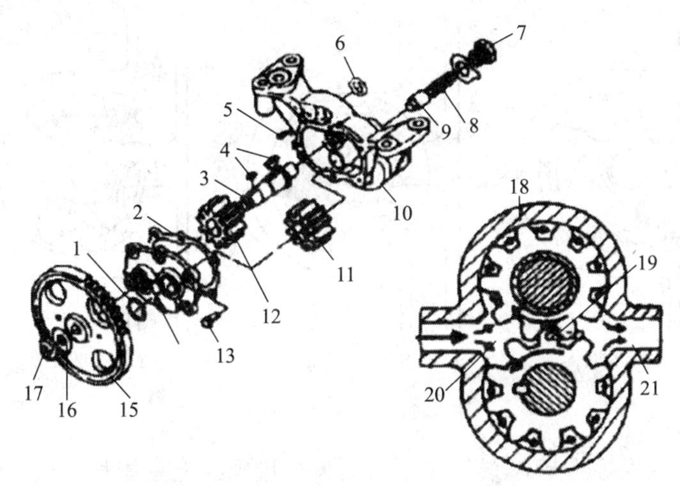

图 7.15　外啮合齿轮泵结构与工作原理

1、6. O 型圈；2. 密封垫；3. 轴；4. 键；5. 定位销；7. 调整螺钉；8. 弹簧；9. 安全阀；10、18. 壳体；11. 从动齿轮；12. 主动齿轮；13. 螺钉；14. 泵盖；15. 传动齿轮；16. 垫圈；17. 螺母；19. 卸压槽；20. 进油口；21. 出油口

2) 内啮合齿轮式机油泵。内啮合齿轮式机油泵，它的主动齿轮为较小的外齿轮，被动齿轮为较大的内齿圈，以同方向转动，将油存在内外齿轮间的半月块间，以产生吸送油作用。捷达两阀 ATK 电喷发动机也使用内齿轮机油泵，其特点是运动件少、磨损小，啮合更小，减少摩擦，工作空间大，吸入性能好，工作效率高。机油泵由曲轴通过链条直接驱动，带滑轨的链条张紧器用于调节链条的张紧，实物如图 7.16 所示。

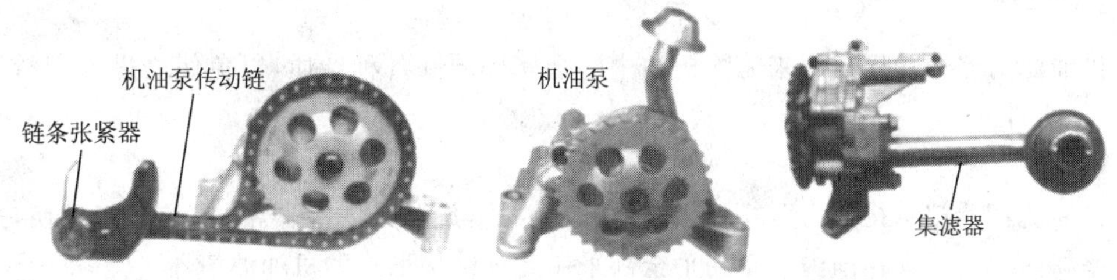

图 7.16　机油泵与连接组件实物图

(2) 转子式机油泵

转子式机油泵通常安装在曲轴箱前端，由曲轴带轮或链轮驱动，其结构原理如图 7.17所示，它主要由内转子、外转子和油泵壳体组成。内转子有外齿，通过键固定于主动轴上；外转子有内齿，外圆柱面与壳体配合；内外转子有一定的偏心距，外转子在内转子的带动下转动，壳体上设有进油口和出油口。

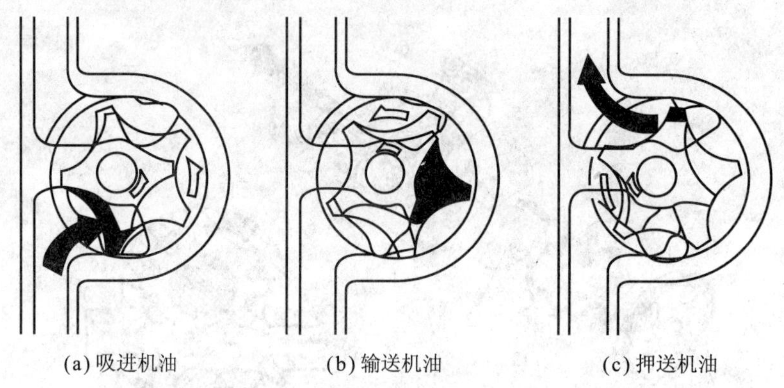

(a) 吸进机油　(b) 输送机油　(c) 押送机油

图 7.17　转子式机油泵

在内外转子的转动过程中，转子每个齿的齿形齿廓线上总能相互成点接触，因此，在内外转子之间形成了四个互相封闭的工作腔。由于外转子总是慢于内转子，这四个工作腔在旋转过程中不但位置在改变，容积大小也在改变，每个工作腔总是在最小时与壳体上的进油孔接通，随后容积逐渐变大，形成真空，把机油吸进工作腔。当该容积旋转到与泵体上的出油孔接通且与进油孔断开时，容积逐渐变小，工作腔内压力升高，将腔内机油从出油孔压出，直至容积变为最小，又重新与进油孔接通开始进油为止。如此反复循环，不断吸油、压油，将机油送到各配合面。

转子式机油泵结构紧凑，真空吸力大，泵油量大，供油均匀度好，通常安装在曲轴箱外位置较高处时，从而能很好地供油。

2. 机油滤清器

机油滤清器的功用是用来滤除机油中的金属碎屑和各种杂质，以免使之进入润滑系统，磨损机件。

(1) 按结构分类

机油滤清器按结构分为可换式、旋转式、离心式，旋装式滤清器密封好，易于更换，过滤效率高，寿命长，现在国内轿车几乎全部采用此种结构形式的机油滤清器。

机油滤清器按在系统中的布置可分为全流式和分流式。

现在汽车上广泛使用全流式机油滤清器，具有效果好、机油流动阻力小，使用更换方便的优点。机油滤清器的滤芯有褶皱式、纤维滤器材料以及金属片隙缝式，机油滤清器经过一段时间使用之后，滤芯上会聚集许多油泥和金属碎屑，造成滤清器堵塞，阻碍润滑系统正常工作，此时，应清洗或更换机油滤清器的滤芯。

(2) 按过滤能力分类

机油滤清器按照过滤能力的不同，可以分为集滤器、粗滤器和细滤器三种。

1) 集滤器。集滤器一般是滤网式的，装在机油泵的前面，如图 7.18 所示，主要用以防止粒度大的杂质进入机油泵。

目前汽车发动机所用的集滤器分为浮式集滤器和固定式集滤器两种。浮式集滤器浮于油面上，能吸入上面较清洁的机油，但也易吸入油面上的泡沫，使机油压力降低，润滑不太可靠；固定式集滤器位于油面下吸油，其吸入机油的清洁度不如浮式滤清器，可防止吸入泡沫，润滑可靠，且结构简单，故基本取代了浮式集滤器，为大多数汽车所采用，例如上海桑塔纳和一汽奥迪发动机上都采用了固定式集滤器，固定式集滤器如图 7.19 所示。

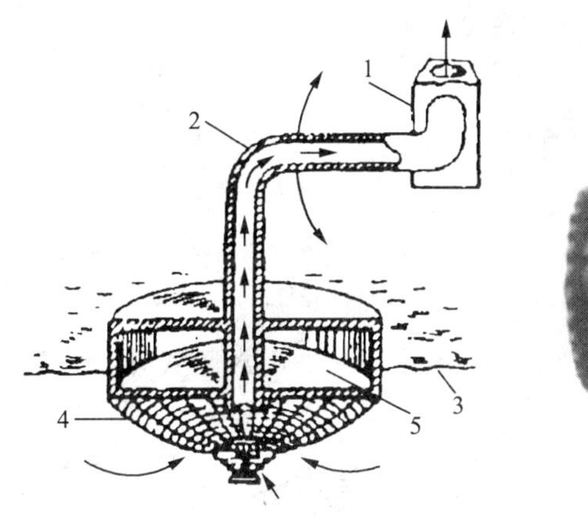

图 7.18　集滤器结构

1. 汽缸体；2. 油道；3. 机油；4. 滤网；5. 挡屏

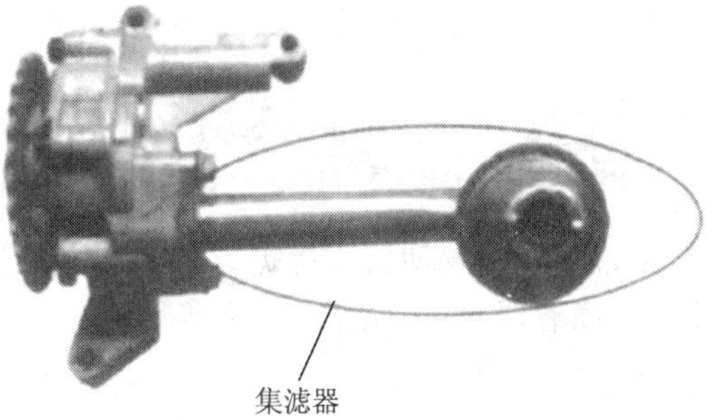

集滤器

图 7.19　固定式集滤器

2) 粗滤器。粗滤器安装于缸体外面，串联在机油泵出油口和主油道之间，属于全流式滤清器，可滤掉机油中粒度较大(直径约为 0.05～0.1mm 以上)的杂质。粗滤器按滤芯不同，有金属片缝隙式和纸质式，纸质式粗滤器结构简单，质量轻、体积小、滤清效果好、过滤阻力小、成本低，所以目前绝大多数汽车均采用纸质式，其结构如图 7.20 所示，主要由外壳、上盖和滤芯等组成。滤芯通过滤芯密封圈、滤芯压紧弹簧，压靠在外壳滤芯底座与上盖之间，外壳与上盖由密封垫圈、螺杆连接，上盖通过螺栓固定在缸体上并和缸体上相应的油孔对齐。从机油泵出来的机油经上盖的进油口进入粗滤器与滤芯之间，经滤芯过滤后，经过上盖的出油口进入主油道。上盖上安装有旁通阀，当滤芯发生堵塞而是阻力增大时，压力油将旁通阀打开，不经滤芯而经旁通阀直接进入主油道，以保证主油道的供油。

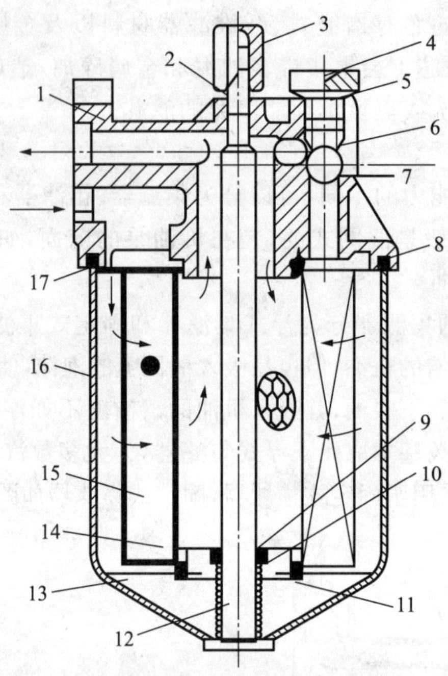

图 7.20　纸质式粗滤器

1. 上盖；2、5. 密封垫圈；3. 螺母；4. 阀座；6. 旁通阀弹簧；7. 球阀；8. 外壳密封圈；9. 拉杆密封圈；10. 压紧弹簧垫圈；11. 滤芯弹簧垫圈；12. 螺杆；13、17. 滤芯密封圈；14. 托板；15. 纸质滤芯；16. 外壳

目前，许多发动机为维护方便，采用旋装式滤芯结构，它采用封闭式外壳，滤芯直接旋装于滤清器盖上，便于定期更换，如图 7.21 所示。

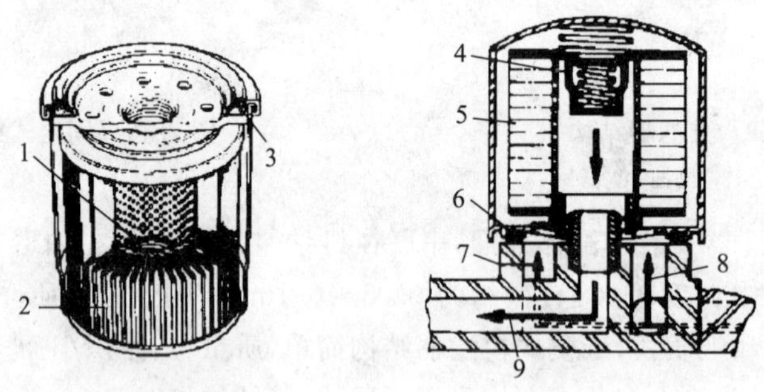

图 7.21　旋装式纸质式粗滤

1. 金属网；2. 折扇型纸滤芯；3. 滤清器外壳封圈；4. 安全阀；5. 纸滤芯；6. 密封圈；7. 油泵压入的机油；8. 防渗阀；9. 滤清后进主油道

3）细滤器。细滤器与主油道并联，属于分流式滤清器，用于滤去粒度较小（直径在 0.001mm 以上）的杂质，对机油的流动阻力较大，因此只允许少量机油通过。

细滤器有过滤式和离心式两种，过滤式细滤器与粗滤器结构原理基本相同，EQ6100-1 型发动机离心式细滤器结构如图 7.22 所示。滤清器壳体上固定着带中心孔的转子轴，转子体与转子体端套连成一体，其上压入三个衬套，套在转子轴上可以自由转动，压紧螺母将转子盖与转子体紧固在一起，转子下面装有止推轴承，转子上面装有支承垫圈，并用弹簧压紧，以限制转子轴向移动，整个转子用滤清器盖盖住，压紧螺套将盖固定在外壳上，转子下端装有两个按中心对称安装的喷嘴。

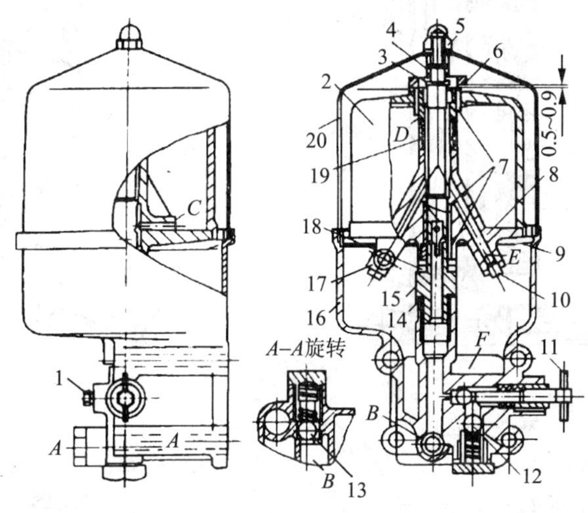

图 7.22　离心式细滤器

1. 管接头；2. 转子盖；3. 支撑垫；4. 弹簧；5. 压紧螺套；6. 压紧螺母；7. 衬套；8. 转子体；9. 挡板；10. 螺塞；11. 调整螺钉；12. 旁通阀；13. 进油限压阀；14. 锁片；15. 转子轴；16. 壳体；17. 喷嘴；18. 止推轴承；19. 转子体端套；20. 滤清器盖

发动机工作时，从油泵来的机油进入滤清器进油孔 B。

① 若油压低于 0.1MPa 时，进油限压阀不开启，机油则不进入滤清器而全部进入主油道，以保证发动机可靠润滑。

② 若油压高于 0.1MPa 时，进油限压阀被顶开，机油沿壳体中的转子轴内的中心油道，经出油孔 C 进入转子内腔，然后经进油孔 D、油道 E 从两喷嘴喷出，于是转子在喷射反作用力的推动下高速旋转。当压力达到 0.3MPa 时，转子转速高达 5000～6000r/min，由于转子内腔的机油随着转子高速旋转，机油中的机械杂质在离心力的作用下被甩向转子壁，因此洁净的机油由孔 D 进入，再经喷嘴喷出，喷出的机油经滤清器出油口 F 流回油底壳。

③ 若油压高于 0.4MPa 时，旁通阀打开，机油流回油底壳。离心式滤清器的优点有滤清能力强，通过能力好，且不受沉淀物的影响，不需更换滤芯，只须定期清洗即可，但也存在对胶质滤清效果较差的缺点。

4）复合式滤清器。桑塔纳2000型轿车发动机为了简化结构，方便更换，采用细滤芯与粗滤芯串联，而且设置在同一外壳内的复合式滤清器，桑塔纳2000型轿车发动机的机油滤清器结构，如图7.23所示，它集粗、细滤芯为一体。

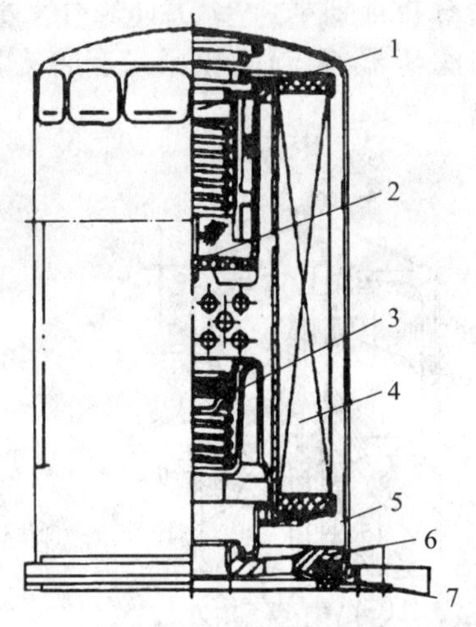

图7.23 复合式滤清器

1. 旁通阀；2. 尼龙滤芯；3. 止回阀；4. 褶纸滤芯；
5. 滤清器壳；6. 滤清器盖；7. 密封圈

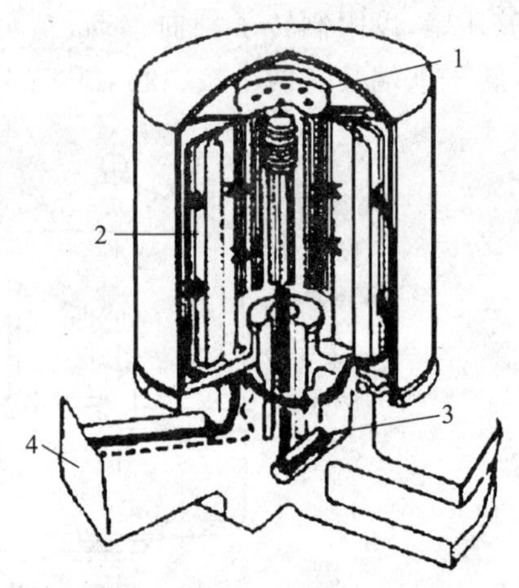

图7.24 复合式滤清器工作过程

1. 旁通阀；2. 褶纸；3. 通向发动机的清洁机油；
4. 从油底壳来的脏油

机油滤清器的工作过程，如图7.24所示。从油底壳来的脏油从端盖周边的机油孔进入滤清器内，从外向内流过褶纸滤芯和尼龙滤芯，过滤后进入滤清器中心油腔，当机油压力大于止回阀的弹簧弹力时，推开止回阀，过滤后的机油流向发动机。褶纸滤芯由棉花、毛绒、人造纤维等不同类型的材料制成，能吸附不同类型和不同直径的杂质，使脏油从滤芯的外部流向内部的原因，是外面粗滤的面积可增大，其中褶纸滤芯为粗滤芯，尼龙滤芯为细滤芯。

为安全起见，滤清器有一个旁通阀，如果滤芯被堵塞，这时压力增大，使旁通阀打开，机油绕过滤芯直达中心油腔，防止发动机缺油，当发动机停止工作时，机油泵也停止工作。滤清器中心油腔的压力下降，止回阀在弹簧的作用下关闭，以维持发动机内有足够的机油，利于下次起动。BJ492QA汽车发动机也同样采用了复合式机油滤清器，其中粗滤芯为线绕式，细滤芯为纸质的。

3. 机油冷却器

一些热负荷较大的发动机，为使机油保持在最有利的温度范围内工作，除靠油底壳对机油进行自然散热外，另外还安装有机油冷却器。机油冷却器用于降低机油温度，有利于防止机油氧化，机油冷却可分为风冷式和水冷式两种。

风冷式机油冷却器也叫机油散热器，一般安装在冷却液散热器前面，与主油道并联，利用风扇风力使机油冷却，其结构与冷却液散热器结构基本相同，当发动机转速较低，油泵泵油压力较小时，溢流阀关闭，机油不经冷却器；当发动机转速提高，泵油压力达到一定值时，溢流阀开启，部分机油流经冷却器，然后流进油底壳，风冷式机油冷却器多用在赛车和某些增压汽车上。

水冷式机油冷却器一般串联于机油泵和主油道之间，利用发动机冷却液流经散热片间的缝隙，带走机油热量，冷却后的机油再流进主油道。当机油黏度较大使进油侧与出油侧压力差大于一定值时，溢流阀打开，从油泵流出的油经溢流阀，绕过冷却器直接进入主油道。水冷式机油冷却器广泛应用在普通轿车上，它具有结构紧凑、布置方便以及使润滑油温度稳定等优点，如图 7.25 所示。

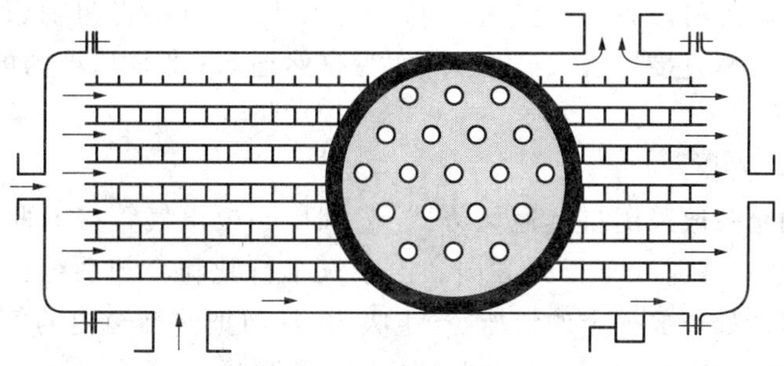

图 7.25　水冷式机油冷却器

4. 油底壳

油底壳一般为薄钢板冲压而成，也有的发动机为达到良好的散热效果，而采用带有散热片的铝合金铸造而成的轻金属油底壳，由于油底壳位于车身的底部，在行驶过程中非常容易受到外界硬物的撞击而发生变形、破裂，因此它属于易损件。

油底壳的作用是贮存机油并封闭曲轴箱，钢板冲压的油底壳在变形不大的情况下可以采用板金修复，油底壳在更换时还需同时更换油底壳衬垫，实物如图 7.26 所示。

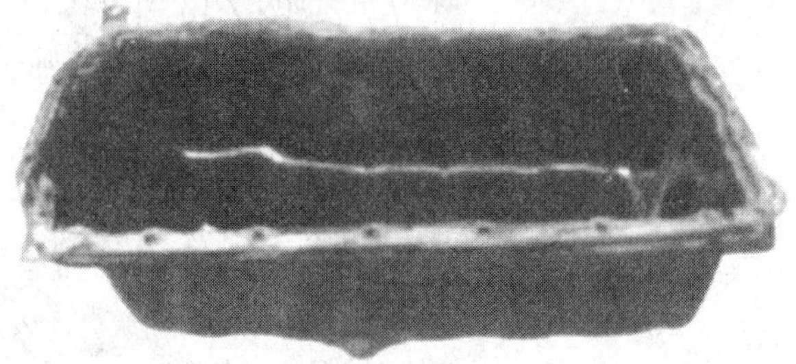

图 7.26　油底壳

7.2.6 曲轴箱通风

1. 曲轴箱通风的作用

发动机工作过程中，汽缸内的可燃混合气和燃烧后的部分废气经活塞、活塞环与缸壁之间的间隙窜入曲轴箱内，未燃烧的燃油、废气中的水蒸气凝结，使机油稀释，从而影响润滑；废气中的酸性物、硫化物，对发动机零件产生强腐蚀；废气还会导致曲轴箱内压力升高，破坏发动机的密封，从而导致发动机漏油。曲轴箱通风装置的作用就是将这些气体及时从曲轴箱内抽出，保证润滑系统的正常润滑，保证发动机机件不被腐蚀，防止发生泄漏。

2. 曲轴箱的通风方式

曲轴箱通风就是将外界空气经过过滤后送入曲轴箱内，将曲轴箱内的气体排出，如果将曲轴箱内的气体直接排入大气中去，称为自然通风；将曲轴箱内的气体导入进气管内，称为强制通风。

1）自然通风方式

柴油机曲轴箱一般采用自然通风方式，它利用一根出气管接通曲轴箱，出气管的一端制成斜切口，切口背向汽车行驶方向。由于汽车行驶和冷却系统风扇所鼓起的气流，使曲轴箱出气管口处形成一定的负压，产生吸力，从而把曲轴箱内的气体吸出，并直接导入大气中去，新鲜空气则从空气滤清器经加机油管进入，以形成对流，如图 7.27 所示。

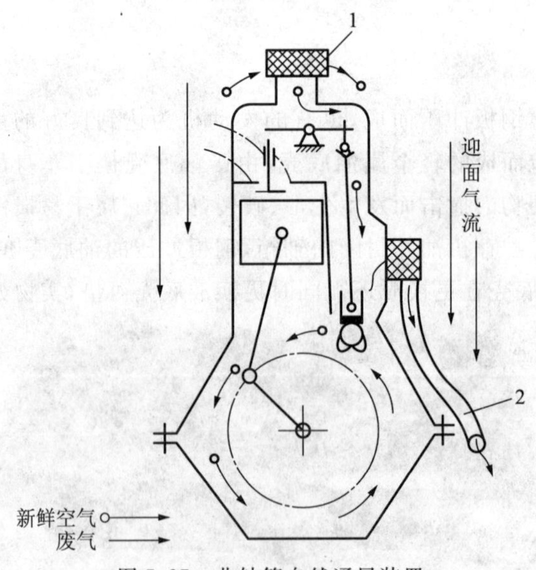

图 7.27 曲轴箱自然通风装置

1. 带有空气滤清器的进气口；2. 出气口

2）强制通风方式

大多数汽油机都采用强制通风方式，它是依靠汽缸的吸力，将曲轴箱内的气体经出气管强制吸入汽缸内参与燃烧，新鲜空气经空气滤清器进入曲轴箱，形成对流。

一种V形发动机的强制通风方式如图7.28所示，发动机工作时，在进气管的抽吸下，曲轴箱内的气体经挺柱室、气门推杆与缸体之间的间隙，吸入PCV阀排气管，经进气管送入汽缸燃烧，外界的空气经PCV滤清器进入曲轴箱内。

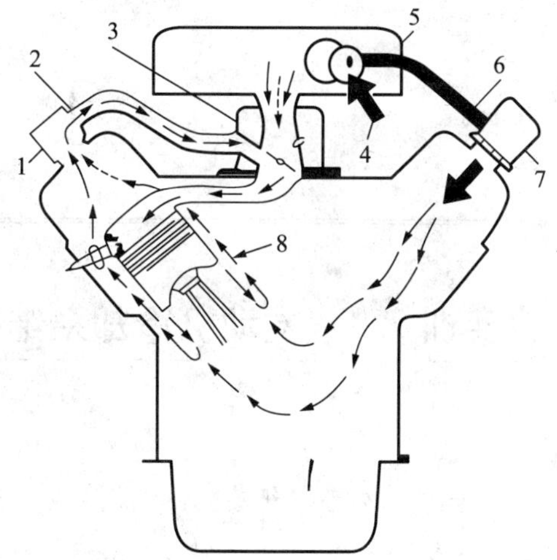

图7.28　曲轴箱强制通风装置

1. PCV阀(单向阀)；2. PCV阀排气管；3. 化油器；4. 新气；5. 空气滤清器；6. PCV装置气管；7. PCV滤清器；8. 窜气

曲轴箱通风单向阀(PCV阀)的构造如图7.29所示，它由阀体、阀座、阀门和弹簧构成。阀座固定于进气管上，阀体与通风管路相通，当发动机怠速或小负荷运转时，进气管内的真空度很大，阀门克服弹簧的弹力上移而靠在阀座上，曲轴箱内的气体只能通过阀门中心的小孔进入进气管，由于小孔的节流作用，防止了机油进入进气管内。发动机负荷增大时，进气管内的真空度减小，阀门在弹簧的弹力作用下打开，通风量逐渐增加。当发动机处于全负荷运转时，通风量最大。PCV阀可防止机油进入进气道，在保证曲轴箱通风的同时，可减少机油的消耗量，同时，PCV阀在发动机小负荷运转时，可限制进入进气管内的曲轴箱气体，避免了可燃混合气品质的下降，保证了发动机低速时的稳定运转。

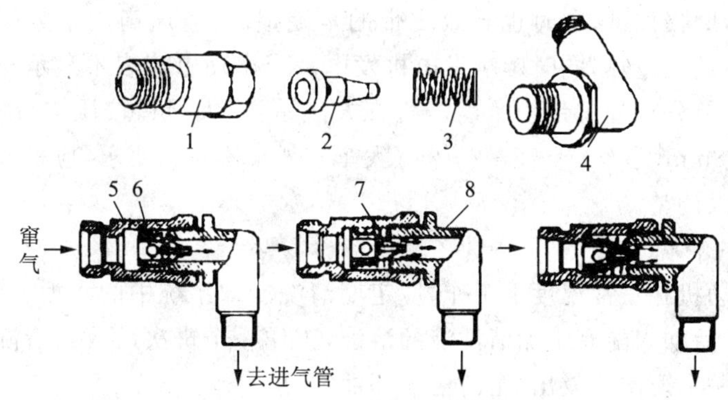

图7.29　曲轴箱通风单向阀

1、5. 阀体；2、6. 阀门；3、7. 弹簧；4、8. 阀座

实训部分

实训7.1 发动机冷却系结构的观察与拆装

1. 冷却系统的维护

发动机在使用过程中，冷却系统会因零件的腐蚀、磨损和积垢等原因，影响发动机的冷却效果，表现为发动机过冷或过热，这都将影响发动机的正常工作。因此在使用过程中，要注意对冷却系统进行维护，以保证冷却系统正常工作。

(1) 冷却液液面高度检查

在正常使用过程中，每月至少检查一次冷却液面高度，如果气候炎热，检查次数应更多一些，封闭的冷却系统只有在过热、渗漏时冷却液才会损耗。

膨胀水箱内一般有自动液位报警装置，当液面过低时，位于仪表板中的冷却液温度、液面警告灯会连续闪烁。当液面低于“LOW”线时，应及时添加冷却液，液面应位于“LOW”和“FULL”线之间。

(2) 风扇皮带松紧度的检查与调整

汽车在使用过程中，若风扇皮带紧度过大，将增加动力损失，增加发电机和水泵轴承的负荷，使轴承磨损加剧，同时也导致皮带的早期损坏；若风扇皮带紧度过小，则会使皮带打滑，造成发动机过热，同时影响发电机发电。当出现电流表不显示充电、发动机温度过高等现象，应首先检查皮带松紧度。检查方法是：用大拇指按压皮带中部(约98N)皮带应下凹7～18mm(小车)或15～20mm(大车)，如果不符合要求，应松开调整螺母，改变发电机位置加以调整。

(3) 水垢的清洗

为保证发动机在正常温度下工作，应定期清洗冷却系统中的水垢。就车清洗时先将冷却液放净，然后加入配有水垢清洗液的溶液，工作一个班次后放出清洗液，再换用清水让发动机运行一个班次后放出，至清洁无浑浊即可。

维修过程清洗时应先拆除节温器，将水从正常水循环相反的方向压入(即从出水管压 入)，到流出的水清洁时为止，当水垢严重积聚、沉淀或有固着在金属表面上的硫酸钙、碳酸钙等物质时，可加入水垢清洗液使其溶解，然后再用清水清洗。

2. 冷却系统的检修

(1) 散热器的检修

1) 散热器常见的损伤。散热器常见的损伤有：散热器积聚水垢、铁锈等杂质，形成堵塞；芯部冷却管与上下水室焊接部位松脱、冷却管破裂、上下水室出现腐蚀斑点、小孔或裂缝而造成漏水等。

2) 散热器检修。

① 散热器的检查。渗漏是散热器最常见的损伤，检查渗漏可用压力试验法。检查前将冷却液注满散热器，如图 7.30 所示，安装散热器测试器，再施以规定压力，观察散热器各部位合接头有无渗漏，散热器堵塞检查，通常采用新旧散热器水容量对比来判定，如水容量减少说明已堵塞。

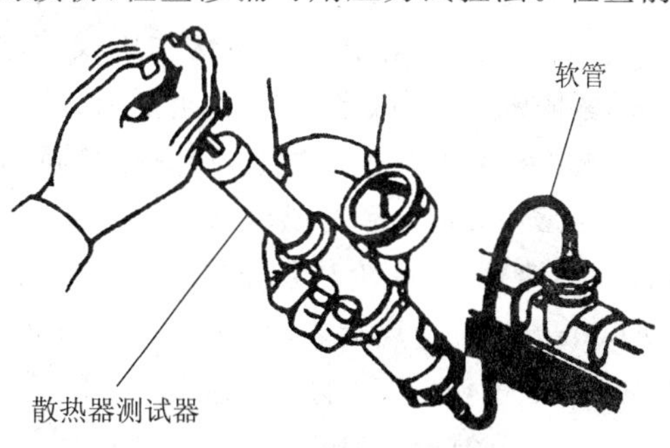

图 7.30　散热器渗漏检查

② 散热器修理。散热器渗漏，如果裂纹较小(0.3mm 以下)的，可用堵漏剂就车进行堵漏修补；如果渗漏部位裂纹较大，可用焊修法修补或更换新件。

(2) 水泵的检修

1) 水泵常见的损伤。水泵常见的损伤是泵体破裂、叶轮破裂、水封变形或老化损坏、泵轴或轴承磨损、带轮凸缘配合孔松动等，损伤后，将出现吸水不佳、压力不足、循环不良、漏水、发动机过热等故障。

2) 水泵检修。

① 检查水泵体有无裂缝和破裂，螺孔螺纹有无损坏，前后轴承孔是否磨损过限，与止推垫圈的接触面有无擦痕和磨损不平，分离平面有无挠曲变形。水泵体破裂可以用生铁焊条氧焊修理；螺孔螺纹损坏可扩孔后再攻丝，或焊补后再钻孔攻丝；轴承松旷超过规定(轴向间隙不超过 0.30mm，径向间隙不超过 0.15mm)时应更换；轴承孔磨损超过 0.03mm 时，可用镶套法修复，套和孔配合过盈量为 0.025～0.050mm；止推垫圈接触平面有擦痕，垫圈座有麻点、沟槽或不平时，可用铰刀修整；壳体与盖连接平面如挠曲变形超过 0.05mm，应予以修平。

② 检查水泵轴有无弯曲，轴颈磨损是否过限，轴端螺纹有无损伤。水泵轴的弯曲一般应在 0.05mm 以内，否则予以冷压校正，轴颈磨损过限，可以磨光后镀铬修复。

③ 检查水泵叶轮上的叶片有无破碎，装水泵轴的孔径是否磨损过限。叶轮叶片破裂，可堆焊修复，孔径磨损过限可以镶套修复。

④ 检查水封、胶木垫圈的磨损程度，如不合则应换新件。

⑤ 检查皮带轮毂与水泵轴的松旷情况，装水泵轴的孔径若磨损过限，可镶套修理。

⑥ 检查水泵轴及皮带轮键槽的磨损情况，可以焊补后修整它的表面；也可以在与旧键相隔 90″～180″的位置上铣出新的键槽，如键和销子已磨损不适用时应换新件。

3）水泵的装合。

① 将密封弹簧、水封皮碗、胶木垫圈装于叶轮孔内，再装上水封锁环。

② 用压力机或铜锤轻轻将水泵轴压入或敲入水泵叶轮，其配合为：－0.01～＋0.02mm。

③ 装上后轴承锁环和后滚珠轴承，配合为：－0.01～＋0.012mm，用铜锤轻轻打入水泵壳体内，水泵壳体与轴承外圈的配合为：－0.027～＋0.031mm。

④ 装进轴承隔管、前滚珠轴承及前轴承锁环，将风扇皮带轮装在水泵轴上，垫上垫圈，紧固螺母，测试水泵叶轮，叶轮转动应灵活。

⑤ 装上水泵盖及衬垫，用螺栓紧固，向弯颈油嘴注入润滑脂。

4）水泵装合后的检验。水泵装合后应该进行检验，首先用手转动皮带轮，水泵轴轮应无阻滞现象，叶轮与泵壳应无碰击感觉，最后在水泵试验台上进行检验。当水泵轴以1 000r/min的速度运转时，每分钟的排水量不应低于规定的数值，在 10min 的试验过程中，应无任何碰击声响和漏水现象。

（3）节温器的检修

节温器失灵时，主阀门可能处于常闭状态，冷却液只进行小循环；主副阀门同时处于开启状态，冷却液不能完全进行小循环或大循环，这都将引起冷却系统工作失常。

检查节温器时，将它置于水容器中，然后逐步将水加热，提高水温，观察主阀门开启时的温度和开启升程，开启温度和升程都必须符合要求，如捷达轿车水温 87℃时主阀门应开启，水温 120℃时应完全开启，开启的最小行程为 7mm，否则应更换。

（4）风扇的检修

风扇叶片如出现变形、弯曲、破损，应及时更换；连接风扇的铆钉如有松动，应重铆。

（5）风扇离合器的检修

1）硅油风扇离合器冷状态的检查。车辆在过夜之后，硅油风扇离合器的前隔板与后隔板之间会残留有黏度很高的硅油，这时在未启动发动机前，用手拨动风扇会感觉到有阻力，将发动机启动，使其在冷状态下中速运转 1～2min，以便工作室内的硅油返回储油室，在发动机停止转动以后，用手拨动风扇应感到比较轻松。

2）硅油风扇离合器热状态的检查。将发动机启动，在冷却液温度接近 90～95℃时，仔细观察风扇转速的变化，当风扇转速迅速提高，以至达到全速时，将发动机熄火，用手拨动风扇，感到有阻力为正常。

3）离合器和双金属弹簧的检查。检查离合器有无漏油现象，检查双金属弹簧是否良好，必要时更换离合器总成。

(6) 电动风扇的检修

1) 检查冷却液温度感应器。将感应器置于水容器中加温(如图 7.31 所示),当冷却液温度达到 95℃时,感应器应将电路接通,否则应更换。

2) 检查风扇电动机。检查电枢线圈、磁场线圈有无断路、短路及搭铁,把风扇电动机的正极与蓄电池的正极相连,把风扇电动机的负极与蓄电池的负极相连,如图 7.32 所示,如风扇电动机旋转,表明工作正常,否则应更换风扇电动机。

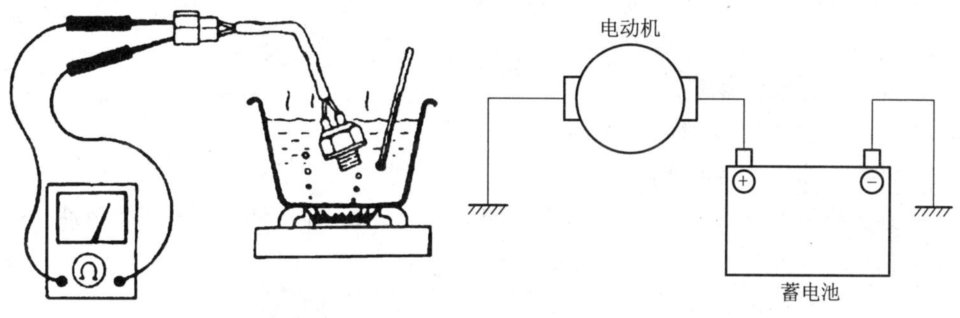

图 7.31　冷却液温度感应器检查　　　图 7.32　风扇电机检查

3) 检查冷却液温度开关。将温控开关放入水中,使万用表显示为电阻挡,将两个表笔分别接在温控开关的接线端和外壳上,改变水的温度,观察万用表指针的变化。当水温达到 92℃左右时,温控开关开始导通,万用表指针指示接通;当冷却水温开始下降时,温控开关仍然导通,冷却水温降至 87℃时,万用表指针应指示断开。

实训 7.2　发动机润滑系结构的观察与拆装

1. 润滑系统的维护

润滑系统技术状况变差,会导致发动机机件磨损加剧,严重影响发动机正常工作和使用寿命,因此在发动机使用过程中,应定期对润滑系统进行维护,确保其正常润滑。

(1) 日常维护

每日坚持检查润滑油储存量及质量,按需补给润滑油,行车中注意观察指示油压,按照规定周期适时地更换润滑油,更换润滑油时,应在发动机热态下放净旧机油,然后用专用的清洗设备清洗油道,再按原厂规定的容量和牌号加注新的润滑油。

(2) 一级维护

一级维护时,应检查离心式机油滤清器的运转是否正常,清洗滤清器,更换机油粗滤芯(滤纸),根据机油品质变化适时更换机油。

(3) 二级维护

二级维护时,应拆下细滤器壳体,清洗转子罩和转子,保持机油喷口畅通。装配后,转子转动应灵活,无渗漏现象;检查和调整离心式机油滤清器进油限压阀的开启压力,应符合原厂要求;检查在规定转速下,机油压力是否符合标准;检查报警系统是否良好、可靠;清洗机油冷却器,清洗集滤器。

(4) 机油和机油滤清器或滤芯的更换

1) 放掉机油。

① 卸掉机油滤清器盖。

② 卸掉机油放油塞,将机油放入容器中。

2) 更换机油滤浴器或滤芯。

① 拆下机油滤清器,检查并清洗机油滤清器的安装表面(整体式机油滤清器)或滤清器壳体内部。

② 将新的机油滤清器上的密封垫涂抹一层清洁的机油。

③ 用手轻轻地拧上机油滤清器直至感到有点阻力时,再用专用工具将其拧紧3/4周。

④ 更换滤芯及密封件(滤芯更换式)。

⑤ 加注新机油,进口汽车发动机的热负荷和机械负荷都比较大,对机油的要求也比较严格,因此必须加注合格的机油。

⑥ 安装机油滤清器及密封垫。

⑦ 启动发动机,检查是否漏油。

⑧ 再次检查机油油位,依据情况再加注机油。

2. 润滑系统主要机件的检修

(1) 机油泵的检修

机油泵的主要损伤是磨损,会造成机油泄漏、泵油压力下降、泵油量不足等,因油泵工作时润滑条件较好,通常不易损坏,只有在经检验测试确认不能维持最低指标时才进行修理。

1) 齿轮式机油泵的检修。

① 泵壳的检修。检查机油泵轴孔的磨损程度,螺孔是否损坏,泵壳有无裂纹。机油泵壳主动轴孔与轴的配合间隙应为 0.03~0.075mm,最大不得超过 0.20mm,间隙超过规定,晃动泵轴有明显松旷感觉时,应将主动轴涂镀加粗或用镶套法修复。

② 泵盖的检修。齿轮式机油泵驱动齿轮啮合时,产生的轴向力一般都向下,它使齿轮端面与泵盖内表面磨损。泵盖有磨损或翘曲,凹陷超过 0.05mm 时,应以车或研磨等方法进行修复,泵盖上装有限压阀时,还应检查弹簧的弹力和阀体,必要时应更换。

③ 泵轴的检修。用千分表检查泵轴是否弯曲，如果指针摆差超过 0.06mm，应进行校正。主动轴与轴套孔的配合间隙，使用限度为 0.15mm，从动轴如有明显的单面磨损，可将其压出，把磨损面调转 180°再压入孔内继续使用。主动轴上端铆固的传动齿轮与泵壳尾端之间的间隙一般为 0.025～0.075mm，最大不超过 0.15mm，超过时可在泵壳尾端焊修或加垫调整。

④ 齿轮的检修。用厚薄规和直尺检查齿轮端面到泵盖端面的间隙(端面间隙)如图 7.33所示；齿轮啮合间隙，可用厚薄规在互成 120°处分三点测量，如图 7.34 所示，奥迪发动机机油泵啮合间隙的标准值为 0.05mm，磨损最大不得超过 0.20mm。如果齿轮磨损不严重，可将齿轮翻面使用。如磨损超过使用限度，应成对更换齿轮，主、被动齿轮与传动齿轮上如有毛刺，可用油石光磨。

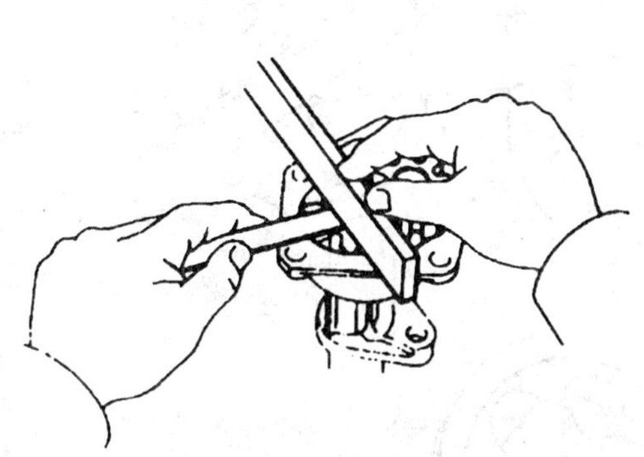

图 7.33　齿轮泵端面间隙检查

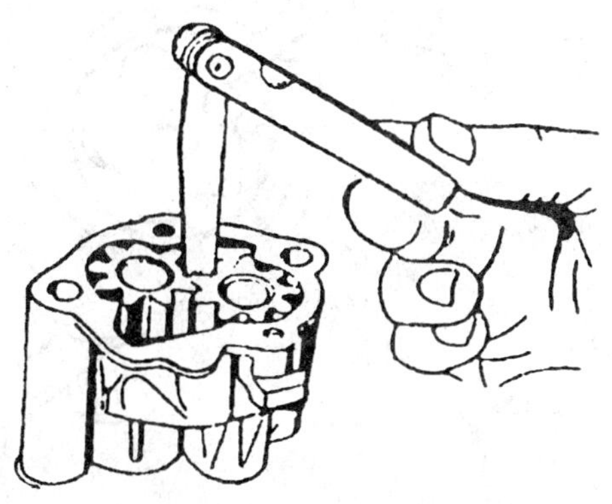

图 7.34　齿轮啮合间隙检查

⑤ 检测齿轮与泵体间的间隙，如图 7.35 所示，其标准值为 0.03～0.06mm，最大值为 0.20mm，如果间隙超过最大值，应更换齿轮或机油泵总成。

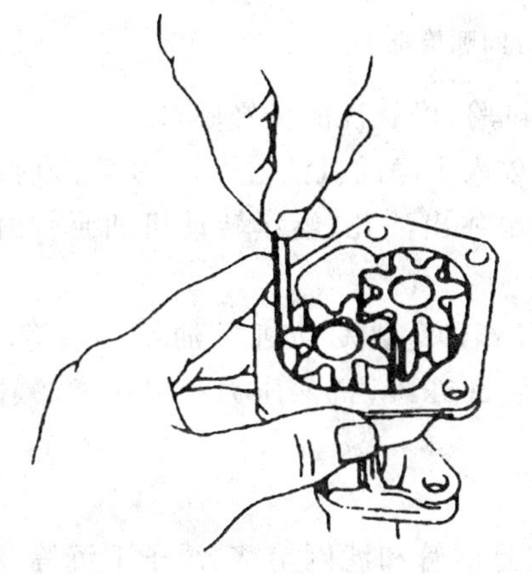

图 7.35　齿轮与泵体间隙检查

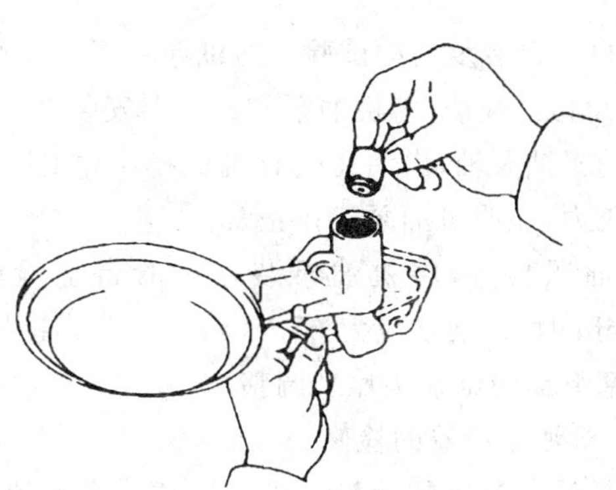

图 7.36　限压阀检查

⑥检查限压阀，如图 7.36 所示，往阀上涂一层机油，检查阀在自重的作用下，能否顺利落进间孔内，如果不符合要求，应更换限压阀。

2）转子式机油泵的检修。

① 检查泵体、泵盖有无裂纹，螺孔是否损坏，轴孔是否磨损等。

② 用厚薄规检查转子各部分的间隙，如图 7.37 所示，端隙标准值为 0.04～0.12mm，使用限度为 0.18mm；边隙标准值为 0.06～0.12mm，使用限度为 0.5mm；本体间隙标准值为 0.10～0.16mm，使用限度为 0.2mm，间隙超过极限，应更换机油泵。

③ 检查限压阀是否平滑，弹簧是否变形，不符合要求应更换新件。

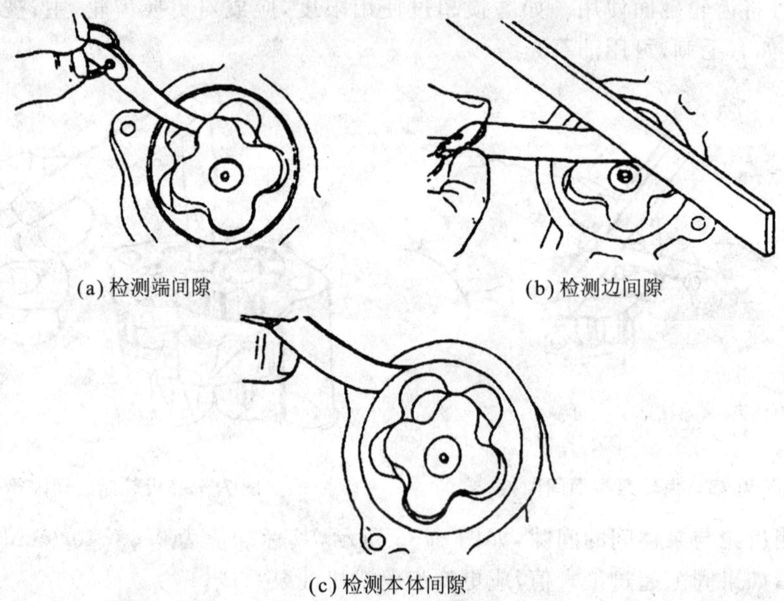

(a) 检测端间隙　　(b) 检测边间隙

(c) 检测本体间隙

图 7.37　转子式机油泵各部分间隙检查

3）机油泵装复后的试验。机油泵装复后应进行试验，确认性能良好后再装车。

① 简易试验法，将机油泵和集滤器安装在一起，放入干净的机油盆中，用手沿顺时针方向转动机油泵轴，出油孔应有机油排出，如用拇指堵住出油孔，继续转动机油泵轴时，拇指有压力，说明机油泵工作正常。

② 油压检查，将机油泵装在试验台上检测，CA6102 型发动机机油泵的转速为 1800r/min 时，泵油量应为 67.5L/min，机油压力约为 600kPa，机油压力可以用增、减限压阀螺塞下面的调整垫片来调整。

(2) 机油滤清器的检修

1）机油集滤器的检修。机油集滤器常见的损伤是油管和滤网堵塞、浮子下沉等，滤网堵塞可用柴油或煤油清洗，浮子破损应更换。

2）机油粗滤器的检修。轿车用机油粗滤器一般为不可拆的，失效后应更换。可拆式的粗滤器应定期清洁滤芯，疏通油道，检查各密封圈是否损坏，检查与缸体结合平面是否平整，旁通阀是否完好等，否则应更换。

3）离心式细滤器的检修。

①检查方法：发动机工作，机油压力高于 0.15MPa 时，运转 10s 以上，然后熄火，在熄火后 2～3min 内，若在发动机旁听不到转子转动的“嗡嗡”声，则说明细滤器工作不良，应进行检修。

②检修方法：若喷嘴孔堵塞，可用压缩空气吹通；密封圈损坏、变形、老化应更换，轴与孔配合间隙超过 0.15mm 或与轴承的配合间隙大于 0.10mm 时，可用镀铬法修复转子轴。

(3)机油冷却器的检修

检查机油冷却器时，可用肥皂水将机油冷却器清洗干净，空气干燥后，把机油冷却器泡在水中，向冷却芯加 483kPa 的压缩空气，检查有无漏气，若漏气或有其他不良时，应更换散热芯，不得加规定以上的空气压力。

第 8 章 发动机装配与磨合

☆ **知识点**

1. 发动机工况、功率标定及调整特性
2. 发动机的装配、调整与磨合
3. 发动机总成修理竣工技术条件及发动机试验

★ **要求**

掌握：

1. 发动机的装配、调整
2. 修理竣工技术条件
3. 发动机试验

了解：

发动机调整特性

理论部分

8.1 发动机工况、功率标定及调整特性

发动机的实际工作状况，简称发动机工况，通常用发动机功率与转速或发动机负荷与转速来表示。

8.1.1 发动机工况

发动机在运行中，经常处于变负荷、变转速下工作，其变化的规律取决于发动机的用途。发动机正常工作时，将在一定的转速范围即在最低稳定转速 n_{min} 与最高允许转速 n_{max} 之间运行；在某一转速下，有效功率或转矩可以由零变到可能发出的最大值。因此发动机的工况范围是四条边界线包围的阴影部分，如图 8.1 所示。根据发动机用途的不同，它的工况一般可分为三类。

第一类工况：发动机的曲轴转速近似保持不变，发出的功率可能在很大范围内变化，称为固定式发动机工况。例如发动机带动发电机、空压机和水泵等机械工作时，由于它们的负荷可以由零变化到最大许用值，因此发动机发出的功率也随负荷由零变化到最大许用值。通常采用调速器来保持发动机转速恒定，使其转速波动限制在允许范围内。这类工况如图 8.1 中铅垂线 1 所示，也称线工况。其特例是点工况，即转速和功率均保持恒定。

第二类工况：发动机在运行中，它所发出的功率和转速之间成一不定的函数关系。如发动机用于驱动船舶螺旋桨时，因螺旋桨所吸收的功率 $P_e = Kn^3$，发动机发出的功率和转速的关系应当和螺旋桨的一致，故称之为螺旋桨工况，如图 8.1 中曲线 2 所示。从图中还可看出，这条曲线受到发动机最大许用功率的限制。如点 α 所示，还受到最低稳定转速 n_{min} 的限制。

第三类工况：发动机的功率和转速都独立地在很大范围内变化，它们之间没有特定的关系，车用发动机即属此类工况。发动机的曲轴转速取决于车速，可以从最低稳定转速一直变到最高许用转速；发动机发出的功率取决于运行中所遇到的阻

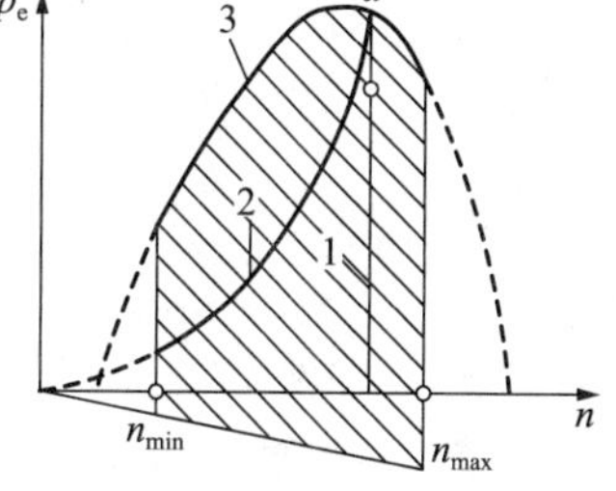

图 8.1　发动机的三类典型工况

力，在同一转速下，可由零变到最大许用功率。当汽车下长坡需采用发动机制动时，发动机由汽车传动装置倒拖而作负功。上述运行工况如图 8.1 中曲线 3 下面的阴影面积表示，称为面工况。阴影面的上限是发动机在各种转速下所能发出的最大功率(曲线 3)，左边对应于最低稳定转速 n_{min}，右边对应于最高许用转速 n_{max}，下边是制动时倒拖发动机所需功率曲线。

8.1.2 发动机调整特性

发动机性能指标随调整情况而变化的关系称为发动机的调整特性。

1. 汽油机的点火调整特性

当汽油机节气门开度、转速及混合气浓度一定时，汽油机功率和燃油消耗率随点火提前角变化的关系，称为点火提前角调整特性。

分析点火提前角调整特性的目的是研究汽油机性能指标随点火提前角变化的规律，确定汽油机不同工况时的最佳点火提前角。

图 8.2 为汽油机的点火调整特性。其中，P_e最高点与 g_e最低对应同一点火提前角 θ_{ig}，θ_{ig}称为最佳点火提前角。点火提前角过大时，由于压缩功增加，使 P_e下降、g_e增加，且爆燃倾向增大；点火提前角过小时，由于燃烧不及时，补燃增加，也使 P_e下降、g_e增加。也可测定图 8.3 所示的点火调整特性。图 8.3(a)为节气门全开时的点火调整特性。可见，当节气门全开时，随汽油机转速的增加，最佳点火提前角相应增大，点火系的离心提前调节机构对点火提前角的调整，应尽量与该调整特性接近。图 8.3(b)为常用转速的点火调整特性。当转速一定时，随节气门开度减小，最佳点火提前角相应增大。真空提前调节机构对点火提前角的调整，应尽量与该调整特性接近。

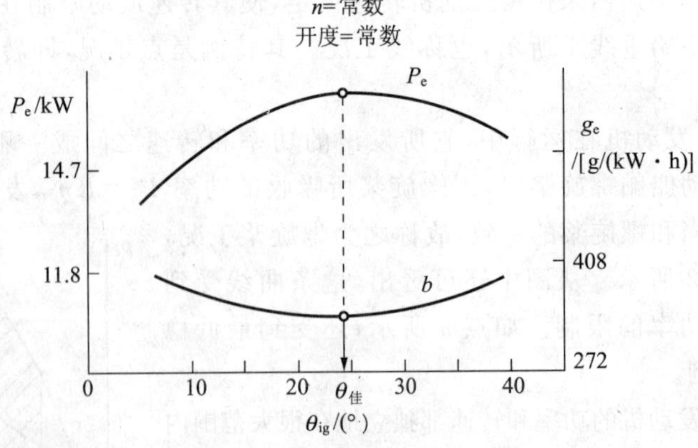

图 8.2 汽油机的点火调整特性

P_e—有效功率；

g_e—有效燃油消耗率

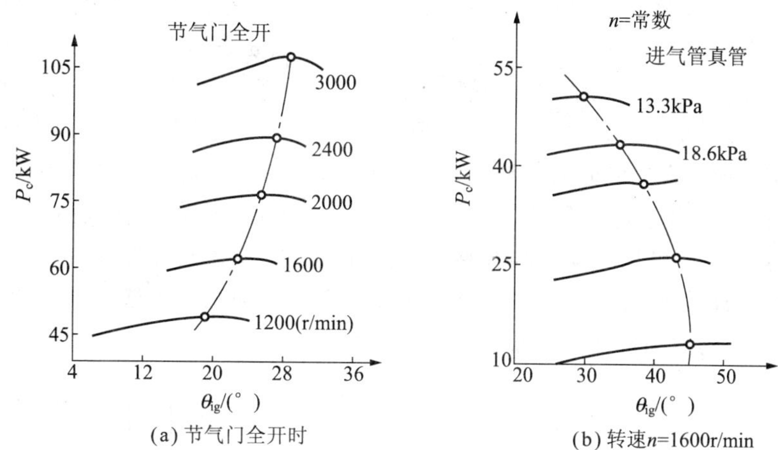

图 8.3　25Y-6100 型汽油机的点火调整特性

上述机械式点火系统只能实现对发动机转速与负荷的调节，只能在两参数的控制范围内起作用。不能保证发动机在任意运行情况下都能获得最佳点火提前角，因而也不可能使发动机具有最佳的性能。电控点火系统将发动机在各种运行工况下最佳点火提前角值，事先储存在一个控制单元内。发动机实际运行时，计算机根据运行的转速和负荷信息，在储存的点火特性中取出适应于该工况下的点火提前角数值。并可根据发动机温度、进气温度、节气门位置等信息，对所选的点火提前角进行修正，使发动机总能得到一个最佳的点火提前角。

点火调整特性曲线可由发动机台架试验制取。对不同运行工况点火定时的调整应综合考虑发动机的使用性能。如在怠速工况下，点火提前角应调整到首先对降低怠速排放有利，然后是考虑怠速稳定与减少油耗；在部分负荷工况下，点火提前角的调整，应突出汽车行驶性能与节省燃油；在全负荷运行时，点火提前角的调整重点是不产生爆燃，且在运行时具有最大的转矩性能。

2. 汽油机的燃料调整特性

汽油机转速及节气门开度一定，点火提前角最佳，有效功率 P_e、燃油消耗率 g_e随混合气成分变化的关系，称为该转速和节气门开度的燃料调整特性。

分析燃料调整特性的目的是研究汽油机的动力性和经济性随混合气成分变化的规律。确定汽油机在不同工况时的最佳混合气成分，为化油器的调整与量孔尺寸的确定及为发动机选择与匹配电控汽油喷射系统提供依据。

图 8.4(a)中横坐标为每小时燃油消耗量 G_T。G_T的改变是通过测试中更换化油器主量孔或改变主量孔通过断面的方法实现。当转速、节气门开度一定时，流经化油器喉管

处的空气流量不变，改变 G_T 值就改变了混合气成分，使过量空气系数 α 改变。因此，图 8.4(a)中横坐标 G_T 可用与之相对应的过量空气系数 α 表示，如图 8.4(b)所示。从图中可以看出，混合气过稀、过浓郁可使燃烧恶化，从而导致发动机动力性、经济性下降。A 点为该转速下最大功率点，相应的混合气成分(点 1)为功率混合气。C 点为该转速下最低油耗点，相应的混合气成分为经济混合气(点 2)。可见，既要发动机功率最大，同时又要发动机油耗最低是不可能的。一般 $\alpha=1.05\sim1.15$ 时，油耗率有最小值；$\alpha=0.85\sim0.95$ 时，功率最大。可见最佳燃料调整应选择在最大功率点与最低耗油率点之间，具体要根据发动机的使用情况而定。对经常运大负荷下工作的发动机选在最大功率点处，对动力性要求不高的发动机选取在靠近最低耗油率。

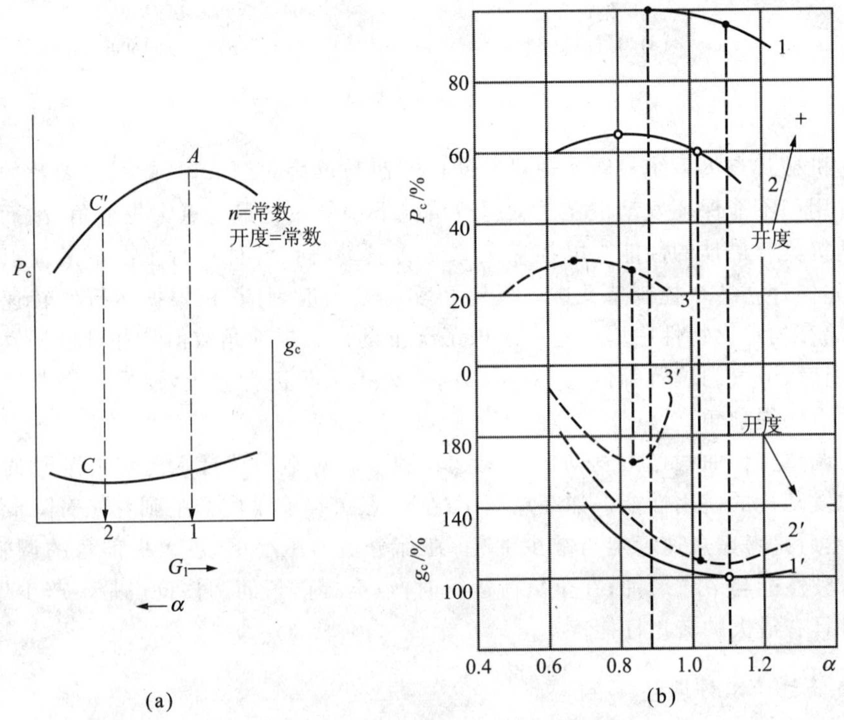

图 8.4 化油器式发动机的燃料调整特性

因为最大功率点与最低燃油消耗率点对应的过量空气系数不同，化油器用一个量孔尺寸不能满足要求。通常主量孔选择的依据是测定常用负荷和常用转速下的 g_e-G_T 曲线，曲线最低点相应的量孔尺寸为主量孔(经济量孔)。功率量孔的选择依据是测定节气门全开标定转速下的 P_e-G_T 曲线，曲线最高点相应的量孔为功率量孔。

对于电控汽油喷射系统，为使发动机的综合性能达到最佳，关键是要确定最佳的喷油量，即要进行发动机混合气成分的最佳调整与匹配。可通过发动机台架试验测取燃料调整特性，以此来确定各工况的最佳混合气成分。如德国波许 Bosch 公司生产的莫特朗尼克(Motronic)系统，它是在 L-Jetronic 汽油喷射系统的基础上，结合电控点火系统发展起来的。该系统的全负荷工况下，所控制供给混合气的空燃比按其全部运转转速范围内，在避免产生爆燃的条件下，以具有最大的转矩而进行调整；在部分负荷工况下运行，该系统的匹配是保证混合气成分以达到最低油耗的前提下，兼顾低排放；在汽车发动机怠速工况，供给混合气的成分以侧重考虑发动机的运转性能与低怠速排放性能。

3. 柴油机的供油提前调整特性

柴油机的油量调节机构固定，维持一定的转速，测定性能指标(P_e、g_e)随供油提前角 θ_{fs} 变化的关系，称为柴油机的供油提前调整特性，如图 8.5 所示。相应的最大功率点及最低耗油率点对应的提前角为最佳供油提前角 $\theta_{佳}$。若供油提前角过大，压缩功增加，使 P_e 下降，g_e 增加。若供油提前角过小，使燃烧在较大容积下进行，散热损失及补燃增多，也使 P_e 下降、g_e 增加。

测试时，将供油量调节机构固定在标定功率的循环供油量时，做不同转速下 P_e 随 θ_{fs} 而变化的曲线，则每种转速均有不同的最佳 θ_{fs}($\theta_{最佳}$)。变化趋势是随 n 的升高，θ_{fs} 增大。对于由离心式供油提前装置所控制的供油提前角，应满足上述供油提前调整特性。

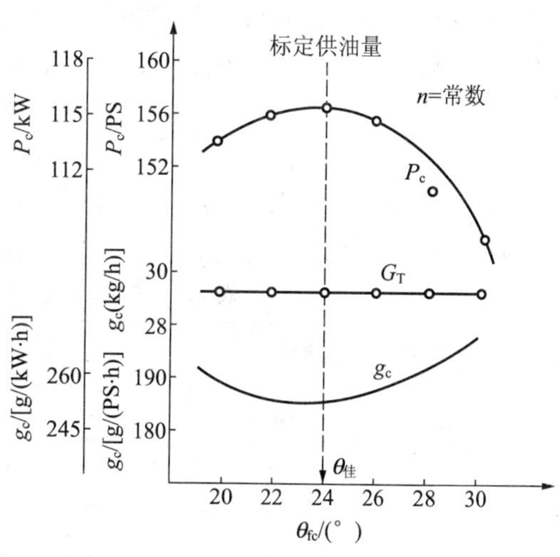

图 8.5　6120Q 型柴油机供油提前角调整特性
(n=2000r/min)

8.1.3　发动机功率标定

同一型号的发动机，在不同的使用条件下，铭牌上所标定的功率及相应的转速可以不同(表 8.1)。发动机铭牌上标出的功率均为使用中允许的最大功率。按发动机用途和使用特性以及允许连续运转的时间，GB1105.1—87 中规定的标定功率分为四种：15min 功率、1h 功率、12h 功率和持续功率。按使用特性在发动机铭牌上可标明其中 1～2 种功率。

1. 15min 功率

这一功率为发动机允许连续运转 15min 的最大功率，适用于需要有较大的功率储备或瞬时需要发出最大功率的汽车、摩托车、快艇所用的发动机。

2. 1h 功率

这一功率为允许连续运转 1h 的最大功率。适用于需要有一定功率运转，以克服突然增加的负荷的轮式拖拉机、机车、船舶等发动机。

3. 12h 功率

这一功率为允许连续运转 12h 的最大功率。适用于需要在 12h 内连续运转，且负荷大的拖拉机、机车、工程机械、农用排灌机械和电站等发动机。

4. 24h 持续功率

这一功率为允许长期连续运转的最大功率。适用于需要长期连续的农用排灌、电站、船舶等发动机。

表 8.1　6102 型柴油机的标定的功率和转速

功率/kW　转速/(r/min) 连续运转时间	1500	1800	2000	备　注
15min	94	106	118	外特性
1h	80	97		
12h	73	88		
24h	66	79		

8.2　发动机装配、调整与磨合

发动机的装配是把新零件、修理合格的零件、组合件和辅助总成，按照工艺和技术条件装配成完整的发动机，并对其进行磨合。发动机的装配、磨合质量对发动机的修理质量有着重大影响，对大修发动机的使用寿命的影响也非常大。

8.2.1　发动机装配与调整

1. 基本要求

1) 零部件、辅助总成,性能试验合格。

2) 易损零件、紧固锁止件全部换新,如自锁螺母、弹簧垫片等。

3) 严格保持零件、润滑油道清洁。

4) 做好预润滑。预润滑剂必须清洁、品质符合发动机工作要求。

5) 不许互换配合位置的零件,严格按装配标记装配。零件的平衡配重位置正确,固定可靠。

6) 尽量使用专用器具装配,按规定紧固力矩、紧固方法和顺序紧固螺栓。

7) 装配间隙必须符合技术条件,但应根据具体情况适当调整。如活塞的配缸间隙,若选择购买数个厂家的活塞,应根据其产品质量规律,总结调整出适合各厂家活塞的配缸间隙值。对于变形的零件配合间隙调到公差下限,无变形的调整到上限等,实践证明都是很有意义的措施。

8) 电控系统各接头、线柱要清洁,接触可靠。燃油系统中的"O"形密封圈必须更换,而且不得使用含硅密封胶。

2. 装配顺序与调整方法

发动机装配顺序与调整方法随结构的不同有所变化,但基本顺序相同。以下就以桑塔纳轿车为例加以说明。

(1) 安装曲轴与轴承

1) 将气缸清洗干净倒置于安装支架上,正确安放好各道主轴承(一、二、四、五道轴承只是装在缸体上的一片有油槽,装在瓦盖上的一片无油槽,第三道轴承两片均有油槽)及推力垫圈。

2) 将曲轴置于缸体主轴承座孔中,按规定扭矩依次拧紧各轴承盖螺栓(扭紧力矩为65N・m),安装推力垫圈后应轴向撬动曲轴检查其轴向间隙;每紧固一道主轴承盖后应转动曲轴数周,检查其径向间隙。轴承过紧或曲轴轴向间隙不符合要求应查明原因,及时予以排除。

3) 安装曲轴前、后端油封凸缘、凸缘衬垫及油封等。

4) 安装飞轮及曲轮齿带轮。

(2) 安装活塞连杆组

1) 组装活塞连杆组。使活塞顶部的箭头标记与同缸号连杆的凸点指向同一侧,在配合面上涂抹机油,然后用拇指将活塞销推入活塞销座孔及连杆小头孔中(阻力较大时,可先用热水将活塞加热至60℃;加热后仍不能将活塞销推入,应重新选配零件),并装好锁环。

2) 检查活塞是否偏缸。使发动机侧置,将未装活塞环的活塞连杆组装入各缸,并按规定扭矩分次拧紧连杆螺栓(1.8L发动机应先扭紧至30N·m,再继续扭紧180度;1.6L发动机应以45N·m的力矩扭紧)。用厚薄规检查活塞在上、下止点及气缸中部时,活塞顶部在气缸前、后方向的间隙是否相同,即是否存在偏缸。存在偏缸时,应查明原因予以消除。

检查偏缸的同时,还应注意检查连杆轴承与轴颈的轴向及径向间隙。

3) 安装活塞环。在活塞环端隙、侧隙及背隙符合要求的情况下,用活塞环钳将其装入相应的环槽中。各道活塞环的开口相互错开180度并使第一道活塞环的开口位于侧压力小的一侧,且与活塞销轴线成45°角。

4) 将活塞连杆组装入气缸。使活塞顶面的箭头指向发动机前方,并按缸号标记,将组装好的活塞连杆组自缸体上方放入气缸中,用活塞环箍压缩活塞环后,用铁锤木柄将活塞推入缸内,使连杆大头落于连杆轴颈上,按标记扣合连杆轴承盖,并按规定力矩拧紧连杆螺栓。

(3) 安装中间轴

将中间轴装入机体座孔中,在其前端装入"O"形密封圈、油封凸缘及油封。油封凸缘紧固螺栓应以25N·m的力矩拧紧。最后装好中间轴齿带轮。

(4) 安装气缸盖及配气机构

1) 将各气门插入相应的气门导管中,检查气门与气门座的密封性(可用汽油进行渗漏检验),不符合要求时,应进行手工研磨。

2) 取出各气门,装好气门弹簧下座,用专用工具将气门油封压装到气门导管上,再重新插入各气门,装好气门弹簧、弹簧上座及锁片(使用过的旧锁片不准再用),并用塑料锤轻轻敲击数次,以确保锁片安装的可靠性。

3) 按顺序将各气门挺杆装入挺杆承孔中,在气缸盖后端装好凸轮轴半圆塞(新件),将凸轮轴置于气缸盖上的座孔中,按解体的相反顺序以20N·m的力矩拧紧各道凸轮轴轴承盖螺栓(先对称紧固2、4道轴承盖,后紧固1、3、5道轴承盖),并复查凸轮轴的轴向和径向间隙。

4) 将定位导向螺栓拧入缸体上的1、3螺栓孔中。将气缸垫安放于气缸体上,使有OBENTOP标记的一面朝上。

5) 转动曲轴使活塞离开上止点位置,将气缸盖置于气缸体上,用手拧入其他8个缸盖螺栓,再拧出1、3螺栓孔中的定位螺栓,拧入2只缸盖螺栓。

6) 按拆卸时的相反顺序分四次拧紧各缸盖螺栓:第一次扭至40N·m;第二次扭至60N·m;第三次扭至75N·m;第四次再旋紧1/4圈(90度)。

7) 装上凸轮轴油封及齿带轮，并以 80N·m 的力矩拧紧齿带轮紧固螺栓。

8) 安装气门罩盖密封衬垫、密封条、气门罩盖、压条及储油器等，并以 10N·m 的力矩拧紧其紧固螺母。

(5) 安装齿形皮带、分电器和机油泵

1) 将齿形皮带套到曲轴及中间轴齿带轮上。

2) 转动凸轮轴使其齿带轮上的标记与气门罩盖平面平齐(转动凸轮轴时，曲轴不可位于上止点位置，以防气门碰撞活塞，造成零件损伤)。

3) 装好齿形皮带下护罩及曲轴前端的三角带轮，并装好发电机、水泵及空调压缩机，套上发电机及压缩机三角带。

4) 转动曲轴，使飞轮上的点火正时标记与变速器壳上的标记对齐。或使曲轴带轮外缘上的标记与齿带下护罩上的箭头标记对正。

5) 将齿带套到凸轮轴齿带轮上，并通过张紧轮调整好齿带张紧程度。

6) 调好发电机皮带的张紧力。

7) 使分火头指向分电器壳上的一缸标记，将分电器插入机体承孔中，并固定好分电器压板。

8) 使机油泵驱动轴的扁头对正分电器驱动轴的槽口，安装好机油泵，并装上油底壳及其衬垫。

(6) 安装其他附件

将机油滤清器、汽油泵、进排气歧管、化油器、起动机及齿带轮上护罩等依次安装到发动机机体上。

(7) 发动机总成的装车

将发动机总成装到车上，并连接好各管路及线路。具体操作按拆卸的相反顺序进行，并注意以下问题：

1) 注意不要碰伤变速器输入轴。

2) 发动机橡胶支承块的自锁螺母应更换新件。

3) 将发动机装入支架座上，旋紧紧固螺栓。

4) 调好离合器踏板自由行程及节气门、阻风门拉索，安好排气管。

5) 连接起动机接线时，导线不得碰到发动机。

6) 合理加注冷却液。

8.2.2　发动机磨合

汽车总成或机构组装后，改善零件摩擦表面几何形状和表面物理机械性能的运转过程称为磨合。总成磨合是修理工艺过程的一个重要工序，是有关总成从修理装配状态转入工作状态的过渡，磨合质量对总成修理质量和大修间隔里程有着重大的影响，因此，未经磨合的发动机是不允许投入使用的。

1. 发动机磨合的意义

总成修理的发动机使用的零件有新有旧，零件的技术状况相差较大。修理工艺装备和企业生产技术水平又存在着很大的差异。有些总成修理的发动机在磨合中就出现拉缸、烧瓦等严重故障。因此，总成修理的发动机进行科学的磨合就更为必要。

(1) 形成适应工作条件的配合性质

1) 扩大配合表面的实际接触面积。新零件和经过修理的零件，由于表面微观粗糙和各种误差，装配后配合副的实际接触面积仅为设计面积的1/100～1/1000，配合表面上单位实际接触面积的载荷就会超过设计值的百倍乃至千倍。微观接触面积在高应力、高摩擦热作用下就容易产生塑性变形和粘着磨损，引起咬粘等破坏性故障。因此，使新零件在特定的磨合规范下运动，粗糙表面的微观凸点镶嵌其上并产生微观机械切削现象，使实际接触面积不断扩大，在短期内形成适应正常工作条件的配合表面。

2) 形成适应工作条件的表面粗糙度。每一种工作条件均有其相应的表面粗糙度，零件加工的表面粗糙度与工作条件的要求差距甚大。在磨合中才能形成适应工作条件的表面粗糙度。

3) 改善配合性质。由于磨合磨损形成了适应工作条件的实际接触面积和表面粗糙度以及配合间隙，不但显著地提高了零件综合抗磨损性能，也减少了其摩擦阻力与摩擦热，故障率降低，提高了大修发动机的可靠性与耐久性。

(2) 改善配合副的润滑效能

磨合使配合间隙增大到适应正常工作条件的配合间隙，改善了润滑油的泵送性能，增大了配合副间润滑油流量，不但改善了配合副的润滑效能，也有利于保持正常的工作温度和配合表面的清洁。

(3) 提高发动机的可靠性与耐久性

金属在低于或近于疲劳极限下，磨合一定的时间，“实现次负荷锻炼”，可以明显提高金属零件的抗磨损能力和抗疲劳破坏能力，从而提高机械的可靠性和耐久性。

发动机全部磨合过程由微观几何形状磨合期、宏观几何形状磨合期、适应最大载荷表面准备期三个时期组成。微观几何形状磨合期内(第一时期)，微观粗糙表面因微观机械加工作用逐渐展平，表面金属被强化，显微硬度成倍地提高，产生剧烈的磨损，增大配合间隙，形成适应摩擦状态下的工作表面质量。宏观几何形状磨合期内(第二时期)，零件表面形位误差部分的得以消除，磨损量逐渐减小，机械损失减弱。适应最大载荷表面准备期内(第三时期)，零件磨损率和发动机动力性、经济性逐渐稳定，故障率降低，可靠性提高后两个磨合时期发动机在限速限载条件下的运行过程中完成，称为“汽车走合”。第一时期磨合则于出厂前在台架上完成，称为“发动机磨合”。

2. 磨合规范

发动机磨合分冷磨合与热磨合两个阶段。冷磨合是由外部动力驱动总成或机构的磨合。而发动机自行运转的磨合则称为热磨合。其中发动机自行空运转的磨合则称为无载热磨合;加载自运转磨合称为负载磨合。发动机的磨合质量在材料、结构、装配质量等条件已定的情况下,主要取决于磨合时期的转速、载荷、磨合时间、润滑油品质。因此,由磨合转速、载荷和磨合时间组成了发动机的磨合规范。

(1) 冷磨合规范

1) 冷磨合转速。起始转速 400～500r/min(0.2～0.25n_e)终止转速 1200～1400r/min(0.4～0.55n_e)。起始转速过低,由于曲轴溅油能力不足、机油泵输油压力过低,难以满足配合副很大摩擦阻力和摩擦热对润滑、冷却、清洁能力的需求,极易造成配合副破坏性损伤。由于高摩擦阻力和高摩擦热的限制,起始转速亦不能过高。

发动机磨合的关键是气缸与活塞环、活塞和曲轴与轴承等配合副的磨合。配合面上的载荷主要由活塞连杆组的质量和离心力形成的。据有关资料介绍,在转速为 1200～1400r/min 范围内单位面积上的载荷最大。超过或低于此转速,载荷反而减小,均会影响磨合效果。

磨合转速采取了四级调速。无级调速磨合效率低,在每级转速下,随着表面质量的改善,磨损率逐渐下降至平衡状态。为了提高磨合效率,故采用有级调速。

2) 冷磨合载荷。单靠活塞连杆组所产生的载荷显然不够,磨合效率低。实践证明,装好气缸盖,堵死火花塞螺孔,借助气缸的压缩压力来增加冷磨载荷是极为有益的。

3) 冷磨合的润滑。现行的润滑方式有自润滑、油浴式润滑和机外润滑。实践证明:机外润滑方式最佳,对提高磨合效率极为有利。所谓机外润滑是指由专门的泵送系统,将专门配制的专用发动机润滑油;以较大的流量送入发动机进行润滑的润滑方式。不但使摩擦表面松软,加速磨合过程,而且润滑、散热以及清洁能力很强,还可以提高磨合过程的可靠性。

4) 磨合时间。各级转速的冷磨合时间约 15min,共 60min。

(2) 热磨合规范

1) 无载热磨合。无载热磨合是为有载热磨合作准备,其磨合原理与冷磨合类似,因此无载热磨合转速取 0.4～0.55n_e。

2) 有载热磨合。起始转速为 0.4～0.5n_e,磨合终了转速一般取 0.8n_e,四级调速。

起始加载取 0.2 P_e(P_e 为发动机额定功率),磨合终了前载荷取 0.8P_e,采取四级加载方式,与四级调速相应组合。磨合时间的确定,多以每级磨合中的转速变化或润滑油温度来判断。当每级负载不变时,随着磨合的时间的延续、零件工作表面质量的改善、摩擦损失的减小,发动转速会有明显的升高,就表明这一级磨合已达到了磨合要求,就可以转入高一级转速负载梯度的磨合。也可以用润滑油的温度变化评价每级磨合时间，在发动机冷却液温度保持恒定的条件下，摩擦阻力进入稳定阶段后，润滑油温度也从升温转入温度稳定状态，就可以转入高一级磨合。

实践证明，上述磨合规范的总磨合时间约 120～150min。

在热磨合过程中，必须进行发动机的检查调整和发动机性能试验，排除故障使发动机符合大修竣工技术条件。并清洗润滑系，更换润滑油和滤清器滤芯，加装限速装置。

8.2.3 发动机总成修理竣工技术条件

1. 一般技术要求

1）装备齐全、按规定完成了发动机磨合、无漏油、漏水、漏气、漏电现象。

2）加注的润滑油量、牌号以及润滑脂符合原厂规定。

3）无异响，急加速时无爆燃声，化油器不回火、消声器无放炮声，工作中无异响。

4）润滑油压力和冷却液温度正常。

5）气缸压力符合原厂规定，各缸压力差，汽油机应不超过各缸平均压力的 8%，柴油机不超过 10%。

6）四冲程汽油机转速在 500～600r/min 时，进气歧管真空度应在 57.2～70.5kPa 范围内。其波动范围，六缸机不超过 3.5kPa，四缸机不超过 5kPa。

2. 主要使用性能

1）发动机在正常工作温度下，5s 内能起动。柴油机在 5℃，汽油机在 －5℃ 环境下，起动顺利。

2）配气相位差不大于 2°30′。

3）加速灵敏，过渡圆滑，怠速稳定，各工况工作平稳。

4）最大功率和最大转矩不低于原厂规定的 90%。

5）最低燃料消耗率不得高于原厂规定。

6）发动机排放限值符合 GB7258—1997《机动车运行安全技术条件》之规定。

二级维护竣工的发动机除装备齐全有效之外，还必须进行性能检测。要求能正常起动，低、中、高速运转均匀、稳定，水温正常，加速性能好，无断火、回火、放炮等现象。发动机运转稳定后应无异响。无负荷功率不小于额定值的 80%。

7）电子控制系统的设置应正确无误。自检警告灯应显示系统正常，或通过系统自诊断功能读取的故障码应为正常码。

8.2.4 发动机试验的分类

发动机试验通常可分为以下几类。

1. 定型与验证试验

凡是新产品、改进或变型产品，转厂生产的产品，为检验发动机的性能指标是否达到设计或改进的要求，需要对其进行试验，以评价其可靠性、耐久性。其中新产品、改进或变型产品的试验称为定型试验；转厂生产的产品试验为验证试验。

2. 可靠性试验

发动机在试验台上进行全负荷、标定转速连续运转，以考核发动机动力性、经济性的稳定程度和零部件的耐用性。

3. 验收试验

验收单位检验发动机性能是否符合技术文件规定而进行的试验。它可与抽查试验结合进行。

4. 出厂试验

制造厂为了保证产品质量，每台发动机出厂前在台架上进行主要性能的试验，以检验产品质量是否符合要求。

5. 抽查试验

成批或大量生产的发动机应根据批量大小，抽取一定数量的产品进行性能试验和功能检验。必要时进行可靠性、耐久性试验，以考核发动机制造质量的稳定性。

参 考 文 献

曹德芳.1998.汽车维修.北京:人民交通出版社

陈家瑞.2004.汽车构造.北京:人民交通出版社

陈文华.2001.汽车发动机构造与维修.北京:人民交通出版社

戴冠军.1999.汽车维修工程.北京:人民交通出版社

冯健璋.1998.汽车发动机原理与汽车理论.北京:机械工业出版社

关际璋.2002.汽车构造.北京:人民交通出版社

扶爱民.2005.汽车发动机构造与维修.北京:电子工业出版社

李炳泉.2000.桑塔纳2000型轿车构造.北京:机械工业出版社

汤定国.2002.汽车发动机构造与维修.北京:人民交通出版社

赵学彬.王凤军.2006.汽车电器与电子控制技术.北京:机械工业出版社